Didaktisches Sachbuch zur Wohnumwelt
vom Kinderzimmer bis zur Stadt
Grundlagen, Materialien, Lernbeispiele

Wie man wohnt – selbstbestimmt, bedürfnisgerecht und phantasievoll oder von fremden Leitbildern und Konventionen stark beeinflußt – hängt auch davon ab, wieviel man über das Wohnen weiß. **Lernbereich Wohnen** erschließt in zwei Bänden die historischen Wurzeln der bürgerlichen Wohnkultur, die Rahmenbedingungen des Wohnungsbaus und die Wohn- und Siedlungsformen heute. Verständlich geschriebene Expertenbeiträge mit einer Fülle von Abbildungen veranschaulichen die Grundproblematik und Einzelaspekte des Themas. Didaktisch-methodische Hinweise, Lernbeispiele und Materialien geben den Bänden ihren besonderen Gebrauchswert in Schule, Hochschule und Erwachsenenbildung, für Bürgerinitiativen und Aktionsgruppen.

Lernbereich Wohnen gibt zahlreiche Beispiele, wie man Wohnsituationen analysieren und Umweltverhältnisse durchschaubar machen kann. Das Buch zielt auf ein lebens- und praxisnahes Lernen, das von konkreten Wohnweisen und Bedürfnissen ausgeht. Es zeigt aber auch, wo das Wohnen gefährdet ist, verteidigt oder in seinen alternativen Formen erst entdeckt werden muß. Wohnen gehört zu den wenigen Bereichen individueller Autonomie, die sich noch annähernd nach eigenen Bedürfnissen gestalten lassen. Sich seine Bedingungen bewußt zu machen, lohnt deshalb die Anstrengung.

Zu den Herausgebern und Autoren siehe Verzeichnis im Anhang.

Michael Andritzky / Gert Selle (Hg.)

LERNBEREICH
WOHNEN

2 Wohnhaus und Wohnumgebung,
Umweltgestalt,
Architektur und Siedlungsform,
Wohnen auf dem Land

Rowohlt

26.–30. Tausend März 1983

Originalausgabe
Redaktion Ludwig Moos
Layout Christa Petersen
Umschlagentwurf Heinz Waldvogel

Veröffentlicht im Rowohlt Taschenbuch Verlag GmbH,
Reinbek bei Hamburg, April 1979
Copyright © 1979 by Rowohlt Taschenbuch Verlag GmbH,
Reinbek bei Hamburg
Satz Helvetica (Linotron 505 C)
Gesamtherstellung Clausen & Bosse, Leck
Printed in Germany
1080-ISBN 3 499 17248 8

Inhalt Band 2

Inhalt Band 1

Teil VII: Städtische Wohnumwelt heute

Roland und Janne Günter

Elemente sozialer Architektur und ihre Gebrauchswerte

Die in diesem Beitrag dargestellten Elemente einer sozialen Architektur geben konkrete Hinweise, wie man die Gebrauchswertqualitäten der Wohnumwelt feststellen kann. Es geht dabei weniger darum, herauszufinden, wie schön eine Hausfassade anzuschauen ist, sondern darum, ob die Räume in, vor, hinter und zwischen den Häusern den Nutzungs- und Kommunikationsbedürfnissen der darin lebenden Menschen gerecht werden, das heißt, es geht letztlich um die Beziehung zwischen räumlich-architektonischen Elementen und sozialem Verhalten. Die Methode, mit der hier die Wohnumwelt untersucht wird, entspricht einer einfachen, für jedermann nachvollziehbaren Art von Architektursoziologie. Diese Methode kann insbesondere von Schülern direkt auf ihre je eigene Wohnsituation übertragen werden.

Wer – wie viele Politiker und Planer – von Wohnwert und Qualitätsverbesserungen im Wohnungsbau nicht nur reden will, findet in den vorgestellten Bildbeispielen und Kommentaren (zumeist aus älteren Siedlungen) Anhaltspunkte dafür, was wirklich humane Architektur sein kann.

Bedeutung der Wohnumwelt

Sinkende Lebensqualität als Folge der Industrialisierung

Mit der Industrialisierung entstand für die breiten Massen ein Wohnungselend von nicht gekanntem Ausmaß. Der Arbeitskräftebedarf der schnell wachsenden Industrien führte zu einer großen Land-Stadtwanderung und damit zu einem spekulativen Massenwohnungsbau in den Städten nach der Devise: Länge mal Breite mal Geld.

Am Arbeiter wurde also zweifach verdient: in den Produktionsstätten und im Wohnbereich. (Siehe dazu den Beitrag von Franziska Bollerey und Kristiana Hartmann über die Mietskaserne, Seite 283.)

Der Widerspruch: Während die Produktivkräfte sich außerordentlich entwickelten und der Fortschrittsgedanke in den Rang einer Gesellschaftsphilosophie erhoben wurde, verschlechterte sich die Wohn- und Lebensqualität für die große Mehrzahl der Bevölkerung, die – obwohl in großer Armut – auf dem Lande früher objektiv besser versorgt war.

Trotz steigender Arbeitsproduktivität und einem steigenden Angebot an Waren verschwanden gerade im Bereich der Architektur und des Wohnens traditionelle Gebrauchswerte, denn nicht die Bedürfnisse und Gewohnheiten der arbeitenden Bevölkerung galten als Ziele der Bauproduktion, sondern die Verwertbarkeit der Ware Wohnung.

Gebrauchswert, ein Indikativ für soziale Planung

Seit Beginn der Industrialisierung bis heute hat sich viel verändert. Wir leben in einem «sozialen Wohlfahrtsstaat», der Standard hat sich nach oben verschoben, und Politiker reden gern und oft von bedürfnisgerechter Planung und humanem Städtebau. Aber: *Wieviel* hat sich wirklich entscheidend verändert? Und *woran* lassen sich zum Beispiel im Wohnungsbau die Qualitätsversprechen messen? Wir meinen: an den Gebrauchswerten, das heißt den *sozialen* Elementen der Architektur. Sie sind für die Bevölkerung das beste Kontrollkriterium, ob die sozialstaatlichen Errungenschaften wirklich an den Bedürfnissen der Menschen orientiert sind. Sie ermöglichen jedem, der sich ein wenig kritische Distanz und Widerstandskraft gegenüber dem Anpassungsdruck der Wirklichkeit bewahrt hat, festzustellen, ob sein Leben durch die Wohnbedingungen bereichert und verbessert wird oder nicht.

Beschrieben werden architektonische Elemente, wie das Fenster zu ebener Erde, die Haustür an der Straße, die Bank neben dem Haus, das Gartenhaus usw. Jedes dieser Elemente hat eine oder mehrere Wirkungen auf das Verhalten der Bewohner.

Individual- oder sozialpsychologische Wirkungen

In den Bereich der Individualpsychologie gehört die Erforschung des Erlebens des einzelnen Bewohners: seine Wahrnehmung mit allen Sinnen.

- Wie entwickelt er zum Beispiel seine Körpermotorik, wenn er bastelt?
- Wie genießt er Anblick und Geruch von Pflanzen?
- Welche Bedeutung hat die Vegetation für ihn im Hinblick auf eine angenehme Luftfeuchtigkeit bei Hitze?
- Was geschieht mit dem Menschen, wenn er in seiner Wohnumwelt solche Sinneserfahrungen nicht machen kann?

Der Bereich der *Sozialpsychologie* umfaßt das Erleben und Verhalten in der Gruppe: zum Beispiel die sozialen Wechselbeziehungen beim Gespräch, beim Miteinanderarbeiten.

Uns kam es besonders darauf an, die Wahrnehmung und die sozialen Beziehungen im Zusammenhang mit Räumlichem zu untersuchen und darzustellen, daß bestimmte Raumprägungen menschliches Verhalten beeinflussen: herausfordern, fördern, lenken oder abschwächen, behindern, verhindern.

Dies ist unmittelbar einsichtig, wenn wir an bekannte, sehr eindeutige räumliche Situationen denken – etwa an die Faszination eines Schrottplatzes für Kinder, an den Bauspielplatz für Jugendliche oder an eine attraktive Urlaubsszenerie.

Auf der berühmten Spanischen Treppe in Rom kann jeder beobachten, wie selbst stocksteif erscheinende Leute ihren Gang lockern und locker Gehende geradezu zu tanzen anfangen; und wir wissen umgekehrt, welche «Gangart» die französischen Gärten den adligen Besitzern abforderten, und beobachten heute noch Ähnliches bei den Touristen.

Verhalten in Alltagsräumen
Wichtiger als die Untersuchung dieser besonderen Situation ist die Erforschung der Verhaltensweisen in Räumen des Alltags. Denn dort leben die meisten Leute – dort entscheiden die räumlichen Situationen zu einem nicht geringen Teil über ihr konkretes Wohlbefinden.

So ist der überschaubare Kleinbereich ein Sozialisationsfaktor, dessen Wichtigkeit zum Beispiel in der Hochhausdiskussion immer mehr zutage tritt.

Wie verhängnisvoll das Übersehen der konkreten räumlichen Bedingungen ist, dafür könnte als Indiz zum Beispiel die Tatsache gelten, daß die Quote der «auffälligen», das heißt der beim Jugendamt aktenkundigen Jugendlichen im Hochhausgebiet Hegenshof in Duisburg-Neumühl doppelt so hoch ist wie im nahen und keineswegs unproblematischen Bereich Obermeiderich.

Wie wichtig der Kleinraum, das Wohnumfeld ist, zeigt auch die Tatsache, daß vor allem die sogenannten kleinen Leute größtenteils ihre Freunde im Nahbereich ihrer Wohnung und nicht in anderen Stadtteilen haben. Dasselbe gilt für Kinder und alte Leute, also insgesamt die Mehrheit der Bevölkerung. Man muß sich also fragen:

● Können die Beziehungen im Nahbereich einfach ersetzt werden durch Beziehungen in entfernten Ortsteilen oder Orten oder sogar durch Institutionen?

● Wie verändern Beziehungen ihre Qualität, wenn der Grad ihrer Konkretheit abnimmt – zum Beispiel, wenn an die Stelle der Beziehungen von Angesicht zu Angesicht weitgehend nur noch Beziehungen über Medien (Sekundärbeziehungen) treten?

• Was bedeutet es für Kinder, alte Leute und Nur-Hausfrauen, wenn ihre Lebensentfaltung auf die eigenen vier Wände beschränkt bleibt und die Nachbarschaftskontakte anonymdistanziert sind?

Katalog der Elemente sozialer Architektur und ihrer Gebrauchswerte

Der folgende Katalog von Elementen einer sozialen Architektur versucht den Zusammenhang zwischen räumlichem Angebot (Bauform, Freiraumausstattung usw.) und Verhalten in seinen positiven Möglichkeiten genauer herauszuarbeiten. Er geht davon aus, daß räumliche Angebote Offerten sind für ein bedürfnisbefriedigendes, individuelles (zum Beispiel sinnliches) Erleben und soziales Verhalten (Kommunikation). Sie stellen den Bedingungsrahmen dafür dar, was überhaupt an Aktivitäten geschehen kann beziehungsweise verhindert wird.

Didaktischer Hinweis

Der Katalog ist in erster Linie dafür gedacht, dem Lehrer Hinweise zu geben, wie man auf einfache Weise die Gebrauchswerte von Architektur bestimmen kann und welche sozialen Implikationen eine so scheinbar einfache Sache wie ein Hauseingang beinhaltet, wenn man sich ein wenig von der Alltagsroutine der eigenen Wahrnehmung befreit. (Die Liste ist allerdings nicht als Instrument für das Abprüfen dieser Faktoren im Unterricht zu verstehen.) Die genannten Elemente finden sich fast in jeder Stadt. Sie sollten daher von den Schülern selbst entdeckt, beschrieben und beurteilt werden. Die Schüler werden dann leicht feststellen, daß eine solche soziale Architektur keineswegs die Regel ist, im Gegenteil: Gerade die neueren Bauformen zeichnen sich häufig dadurch aus, daß die Gebrauchswertqualitäten außerhalb der Wohnung gering sind oder ganz fehlen. Mit Hilfe der hier vorgeschlagenen analytischen Methode könnte daher genausogut ein Negativkatalog (also dessen, was fehlt) aufgestellt und belegt werden, so zum Beispiel, wenn Hauseingänge nichts weiter sind als bloße Ein- und Auslaßöffnungen. Die Liste ist auch keineswegs auf Vollständigkeit hin angelegt, sie kann und soll von den Schülern ergänzt und weiter ausgearbeitet werden.

Zweigeschossige Reihenhäuser bilden, wie hier in Holland, oft einen ruhigen, vom Bewoh-ner intensiv genutzten Straßenraum. (Quelle: Günter)

1. Haustyp

Das zwei- bis dreigeschossige Reihenhaus

Dieser Haustyp ist über Jahrhun-derte hinweg die Wohnform, die die meisten Gebrauchswerte besitzt:

- Vielfalt des Wohnens in zwei Ebenen,
- rasche Verbindungen zwi-schen Innenräumen und Au-ßenräumen,
- Zuwendung zur Straße im Erd-geschoß und Zurückgezogen-heit im Obergeschoß,
- Freiräume unmittelbar neben der Wohnung.

Weitere Vorteile sind:

- Mit Reihenhäusern kann man zusammenhängende Räume gestalten: geschlossene Stra-ßen, kleine Höfe, Gartenhöfe und kleine Plätze.
- Bei guter Planung hat dieser Haustyp tatsächlich eine ebenso hohe Baudichte wie das Hochhaus – mit unver-gleichlich mehr Gebrauchs-werten.
- Die Kosten eines Reihenhauses liegen bei entsprechender Pla-nung unter denen einer gleich großen Hochhauswohnung.

Beispiele: Die meisten histori-

Dreigeschossige Reihenhäuser in Holland bilden einen Wohnhof mit vielfältiger Ausstattung. Breite, dem Haus vorgelagerte Übergangszonen mit Minigärten lassen das parkende Auto nicht als störend erscheinen. (Quelle: Günter)

schen Mittelstädte besaßen über Jahrhunderte hinweg zwei- bis dreigeschossige Reihenhäuser. In den meisten holländischen Siedlungen des 20. Jahrhunderts wurde diese Bautradition fortgesetzt. Im Reihenhaus lassen sich alle heutigen Ansprüche an das Wohnen befriedigen.

2. Wohnung
Zweigeschossigkeit
Eine zweigeschossige Wohnung hat wichtige Vorteile:
- Die Schlafzimmer liegen im Obergeschoß. So wird beispielsweise der Schichtarbei-

ter, der tagsüber schlafen muß, nicht gestört.
- Das Familienleben im Erdgeschoß kann seinen normalen Verlauf nehmen. Die Kinder werden nicht in ihrer Entwicklung gehemmt, indem sie immer wieder zur Ruhe gemahnt werden.
- Schlafzimmer unter dem geneigten Dach wirken psychologisch wie eine Höhle. Man fühlt sich hier besonders geborgen.
Beispiele: Reihenhäuser in historischen Altstädten. Viele Arbeitersiedlungen. Die meisten Einfamilienhäuser.

Die Treppen im Haus
- Ein Treppenhaus als hoher, offener Raum läßt die Wohnung größer erscheinen.
- Der Wechsel zwischen verschiedenen Ebenen wirkt entspannend und unter Umständen konfliktmindernd im familiären Zusammensein.

Die Wohnküche
In großen Küchen, die sich nicht nur auf die Funktion des Kochens beschränken, spielen sich seit jeher eine Vielzahl an handfesten, vitalen Tätigkeiten ab.
- Hier können Kinder – ohne zu stören – sich bei der Mutter aufhalten, spielen, Schularbeiten machen, beim Kochen helfen usw.
- Besucher können hier empfangen werden – ohne Förmlichkeiten und ungezwungen. Dabei ist die Hausfrau nie isoliert, sondern hat immer Anteil am Gespräch.
- Das lange Gespräch beim ausgiebigen Essen ist entspannend, aggressionsarm und verbindet beiläufig vielfältigen Lustgewinn mit der notwendigen familiären Kommunikation.
- Die große Küche kann zur Werkstatt der Familie werden. Man kann basteln, nähen und werken, ohne Rücksicht auf teure Möbel oder empfindliche Böden nehmen zu müssen.

Beispiele: Bauernhäuser, Arbeitersiedlungen. Gründerzeitwohnungen, die von Intellektuellen benutzt werden. (Siehe dazu auch den Beitrag von Ingrid Wenz-Gahler über die Küche, Band 1, Seite 266.)

Die relativ große Wohnküche ist der meistbenutzte Raum der Wohnung. (Quelle: Napierala)

3. Fenster
Das Fenster zu ebener Erde

- Wenn Fenster zu ebener Erde liegen, fühlen sich die Leute am Fenster als Teilnehmer des Lebens im Freiraum.
- Sie haben keine Distanz, sie erleben das Geschehen auf der Straße aus derselben Augenhöhe wie die Passanten, also in der Dimension der normalen Wahrnehmung (statt in der Spielzeug-Dimension vom Hochhaus).
- Vom Innenraum aus, der Sicherheit gibt, kann man auf der Fensterbank liegend mit Vorbeigehenden ein Schwätzchen halten. Das ist besonders wichtig für alte Leute, die oft nur in dieser Weise den Kontakt zur Umwelt aufrechterhalten können.
- Wichtig ist diese Kontaktmöglichkeit vor allem auch für Kinder. Denn die psychische Nabelschnur zwischen Mutter und Kind ist in wichtigen Aufwuchsphasen noch sehr stark. Kinder brauchen häufig, in einem bestimmten Alter alle paar Minuten, die Bestätigung der Mutter. Wenn sie in erreichbarer Nähe ist, muß sie dafür nicht ihre Hausarbeit aufgeben, sondern unterbricht sie nur kurz. Wo aber eine kinderfeindliche Organisationsform des Hauses viele Schwellen und lange Wege zwischen Mutter und Kind schafft, finden Kinder zu wenig Bestätigung. Die Folge ist: der Aufbau ihres Selbstbewußt-

seins und die Sicherheit der Lernvorgänge und damit die Lernqualität und der Lernumfang leiden.

- Wenn die Fenster sich groß zur Straße hin öffnen, Privates sich einsehbar und damit öffentlich macht, haben die Straßenbenutzer den Eindruck, daß die Wohnungen ganz selbstverständlich zur Straße gehören und daß die Straße niemals leer und tot, sondern immer mit Menschen belebt ist – auch wenn fast niemand mehr auf der Straße geht.

Beispiele: Die meisten Häuser in historischen Altstädten Mitteleuropas. Niederländische Reihenhäuser. Arbeitersiedlungen im Ruhrgebiet.

Das Fenster als Ausstellungsvitrine

Viele alte Häuser haben Fenster mit Sprossen: Sie unterteilen die Öffnungen in kleine Felder.

- Die Bewohner können in jedes der kleinen Felder selbstgefertigten Schmuck hängen – nicht nur zur eigenen Freude, sondern auch zum Spaß der Vorbeigehenden.
- Dadurch wirkt die Reihe der Fenster in einer Straße außerordentlich menschlich: Für niemanden ist der Weg an diesen Häusern vorbei langweilig.
- Die «Ausstellung» ist ein Beitrag zur Verbesserung des öffentlichen Lebens.

Beispiele: Niederländische Häuser in Altstadtbereichen.

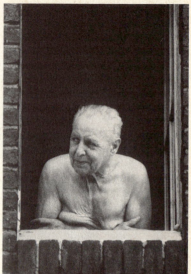

Ein Gespräch im Vorübergehen vom Fenster zur Straße. (Quelle: Günter)

«Im Fenster liegend» am öffentlichen Leben teilhaben ist eine der ältesten Formen des Sozialkontakts zwischen drinnen und draußen. (Quelle: Günter)

Vom Fenster eines Hochhauses aus kann man Kontakt allenfalls noch durch lautes Schreien herstellen. (Quelle: Ullmann)

(Quelle: Günter)

(Quelle: Kramer)

4. Eingang

Fenster und Eingänge, also die Öffnungen des Hauses nach draußen, verraten besonders viel über den Sozialcharakter der Wohnform. Sie sind Nahtstellen zwischen Öffentlichkeit und Privatheit. Es gibt Häuser, die wie Festungen wirken, mit Fenstern wie Schießscharten und Eingängen wie Mauerpforten einer Bastion, und es gibt Häuser, die einladend wirken, Offenheit und Kontaktbereitschaft nach außen signalisieren.

Der eigene Eingang
- Der eigene Eingang (auch im Mietshaus) verschafft jeder Familie das Bewußtsein, einen gesicherten Bereich zu haben. Sie hat das Gefühl, über ihre eigene Schwelle und damit das Territorium vor ihrer Tür verfügen zu können.
- Sozialpsychologische Forschungen haben gezeigt, daß dadurch Angst vermindert wird und die Sicherheit wächst, die notwendig ist, um Kontakt mit Nachbarn aufnehmen zu können.
- Dies führt zu einer steigenden Häufigkeit der nachbarlichen Kontakte. Fehlt der eigene Eingang, neigen die Bewohner dazu, sich zurückzuziehen.
- Wenn jede Familie ihren eigenen Eingang hat, verringert sich die Anzahl von Konfliktmöglichkeiten, die in Geschoßbauten durch gemeinsame Flure, Treppen und Fahrstühle na-

Die Fensterbrüstung als Sitzbank
Liegen Fensterbänke niedrig, so können sie außen auch als Bänke zum Sitzen benutzt werden. Dies ist ein einfaches, aber gutes Beispiel für die Bereicherung eines Gegenstandes mit einem Gebrauchswert, der über den ursprünglichen Zweck hinausgeht, das heißt einen zusätzlichen Nutzen schafft.
Beispiele: Viele Häuser in Amsterdam.

Vor dem eigenen Hauseingang findet oft die intensivste nachbarliche Kommunikation statt. (Quelle: Günter)

hegelegt werden (zum Beispiel über Lärm, Zerstörung, Putzen).

Beispiele: Alle Häuser über Hunderte von Jahren. Bauernhäuser. Arbeitersiedlungen. Niederländische Reihenhäuser, selbst Geschoßbauten. Einfamilienhäuser.

Die Wohnungstür zu ebener Erde
- Die Ebenerdigkeit der Wohnung ermöglicht den schnellen und häufigen Wechsel zwischen Innen und Außen.
- Dadurch benutzen die Bewohner den Freiraum viel häufiger. Das Wohnen verlängert sich

nach draußen und wird dadurch partiell öffentlich. Damit vermehren sich auch die Kontaktchancen.
- Die ebenerdige Haustür, die den raschen Wechsel zwischen Innenraum und Außenraum ermöglicht, ist besonders wichtig für Kinder in bestimmten Aufwuchsphasen, die häufigen und raschen Kontakt mit der Mutter brauchen.
- Die Kinder können schnell mit anderen Kindern Kontakt aufnehmen. Die Gruppenbildung wird gefördert.
- Die Kinder sind nachweislich

Die Wohnungstür zu ebener Erde ermöglicht schnellen und häufigen Wechsel zwischen Innen und Außen. Das ist besonders für Kinder wichtig. (Quelle: Günter)

häufiger in der frischen Luft und benutzen den Freiraum als Spielraum intensiver.
Beispiele: Bauernhäuser. Altstadt-Häuser. Siedlungen. Einfamilienhäuser.

Die Tür mit Fenster

Wenn eine Tür ein Fenster hat, das man öffnen kann, kann es als Szenerie benutzt werden: Zum Beispiel können Kinder dann damit Theater spielen, indem sie ihren Kopf herausstrecken. Dies ist wieder ein Hinweis, daß alle Gegenstände mit möglichst vielen Gebrauchswerten, nicht nur mit

den unmittelbar notwendigen versehen werden sollten.
Beispiele: Viele Häuser in Altstädten. Bauernhäuser.

Die Haustürstufen

Die Haustürstufen bilden seit altersher eine der wichtigsten Szenerien im Freiraum.

- Voraussetzung für die Benutzbarkeit ist, daß man über sie verfügen kann, das heißt, daß es der eigene Eingang ist (das ist unabhängig von Eigentumsverhältnissen). Wo ständig viele Leute hindurchlaufen, wird es zur Belästigung für alle, wenn sich zum Beispiel Kinder auf die Stufen setzen. Wo jedoch die drei Stufen nur zu einer Wohnung gehören, kann man beobachten, daß Kinder hier oft und lange spielen.
- Die Wirksamkeit der Szenerie hängt nicht davon ab, wie aufwendig sie gestaltet ist, sondern wie nützlich sie für die Realisierung der normalen individuellen und sozialen Bedürfnisse ist. Wertvolle Gestaltung hält oft geradezu vom Benutzen ab. Je einfacher etwas ist, desto weniger Hemmungen haben die Leute, es zu benutzen – desto mehr steigt der Gebrauchswert und die Gebrauchshäufigkeit. Ein Außenraum, der so «gesäubert» ist, daß er keine benutzbaren Gegenstände mehr duldet, zum Beispiel alte Stühle oder Kisten zum Sitzen, verhindert menschliche Aktion und damit

Auf und vor den Haustürstufen spielt sich oft ein reges Familienleben ab. Bei gutem Wetter verlagert man das Wohnzimmer nach draußen. (Quelle: Günter)

Noch in dieser brutalen Wohnumwelt zwischen Beton und Autos werden Treppenstufen kommunikativ genutzt. (Quelle: Ullmann)

auch menschliche Wechselbeziehungen.
Beispiele: Holztreppen vor vielen
Häusern in Amsterdam. Steinstu-
fen vor Siedlungs- und Reihenhäusern.

Das Vordach vor dem Eingang
Besitzt ein Haus ein Vordach vor
dem Eingang, werden die Benut-
zungsmöglichkeiten der Ein-
gangssituation, der Nahtstelle
zwischen Innenbereich und Außenbereich, intensiviert und erweitert.

- Der Aufenthalt vor der Tür wird
  wettersicher: Man kann auch
  bei Regen draußen sitzen.
- Die Benutzer fühlen sich auch
  psychologisch geschützt.
- Die räumliche Form erhöht die
  Wahrscheinlichkeit, daß sich
  neben der Tür nicht nur einzelne Personen niederlassen,
  sondern auch kleine Gruppen.
  Dementsprechend ist die «Möblierung» umfangreicher: Es
  gibt weitere Sitzmöglichkeiten.
- Die Neigung wächst, mehr Gegenstände abzustellen.
- Das Vordach über dem Eingang ist eine der wirkungsvoll-
  sten Formen, den Wohnraum
  nach draußen zu verlängern
  und Vorteile des Innenraumes
  (Wetterschutz, Intimität aufgrund kleiner Dimensionen)
  mit den Vorteilen des Freiraumes zu verbinden (Kleinklima,
  Blickerweiterung, Zugänglichkeit für die Nachbarschaft).

(Quelle: Günter)

Beispiele: Neubauten in Holland haben oft ein loggia-artiges Vordach. Arbeitersiedlungen in England, Schweden und im Ruhrgebiet. Traditionelle Holzbauten in USA.

Die Bank neben der Tür

Jahrhundertelang war es üblich, daß die Leute nach getaner Arbeit vor dem Haus saßen: auf der Bank neben der Tür. Auch heute noch ist dieses Verhalten in vielen Wohnbereichen verbreitet.

- Die Bank neben der Haustür ist der nach außen erweiterte Wohnraum.
- Von hier aus sind die wichtigsten Bereiche der Wohnumwelt überschaubar.
- Unterbewußt sind die Sitzenden immer noch ein bißchen Türwächter.

- Auf der Bank kann man mit dem Nachbarn plauschen. Diese Art des Kontaktes stellt eine spezifische und fein ausbalancierte Form der sozialen Wechselbeziehung dar – ein wohlabgewogenes Verhältnis von Nähe und Distanz: Die Intimität des Hauses ist gewahrt, von hier aus kann man «nicht in den Kochtopf gucken», aber zugleich wird soziale Nähe und Anerkennung dadurch ausgedrückt, daß man den Nachbarn unmittelbar neben der Schwelle des Intimraumes «Platz nehmen» läßt.

Beispiele: Bauernhäuser, vor allem in Süddeutschland, Flandern. Häuser in Altstädten (zum Beispiel Enkhuizen/Nordholland) und in Arbeitersiedlungen.

Die Bank neben der Tür: Hier kann man mit den Nachbarn reden, ohne sie gleich ins Haus einzuladen. (Quelle: Günter)

Pflanzen vor der Tür

Stadtbewohner, zum Beispiel in Holland, haben

- aus dem Pflaster des Bürgersteiges unmittelbar neben der Hauswand einige Steine herausgenommen, um Blumen zu pflanzen, oder
- große Gefäße aufgestellt oder
- Eimer an die Wand gehängt oder
- gelegentlich sogar mit Hilfe von Draht Rankengewächse hoch oben über die Straße gezogen (Pergola-Prinzip).

Dies sind geschickte Versuche, sich innerhalb der Stadt soviel Natur wie eben möglich anzueignen und Verantwortung auch für ein Stück des öffentlichen Raumes zu übernehmen.

Beispiele: Niederländische Straßen in Delft, Amsterdam.

Selbst in der Großstadt kann man mit wenigen Mitteln etwas Grün vor der Tür schaffen. (Quelle: Günter)

Der unterteilte Freiraum vor der Haustür

In vielen Orten gibt es breite Bürgersteige (beziehungsweise keine klare Trennung zwischen Gehweg und Straße) – also mehr Raum als zum bloßen Passieren benötigt wird. Gelegentlich stellen die Bewohner dort Requisiten auf:

- Damit verhindern sie, daß dort Autos parken.
- Sie gliedern den Freiraum in eine Durchgangs- und in eine ruhige Aufenthaltszone.
- Sie machen ihn zu einer vielfältigen Szenerie für sich und andere.
- Indem sie dem öffentlichen Bereich ähnliche Aufmerksamkeit widmen wie beispielsweise dem eigenen Hausgarten, geben sie ihm eine individuelle Note. Sie übernehmen Verantwortung und verwirklichen damit ein Stück Demokratie.

Beispiele: Amsterdam. Berlin.

Gliederung und Belebung des Straßenraumes durch Bewohnerinitiativen (Quelle: Günter)

Das grüne Zimmer

Frauen verrichten bei schönem Wetter oft bestimmte Hausarbeiten vor der Wohnungstür (Kartoffelschälen, Gemüseputzen, Nähen), Männer basteln vor der Tür oder lesen draußen die Zeitung, Nachbarn erzählen sich etwas und trinken zusammen ihr Bier. Es ist das «grüne Zimmer» für die Wohnung.

- Dieses «grüne Zimmer» ist einsehbar und vor allem zugänglich. Es ist ein Mischbereich zwischen Privatsphäre und Öffentlichkeit. Das Private wird ein Stück Öffentlichkeit und das Öffentliche wird ins Private einbezogen.
- Während im Innenraum der Blick gefangen ist von der engen Dimension des Raumes, bietet das «grüne Zimmer» im Freiraum Blickausweitung. Richard Neutra hat auf die psychologisch entlastende Wirkung dieser Blickextension hingewiesen.
- Der Geruchssinn wird beschäftigt durch den frischen Geruch von Blumen, Bäumen und Gras.
- Man kann zum Beispiel den hellen Sommerabend genießen – also besondere tageszeitliche Reize.

Beispiele: Arbeitersiedlungen im Ruhrgebiet. Umgebaute kleine Häuser in Vorstädten. Häuser in den Niederlanden, Belgien und im Mittelmeergebiet.

Das grüne Zimmer als Mischbereich zwischen Privatsphäre und Öffentlichkeit (Quelle: Günter)

5. Wege
Die Hausecke

Ein Arbeiter: «Wenn ich von der Arbeit komme und gegessen habe, dann muß ich mich immer vorn ans Haus stellen und erst mal eine Viertelstunde gucken.»

- Der Mann steht mit dem Rükken zur Wand, hat also «Rükkendeckung». Das sichert ihn unterbewußt; es macht ihn angstarm. Daher ist er auch so gefestigt, daß er gern Kontakt aufnimmt, wenn einer vorbei kommt und durch sein Verhalten zeigt, daß er es nicht eilig hat. Dann halten beide ein Schwätzchen.

- Von der sicheren Stelle seines «Territoriums» aus hat der Mann einen Überblick über die Straße – über sein Revier, d. h. über den Bereich, der ihm vertraut ist.

- Das Funktionieren dieses sozialpsychologischen Zusammenhanges trägt wesentlich zur inneren Sicherheit, zum Selbstbewußtsein und zum Wohlbefinden der Bewohner bei.

Beispiele: Altstädte. Arbeitersiedlungen.

Ein fast archaisches Bedürfnis: an der Hausecke lehnen. (Quelle: Günter)

Der Gang ums Haus

Das Wegenetz ist gelegentlich so angelegt, daß man rund um das Haus oder um den Häuserblock gehen kann. «Wenn ich drin bin, nach einer halben Stunde, dann muß ich wieder raus. Dann geh ich mal um das Haus und guck mal, was da passiert». Richard Neutra hat auf solche psychologischen Entlastungsmöglichkeiten hingewiesen, die sich durch bestimmte Gestaltungsweisen der Architektur ergeben.

- Da der Innenraum nicht nur das Gefühl der Geborgenheit, sondern mitunter auch der Beengung schafft, muß es Möglichkeiten des Ausgleichs geben.
- Die Tatsache, daß man um das ganze Haus herumlaufen kann, verschafft den Bewohnern das Gefühl, rundum Übersicht zu haben.

Beispiele: Arbeitersiedlungen. Bauernhöfe. Altstädte. Einfamilienhäuser.

Der Wohnweg

Gelegentlich liegt zwischen Wohnung und Garten oder zwischen den Gärten ein halböffentlicher Wohnweg.

- Hier eignen sich die Bewohner den öffentlichen Raum für private Beschäftigungen an.
- Privates kapselt sich also nicht ab, sondern macht sich öffentlich.
- Die Bewohner lernen, keine Angst vor Einsehbarkeit zu haben. Untersuchungen bestätigen, daß dies bei frühzeitiger und langer Übung sehr wohl möglich ist und von den Leuten als positiv empfunden wird – als Teil eines guten nachbarschaftlichen Zusammenlebens.

Beispiele: Arbeitersiedlungen. Siedlungen in den Niederlanden und in Belgien.

Der überdeckte Laubengang

Der Laubengang ist eine uralte Form des überdeckten Bürgersteiges.

- Hier kann man bei schlechtem Wetter regen- und windgeschützt gehen.
- Der Fußgängerbereich wird stärker gegen den Autobereich abgegrenzt und dadurch geschützter.

Rechts: Der Wohnweg als bevorzugte Kommunikationszone ist weder öffentlich noch privat. (Quelle: Günter)

Links: Der Gang ums Haus: mal gucken, ob was passiert. (Quelle: Günter)

● Er erhält vielfältige Nutzungsmöglichkeiten.
Beispiele: Historische Altstädte
(zum Beispiel Bern, oberitalieni-
sche und österreichische Städte,
Landshut, Münster). Neubauten,
unter anderem in Zwolle.

6. Der Garten

«Was nutzt der schönste Freizeitpark, wenn ich ihn nur mit einem
Auto erreiche», klagen viele Bewohner von Hochhäusern. Der
Garten am Haus hat die günstig-
ste Erreichbarkeit und wird daher
auch am häufigsten und intensivsten genutzt – vor allem von Kindern und alten Leuten.

Gärten anzulegen ist auch heute noch möglich: Man kann bei
geschickter Planung Reihenhäuser mit kleinen Gärten errichten,
die die gleiche Baudichte wie
Hochhäuser haben.

Der Garten besitzt für viele
Menschen auch in Zukunft eine
Fülle unersetzlicher Gebrauchs-
werte:

● Für viele Menschen senken
Gartenerträge die Lebenshaltungskosten. Mit dem einge-
sparten Geld können sie andere Möglichkeiten realisieren.

● Wer einen Garten hat, kann
über diesen Freiraum selber
verfügen und ihn nach seinen
eigenen Zielen gestalten und
muß nicht hinnehmen, was ihm
ein Planer oder sonst jemand
vorgibt. Er ist kein passiver
Konsument des Freiraumes,
sondern ein aktiver Gestalter.

● Die Wachstumsvorgänge der
Natur können beobachtet werden – wo sonst hat der Mensch
noch Erfahrung mit Natur?

● Im Garten kann Eigeninitiative
im Kleinbereich trainiert werden. Wie kann man von Menschen Eigeninitiative in anderen Bereichen fordern – etwa
im Beruf oder im politischen

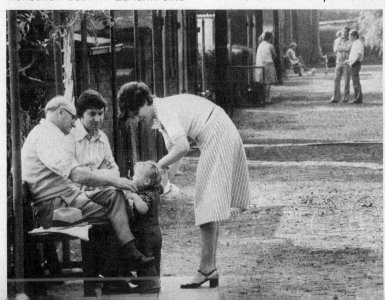

Leben –, wenn sie nicht von Kind auf Möglichkeiten haben, sie im Kleinbereich einzuüben?

- Der Garten ist eine Art Bauspielplatz für Erwachsene. Sie können hier all das ausführen, was wir für die Erziehung von Kindern und Jugendlichen für wichtig halten.
- Die vielen kleinen Erfolge der Eigentätigkeit, die Freude über das Gelingen von Gestaltung und Bepflanzung stabilisieren das Selbstbewußtsein und damit das psychische Gleichgewicht. Der amerikanische Ökonom Galbraith nennt die Gartenarbeit eine «sehr rentable *Glücksproduktion*».
- In Arbeitervierteln findet die Tätigkeit im Garten meist nicht in der Isolation statt, sondern es entstehen vielfache Beziehungen mit den Nachbarn: als Austausch bei Arbeiten, die einer nicht allein machen kann.

Beispiele: Altstädte. Arbeiterviertel. Arbeitersiedlungen. Einfamilienhäuser. (Vergleiche auch die Beiträge von Klaus Spitzer über Grün in der Stadt und Haus- und Mietergärten, Seite 150 und 167).

Der Garten, eine Stätte der «Glücksproduktion» (Quelle: Günter)

7. Der Wohnbereich als Werkstatt

Insbesondere für Arbeiter stellt jede Form von Basteln, das hier ohne jeden abwertenden Beigeschmack zu verstehen ist, ein uneingeschränktes Produzieren dar. Es ist das Weiterlaufen ihrer Arbeit im Wohnbereich – aber mit folgenden Vorteilen:

- Sie können frei darüber verfügen, was sie produzieren, wie sie produzieren und mit welchem Zeitmaß sie produzieren. Die Möglichkeit, konkrete Produkte selbst herzustellen, ist nicht nur ein wichtiger Bestandteil der Arbeiterkultur, sondern für alle wichtig, denen ihr Beruf nur einseitig spezialisierte Leistungen abfordert und nicht mehr die Herstellung ganzer Produkte erlaubt. Beim Basteln werden trainiert: Motorik, Kreativität, handwerkliche, organisatorische, kooperative und ästhetische Fertigkeiten.
- Die Intelligenz, die im Bauen und Basteln liegt, hat besondere Charakteristiken, sie ist soziale Intelligenz und experimentelle Intelligenz.
- Gerade das Basteln unter eingeschränkten Bedingungen erfordert oft (wie beim Selbstbau ganzer Häuser) die Hilfe der Nachbarn. In der gemeinsamen Kooperation und wechselseitigen Aushilfe entwickeln und stabilisieren sich Sozialbeziehungen wie kaum sonst.
- Eine Wohnumwelt wie die des sozialen Geschoßwohnungsbaus (das heißt ohne räumliche Möglichkeiten dafür) hindert große Bevölkerungsteile daran, die elementaren Bedürfnisse nach dem handwerklichen Umgang mit Dingen zu befriedigen.
- Nicht zu vergessen: Für viele ist Basteln auch eine Hilfe zur Verbesserung schmaler Einkommensverhältnisse.
- Das Basteln an den Häusern hat volkswirtschaftlich einen hohen Wert, in dem es zur Erhaltung und Modernisierung des Wohnungsbestandes beiträgt.
- Räumliche Voraussetzungen dafür sind Keller und Schuppen, die als Werkstatt eingerichtet werden können, und ein Stück Freiraum in Hof und Garten, ferner Lagermöglichkeiten für Geräte und Material.
- Die Weiterverwendung gebrauchter Materialien (Bretter, Balken, Eisenstangen, Abdeckmaterialien, Steine usw.) stellt eine Art sinnvollen privaten Recyclings dar.
- Die Leute üben Vorratshaltung, das heißt, sie denken und sorgen voraus, entwickeln dadurch ein besonderes Verhältnis zur Zeit: In der Gegenwart über den Moment hinaus zu handeln und Vergangenes für die Zukunft aufzuheben, eine solche Einstellung erwirbt man in der Regel nicht abstrakt, sondern im Umgang mit konkreten Dingen; wo man nichts aufbewahren und lagern kann,

Handwerklicher Umgang mit Dingen ist ein elementares Bedürfnis.
(Quelle: Günter)

da wird automatisch eine Wegwerfmentalität gezüchtet, und umweltverantwortliches Denken kann sich nicht entwickeln. *Beispiele:* Bauernhöfe. Altstädte mit Schuppen usw. in den Hinterhöfen. Einfamilienhäuser, Arbeitersiedlungen.

8. Die selbstgestaltete Architektur

Bauen ist eine sehr menschliche Leidenschaft, und seine Architektur selbst zu machen, eine der frühesten und wichtigsten Arten zu produzieren.

Im Selberbauen, Umbauen, Ausbauen, Reparieren, in der Findigkeit, aus wenig mehr zu machen, werden außerordentlich viele menschliche Fähigkeiten geübt und entfalten sich die unterschiedlichsten Möglichkeiten:

- Organisations- und Koordinationsvermögen,
- soziale Kooperation,
- praktisch-experimentelle Phantasie.
- Alte Leute, die nicht mehr im Arbeitsprozeß stehen, können weiterarbeiten – entsprechend ihren Fähigkeiten. Sie bleiben Teil der Sozietät und erleiden keinen «Arbeitsbankrott».
- Kinder lernen spielend befriedigende Formen der Arbeit kennen.
- Wer seine Umwelt selbst gestalten kann, identifiziert sich mit ihr und wird sie auch verantwortlich pflegen und weiterentwickeln im Gegensatz zu Bereichen, die angeblich allen, in Wirklichkeit aber niemand gehören (zum Beispiel der Flur eines Hochhauses).

(Vergleiche den Beitrag von Wilfried Dechau über Selbstgestaltung, Seite 84).

9. Tiere

Tiere kann man nur halten, wo genügend Platz und Auslauf vorhanden sind und wo die Störungen, die Tiere unvermeidlich mit sich bringen, den Nachbarn nicht viel ausmachen. Die Hausordnungen von Hochhäusern müssen zwangsläufig Tierhaltung verbieten, denn die Wohnungen sind dort so gebaut, daß aufgrund der Enge, der Hellhörigkeit der Wände und der Bauorganisation jede Störung nahezu unerträglich wird.

- Haustiere, wie Hunde, Katzen und Kaninchen, sind schon seit langer Zeit keine Nutztiere mehr. Die Tatsache, daß sie nicht ausgestorben sind, weist darauf hin, daß sie aus anderen Gründen «nützlich» sind.
- Im Umgang mit Tieren lernen und üben Kinder und ebenso Erwachsene Verantwortung für lebende Wesen («Sorge»), sie schulen ihre Beobachtungsfähigkeit für Verhalten und Reaktionsfähigkeit auf Verhalten.

- Therapeutisch sind Tiere ein unkomplizierter Ersatz für unzulängliche oder ungenügende soziale Wechselbeziehungen, vor allem bei Kindern und Alten.
- Tiere sind auch zum Spaß da: Sie haben einen Entspannungs- und Entlastungseffekt. (Vergleiche auch das Lernbeispiel 4, Seite 385.)

Beispiele: Bauernhöfe, Einfamilienhäuser. Wohnboote in den Niederlanden. Arbeitersiedlungen.

Im Ruhrgebiet haben sich viele Bewohner große Volieren gebaut. (Quelle: Günter)

10. Die Straße

Einer der folgenreichsten Irrtümer ist die Annahme, daß jede Straße für das Auto befahrbar sein muß. Nachdem der Autoverkehr das Leben im Freiraum weitgehend unmöglich gemacht hat, beginnt man in vielen Ländern wieder damit, verkehrsfreie Zonen beziehungsweise Straßen zu schaffen, in denen das Auto dem Fußgänger untergeordnet ist. (Siehe dazu auch den Beitrag von Sebastian Knauer über Verkehr und Wohnen, Seite 177.)

Hier kann sich das Leben bei gutem Wetter wieder – wie seit Jahrtausenden – vor dem Haus abspielen. Es kann sich also wieder Öffentlichkeit bilden, und jeder einzelne erfährt dadurch eine Bereicherung seines individuellen Lebens.

Und umgekehrt: Er kann sein individuelles Leben in die Öffentlichkeit einbringen, um die Öffentlichkeit zu bereichern.

- Auf ruhigen Straßen steigt nachgewiesenermaßen die Häufigkeit der Aufenthalte im Freiraum.
- Kinder spielen, fahren Fahrrad, Roller oder Rollschuhe.
- Liegen zudem die Häuser so, daß sich die Straße als Ergänzung und Erweiterung des Innenraums anbietet (wie es in allen Altstädten seit jeher der Fall war), dann sitzen die Leute vor der Tür, stehen am Haus, sprechen von der Straße aus mit jemandem, der «im Fenster liegt» und bilden Gruppen. Vor allem

für Stadtquartiere, die zuwenig wohnungsbezogenen Freiraum haben, sind Wohnstraßen eine sehr billige Verbesserung der Lebensqualität.
- Die Straße ist nicht nur Verkehrsschleuse, sondern Betätigungs- und Kommunikationsraum für die Bewohner.

Beispiele: Westerquartier in Delft. Viele niederländische Stadtviertel. Arbeitersiedlung Eisenheim in Oberhausen.

11. Szenerien

Wenn Kinder eine Szenerie vorfinden (verstanden als vielfältiges Verhaltensangebot an Räumen und Dingen), werden sie zum Spielen angeregt.
- In alten Häusern, vor allem auf dem Land, ist die Szenerie in der Regel so offen, daß die Kinder selbst daran weitergestalten können, zum Beispiel durch den Bau von Hütten, Buden, Zelten, Erdlöchern, Abgrenzungen.

Intensivinterviews mit Kindern in zwei Hochhausbereichen ergaben: Die meisten wünschten sich ein Leben auf dem Bauernhof. Tatsächlich hat er einen besonders breiten Umfang an offener Szenerie.
- Kinder sind meist konstruktiv, wenn sie Konstruktives tun können. Wenn die Wohnumwelt konstruktives Verhalten aufgrund mangelnder Szenerie verhindert, steigt die Anzahl destruktiver Verhaltensfälle und damit auch die Wahr-

Wenn der Verkehr nicht dominiert, wird die Straße zum Lebensraum der Bewohner.
(Quelle: Günter)

Lebendige Straßenszenerie in Berlin-Kreuzberg (Quelle: Kramer)

scheinlichkeit, daß sich Verhaltensstörungen dauerhaft festsetzen und lebenslänglich psychisch «verpanzern».
- Konstruktive Szenerie ermöglicht es Kindern, konstruktive Sozialbeziehungen untereinander und auch zu anderen Generationen aufzubauen.

Beispiele: In jeder Stadt. Dörfer. Bauernhöfe (als Traum jedes Stadtkindes). Bauspielplätze.

Die Sozialbrache
Zwischen den Gärten gibt es oft einen Flecken Brachland, auf dem sich häufig Gerümpel, Schrott und andere Materialien sammeln. Für Kinder ist dies ein Raum, der keine Regeln besitzt, ein wirkliches Abenteuergelände.
- Hier können sie Unerwartetes entdecken und ihre Reaktionsfähigkeit trainieren.
- Hier können sie ausprobieren und experimentieren (experi-

mentelle Intelligenz).

- Die Gegenstände lösen Assoziationen und Ratespiele über ihren früheren und über ihren möglichen neuen Spielgebrauch aus. Das regt die Kombinatorik, das Vorstellungsvermögen und die Phantasie an.
- Der Abfallplatz ist «rohes Gelände» (Hartmut von Hentig), unfertig, offen und eignet sich daher meist besser als alle fertigen Spielplätze für Eigen- und Umschöpfungen.

Beispiele: Bahndämme. Trümmergrundstücke. Baugrundstücke. In Bickerseiland (Amsterdam) bauten sich die Bewohner einer Straße zum Beispiel auf einem solchen Grundstück Ställe für Tiere – als eine Art Zoo für ihre Kinder.

Restflächen zwischen der Bebauung sind für Großstadtkinder als wildes Spielgelände oft sehr reizvoll. (Quelle: Ullmann)

12. Kommunikationsvehikel

- In Freiräumen, wo viel los ist, gibt es viele Gesprächsbrücken: Das können Tätigkeiten, Gegenstände, Tiere oder kleine Ereignisse sein. Sie charakterisieren sich dadurch, daß man sich über sie unmittelbar, ohne Anforderungen, ohne Förmlichkeiten, gelockert und angstfrei unterhalten kann.

- Erst auf der Ebene solcher harmloser Wechselbeziehungen können sich komplizierte, konfliktreichere und dadurch komplexere soziale Wechselbeziehungen aufbauen. Wo dies nicht möglich ist, weil die Wohnumwelt keine oder nur sehr wenig Kontaktbrücken bietet, entsteht kaum mehr als nur flüchtige Kommunikation.

(Vergleiche vor allem den Beitrag von Klaus Spitzer/Karola Baumann/Iris Salzmann über Kommunikation in der Stadt, Seite 45.)

Übrigens kann man einen ähnlichen Aufbau der Kommunikation bei Geschäftsbesuchen, in Verwaltungssitzungen und sogar bei Staatsbesuchen beobachten («Zigarette?», «Wie war die Fahrt?»)

Eine sozial orientierte Architektur hat Raum für eine Vielzahl von Objekten. Diese wiederum sind der Anlaß für eine Fülle zwischenmenschlicher Situationen, in denen sich Kommunikation vollzieht.

Beispiele: Altstädte. Arbeitersiedlungen. Urlaubsorte.

Zum festen Bestandteil des Milieus in manchen Arbeitersiedlungen gehören diese Schrotthändler mit Pferd und Wagen. (Quelle: Günter)

13. Anreicherungselemente

Wenn ein Viertel aufgrund einer Fülle architektonischer Elemente ein spezifisches «Milieu» besitzt, dann kommen meist zusätzliche Anreicherungselemente hinzu, die für Lebendigkeit und Gesprächsstoff sorgen.

Beispiel: In der Arbeitersiedlung Eisenheim (Oberhausen) kommen mehrmals in der Woche «Klüngelskerle» (Schrotthändler) durch die Siedlung.

- Sie machen mit ihren Flöten eine Musik, die die Leute ebensowenig missen möchten wie das Glockenspiel in der Fußgängerstraße im Zentrum.
- Die Kinder haben ihren Spaß an Pferd und Wagen.
- Die «Klüngelskerle» gehören zur Atmosphäre des Viertels. Voraussetzung dafür, daß sie kommen, ist die Tatsache, daß in der Siedlung Raum zum Aufbewahren und zum Basteln mit Materialien ist. Wo dieser Raum fehlt, gibt es auch keine Schrotthändler mehr.

Beispiele: Niederländische Altstädte. Arbeitersiedlungen.

(Quelle: Günter)

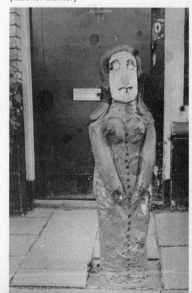

Das eigene «Kunstwerk»

In vielen Gärten sieht man, daß die Bewohner zu ihrer und ihrer Nachbarn Freude aus mancherlei Bestandteilen eigene Phantasie-Objekte geschaffen haben. Diese aus der Warte einer am Begriff der hohen Kunst orientierten Ästhetik oft als Kitsch diffamierten Produkte zeigen jedoch ganz im Gegenteil, wie schöpferisch die Menschen sind, wenn man sie nicht verunsichert.

14. Umnutzung

Ein wichtiges Kriterium, das eine soziale Architektur auszeichnet, ist die Anpassungsfähigkeit für neue Nutzungen. So bauten zum Beispiel die Bewohner der Arbeitersiedlung Oberhausen-Eisenheim alte, nicht mehr genutzte Waschhäuser zu einem Volks-, Jugend- und Kinderhaus (für Schularbeitshilfe, Spiele, Feste, Bücherei usw.) um.

In Neubausiedlungen gibt es – außer den vorausgeplanten Nutzungen, die häufig nicht angenommen werden – meist keine baulichen Gelegenheiten für die Bewohner, in Selbstorganisation eigene Aktivitäten nach eigenem Bedarf zu entfalten. So merkwürdig es also manchem Planer erscheinen mag, verwildertes Gelände (Sozialbrache) und leerstehende Gebäude, mögen sie auch halb verfallen sein, tragen oft mehr zur Eigeninitiative, Identifikation mit dem Quartier, mithin der Wohnqualität bei, als das schöne Hallenschwimmbad oder das schicke Bürgerhaus, auf das die Gemeinderäte so stolz sind.

Auch dies sind architektonische Elemente, welche häufig genug die Wohnumwelt bestimmen: Dokumente einer unsozialen Architektur ohne Gebrauchswert, lebens- und bewohnerfeindlich. (Quelle: Ullmann)

Didaktische Hinweise

Der Beitrag ist so gegliedert, daß er auch als eine Art Checkliste oder Frageleitfaden verwendet werden kann, mit dessen Hilfe Schüler ihre eigene Wohnumweltsituation selbst überprüfen können: Welche der genannten Elemente finden wir in der eigenen Wohnumgebung, im Stadtquartier, in der Gesamtstadt, welche fehlen, welche nicht genannten Elemente finden wir zusätzlich?

Da eine an sich notwendige, vergleichende, systematische Beobachtung der unterschiedlichen Freiraumaktivitäten und Nutzungsqualitäten aus zeitlichen Gründen kaum in Frage kommt, sollten die Schüler zumindest ihre eigene, engere Wohnsituation genauso beobachten und protokollieren. Das kann unter anderem geschehen durch:

1. eine Art sozialer «Bauaufnahme» mittels Fotografien des Hauses (Eingänge, Fenster usw.), des Straßenraumes, des Bereichs hinter dem Haus, der Nachbarhäuser usw.
2. Beobachtungsprotokolle «Blick aus dem Fenster» a) nach vorn, b) nach hinten, zu bestimmten Tageszeiten, wochentags und sonntags: Was sehen wir an Aktivitäten, an Kommunikation?
3. Gedächtnisbeschreibung: Wen kenne ich im Haus, in der Straße, im Baublock, im Quartier? Wie oft sieht man sich, was spricht man miteinander und bei welcher Gelegenheit (Kommunikationsanlässe beziehungsweise -vehikel)?
4. Fototagebuch: ein Gang durch das Viertel. Was fällt mir besonders auf, was gefällt mir, was sehe ich an Formen der Selbstgestaltung?
5. Interviews mit einigen Leuten aus der Nachbarschaft, zum Beispiel der alten Frau gegenüber, die spätnachmittags, wenn die Leute von der Arbeit kommen, immer im Fenster liegt.

Nach Auswertung dieser verschiedenen Sozialdokumentationen, die die Schüler selbst angefertigt haben, könnte man die Aufgabe stellen, ein kleines Wohngebiet mit allen Elementen zu skizzieren (Zeichnungen, Modelle usw.), die man selbst gerne in und um das Haus herum hätte. Stichworte dazu: zum Beispiel ein Stück Sozialbrache (was würden wir damit machen), einige leerstehende kleine Gebäude, Wohnwege, eine Straße, in der das Auto dem Fußgänger gehorchen muß, Tierhaltung.

Literatur

I. Boström/R. Günter (Hg.): Arbeiterinitiativen im Ruhrgebiet. (Verlag für das Studium der Arbeiterbewegung) Berlin 1976.
Präzise Übersicht über die verschiedenen Initiativen im Ruhrgebiet, die um die Erhaltung ihrer mit hohen Qualitäten ausgestatteten Wohnquartiere kämpfen. Dazu ausführliche Literaturangaben und Materialienhinweise (zum Beispiel Filme).

Ch. Dellemann u. a.: Burano. Kommunikation, Sozio-Ökonomie, Städtebau. Eine Stadtbeobachtungsmethode zur Beurteilung der Lebensqualität. (Forschungsstelle Eisenheim) Oberhausen 1976.
Hier wird am Beispiel der Insel Burano bei Venedig eine einfach anzuwendende Methode vorgestellt, wie man die Sozialqualität der gebauten Umwelt erfassen kann.

Projektgruppe Eisenheim: Rettet Eisenheim. (VSA) Berlin 1973.
Dokumentation über die Lebensqualitäten in einer alten Arbeitersiedlung im Ruhrgebiet.

Materialien

R. und J. Günter: Soziale Architektur und ihre Elemente. Sonderdruck, herausgegeben von der Arbeitsgemeinschaft Wohnberatung e. V.
Zu beziehen (auch in Klassenstärke) über:
Deutscher Werkbund e. V.
Alexandraweg 26
6100 Darmstadt
Die 48seitige Broschüre ist eine Zusammenfassung des Beitrages in diesem Band. Weitere Materialien (zum Beispiel Dia-Serien) können nach Anfrage bestellt werden bei:
Forschungsstelle Eisenheim
für Arbeiterwohnen
Werrastraße 1
4200 Oberhausen 12.
Eine Dia-Serie zum vorliegenden Beitrag ist zu beziehen beim Deutschen Werkbund e. V. (Siehe auch Verzeichnis der Zusatzmaterialien im Anhang.)

Klaus Spitzer/Karola Baumann/Iris Salzmann

Kommunikation in der Stadt

Thema dieses Beitrags ist die Wechselwirkung zwischen der Gestaltung städtischer Freiräume und der kommunikativen Nutzung durch die Bewohner. Freiräume einer Stadt sind alle nicht überbauten privaten und öffentlichen freien Räume im Stadtgebiet. Sie sind heute fast immer nur Negativraum, der freigebliebene Rest zwischen den Gebäuden, doch sollte ihre Gleichwertigkeit zur gebauten Architektur erkannt und mit ihr in Zusammenhang gestaltet werden. Freiraum und Bauten stehen zueinander in wechselseitiger Beziehung.

Von den vielfältigen Funktionen der Freiräume ist eine der wichtigsten ihre Nutzung als kommunikativer Bereich. Der Wohnwert einer Stadt wird durch den Nutzwert ihrer Freiräume geprägt. Das Verhalten der Menschen in ihnen ist abhängig von ökonomischen, politischen und sozialen Bedingungen. Architektur und Freiräume, selbst von diesen Faktoren bestimmt, schaffen diese aber auch mit und beeinflussen in hohem Maße das Verhalten und Befinden der Bewohner. Innen- und Außenräume bilden die architektonische Hülle, in der sich Kommunikation abspielt. Sie können diese fördern, erschweren oder verhindern.

Kommunikation als Kriterium der Demokratie

Der Mensch als soziales Wesen braucht Kommunikation, in erster Linie durch das Medium Sprache. Miteinander sprechen heißt: in direkten Kontakt zum anderen treten, Gedanken austauschen, Nachrichten übermitteln, voneinander lernen, einander helfen. Kostenlose Gesprächstherapie entspannt, verhindert Vereinsa-

mung und damit Neurotisierung.

Frei gewählte zwischenmenschliche Beziehungen (Kommunikation) sind wichtige Voraussetzungen für die psychische Gesundheit des einzelnen (Selbstbewußtsein, Selbstdarstellung, Selbstbehauptung, Willensbildung, Urteilsfähigkeit). Kommunikation schafft aber auch Aufklärung, Politisierung, Solidarität, kurz, sie bedeutet Demokratie. Voraussetzung ist, daß sich möglichst viele Menschen zwanglos begegnen. (Diktatoren wissen dies sehr genau und verhindern direkte zwischenmenschliche Beziehungen: Ausgangsbeschränkung, Aufheben der Versammlungsfreiheit, Verbot von Gesprächsgruppen auf den Straßen – Kontakte werden verordnet, reglementiert, manipuliert.)

Häufige zwischenmenschliche Beziehungen unterschiedlicher Intensität (Kommunikationsdichte) sind also ein erstrebenswertes Ziel des Zusammenlebens in Siedlungen aller Größenordnungen. Eine Stadt ohne Kommunikation stirbt.

Architektur schafft Kommunikationsräume
Es ist nicht nur die Wohnung selbst, deren Größe, Grundriß und Komfort die Lebensqualität mitbestimmt, die heute in ihrer baulichen Struktur vielfache Schranken zur Außenwelt setzt (Haustür – Hausflur – Wohnungstür – Wohnungsflur) und dadurch die Klein-

familie isoliert, sondern auch das Umfeld der Wohnung, dessen Wert sich nicht nur in den herkömmlichen Kriterien einer genügenden Besonnung und Belüftung ausweist, sondern vielmehr in den sozialen Qualitäten, den kommunikativen Möglichkeiten, die der Freiraum bietet, und den Folgeeinrichtungen, die angeboten werden.

Architektur steht zur Kommunikation in einer direkten Beziehung. Jeder kann beobachten, wie bestimmte bauliche Voraussetzungen Kontakte beleben oder ersticken.

Kommunikationsfördernde Architektur ist offen, kleinteilig, verschachtelt, abwechslungsreich, nach menschlichen Maßstäben strukturiert. Sie schafft unregelmäßige Straßen mit kleinen Plätzen und bergenden Nischen, ganz im Gegensatz zu den geschlossenen, abweisenden, repräsentativen monumental-bombastischen Bauwerken, zu den riesigen Aufmarschplätzen und übersichtlich breiten Straßenfluchten demokratiefeindlicher Systeme.

Ursachen einer kommunikationshemmenden Architektur

Trennung von Öffentlichkeit und Privatheit
Auch ein die Entfremdung produzierendes, auf Konkurrenz aufgebautes Wirtschaftssystem wird eine kommunikationsfördernde

Architektur als ihm wesensfremd erschweren. Die in unseren Städten stattfindende Reduktion des öffentlichen Lebens, der Rückzug in die Privatsphäre mit ihrer totalen Scheidung vom öffentlichen

Bereich, die gleichzeitig erfolgende Kommerzialisierung kommunikativer Orte – sitzen, ausruhen und sich unterhalten kostet Geld – hat sozio-ökonomische Hintergründe. Das Bürgertum mit seiner auf Konkurrenz aufgebauten Wirtschaftsform verinnerlichte diese und brachte sie auch in seinem Lebensstil zum Ausdruck. Man zog sich in seine Privatsphäre zurück, die nach außen streng abgeschirmt wurde. Dies fand architektonisch seine Form in Vorgärten, hohen Zäunen und distanzierenden Häuserfassaden. Der Umwelt gegenüber wurde Wohlhabenheit zur Schau gestellt. Die öffentliche Kommunikation beschränkte sich auf das Flanieren und die Repräsentationsfahrten in der Kutsche auf den neugebauten Boulevards. Diese Straßen wurden später folgerichtig zu Einkaufsstraßen. Die Trennung zwischen privater Kommunikation in den eigenen vier Wänden – nur nach umständlichen Riten in Gang gesetzt – und geschrumpfter öffentlicher Kommunikation hat sich bis heute eher noch verstärkt.

Trennung von Wohnen und Arbeiten

Die strenge Scheidung der Funktionsbereiche Arbeiten und Wohnen laugte die Wohnviertel aus und reduzierte dadurch die Anreize zum Aufenthalt im Freien.

Das Bestreben nach Rückzug in die schützende Privatsphäre der eigenen Wohnung (My home is my castle) ist psychologisch auch zu verstehen im Zusammenhang mit einer Arbeitssituation, in der jeder einzelne dem harten Konkurrenzkampf ausgeliefert ist und so die Umwelt als feindlich erfährt. Der Stadtbewohner lebt überdies in der unüberschaubaren Bevölkerungszusammenballung unserer Großstädte weitgehend anonym und ist bestrebt, sich von der Masse zu isolieren. Der Wunsch nach einem Eigenheim im Privatbesitz hat neben dem anerzogenen Streben nach Eigentum, dem Traum von der Erholung in der Natur weit draußen im Grünen und den überhöhten Bodenpreisen im Innern der Stadt hier eine der wichtigsten Wurzeln. Die Erziehung liefert den Überbau mit der bürgerlichen Lehre vom autonomen, sich selbst genügenden Individuum.

Isolierung im Eigenheim

Der berechtigte Wunsch der Bevölkerung nach ruhigem Wohnen, gesunder Luft und erholsamem Grün scheint sich als Folge jahrzehntelanger Propagierung und finanzieller Förderung des Eigenheims nur noch erfüllen zu können im – mit oft lebenslangem Verzicht erkauften – eigenen Häuschen am Stadtrand. Und für die weniger «Glücklichen» baut man Wohnsilos mit der längst widerlegten Begründung, man gewänne mehr Freiräume zur Erholung, es sei billiger und eine hohe Wohndichte sei «urbaner». Gleichzeitig fördert man die private Wohnidylle durch einen werbewirksam verbreiteten Schöner-Wohnen-Kult.

Die Folgen – wenn auch den Bewohnern häufig noch gar nicht bewußt – sind eine totale Isolation und Privatisierung. Man sehe sich einmal eine Bungalowsiedlung am Stadt- oder Dorfrand an. Kollektives Bewußtsein und Solidarität der Bewohner kann sich hier nicht mehr entwickeln, gemeinsame Interessen werden nicht mehr wahrgenommen, und ein Wunsch nach Veränderung kann nicht mehr entstehen. Man leidet zwar unter der Isolierung, doch ohne die Ursache zu erkennen und unfähig, sie zu verändern.

Wo es Kommunikation noch gibt

Noch heute finden wir im Mittelmeerraum – im Gegensatz zum uns gewohnten Verhalten der westeuropäischen Stadtbewohner – häufig ein vielfältiges öffentliches Leben auf der Straße, vor dem Haus und in den reich gegliederten halböffentlichen Zonen. Roland Günter hat für die Arbeitersiedlungen nachgewiesen, daß auch bei uns heute noch – unter bestimmten sozialen Voraussetzungen – ein kommunikatives Leben im öffentlichen und halböffentlichen Freiraum möglich ist und existiert. (Vergleiche den Beitrag von Roland und Janne Günter über Elemente sozialer Architektur, Seite 10.)

Das Mittelmeerklima begünstigt zwar die zwischenmenschlichen Kontakte in der Öffentlichkeit, ist jedoch nicht die Ursache. Auch im nord- und westeuropäischen Klima können wir bis zur Mitte des vorigen Jahrhunderts ein intensiveres Straßenleben beobachten (vergleiche alte Bilder, Berichte). Neuere Untersuchungen einiger Siedlungen nördlich der Alpen haben außerdem sehr verschiedene Kommunikationsdichten ergeben (Dardel u. a., 1975):

- Burano (Fischerdorf bei Venedig) 78 Prozent
- Neubausiedlung in Duisburg 9 Prozent
- Bielefeld 22 Prozent
- Eisenheim (Arbeitersiedlung in Oberhausen) 48 Prozent
- Caen (Dorf in Frankreich) 52 Prozent

Dies zeigt, daß der Grad der Kommunikation zwar zunächst sozio-ökonomische, aber auch architektonische Ursachen hat und damit auch veränderbar ist. Im Gegensatz dazu steht die These von der Anonymität des kontaktlosen Großstädters (Hans Paul Bahrdt), die den Status quo absolut setzt und somit Veränderungen verhindert.

Beispiel Fischerort Burano
Der mittelalterliche Fischerort Burano (5678 Einwohner, Insel in

BURANO
Stadtplan
● BEOBACHTETE BEREICHE

Insellage; Kanäle zum Fahrverkehr, Straßen für Fußgänger; verschiedene Straßenformen (breite Hauptstraße, Kanalstraßen mit meist beidseitigen Gehsteigen, Gassen, verschiedene Platzformen); nur selten abgetrennte Privatgärten oder eingezäunte Grundstücke; versetzte Häuserfronten zur Straße schaffen Kommunikationsräume. (Quelle: Günter)

der Lagune von Venedig) dient als Beispiel für eine relativ intakte Kommunikation. An der hier noch überschaubaren Struktur sind die Zusammenhänge ablesbar zwischen einer bestimmten sozio-ökonomischen Situation, der ihr entsprechenden Architektur (Bauten und Freiräume) und den sich hier bildenden spezifischen Verhaltensweisen in den zwischenmenschlichen Beziehungen (vergleiche hierzu: Dellemann u. a., 1975).

Eine «Kanalstraße»; Kanäle zum Fahrverkehr, beidseitige Straße für Fußgänger; multifunktionale Nutzung (Verkehr, Kommunikation, Arbeit, Spiel); zweigeschossige Häuser, ebenerdige Eingänge, niedrige Fenster; Gebrauchs-, nicht Repräsentationsarchitektur; menschliche Maßstäbe; in Eigenarbeit gestrichene, individuell verschiedene, kräftig bunte Fassaden (Identifikation). (Quelle: Spitzer)

Abwechselnd enge Gassen und hofartige Plätze; private und öffentliche Nutzung; Spielbereich, Arbeitsplatz, Abstellfläche, Durchgangsweg (Multifunktionalität); gemeinsame Wasserstelle als Kommunikationskern. (Quelle: Spitzer)

Schattengebende Enge der Gassen; kein Fahrverkehr, Bürgersteige überflüssig; Türschwellenbereich als Kontaktzone; Haustüren ständig geöffnet; öffentlicher Raum als gemeinsamer Nutzraum (Wohnungsmobiliar); Spitzenklöpplerinnen (Nebenverdienst) in Gruppenarbeit; Kinder nicht isoliert. (Quelle: Spitzer)

Geschützter Winkel durch Zurücknahme der Bauflucht, Raum für Sitzgelegenheiten; Restaurant als Treffpunkt ohne Verzehrzwang, Bedienung erst auf Zuruf. (Quelle: Spitzer)

Blumentöpfe und -kübel vor der Haustür (dekorative Funktion); Büsche schaffen intime Zone; Erweiterung der Wohnung durch Tische, Stühle, Sonnenschirm; großer Baum als Schattenspender für Aufenthalt vor dem Haus, als billige «Klimaanlage». (Quelle: Spitzer)

Nutzung des «Stadtparks» als Arbeitsplatz (Wäschebleiche), Versammlungsort, Spielbereich, Sportplatz; statt Repräsentation Befriedigung der Bedürfnisse; Integration der Kinder in das Arbeitsleben der Erwachsenen. (Quelle: Spitzer)

Die kommunikationsfeindliche Großstadt

Die zahlreichen Kommunikationsanlässe, wie wir sie in den Ortschaften des Mittelmeerraumes noch beobachten können, sind aus der modernen Großstadt verschwunden. Allenfalls finden wir sie noch in den Werkstatthöfen der Altbauviertel, den Arbeitersiedlungen und den Schrebergartenkolonien. (Vergleiche die Beiträge von Roland und Janne Günter über Elemente sozialer Architektur und Wilfried Dechau über Selbstgestaltung, Seite 10 und 84.) Einige Beispiele sollen Ursachen und Zusammenhänge dieser Entwicklung aufzeigen.

Die Verdrängung der Bewohner

Das ungeheure Anwachsen der Bodenpreise im Stadtinnern führte zu einer Verdrängung der Wohnhäuser, die im Vergleich zu Büros und Geschäften nicht mehr profitabel genug erschienen. Altstadtgebiete wurden und werden deshalb «saniert» und die Bewohner in Neubauviertel am Stadtrand umgesiedelt (Schlafstädte). Das Wohnen in zu großen Entfernungen vom Arbeitsplatz bewirkt neue Verkehrsprobleme und damit neue Straßenbauten, was wiederum Abriß von Wohnhäusern bedeutet. Die Wandmalerei in Amsterdam zeigt dies in karikierender Deutlichkeit.

(Quelle: Spitzer)

Die Monofunktionalität der Straße

Straßen waren früher nicht nur Verkehrsadern, sondern Hausvorflächen und damit Nutzungsflächen für die Anlieger, sie waren Arbeitsplatz, Markt, Begegnungsraum und Kinderspielbereich, auch Auslauf für die zahlreich gehaltenen Haustiere. Die Anlieger hielten gemeinsam die Straße in Ordnung (Kokkelink/Menke, 1977).

Die Straße war der wichtigste Ort städtischer Kommunikation.

Durch die seit der Industrialisierung ab Mitte des 19. Jahrhunderts erfolgte Trennung von Wohnung und Arbeitsstätte wuchs der Berufsverkehr – zunächst von den mittellosen Arbeitern zu Fuß oder per Fahrrad zurückgelegt – in enormem Maße an. Die technische Erfindung und schnelle Weiterentwicklung des Autos diente aber nicht dazu, den Verkehr durch öffentliche Verkehrsmittel abzufangen, sondern die wirtschaftlichen Interessen der Autoindustrie führten konsequenterweise zur privaten Nutzung des Autos.

So wurden in den letzten Jahrzehnten die vielen Funktionen der Straße auf eine einzige reduziert: Sie dient fast ausschließlich dem Verkehr. Die Richtlinien für die Anlage von Straßen (RAST) unterscheiden bei der Anlage nur noch nach dem Grad der Erschließung, das heißt nach der Verkehrsnutzung. Die Funktion als Begegnungsraum wird übergangen, stände sie doch auch einem zügigen Verkehrsfluß der zahllosen Privatfahrzeuge im Wege.

Kommunikation findet nicht mehr statt. Die Straße wird Rollbahn.

Zentrale Fußgängerzonen als Kaufreviere

In den Stadtkernen entstanden konzentrierte, stark belebte Einkaufsviertel. Doch das vielseitige, kommunikative urbane Leben, das wir aus Städten des Mittelmeerraumes heute noch kennen und das bis ins 19. Jahrhundert auch bei uns üblich war, reduziert sich hier zum Einkaufsrummel während der Geschäftszeiten.

Seit einigen Jahren richtet man in den Geschäftszentren unserer Städte in immer schnellerer Folge Fußgängerzonen ein. 1977 gab es bereits 444, meist jedoch nur aus wenigen und kurzen Straßenzügen bestehende, fahrverkehrsfreie Geschäftsstraßen in den Haupteinkaufsgebieten. Trafen sie zunächst bei den Ladenbesitzern auf Widerstände, so werden sie heute von ihnen gefördert, denn die Umsätze stiegen.

In manchen Städten entwickelte sich hier tagsüber ein neues kommunikatives Leben. War nur die Straße breit genug oder erweiterte sie sich zu kleinen Platzräumen, sah man dort bald wieder diskutierende Menschen, politische, humanitäre und religiöse Werbestände, Straßensänger, Musikanten, Pflastermaler, Theatergruppen, Zauberer und Artisten. Stellte man – wie in München – Bänke und Stühle auf, wurden auch nicht einkaufende Bürger angezogen.

Diese kommerziell orientierten Kaufreviere sind jedoch vom Ansatz her konsumfreundlich und kommunikationsfeindlich. Das Scheinleben am Tag mit seinen hastenden, nervösen Menschen erstirbt nach Geschäftsschluß. Und die Annehmlichkeiten des Fußgängerbereiches werden mit den überlasteten Parallelstraßen, die den zusätzlichen Verkehr aufnehmen müssen, viel zu teuer erkauft. (In Frankfurt nennt man das «Bleichstraßen-Effekt»: Die Zeil als Fußgänger-Einkaufsmarathonstrecke verkehrsfrei zu halten, kostete der Bleichstraße und anderen Straßen an der Zeil sozusagen das Leben, weil der Verkehr lediglich in sie abgedrängt wurde.)

Die verödete Schlafstadt

In den ausgestorbenen Schlafstädten gibt es im Freien keine Kommunikation mehr.

Eingeigelt in die Privatsphäre der Wohnung ersetzt man die direkten menschlichen Kontakte durch Telefon, Rundfunk und Fernseher. Der im Überfluß zur Verfügung stehende Freiraum, hier in Grigny, La Grande Borne, einer Satellitenstadt von Paris, bietet keinerlei Anreiz für einen Aufenthalt, ist überall einsehbar und darf aus falsch verstandener Ästhetik nicht einmal als Garten genutzt werden. Die sinnlichen Erlebnismöglichkeiten sind auf ein Minimum reduziert. Kleinteilige, halböffentliche Räume fehlen, private und öffentliche Zonen sind ohne Übergang voneinander getrennt. In vielen Hochhaussiedlungen ist überdies das Mikroklima im Freiraum zum Aufenthalt ungeeignet (Fußwirbel, Windgassen).

(Quelle: Spitzer)

Alternativbeispiele – Ansätze zur Veränderung

Eine Belebung städtischer Kommunikation kann nur im Rahmen einer Gesamtkonzeption der Humanisierung der Stadt erfolgen. Daß es auch im Freiraum der modernen Großstadt Möglichkeiten gibt, durch Architektur ein kommunikatives Leben zu ermöglichen und – in Grenzen – zu fördern, belegen einige Beispiele.

Das fast mediterrane Straßenleben in diesem Arbeiterwohnviertel in der Innenstadt von Utrecht zeigt, daß die Kommunikationsdichte von sozialen und architektonischen Faktoren und nicht allein vom Klima abhängt. Ein wesentliches Element ist die fußgänger- und anwohnerfreundliche Verkehrsplanung. (Quelle: Spitzer)

Revitalisierung von Stadtvierteln

Verkehrsberuhigende Maßnahmen wie in Delft schaffen eine Gleichberechtigung zwischen Auto und Fußgänger. Zusammen mit einer Verbesserung der Infrastruktur, der Restaurierung von Altbauten, der Anpflanzung von Grün und der Aufstellung von Bänken durch Eigeninitiative der Bewohner werden sanierungsbedrohte Stadtviertel neu aufgewertet.

Es entstehen wieder bewohnbare Straßen, Räume für den gehenden Menschen und so Möglichkeiten zu menschlichen Kontakten. Man begegnet sich wieder und spricht miteinander. Die Straßen werden auch für andere Zwecke als nur zum Verkehr benutzt, als Arbeitsplatz, Treffpunkt und Spielbereich.

(Quelle: Spitzer)

Belebung von Platzräumen

Die meisten Plätze sind zu groß. Fünf Jahrhunderte lang baute man Repräsentationsplätze, Aufmarschflächen und Plattformen für Herrschaftsarchitekturen. Zu Parkplätzen degradiert oder als ungenutzte, brachliegende Flächen liegen sie heute in sonst dicht bebauten Stadtvierteln.

Der zu allen Tageszeiten belebte Domplatz in Perugia, der von Fußgängern und Autofahrern gleichzeitig genutzt wird, zeigt beispielhaft, daß bei mäßigem Fahrverkehr (Umgehungsstraßen) auch heute noch eine kommunikative Nutzung städtischer Plätze möglich ist.

(Quelle: Spitzer)

Eine Wiederbelebung toter Platzräume kann erfolgen durch Wochenmärkte oder ständige Verkaufsstände, regelmäßige Veranstaltungen und Aktionen. Auf dem Londoner Covent Garden findet jeden Sonntagmorgen eine volksnahe Veranstaltung statt. Dieses Straßentheater prangert die Habgier von Bodenspekulanten an.

Ein architektonischer Umbau zu großer Plätze – bei nicht gerade kunsthistorisch wertvollen Zeugnissen der Vergangenheit – schafft kommunikationsfreundliche Räume: Raumbildung durch Anpflanzung von Büschen und Bäumen, kleinzelliger Umbau oder gar Umwandlung in Volksparks, Einrichtung von Kinderspielplätzen und Spielgelegenheiten für Erwachsene.

Halböffentliche Zonen als wichtige Übergangsbereiche

Im Gegensatz zum isolierten Haus als Rückzugsburg vor einer feindlichen Umwelt gibt es auch offene Architekturen, bei denen der Übergang von der öffentlichen in die abgeschlossene Privatsphäre gleitend ist. Diese Übergangszone besteht aus halböffentlichen Räumen, in denen sich ein vielfältiges Leben abspielt. Es sind Umschaltzonen von der Wohnung zur Straße, Zwischenbereiche mit hohem Aufforderungscharakter zu Kontakten mit Nachbarn und Vorübergehenden, mit der Rückendeckung des bekannten, schützenden Intimbereiches des Privatreviers und dem Freiheitsraum der kontaktfördernden Öffentlichkeit – den beiden Spannungsfeldern, in denen jeder lebt.

Informelle Kommunikation entsteht nur da, wo man langsam gehen und zwanglos verweilen und sich sicher vor Verkehrsgefahren fühlt. Halböffentliche Zonen erfüllen diese Bedingungen. Sie sind durch Häuservorsprünge, zurückgenommene Baufluchten, enge, nur den Fußgängern zugängliche Wege, Treppen, Zäune oder niedrige Mauern herausgenommen aus dem flutenden Verkehr. Hier wird öffentlicher Raum auch privat benutzt, privater Raum wird geöffnet. Und wo Leben ist und sich etwas ereignet, werden auch Leute angelockt.

Von den jahrhundertelang bewährten Formen können wir lernen. Noch vorhandene halböffentliche Räume sollten erhalten werden, Leerflächen zwischen Mietbauten in Neubauvierteln mit ihnen angereichert werden, und bei Neuplanungen sollten Kleinstrukturen dieser Art niemals fehlen.

(Quelle: Spitzer)

Bänke als Kommunikationskerne

Aufgestellte Bänke laden zum Verweilen ein. Verschiedene Arten der Aufstellung erzeugen unterschiedliche Kommunikationsformen. Vor der Haustüre sitzen die Bewohner und sprechen mit

(Quelle: Spitzer)

den Nachbarn, längs des Bürgersteigs aufgereihte Bänke dienen zum Ausruhen erschöpfter Passanten oder an Boulevards auch zum Betrachten Vorübergehender, gegenüberstehende Sitze fördern zwanglose Gespräche, ein beigefügter Tisch schafft Spielgruppen, sogar in der Innenstadt!

Außer in den Grünanlagen findet man selten Bänke in unseren Städten. Sie sollten nicht nur in den Wohngebieten, sondern auch in den kommerzialisierten Zentren in großer Zahl aufgestellt werden, auch wenn das Sitzen ohne Verzehrzwang mancherorts auf den Widerstand von Geschäftsleuten stößt. Bänke schaffen eine kommunikationsfreundliche Umwelt, sie sind Kommunikationskerne.

Didaktische Hinweise

Die Thematik sollte von der bekannten, konkreten Nahumgebung, dem Wohnbereich und der Schule ausgehen und auf einen überschaubaren Komplex begrenzt werden. Anstelle des Themenvorschlags «Schulhof» wären unter anderem auch folgende Untersuchungsfelder denkbar:

- Nahumgebung des Wohnhauses als Kommunikationsbereich.
- Kommunikationsgeschehen in einer Straße/auf einem Platz/auf einem Spielplatz/in einer Fußgängerzone.
- Umgestaltung einer Straße/eines Platzes zur kommunikativen Nutzung.
- Verkehr und Kommunikation.

Der Schulhof als Spiel- und Kommunikationsbereich

1. Reflexion:
Erarbeitung und Zusammenstellung allgemeiner Vorschläge zu einer offenen, multifunktionalen Nutzung von Schulhöfen für Schüler und Bevölkerung (Spielplatz, Sportanlagen, Freizeitpark u. a.).

2. Praxis:
Bestandsaufnahme der architektonischen Struktur (Größe, Lage, Relief, Bodenbelag, Mauer), der Möblierung (Zäune, Bänke, Beleuchtungskörper, Brunnen, Spielgeräte) und Bepflanzung (freistehende Bäume, Grünstreifen, Rasen, Blumenanlagen) des eigenen (oder zum Vergleich eines typischen anderen) Schulhofes (Grundriß, Zeichnungen, Fotos).

3. Praxis:
Untersuchung und Darstellung des Schülerverhaltens auf dem Schulhof (synchronoptische Kartographierung, Fotodokumentation, Film).

4. Reflexion:
Analyse der Ergebnisse im Hinblick auf mögliche oder verhinderte Nutzungen und der ermög-

lichten, erschweren oder verhindern Interaktion durch die architektonischen Strukturen.

5. Reflexion:
Untersuchung der städtebaulichen Lage des eigenen Schulgebäudes und Schulhofes und der funktionalen Zusammenhänge mit dem Einzugsgebiet.

6. Praxis:
Entwicklung und bildnerische Darstellung von konkreten Gestaltungsvorschlägen zu einem kommunikations- und spielfreundlichen Schulhof, zum Beispiel Sitzgelegenheiten, Überdachung einer Sitzecke, Spielanlage, Spielgeräte, Änderung der Begrünung, Getränkeautomat, Bemalung von Wänden (Zeichnungen, Malereien, Collagen, Modelle, Fotomontagen, maßstäbliches Modell, Ausstellung).

7. Reflexion:
Umfrage und Diskussion mit den Mitschülern anderer Klassen über die Änderungsvorschläge.

8. Praxis:
Teilweise oder ganze Ausführung in Eigenarbeit der Schüler (Lehrer, Eltern).

9. Praxis:
Dokumentation der Arbeit an der Verbesserung des Schulhofes (Fotoserie, Film, Diaserie, Tonbildschau).

Literatur

B. Dardel u. a.: Städtischer Freiraum. Gebaute Umwelt, Sozio-Ökonomik, Kommunikation. Beurteilung von Umweltqualitäten alter und neuer Stadtstrukturen. (Leo's Druckerei) Behringersdorf 1975.
Mit der raumbezogenen synchronoptischen Tätigkeitskartierung (vgl. Dellemann u. a.: Burano) wurde die Beziehung zwischen der Struktur des Freiraums und seiner Nutzung durch die Bewohner in der Trabantenstadt Hèronville und der Altstadt von Caen untersucht.

Ch. Dellemann u. a.: Burano. Kommunikation, Sozio-Ökonomie, Städtebau. Eine Stadtbeobachtungsmethode zur Beurteilung der Lebensqualität. (Forschungsstelle Eisenheim) Oberhausen 1976.
Als ergänzende Arbeitsunterlage sehr zu empfehlen. Die hier entwickelte synchronoptische Methode der Kartographierung kommunikativer und sozioökonomischer Fakten in ihrem Zusammenhang mit architektonischen Strukturen ist leicht zu handhaben und zu übertragen.

J. Jacobs: Tod und Leben großer amerikanischer Städte. (Bertelsmann) Gütersloh 1971.
Anschauliches und realitätsnahes Schlüsselwerk. Im ersten Kapitel Funktionsanalysen von Bürgersteig, Grünfläche und Nachbarschaft.

G. Kokkelink/R. Menke: Die Straße und ihre sozialgeschichtliche Entwicklung – ein Gespräch. In: Bauwelt 12/1977.
Überblick über den Rückgang der Straßenfunktionen – und damit der Kommunikation – vom Hausvorplatz über den Repräsentationsraum bis zur Rollbahn.

J. Leering u. a.: Die Straße. Form des Zusammenlebens. Düsseldorf 1973.
Katalog einer wichtigen Ausstellung mit einem Überblick über Geschichte, Blüte und Zerstörung der Straße als Kommunikationsraum.

P. Peters (Hg.): Fußgängerstadt. Fußgängergerechte Stadtplanung und Stadtgestaltung. (Callwey) München 1977.
Teures Standardwerk mit Konzeptionen, Analysen, Gestaltungsfragen, Verkehrsproblemen und Gesetzesgrundlagen, mit vielen Bildbeispielen über Straßen mit einer Gleichberechtigung von Fußgängern und Fahrverkehr.

P. Peters: Stadt für Menschen. Ein Plädoyer für das Leben in der Stadt. (Callwey) München 1973.
Gut auswertbare Überlegungen mit vielen Bildbeispielen vor allem der Kleinbereiche, wie Spielflächen, Fußgängerwege, Plätze, Treppen, Brücken im Hinblick auf eine kommunikationsfreundliche Gestaltung.

Materialien

Eine Dia-Serie zum vorliegenden Beitrag ist zu beziehen bei:
Deutscher Werkbund e. V.
Alexandraweg 26
6100 Darmstadt
(Siehe auch Verzeichnis der Zusatzmaterialien im Anhang.)

Gert Selle

Umweltgestalt

In diesem Beitrag wird der Leser ermutigt, persönliche Erfahrung und Wahrnehmungsfähigkeit einzusetzen, um zu entdecken, daß die Gestalt der Wohnumwelt viel mehr mit eigenen Bedürfnissen und Fähigkeiten zu tun hat als mit irgendwelchen «Gestaltungsregeln», nach denen manche Architekten bauen.

Gestalt wird hier als Produkt sozialer Aktivitäten und der sinnlichen Wahrnehmung ganz normaler Umweltbewohner interpretiert. Das geschieht mit Hilfe von sechs «umweltpsychologischen» Hypothesen. (Zu Fragen der Gestaltung und Wahrnehmung von Innenräumen vergleiche den Beitrag von Bruno Müller-Hiestand über Mittel der ästhetischen Gestaltung, Band 1, Seite 181.)

Wie wir Gestalt wahrnehmen

Weshalb wir uns in bestimmten Wohnumgebungen wohl fühlen und in anderen nicht, wissen wir gefühlsmäßig oft sehr genau und sofort – kaum haben wir einen Blick darauf getan. An den Bildern auf den beiden folgenden Seiten kann man die Probe aufs Exempel machen. Die Kriterien für das so sicher abgegebene subjektive Urteil zu beschreiben, also genau zu ergründen, weshalb die eine Wohnumgebung uns gestalthaft anspricht und die andere uns kalt läßt oder abstößt, fällt aber manchmal schwer.

Abbildungen folgende Doppelseite
Zwei Ansichten aus einer Stadt – oder Gestaltlosigkeit und Gestalt auf einen Blick
(Quelle: Zettelmeier, Brüdern)

Hier soll nun der Vorgang der Gestaltwahrnehmung versuchsweise ins Bewußtsein gehoben werden, versuchsweise deshalb, weil es dafür noch kaum zusammenhängende wissenschaftliche Erklärungen gibt und der Vorgang im ganzen ziemlich kompliziert zu sein scheint. Die sechs «umweltpsychologischen» Hypothesen können nur einige Aspekte des Begriffs «Gestalt» sichtbar machen, sie stehen unter den Stichworten:

- Symbol
- Geschichte
- Identifikation
- Gebrauch
- Sinnlichkeit
- Selbstgestaltung

**1. Hypothese
(Stichwort Symbol)**
Gestalt ist gebunden an *Zeichen*, das heißt an symbolische Formen der Umwelt, die wir unmittelbar in ihrer Bedeutung sinnlich erfassen, ohne große Anstrengung des Bewußtseins:

«Wo wir gehen und stehen, suchen wir nach Bedeutungen, bewußt oder unbewußt. So sehen wir auch unsere gebaute Umwelt daraufhin an, was sie ausdrücken und bedeuten kann» (Conrads, 1972).

Zustimmung oder Ablehnung gegenüber den Symbolen entsprechen meist gefühlsmäßigen Urteilen.

Je mehr von uns zustimmend gedeutete symbolische Formen auftreten, um so größer wird die *Gestaltdichte*, um so lustbetonter verläuft unsere Wahrnehmung und um so wohler fühlen wir uns in einer solchen Umgebung. Aber stützen wir uns dabei eigentlich auf die «richtigen» Bedeutungen?

Ein Blick auf das voranstehende Straßenbild mit den alten Häusern:

Spontan assoziieren wir mit dem Formenreichtum und dem engen Straßenraum eine unbestimmte Bedeutung von Wohnqualität, Gemütlichkeit, «Wärme», Reizvielfalt, Geschichte usw.

Aufgrund welcher Kriterien urteilen wir hier?

- Alte Häuser heimeln uns an (obwohl die Wohnverhältnisse darin vielleicht gar nicht unseren Ansprüchen genügen würden).
- Hochhaustürme finden wir schrecklich (obwohl manche Leute darin gern und gut wohnen und Hochhäuser auch Symbole der Produktivkraftentwicklung sein können – sie waren dies einmal in USA und Europa und sind es zum Beispiel in Entwicklungsländern heute noch).
- Schrebergärten mögen wir (obwohl an dieser Art von Landnahme doch auch einiges zweifelhaft ist).
- Schloßfassaden beeindrucken uns (obwohl die feudalen Bauherren oft unsympathische Despoten waren).

Sehr rational verhalten wir uns

bei der spontanen Umweltbewertung offenbar nicht.

Unsere «falschen» Gefühlsurteile haben aber dennoch einen richtigen Kern. Wir können ihn allerdings nur entdecken, wenn wir die Qualität der Symbole um uns untersuchen, das heißt, wenn wir feststellen, auf welche Weise Umweltformen zu Symbolen geworden sind, weshalb sie eine ganz bestimmte Bedeutung für uns erlangt haben.

Hier kann man zunächst nur festhalten, daß das gegenständliche Symbolsystem unserer Wohnumwelt mit *Sehnsüchten* und verschwommenen *Erinnerungen* gekoppelt ist beziehungsweise von daher mit Bedeutungen aufgeladen und «entschlüsselt» wird.

Vieles, was heute mit dem Schlagwort Nostalgie bezeichnet und entsprechend kommerziell verwertet wird, gehört in diesen Wahrnehmungs- und Bedeutungszusammenhang.

2. Hypothese (Stichwort Geschichte)

Wir nehmen die gebaute Umwelt in ihrer Geschichtlichkeit wahr, das heißt als ein Stück menschliche Arbeit und Kultur, die gegenständlich-gestalthaft geworden ist.

Unser Wahrnehmungsinteresse wird vermutlich überall dort besonders angeregt, wo das geschichtliche Moment in den Umweltsymbolen und in der sozialen Wirklichkeit unserer Umgebung noch mitschwingt oder nachvollziehbar ist.

Dies suchen wir offenbar um so mehr, je weniger die monotone Rasterarchitektur der Gegenwart «erzählt» und je geschichts- und gesichtsloser unsere Umwelt wird.

Umweltgestalt ist im Prozeß der Bezwingung der Natur durch Menschen entstanden; sie ist eine *zweite* Natur. Das nehmen wir freilich nicht bewußt wahr, aber wir reagieren zum Beispiel positiv auf das Nebeneinander von Bauten aus vielen Jahrhunderten in einer alten Stadt oder auf das Bild von Kulturlandschaften, das durch jahrhundertelange Bearbeitung der Erde durch Menschenhand entstanden ist.

Im Laufe der Bau- und Produktionsgeschichte von Städten, Dörfern, Landschaften sind eine Vielzahl ästhetisch-symbolisch wahrnehmbarer Formen, Konventionen und Traditionen entstanden. Dagegen wirken die heute produzierten Umweltformen langweilig, uniform, austauschbar. Ob ein Krankenhaus oder die Gemeindeverwaltung sich hinter einer Fassade befindet, merkt man oft erst am Hinweisschild. Beim Spaziergang durch einen mittelalterlichen Stadtkern, durch ein unzerstörtes Dorf, ja selbst an dem feudalen Schloß oder an Bürgervillen aus der Gründerzeit vorbei signalisieren uns die alten Bauformen Bedeutung.

Solche Häuser «erzählen» noch vom sozialen und kulturellen Anspruch ihrer Bauherren oder einstigen Bewohner. (Quelle: Hoffmeister)

Wir ahnen sehr wohl, worauf es zum Beispiel den Bauherren und Bewohnern solcher Prachtstraßen ankam.

Didaktischer Hinweis: Hier könnte man eine Sammlung von Fotos oder Ansichtskarten im Unterricht einsetzen für ein «Rate-Spiel»:

Was für Leute haben hier gewohnt und weshalb sahen diese Häuser so aus – zum Beispiel Stadtpalais, Bürgerhaus, Arbeiterhaus, englisches Landhaus? Die Schüler können hierbei den Zusammenhang von *Gestaltcharakter* und *Sozialcharakter* historischer Bauten erkennen.

Gewachsene Stadtviertel, intakte Kleinstädte, Dörfer, Siedlungen erzählen über ihre wahrnehmbare Gestalt die Geschichte ihrer Entstehung und sozialen Nutzung. Dem gegenwärtigen Bewohner vermitteln sie das Gefühl der Traditionsverbundenheit, der unmittelbaren Nähe zur Geschichte. Dabei müssen das keineswegs immer Beispiele hoher Baukunst sein, die solche Bedeutung haben. Oft sind es äußerlich anspruchslose Wohngegenden, die aber durch einen Reichtum an sozialen Beziehungen ausgezeichnet sind, wie beispielsweise historische Arbeitersiedlungen. (Diesen Reichtum kann man freilich nicht über Postkarten, sondern nur vor Ort, durch teilnehmende Beobachtung, erkennen! Vergleiche weitere Ausführungen dazu bei den Hypothesen 3 und 4.)

Die «zeitlose» Struktur eines Neubauviertels vermittelt keinen Eindruck von Geschichte. In ihrer Armut an Bedeutung bleibt eine derart rationalisierte Umwelt ausdruckslos – im Gegensatz zu alten Quartieren, die eigentlich gar nichts Besonderes darstellen.

In jeder größeren Stadt kann man die Gestaltvielfalt gewachsener Viertel und im Kontrast dazu die Bedeutungsarmut großer Neubauflächen nachempfinden. (Quelle: Zettelmeier)

3. Hypothese
(Stichwort Identifikation)

Gestalt wird nicht von jedem Menschen in gleicher Weise wahrgenommen und bewertet. Damit es zu einem positiv getönten *Gestalterlebnis* und damit zu einer Identifikation mit der Erscheinungsform eines bestimmten Umweltbereichs kommen kann, muß man nicht nur einen «Schlüssel» zum Verständnis der symbolischen Formen haben, sondern über bestimmte Vorerfahrungen und Wahrnehmungserinnerungen verfügen. Durch diesen Filter wird die wertende *Gestaltwahrnehmung* vollzogen. Die Erinnerungen und Erfahrungen werden in einem individualgeschichtlichen Zusammenhang erworben.

Stark subjektive Färbung erhält unser positives *Gestalturteil* unter Umständen dadurch, daß Situationen, Orte, Einzelheiten «wiedererkannt» werden, die zum Beispiel an eine glückliche Kindheit, an eine erfüllte Lebensperiode erinnern.

Wie entsteht ein solches Empfinden? Scheinbar sprechen uns nur die ästhetischen Reize des Materials (Mauerwerk, Balken, Vegetation, Naturstein, Sand) an? Dabei kommen auch Kindheitserinnerungen ins Spiel, an den Garten der Großeltern, an Ferien, Assoziationen der Geborgenheit, die Empfindung sinnlicher Nähe zu den Dingen.

Dieser Hinterhofgarten ist ein sinnlich erlebbarer Raum, mit vielen Spuren der langen Benutzung, des Wachstums, der Pflege, des Alterns. Er gehört zum Haus als Produkt seiner Bewohner. (Quelle: Zettelmeier)

Oft knüpft sich an solche Erinnerungen ein Teil der *persönlichen* Identität eines Menschen. Selbst ältere Leute erinnern sich oft noch erstaunlich gut an die Wohnumgebung ihrer Kindheit.

Aber die frühkindlichen *Gestalterfahrungen* sind nicht alleinige Ursache für bestimmte spätere *Gestaltdeutungen* oder Akte des Wiedererkennens.

Es gibt in der Gestaltwahrnehmung auch das Moment der *sozialen* Identität, das Sich-Wiedererkennen im sozialen Zusammenhang:

Die klassen- und schichtenspezifisch bestimmte Situation des wahrnehmenden Subjekts prägt das Gestalturteil und bedingt das Gestalterlebnis mit.

Gestalt bedeutet im Akt der sinnlichen Wahrnehmung und Deutung der Wohnumgebung immer auch ein *Wiedererkennen*, das heißt die Identität der Umweltsymbole mit den eigenen sozialen Bedürfnissen und Erwartungen.

Die nachfolgenden Bilder aus einer historischen Arbeitersiedlung und einem typischen Neubauviertel mit Eigenheimen für Angehörige der gehobenen Mittelschicht zeigen deutlich, daß die sozialen Unterschiede zu stark voneinander abweichenden *Gestaltmerkmalen* führen. Über die wahrnehmbare Gestalt der beiden Wohnformen teilt sich uns unmittelbar mit, wie unterschiedlich die Bedürfnisse und Lebensgewohnheiten der beiden Bewohnerschichten sein müssen.

Die Gestaltwahrnehmung zwingt unwillkürlich zu einem «soziologischen Blick»: Wir erkennen, daß Gestalt weniger von den Architekturformen als von den Sozialformen abhängt.

«In der Arbeitersiedlung sind für die Bewohner weniger die Hauswände interessant, sondern weit mehr die Räume zwischen den Wänden und ihre Benutzbarkeit», charakterisieren Roland und Janne Günter die *eine* Situation treffend.

Die *andere* Situation zeigt in vielfach wiederholter symbolischer Form den Rückzug ins private Eigentum, die Angst vor der Öffentlichkeit (wobei auf die Demonstration dessen, was man besitzt, freilich nicht verzichtet wird).

Didaktischer Hinweis: Solche Bilder kann man mit dem Episkop projizieren und in einem *Vergleich* feststellen, welche Dinge, Tätigkeiten und Symbole man vorfindet und welche Rückschlüsse man auf die Bedürfnisse der Bewohner ziehen könnte. Aber besser wäre, die Schüler würden in ähnlichen Wohngegenden eine eigene *Foto-Erkundung* machen mit anschließender Dokumentation (Ausstellung) und dazu ein *Protokoll* aller vorgefundenen erkennbaren Symbole anfertigen.

Die Verkehrs- und Kommunikationsformen (hier in der alten Arbeitersiedlung Eisenheim) prägen den Gestaltcharakter der Siedlung ebenso stark, wie die Häuser, Bäume und Zwischenräume dies als Architekturelemente tun. (Quelle: Günter)

Die «besseren Leute» treten nur selten vor die Tür. Hier bestimmt die Repräsentationsfunktion der Architektur und der Dinge den Gestaltcharakter des Außenraumes. (Quelle: Jurczyk)

Wir können nach der Analyse solcher Bilder von einem spiegelbildlichen Verhältnis von *Gestalt* und *Bedürfnis* reden. Wieso?

Die Eisenheimer (aus dieser Arbeitersiedlung bei Oberhausen stammt das Beispiel) halten sich gern auf der Straße und den Wegen auf, um nach ihrem Bedürfnis miteinander zu reden. Aufgrund ihrer sozialen Erfahrung überwiegt im Bild der *Gesamtgestalt* ihrer Wohnumgebung der Eindruck von Offenheit, Gemeinschaft (Solidarität) und Kommunikation. Die Eisenheimer signalisieren ihr Verhalten und ihre Bedürfnisse real und symbolisch durch die besondere Ausstattung des Außenraumes mit Bänken vor der Haustür, öffentlichen Wohnwegen, zugänglichen Gärten, einsehbaren Tiergehegen, das heißt durch die Belebtheit und Nutzung der Außenräume einschließlich der Straße, durch eine Fülle von Tätigkeiten im halböffentlichen und öffentlichen Raum.

Die Bewohner der vornehmen Eigenheimsiedlung halten sich von der Straße fern und einander vom Leibe, weil sie dieses ausgeprägte Kommunikationsbedürfnis nicht haben. Sie signalisieren gegenüber Fremden und Nachbarn durch hohe Hecken, Zäune, Mauern und versteckte Haustüren und durch den Mangel an Straßenmöblierung unmittelbar gestalthaft, daß sie absolut ungestört sein wollen.

Daß sie sich *so* verschanzen, hat nicht nur mit ihrer Eigentumsangst zu tun (wo was ist, kann natürlich was geklaut werden), sondern auch und vor allem mit der bürgerlichen Sozialgeschichte, in der der Rückzug ins Private eine entscheidende Erfahrung war.

Die Gestalt solcher Häuser, versteckt in Gärten und vergittert bis an die Zinnen, verrät sehr viel über die soziale Situation und das gesellschaftliche Verhalten ihrer Besitzer. (Quelle: Jurczyk)

Jede Bewohnergruppe prägt unweigerlich Eigenart und Dichte der Symbole ihrer Umwelt aus, das heißt, sie verfügt über eine jeweils besondere *Gestaltbeziehung.*

Würde man Bewohner der einen Siedlung auch nur für Stunden in den Garten- und Straßenraum der anderen versetzen, so würden sich alle deplaziert, ja unglücklich fühlen.

Im Vergleich dürfen wir freilich eine Tatsache nicht übersehen: In der Form und im Gestaltcharakter des privilegierten Eigenheimwohnens sind auch Bedürfnisse und Sehnsüchte der nichtprivilegierten Bevölkerungsmehrheit angesprochen. So das Bedürfnis nach *Abgrenzung*, nach einem persönlichen Territorium, nach *Geborgenheit* in einer ganz vertrauten, individuell ausgestalteten Wohnumgebung.

Wer möchte nicht – statt des Aus- und Eingangslochs in seinem sozialen Wohnungsbau – einen solchen Zugang zur Wohnung für sich haben?

Solche Eingangsbereiche signalisieren gestalthaft das Bedürfnis der Bewohner nach einem Leben in der (freilich domestizierten) Natur, die aus den Städten und vor allem aus der Wohnumgebung der Bevölkerungsmehrheit nahezu restlos vertrieben ist. (Quelle: Jurczyk)

4. Hypothese
(Stichwort Gebrauch)

Die Gestaltwahrnehmung erfaßt nicht nur Eigenschaften und Symbolbestand der gebauten Wohnumwelt, sondern zugleich mit diesen die darin stattfindenden Tätigkeiten oder die Möglichkeiten der *Aneignung* und des *Gebrauchs*. Zwischen Wahrnehmen und Handeln besteht eine enge Beziehung.

Kommen wir noch einmal auf die beiden in der 3. Hypothese vorgestellten beispielhaften Wohnformen beziehungsweise ihre Symbolbestände und ihre Gestalt zurück, in der sich die alltäglichen Rituale und das besondere Verhalten der Bewohner spiegeln. Wie man einen Raum in Besitz nimmt, das heißt ihn sich *aneignet*, ihn mit Tätigkeiten ausfüllt, ihn mit Symbolen seiner Anwesenheit und seiner Bedürfnisse «besetzt», zeigt nicht nur, welchen Begriff von Gestalt man hat. Man erkennt daran auch, wie intensiv jemand an der Entstehung von Gestalt mitwirkt, wie weit der *Aneignungsprozeß* reicht, welches *Aneignungsinteresse* vorherrscht.

Die Eisenheimer hatten als Mieter ihrer alten Werkswohnungen eine ungünstige Ausgangsposition und mußten am Ende ihr Wohnrecht gegen profitable Sanierungspläne des Eigentümers verteidigen. Dennoch haben sie als Mieter kollektiv den öffentlichen Raum ihrer Siedlung stärker in Besitz genommen, als dies die Eigentümer in der Privilegiertensiedlung mit ihren Straßen und Einfahrten getan haben – obwohl diese Bewohnergruppe doch sonst nicht so zimperlich bei der privaten Aneignung von Umwelt ist.

Was kann ein solcher Eigenheimbesitzer mit seiner Einfahrt eigentlich tun außer Auf- und Zuschließen des Gitters, Laub kehren und im Hause verschwinden? In Wohngegenden wie Eisenheim überwiegt die tätig-produktive Aneignung der Umwelt das Repräsentationsbedürfnis. Gebrauchswert und Gestalt fallen in solchen Umwelt- und Aktionsbereichen zusammen. Die teilnehmende Beobachtung zeigt hier, daß die Gestalt vor allem durch die soziale Aktivität der Bewohner, durch Handeln und Mitgestalten entsteht. (Vergleiche hierzu die Beiträge von Roland und Janne Günter über Elemente sozialer Architektur und Klaus Spitzer/Karola Baumann/Iris Salzmann über Kommunikation in der Stadt, Seite 10 und 45.)

Daß Bedürfnisse und Tätigkeiten den Gestaltcharakter eines Wohnumfeldes mindestens ebenso prägen, wie dies durch den sozialen Status der Bewohner geschieht, läßt sich an diesen Bildern gut ablesen. (Quelle: Jurczyk/Günter)

Dabei entsteht eine Gestalt, die kein Architekt produziert hat, eine Gestalt, die sich mit der Aneignungstätigkeit der Bewohner immer wieder verändert und neu bildet.

Dagegen wird in den «besseren» Wohnvierteln wenig im Garten gewerkelt, ganz selten um- oder angebaut, und auf der Straße (die eigentlich allen gehört und von allen in Gebrauch genommen werden könnte) tut man möglichst nichts außer Autofahren. Die Straße und die halböffentlichen Bereiche wie Gehsteig, Hauseingang, Vorgarten werden nicht bewohnt.

Rechte Seite oben:
Die Straße ist hier ein asozialer Raum – Zufahrt zur privaten Garage, eine symbolisch wirksame neutrale Schutzzone vor Garten und Haus: Niemandsland. (Quelle: Jurczyk)

Rechte Seite unten:
Dies ist ein «Wohnweg», wie ihn die Eisenheimer ungeniert benutzen. Sie eignen sich den öffentlichen Raum ganz anders an als die Bewohner einer Privilegierten-Siedlung (siehe voranstehendes Foto) und geben ihm durch den Gebrauch eine besondere Gestalt. (Quelle: Günter)

Didaktischer Hinweis: Aneignungsinteresse und -tätigkeit, *das Gebrauchswertbewußtsein* von Bewohnergruppen gegenüber ihrer Umwelt, kann man gut mit Schülern untersuchen.

Man kann *Checklisten* der Nutzung eines Umweltbereichs aufstellen beziehungsweise nach den Spuren von Benutzung und Aneignung forschen, Indizien festhalten, Gegenstände und Symbole interpretieren. Man kann aber auch eine systematisierte *teilnehmende Beobachtung* veranstalten, die sich die Tätigkeiten beziehungsweise deren Häufigkeit zum Untersuchungsgegenstand macht. Es gibt eine einfache Methode dafür, wie man dies schon mit Kindern zuverlässig tun kann; eine Gruppe hat das in dem italienischen Städtchen Burano ausprobiert (vergleiche Dellemann u. a., 1976).

---

5. Hypothese
(Stichwort Sinnlichkeit)

Gestalt bedeutet im Wahrnehmungsvollzug immer eine unteilbare *Ganzheit* von aktuellen, meist gleichzeitig einströmenden Sinneseindrücken und deren Interpretation aufgrund des Symbolwissens, über das man verfügt, und des Aneignungsinteresses, das man entwickelt.

Es wird sozusagen alles auf einmal wahrgenommen, durch Sehen, Tasten, Sich-im-Raum-Bewegen, Riechen, Hören. Diese Einheit der sinnlichen Wahrnehmung und Erfahrung trägt wesentlich zu einem Gestalterlebnis bei.

«Architektur wird mit allen Sinnen wahrgenommen», sagen Roland und Janne Günter. Man könnte ergänzen: genauso die nicht bebaute Umwelt dazwischen und die vielen Tätigkeiten und Vorgänge darin.

Was nehmen wir zum Beispiel alles gleichzeitig oder in dichter Folge wahr, wenn wir am geöffneten Fenster sitzen?

Didaktischer Hinweis: Mit Schülern läßt sich hier ein *Wahrnehmungs-Training* – manchmal sogar im Klassenraum – veranstalten. Im übrigen empfiehlt sich das Spiel *«Umwelt-Blindekuh»*: Wahrnehmungsversuche mit allen Sinnen außer den Augen. Man lernt dabei die anderen Sinneseindrücke besser zu empfinden und eindeutiger zu beschreiben. (Vergleiche auch die didaktischen Hinweise am Schluß des Beitrags von Bruno Müller-Hiestand über die Mittel der ästhetischen Gestaltung, Band 1, Seite 181.)

Wir sehen Häuser und Bäume im Lichtwechsel, hören Blätter im Wind und vielerlei deutbare, mit der Tätigkeit von Menschen verbundene Geräusche, spüren die Außentemperatur, beobachten Kinder, den Schatten eines Vogels, riechen angebrannte Milch.

Ein Foto reicht überhaupt nicht aus, um diese sinnliche Reizvielfalt zu dokumentieren oder die Fülle der konkreten Empfindungen bewußt zu machen. Selbst die bloß visuelle Wahrnehmung wird durch die Fotografie nicht total wiedergegeben.

Die reizvolle Gestalt des Wohnumfeldes, das man vom Fenster aus überblickt, kann den Wert der eigenen Wohnung und das Wohnzufriedenheitsgefühl ganz erheblich steigern. (Quelle: Hoffmeister)

Didaktischer Hinweis: Im Unterricht kann man hier zwei Ziele zugleich verfolgen. Man kann die sinnliche Begrenztheit des Mediums Fotografie praktisch erfahrbar machen und Methoden zur Erfassung der sinnlichen Reizqualität von Umwelt entwickeln. Schülergruppen können solche Methoden selbst finden. Sie können zum Beispiel mit Fotoapparat oder Super-8-Kamera, Kassettenrecorder und «Zeitliste» bewaffnet selber *Wahrnehmungsprotokolle* in ihrer eigenen Wohnumgebung in bestimmten, möglichst kleinen Zeitabschnitten anfertigen.

Daß die Fotografie trotz ihrer Begrenztheit ein gut handhabbares Medium dafür ist, den visuell wahrnehmbaren Gestaltcharakter gebauter Umwelt zu demonstrieren, zeigen die Beiträge von Klaus Spitzer über Spielumwelt Stadt und Gerhard Ullmann/Michael Andritzky/Gert Selle über Aussagemöglichkeiten der Fotografie zur gebauten Umwelt (Seite 106 und 122).

Gestalt hat eine sinnliche Qualität. Wo sie uns von der gebauten Umwelt verweigert wird, beginnen wir uns unwohl zu fühlen bis hin zu Vorformen des Krankseins, wie man sich zum Beispiel nach stundenlangem Warten in einem kahlen Behördenflur fühlt.

Besonders schlimm und für die Entwicklung nachteilig ist es, wenn Kinder in einer gestaltlosen Wohnumgebung aufwachsen müssen. In älteren Wohnvierteln entwickeln sie nach ihrem Bedürfnis gleichsam ein Gefühl für Gestalt. Oft sind es ganz unscheinbare Örtlichkeiten, die eine bestimmte sinnliche Anmutungsqualität und damit eine hohe *Gestaltdichte* haben.

Die Kinder auf dem Bild, unter einem Baldachin von Bäumen versammelt, finden dort sicher keine optimale Spielsituation, aber sie sind dort «zu Hause», dies ist *ihre* Straße beziehungsweise *ihr* Gehsteigstück. Es wird im Spiel und durch das Spiel als eine sinnliche Erfahrungstätigkeit *angeeignet*, in Besitz genommen, mit Bedeutung und rituellen Tätigkeiten gefüllt. Zu bestimmten Zeiten und in bestimmten Spielphasen versammeln sich diese Kinder immer wieder gerade an diesem Ort.

Weshalb? Dieses Stück Umwelt hat für sie Gestalt!

6. Hypothese (Stichwort Selbstgestaltung)

Die Gestaltwahrnehmung und das Gestalterlebnis finden ihre Ergänzung im Bedürfnis, selber zu gestalten. Das Bedürfnis nach eigener *Gestaltproduktion* scheint tief in der persönlichen und sozialen Triebstruktur verankert zu sein. Es wird überdies gerade im privaten Wohnbereich dadurch gefördert, daß ein derartig selbstbestimmtes, sinnlich genußvolles Handeln am Arbeitsplatz und in der Öffentlichkeit kaum noch möglich ist.

Dieses Stück «Häuser-Vorraum» bietet für städtische Verhältnisse noch relativ viel an sinnlicher und sozialer Gestaltqualität. (Quelle: Zettelmeier)

Deshalb sind auch die *Gestaltdichte* und die *Bedeutungsdichte* der Einrichtung des privaten Wohnbereichs besonders hoch. Hier wird am meisten und am intensivsten mit- und selbst gestaltet, wie wir alle aus eigener Erfahrung mit unseren Wohnungen wissen.

Vielfach wird der halböffentliche Raum davon miterfaßt. Blumenfenster, Vorgärten, Ziergitter sind dafür Beweise. Wegen der vielen Bauauflagen kommt dieser Drang im Hausbau weniger zum Zuge, der im übrigen von den ästhetischen Normen der professionellen Gestalter beherrscht wird. (Vergleiche die Beiträge von Wilfried Dechau über Selbstgestaltung und über die «Häuslebauer», Seite 84 und 98.)

Das Bedürfnis nach Selbstproduktion von Gestalt auch im Bauen kommt aber vielerorts an den Tag. Im amerikanischen *hand made house* hat sich dieses Bedürfnis ebenso verwirklicht wie im Produkt der kindlichen Baumeister auf dem Spielplatz oder in der Hütte des Schrebergärtners.

Die meisten Leute könnten viel mehr mitgestalten und selbstgestalten, wenn sie nur dürften. Ob im Schrebergarten oder im selbstgebauten Haus – erst das Selbergestalten von Natur, Bau und Innenraum führt zur vollständigen Identität von Wohnumweltgestalt, Wohnung und Bewohnerbedürfnissen.

Didaktischer Hinweis: Daß Kinder dies schon können, ist eine grundlegende didaktische Ausgangsposition. Schüler können sehr wohl ihr Klassenzimmer bedürfnisgerecht einrichten, ja selbst mehr oder weniger ihnen überlassene Funktionsbereiche wie Pausenhalle oder Freizeiträume gestalten. Schüler können aber auch lernen, mit ihren persönlichen Wohnbedürfnissen bewußter und aktiv gestaltend umzugehen. (Vergleiche dazu Lernbeispiel 2, Band 1, Seite 351, und Lernbeispiel 4, Seite 385.)

Zusammenfassung

Im Gestalterlebnis bleibt alles in untrennbarer Einheit verbunden, was hier aus Gründen der Übersichtlichkeit auseinandergenommen werden mußte.

Das Gestalterlebnis entsteht durch Sinneseindrücke und Handlungserfahrungen in einer mit symbolischen Bedeutungen besetzten, bedürfnisgerecht ausgestatteten Wohnumgebung, die wir uns wahrnehmend erschließen beziehungsweise gebrauchend aneignen.

Gestalt wird in diesen Prozessen immer wieder neu gedeutet

und neu produziert. Der Gestalteindruck entsteht im Wahrnehmen und Handeln unter Beteiligung von Erwartungen, Gefühlen und Werturteilen.

Je nach dem Gestaltcharakter einer Wohnumwelt wird unser Befinden und Verhalten positiv oder negativ beeinflußt – mehr als dies uns bewußt ist.

Positiv vor allem dann, wenn wir viele Gebrauchswerte und einen reichen Symbolbestand vorfinden, dessen Bedeutungen wir bejahen, und wenn wir selbst gestaltend diese Wohnumwelt nutzen und ihren Symbolbestand beziehungsweise ihre Gebrauchswerte mehren oder verändern können. Negativ vor allem dann, wenn wir Armut an Gebrauchswerten und Symbolen feststellen oder nur auf solche stoßen, deren Funktion für uns belanglos oder deren Bedeutung für uns unverständlich ist.

Gestaltwahrnehmung und Gestalturteil werden durch unsere Lerngeschichte beeinflußt. Mit der Wahrnehmung des Gestaltcharakters einer bestimmten Wohnumgebung sind daher Akte des Wiedererkennens und der Identifikation verbunden. Die Gestalt einer Wohnumgebung kann ein starkes Element der sozialen Identität ihrer Bewohner sein.

Gestalt ist kein bloß ästhetisch-funktionaler Zustand, sondern eine sinnlich wahrnehmbare soziale Umweltqualität. Sie darf nicht zerstört werden!

Statt didaktischer Hinweise

Das Thema Wohnumweltgestalt sollte im Unterricht möglichst nicht «für sich» erarbeitet, sondern im Zusammenhang mit den sozialen Prozessen des Wohnens erschlossen werden. Die didaktischen Hinweise in den Beiträgen von Klaus Spitzer/Karola Baumann/Iris Salzmann über Kommunikation in der Stadt (Seite 45), von Michael Andritzky/Ingrid Wenz-Gahler über Wohnbedürfnisse (Band 1, Seite 104), von Roland und Janne Günter über Elemente sozialer Architektur (Seite 10), von Janos Zimmermann über städtische Wohnumweltsituationen (Seite 224) weisen auf eine Fülle von Möglichkeiten hin, wie der Begriff Wohnumweltgestalt erschlossen werden kann.

Deshalb sind in dem vorliegenden zusammenfassenden Beitrag nur einige methodische Tips eingestreut.

Literatur

P.-H. Chombart de Lauwe: Aneignung, Eigentum, Enteignung. Sozialpsychologie der Raumaneignung. In: Arch + 34/1977.
Ein materialistischer Abriß zum Problem der individuellen und gesellschaftlichen Aneignung von Wohnumwelt.

U. Conrads: Architektur – Spielraum für Leben. Ein Schnellkurs für Stadtbewohner. (Bertelsmann) Gütersloh 1972. (Unter dem Titel «Umwelt Stadt» als Rowohlt-Taschenbuch erschienen.)
Bildmaterial aus Geschichte und Gegenwart mit Hinweisen zur Gestaltwahrnehmung in der Stadt

Ch. Dellemann u. a.: Burano, Kommunikation, Sozio-Ökonomie, Städtebau. Eine Beobachtungsmethode zur Beurteilung der Lebensqualität. (Forschungsstelle Eisenheim) Oberhausen 1976.
Mit Kindern erprobte Methode zur kartographischen Erfassung sozialer Tätigkeiten und Gestaltmerkmale.

W. Durth: Die Inszenierung der Alltagswelt. Zur Kritik der Stadtgestaltung. (Vieweg) Braunschweig 1977.
Insbesondere das Kapitel «Umwelt als Alltagswelt».

E. Mühlich u. a.: Expertise zum Zusammenhang von gebauter Umwelt und sozialem Verhalten. (Institut Wohnen und Umwelt) Darmstadt 1976.
Literatur- und Forschungssituationsbericht, in dem auch die «Klassiker» der Literatur zum Thema Stadtgestalt behandelt werden.

Materialien

R. und J. Günter: Soziale Architektur und ihre Elemente. Sonderdruck aus: Hessische Blätter für Volks- und Kulturforschung, Bd. 2/3, 1976.
Anschaulich bebildertes Heft, als Unterrichtshilfe und in der Erwachsenenbildung direkt verwendbar.
Kann, auch in Klassenstärke, bestellt werden bei:
Deutscher Werkbund e. V.
Alexandraweg 26
6100 Darmstadt

Wohnen in der Stadt.
Mehrteilige Dia-Serie mit anschaulichen Kontrastmontagen historischer und gegenwärtiger Stadtbauformen zur Demonstration des Gebrauchswertes städtischer Umwelten.
Zu beziehen über:
Deutscher Werkbund e. V.
Alexandraweg 26
6100 Darmstadt
(Siehe auch Verzeichnis der Zusatzmaterialien im Anhang und vergleiche dazu die Dia-Serien zu den Beiträgen von Roland und Janne Günter über Elemente sozialer Architektur sowie von Klaus Spitzer über Kommunikation in der Stadt)

Wilfried Dechau

Selbstgestaltung – Veränderung der Wohnumwelt durch ihre Benutzer

In diesem Beitrag wird den noch existierenden letzten Resten von Baufreiheit nachgespürt (in Schrebergärten und auch in manchen alten Wohnsiedlungen), um darzustellen, daß die Zukunft für einen menschenwürdigen, «sozialen» Wohnungsbau nicht in futuristischen Raumstadtgebilden und auch nicht in architektonisch-technischen Spielereien liegen kann.

Kernfrage ist: Wieviel Spiel-Raum braucht der Mensch, um sich noch selbst in seiner Wohnumwelt – mitgestaltend, selbstgestaltend, verändernd – verwirklichen zu können?

Wie steht es mit der Gestaltungsfreiheit?

Aus einem Brief unseres Hauswirtes:

«Die Anbringung eines Blumenkastens an einem Ihrer Fenster können wir an der Süd- bzw. Westseite leider nicht gestatten. Gegen einen kleineren Blumenkasten an der Nordseite hätten wir, bis auf Widerruf, nichts einzuwenden.»

An der Nordseite liegt lediglich unser Klofenster. Eine Begründung wurde uns nicht mitgeteilt – und so wurde der Blumenkasten zum «corpus delicti», bevor überhaupt Blumen drin waren. Ein Blick in den Mietvertrag belehrte uns dann, daß die Sache mit den Blumen doch gar nicht so selbstverständlich sei, denn dort heißt es im § 11 (1):

«Zur Anbringung von Schildern, Aufschriften und anderen Vorrichtungen zu Reklamezwekken, Rolläden, Blumenkästen sowie zur Aufstellung von Schaukästen und Warenautomaten ist die schriftliche Genehmigung des Vermieters erforderlich.»

Dadurch erheblich verunsichert – obwohl es gegen eigenes Rechtsempfinden verstieß – besprach ich die Sache mit einem befreundeten Juristen. Ergebnis: Aus einem Kommentar zum Mietrecht (Schmitt-Futterer, Mannheim) ging hervor:

«Blumen darf der Mieter vor

seinen Wohnungsfenstern oder dem Balkon ohne Einwilligung des Vermieters halten, soweit dadurch nicht das Haus verschandelt oder die Sicherheit Dritter gefährdet wird. Ein weitergehendes Verbot des Vermieters ist schikanös und unbeachtlich.»

Daraufhin – zum Widerspruch förmlich herausgefordert – kaufte ich noch zwei weitere Blumenkästen und bepflanzte sie mit Geranien – sehr zur Freude der Mitbewohner, genauer: der Mitmieter. Es folgten empörte Schreiben des Hauswirts. Darin hieß es zum Beispiel:

«... im übrigen halte ich das Befestigen weiterer Blumenkästen für unverschämt.»

Und in einem späteren Brief:

«Da nicht voraussehbar ist, welche Veränderungen Sie noch vornehmen, muß ich auf Einhaltung des § 11 (1) bestehen und erwarte daher eine schriftliche Formulierung von Ihnen. Im anderen Falle sehe ich mich gezwungen, die Entfernung der 3 Blumenkästen bis zum 30. 6. 1977 zu verlangen.»

Was ein Künstler fordert

Die Blumenkästen hängen immer noch – eigentlich ist die ganze Geschichte zum Lachen. Und eigentlich waren wir mit unseren Blumenkästen ganz bescheiden, viel bescheidener als der Maler Hundertwasser, der in seinem «Verschimmelungsmanifest gegen den Rationalismus in der Architektur» bereits 1958 (!) forderte:

«Ein Mann in einem Mietshaus muß die Möglichkeit haben, sich aus seinem Fenster zu beugen und – so weit die Hände reichen – das Mauerwerk abzukratzen. Und es muß ihm gestattet sein, mit einem langen Pinsel – so weit er reichen kann – alles rosa zu bemalen, so daß man von weitem, von der Straße sehen kann: dort wohnt ein Mensch, der sich von seinen Nachbarn unterscheidet; dem zugewiesenen Kleinvieh! Auch muß er die Mauern zersägen und allerlei Veränderungen vornehmen können, auch wenn dadurch das architektonisch-harmonische Bild eines sogenannten

Der «Stein des Anstoßes» – die Blumenkästen (Quelle: Dechau)

Meisterwerkes der Architektur gestört wird, und er muß sein Zimmer mit Schlamm und Plastilin anfüllen können.»

Doch im Mietvertrag ist dies verboten!

Was der Mietvertrag verlangt

Fast immer verpflichtet der Mietvertrag den Mieter, bei Auszug den «ursprünglichen Zustand» der Wohnung wiederherzustellen, falls auf eigene Kosten um- und ausgebaut wurde.

Ob diese Klauseln («ursprünglicher Zustand . . .») zum Stillhalten, zur Anpassung an die Gegebenheiten der Wohnung führen oder nicht, hängt ganz sicher auch davon ab, wie sehr ein Haushalt durch die Miete belastet wird. Wenn nämlich die Miete als relativ günstig empfunden wird und man beabsichtigt, längere Zeit wohnen zu bleiben, so wird man auch dann kräftig umbauen, wenn man schließlich beim Auszug den Ursprungszustand wiederherstellen muß. Hierzu als Beispiel die Siedlung Onkel Toms Hütte, Berlin, über die in «Werk + Zeit» 4/1977 berichtet wurde:

«Bei der Gehag ist die Miete niedrig, je nach Komfort und Größe (Ofenheizung oder Gasheizung) zwischen 260 und 450 Mark. Private Eigentümer, denen mehr als die Hälfte aller Reihenhäuser in der Onkel-Tom-Siedlung gehören, verlangen, wenn sie vermieten, das Doppelte. Weil die Miete bei der Gehag so günstig ist, investieren viele Mieter Geld und Arbeitskraft. Sie verändern, trotz des Baurückverpflichtungsparagraphen im Mietvertrag, die Häuser innen nach persönlichem Geschmack und individuellen Bedürfnissen. Die Fassaden dürfen nicht nach eigenem Geschmack gestaltet, auch die glasgedeckten Veranden können nicht ausgebaut werden.

Trotz der Enge lassen sich die Grundrisse dieser Häuser vielen unterschiedlichen Lebenssituationen anpassen. ‹Wer hier wohnt, hat zu tun›, sagt Manfred Scholz, ‹hier kann man sein Leben lang umbauen und verändern.›»

In den hier erwähnten sehr billigen Mietwohnungen werden Änderungen vorgenommen, weil die geringe Miete diesen Spielraum zuläßt. Wenn aber die Mietbelastung ohnehin schon das Familienbudget sehr stark beansprucht, ist dieser Spielraum nicht mehr drin!

Der Mietvertrag, aus dem ich anfangs (bezüglich der Blumenkästen) eine Passage zitierte, basiert auf einem Vordruck des Haus- und Grundbesitzervereins, der bei bestimmten Formulierungen sicher nicht primär für die Belange des Mieters Partei ergreift (was wohl auch gegen Vereins-Statuten verstoßen würde – man hat schließlich gemeinsame Interessen). Doch alle erdenklichen Restriktionen und -pressionen wurden – mit deutscher Gründlichkeit – erst im «VOBAU»-Mietvertrags-Formular (Bertelsmann Fachzeitschriften GmbH) zusammengetragen. Dem Vermieter wird hier zum Beispiel die Blanko-Vollmacht für Veränderungen jeglicher Art im Außenbereich zugestanden. Unter Punkt 5 (Übergabe des Mietgegenstandes) heißt es:

5.4. Der Vermieter darf die Hof- und Außenanlagen jederzeit umgestalten und anderen Zwecken zuführen.

Dem Mieter hingegen wird (vor allem unter Punkt 8, Genehmigungspflichtige Handlungen des Mieters) bis in die letzten Kleinigkeiten aufgezählt, wie, wo und was er nicht oder nur nach schriftlicher Genehmigung verändern darf. «Im Interesse der Gesamtheit der Mieter und zur ordnungsgemäßen Bewirtschaftung des Gesamtanwesens» sind das zum Beispiel:

8.1.9. Bauliche Änderungen und Veränderungen an den Installationen und ihren Objekten,

8.1.10. Anbringen von Sonnen-, Wind- und Regenschutzvorrichtungen an Fenstern, Balkon und Loggia,

8.1.11. Außenanstriche oder Verkleidungen am Balkon oder der Loggia.

Und bei «Beendigung des Mietverhältnisses» (Punkt 10) heißt es dann, die Sachen wieder wegräumen, auch wenn sie schon schriftlich genehmigt wurden:

10.3. Änderungen am Mietge-genstand hat der Mieter bis zum Auszug zu beseitigen und den ursprünglichen Zustand einschließlich der notwendigen Nebenleistungen (z. B. Anstrich) wiederherzustellen. Das gilt auch für etwaige Änderungen an Einrichtungen und Anlagen innerhalb und außerhalb der Mieträume.

Im «Interesse der Gesamtheit der Mieter» sind dann natürlich im Rahmen der Hausordnung (Punkt 14) noch einige detaillierte Festlegungen erforderlich. Unter anderem:

14.11. Auf dem Balkon oder in der Loggia darf keine Wäsche aufgehängt werden.

(Warum denn eigentlich nicht?)

14.17. Das Anbringen von Blumenschmuck auf dem Balkon oder der Loggia ist erwünscht. Vor Fenstern ist es nicht gestattet.

«Erwünscht ... nicht gestattet» – in diesem Zusammenhang klingt es fast wie Hohn. Über Gardinen steht zwar nichts im Vertragsvordruck, doch wehe dem, der (etwa!) gar keinen Gardinenschmuck vor seine Fenster hängt!

14.24. Das Auswechseln und Erneuern von Namensschildern an den Wohnungstüren und an den Hausbriefkästen darf nur vom Vermieter vorgenommen werden. Der Mieter hat jedoch dafür die Kosten zu tragen.

Was spricht eigentlich gegen außen sichtbare Veränderungen der Architektur?

Wer legt eigentlich den Rahmen fest, wer fühlt sich verantwortlich für das äußere Erscheinungsbild von Architektur? Wer und was spricht eigentlich dagegen, wenn Architektur – speziell im Woh-nungsbau – vom Benutzer außen sichtbar verändert wird? Es sind vor allem die Architekten, die befürchten, daß man ihnen die Ästhetik ihrer Bauten verpfuscht.

Eine individuelle, selbstgestaltete Reihenhausfassade (Quelle: Oelhaf)

Etwa vier Jahre nach Fertigstellung «seiner» Siedlung (Onkel Toms Hütte, Berlin) sagte der Architekt Bruno Taut 1931:

«Hier droht eine unmittelbare Gefahr heraufzukommen, die selbst der bestgebauten Siedlung ästhetisch den Hals brechen kann. Die Gefahr meldet sich damit an, daß die Bewohner mit einem geringeren Schamgefühl als früher in die Veranden und Loggien ihrer Häuser allerhand Dinge hereinbringen, daß sie diese äußeren Teile ihrer Wohnung mit sonderbaren Bildern und sonstigen Kleinigkeiten, u. a. mit Geweihen, schmücken.»

«. . . äußerst häßliche Zäune – ja, es droht sogar die Gefahr, daß die architektonische Haltung der Häuser durch sehr schlechte Gardinen an den klaren Fenstern ... entwertet wird. ... Gibt man diesen reaktionären Strömungen nach, so drückt sich darin sehr deutlich der nach und nach zurücktretende Gemeinschaftsgeist aus, an dessen Stelle mehr und mehr der abgesonderte Egoismus und das Eigenbrödlertum tritt.»

Was Bewohner alles ändern, wenn sie dürfen

Zum Glück haben die Bewohner selten Respekt vor den «Kunstwerken» der Architekten.

Le Corbusier, wohl einer der bekanntesten Architekten unseres Jahrhunderts, baute im Jahre 1924 die Siedlung Pessac bei Bordeaux. Die Wandlungen, die diese Häuser bis heute erfahren haben, (und ihre Ursachen) untersuchte Philippe Boudon in seinem Buch «Die Siedlung Pessac – 40 Jahre Wohnen à Le Corbusier». Über die Bewohner dieser Siedlung schreibt er: «Sie adaptierten innerhalb der Umfassungsmauern den Grundriß ihren Wohnvorstellungen, bauten aber auch das Äußere um und aus, so daß die fortlaufende Reihe gleichartiger Fassaden durch ein diskontinuierliches Nebeneinander individueller Fassaden ersetzt wurde.»

Paulhans Peters nahm dieses Buch zum Anlaß, um unter der (auffordernden) Überschrift «Für eine Architektur des Mitmachens» über Pessac zu schreiben: «Sie (die Hausbesitzer in Cor-

busiers Siedlung Pessac) veränderten, ja zerstörten die Architektur des Meisters, paßten sie sich und ihren Wünschen an.»

«Sakrileg gegenüber dem Meister oder vollkommen natürlicher Nestbau? Die Frage: Sollen Wohnbauten überhaupt Werke der Baukunst sein? Oder auch: Dürfen Architekten die Unantastbarkeit ihrer Werke verlangen?»

Die Architektengruppe Atelier 5 baute etwa 1972 in Wertherberg/Westfalen ein Wohnquartier, das so konzipiert war, daß einem individuellen Nestbau nichts mehr im Wege stand. Die Architektur anzutasten, zu verändern, war von vornherein intendiert – im Gegensatz zu den Pessac-Bauten von Le Corbusier. Was die betreffenden Architekten ein paar Jahre später, als Wertherberg tatsächlich kaum noch wiederzuerkennen war, über die Siedlung äußerten, macht die Motive für den Architektenwunsch nach Unantastbarkeit ihrer Werke ungefähr deutlich:

«Mit ‹Wertherberg heute› hatte man nicht gerechnet, die Möglichkeit der Veränderung war eingeplant ... Modifiziert wurden die Vorbauten ... Geändert wurden die Eingangspartien ... Verändert wurde der Beton ... Die Bewohner fangen an, ihre Umgebung zu gestalten. Darüber zu meckern steht niemandem zu. Erschreckend ist nur die Art der Veränderung ... Da ist es einem in Wertherberg ob so vieler unnützer Kosmetik schon eher ums Heulen.»

Oben: Siedlung Pessac bei Bordeaux (1924)
Unten: durch die Bewohner umgestalteter Zustand 40 Jahre später – man glaubt kaum, daß
dies dieselben Häuser sind.

Wohnquartier in Wertherberg (Westfalen), 1972 (Quelle: Dechau)

Man hätte es sich vorher denken können, daß Veränderungen nicht in der Formensprache des Architekten erfolgen und daß dabei Elemente hineinkommen, die ganz anderen ästhetischen Vorstellungen entspringen. Deutlicher noch formuliert es Lucius Burckhardt in seinem Buch «Bauen – ein Prozeß»:

«Scheinfreiheit ist es, wenn seine (des Bewohners) Arbeit nur dazu dient, die im Rahmen vorgegebener Ästhetik vorausbedachte Variation zu schaffen, wenn er an seinem Balkon nur wählen darf zwischen roten und weißen Geranien. ... Der einzelne vollendet nicht die vorgegebene Ästhetik des Architekten, sondern er verwandelt sie in eine Antiästhetik, der eine neue ästhetische Form entspringt.»

Folgende Doppelseite:
Ästhetischer Pluralismus statt monotonem Beton-Einerlei – nur ein Spiel mit Fotos? (Quelle: Dechau)

Den Laien ernst nehmen

In der Regel geht man heute aber noch von der Annahme aus, nur der Architekt sei wirklich ernsthaft auf der Suche nach Schönheit (stellvertretend für alle anderen, die «davon ja sowieso nichts verstehen») und sei deshalb der einzig Berufene zur Gestaltung der Umwelt. Aber wenn man es wirklich ernst meint mit der Forderung nach einer Architektur des Mitmachen-Dürfens, brauchen wir eine andere Einstellung gegenüber der Rolle des «Laien». Der Soziologe Herbert J. Gans verteidigt die «Heterogenität um ästhetischer Werte willen» – das heißt, er setzt sich ein für einen ästhetischen Pluralismus.

«Obschon jedermann auf der Suche nach Schönheit ist, so hat doch der Professionelle einen anderen Schönheitsbegriff als der Laie, und die Definition dessen, was schön beziehungsweise häßlich ist, differiert mit der unterschiedlichen sozioökonomischen Herkunft und dem unterschiedlichen Bildungsniveau der jeweiligen Menschen.»

«In einer Demokratie hat jeder Mensch die Freiheit, oder sollte sie haben, seinem eigenen Schönheitsbegriff zu huldigen. Ästhetischer Pluralismus mag die ästhetischen Empfindungen gebildeter Menschen verletzen, doch solange nicht jedem Menschen die Chance gegeben ist, sein Bildungsniveau zu erlangen, muß eine solche Verletzung als – übrigens nicht allzu hoher – Preis für das Leben in einer Demokratie in Kauf genommen werden.»

Das hört sich fast so an, als wären da ganz schreckliche Dinge zu erwarten – doch was würde man denn dabei tatsächlich in Kauf nehmen, wenn man die Mitbeteiligung der Bewohner ins Spiel brächte? Wie solch ein ästhetischer Pluralismus konkret aussehen könnte, zeigt die Montage auf der vorangehenden Doppelseite – zusammengeschnippelt aus einer 08/15-Wohnhausfassade und einigen Dutzend individueller Schrebergartenhäuser. Diese Montage ist nur ein Spiel mit Schere und Leim, um sich ein Bild davon machen zu können, was Lucius Burckhardt «neue ästhetische Form» nennt. Solche Vielfalt kann man als Architekt nicht im Entwurf simulieren, ohne schablonenhaft zu werden – man kann lediglich Anstöße geben, zum Weitermachen animieren.

Didaktischer Hinweis: Man kann solche «Spiele» sehr lustvoll im Unterricht betreiben. Sie stellen wenig technisch-darstellerische Anforderungen, reizen aber die gestalterische Phantasie und geben im Rahmen von Unterrichtsprojekten im Bereich Architektur/Wohnen Anlaß zu einer phantasievollen ästhetischen Alternativen-Produktion!

Auch das «Hüttenbauen» aus

allerlei Abfallmaterial hätte hier einen didaktischen Hintersinn, den man zum Beispiel den Schrebergärtnern abgucken kann, die sich ja im Grunde auch Kleinmodelle von Wunschbehausungen bauen – Freizeitarchitektur –, die im großen Maßstab zu verwirklichen ihnen sämtliche Bauvorschriften und der Geldbeutel verwehren würden.

Wenn man sucht, findet man solche Bauten noch in jeder Stadt:

Hier ist die persönliche (Freizeit-)Umwelt weitestgehend selbstgestaltet. Die Menschen sind hier, sooft sie Zeit haben. Sie sind hier zufrieden, weil sie sich mit dieser selbstgeschaffenen Umwelt identifizieren.

(Quelle: Dechau)

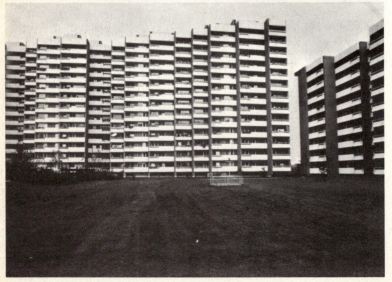

Literatur

Anpassungsfähig Bauen. IL 14, (Institut für leichte Flächentragwerke) Universität Stuttgart 1975.

F. Bollerey/K. Hartmann/M. Tränkle: Denkmalpflege und Umweltgestaltung. Orientierung und Planung im Stadtbereich. (Moos) München 1975.

P. Boudon: Die Siedlung Pessac – 40 Jahre Wohnen à Le Corbusier. (Bertelsmann) Gütersloh 1971.

W. Dechau: Gestaltung – mit und ohne Architekten. Ausstellungskatalog (Selbstverlag) Braunschweig 1977.

F. Hundertwasser: Verschimmelungsmanifest gegen den Rationalismus in der Architektur, 4. 7. 58 Wien. Veröffentlicht in: U. Conrads (Hg.): Programme und Manifeste zur Architektur des 20. Jahrhunderts. (Bertelsmann) Gütersloh 1964.

H. Klotz: Die röhrenden Hirsche der Architektur. (Bucher) Luzern/Frankfurt 1977.

P. Peters: Für eine Architektur des Mitmachens. In: Baumeister 6/1976.

R. Spille: Mieter planen mit. (rororo) Reinbek 1975.

Linke Seite oben:
Dieser Schrebergärtner hat die Tür seiner Hütte liebevoll mit einer Landschaft bemalt. (Quelle: Simon)

Unten: Neu-Perlach bei München – wer gestaltet hier? (Quelle: Dechau)

Wilfried Dechau

Die sogenannten «Häuslebauer»

Ein Haus selbst zu bauen, auch wenn man es wohl möchte und auch schaffen würde, wurde für die meisten Menschen schier unmöglich (gemacht). Es sei denn, man läßt bauen.

In diesem Beitrag wird darauf hingewiesen, daß es «im Schatten des expertokratischen Bauens» noch Leute gibt, die sich selbst behausen. Immerhin ist das ursprünglich die selbstverständlichste Form der Bauproduktion gewesen. Etwa ein Drittel der Weltbevölkerung behaust sich auch heute noch auf diese Weise.

Ein Beispiel

Herr S. hat sein Haus vom ersten Strich bis zum letzten Handschlag (noch ist es allerdings nicht ganz fertig) allein geplant und gebaut. Beschäftigung mit der Materie und vor allem die Gelegenheit, günstig an leicht beschädigte Industriebau - Sandwich - Elemente heranzukommen, hatten ihn angeregt, so daß er diese Platten zunächst auf seinem Grundstück lagerte und dann zum Zeichenstift griff, um sein Haus zu entwerfen. Er ist zwar kein Baufachmann, ist aber dennoch durch Ausbildung und Beruf eher all den kleinen (und großen) Auseinandersetzungen auf behördlicher Ebene gewachsen, als es normalerweise der Fall sein dürfte: Behörden-

gänge, Anträge, Formulare waren für ihn nicht die größte Hürde. Und die Behörden waren von seinem Bauvorhaben, das er obendrein in eigener Regie erledigen wollte, sicher nicht sonderlich begeistert – zumal er sich ziemlich außergewöhnliche (Abfall-)Materialien für seinen Hausbau in den Kopf gesetzt hatte.

Das Haus von Herrn S. ist kein alltäglicher Fall – nicht das, woran in erster Linie gedacht wird, wenn – in zumeist diffamierender Absicht – von «Häuslebauern» die Rede ist. Damit meint man eher (Einfamilien-)Wohnhäuser, die – zumeist wirtschaftlichen Zwängen folgend – im Eigenbau entstanden sind, und deren ästheti-

Selbstbau mit beschädigten Industriebau-Sandwich-Elementen (Quelle: Dechau)

sches Erscheinungsbild den professionellen Architekten ein Greuel ist. Das Hauptmotiv für die Entscheidung, selbst anzupakken, dürfte in der Regel die Geldfrage sein. Kapitalschwache Gruppen der Bevölkerung sind demzufolge unter den Eigenbauern zahlenmäßig am stärksten vertreten. Wenn die eigene Arbeitsleistung eingebracht wird, läßt sich das Produkt erheblich verbilligen, da fremde Dienstleistungen – die man sich gar nicht oder nur in beschränktem Umfang leisten könnte – damit ganz oder teilweise wegfallen.

Herr S. allerdings begann seinen Hausbau nicht aus der Position des finanziell Schwachen –

was ihn dazu bewog, selbst zu bauen, war in erster Linie der Wunsch zu beweisen, daß seine Idee baulich umsetzbar ist. Wenn man seine Erfahrungen auf den eben angedeuteten Normalfall projiziert, bekommt man eine Vorstellung, welche Schwierigkeiten durch die im Grund völlig entzogene Baufreiheit erzeugt werden. Bauen – einfach drauflosbauen – das könnten eine ganze Menge Leute. Entweder, weil sie handwerklich begabt, selbst Handwerker sind, oder im Freundeskreis tatkräftige Hilfe haben.

Herr S.: «. . . Ich habe einfach gebaut und die vor vollendete Tatsachen gestellt sozusagen. Wenn man da ängstlich ist und vorher fragt – wer viel fragt, kriegt viel Antwort – nach dem Motto... sonst kann man keine neuen Ideen bringen, wenn man sich nur nach der Behörde orientiert – und dementsprechend – ja – Anfragen startet. Wenn man das macht, dann ist man natürlich sehr bald verloren. Da muß man schon eine Idee haben – und die Idee schon im vornherein reifen lassen – um dann auch schon zu wissen: Wo könnte ich damit anecken bei den Brüdern...»

Was darf man eigentlich?

Diese Sicherheit, mit der Herr S. seine Ideen gegenüber den Behörden durchsetzt, ist getragen von der Stärke, zum Beispiel auch die statische Berechnung selbst gemacht zu haben: Er weiß sich in der sachlichen Diskussion auf der gleichen Ebene mit den Amtspersonen. Anders im Normalfall: Da darf man fast nichts. Im «Spiegel» (40/1977) heißt es hierzu unter der Überschrift «Hausbau: Staatlich verordnete Unfreiheit» (ein wenig boshaft):

«Ein paar Sachen, immerhin, darf ein Deutscher ohne amtliche Erlaubnis bauen: ein Fußballtor, eine Dachantenne, einen Sandkasten. Es ist ihm auch gestattet, sich ohne Genehmigung eine zwei mal vier Meter große, mannshohe Höhle zu graben.»

Aber wehe, man läßt sich dabei erwischen, ein Haus gebaut zu haben, ohne vorher den behördlichen Segen dafür eingeholt zu haben. Die Abrißverfügung kommt ohne Gnade.

In manchen Kleingärten kann man noch einen Hauch ursprünglicher Baufreiheit spüren – doch auch dort ist diese Vokabel mittlerweile meist vergessen. Aus einem Gespräch mit Herrn M., dem Vorsitzenden eines Braunschweiger Gartenvereins, wird das deutlich:

Herr M.: «... Ja, damals (vor etwa 60 Jahren, als diese Laubenkolonie gegründet wurde) hat sich da kein Mensch darum gekümmert, was die Leute gemacht haben. Da hat sich das Bauamt so gut wie gar nicht drum gekümmert – gar nicht. Da sind alle Bauten hingestellt, wer weiß nicht wie groß – und alles so was – da hat sich gar keiner drum gekümmert. Und heute, da kommt man her und fängt an und läßt die Leute das wieder abreißen, wenn sie mal 10 cm zuviel gebaut haben – wenn sie aus irgendwelchen praktischen Gründen die Steine haben und gerade so ein Maß, daß sie 10 cm drüber hinaus sind, denn müssen sie es abreißen...»

Will sich heute jemand eine Laube bauen, so kann er meist nur zwischen einigen wenigen Typenlauben wählen. Herr M. versucht zu erklären, warum das so sein müsse. Er tut sich dabei sichtlich schwer, denn er selbst hat noch die Möglichkeit gehabt, nach eigenen Vorstellungen bauen zu können: Das Gartenhaus, das er heute noch bewohnt (was eigentlich nicht gestattet ist), hat er nach dem Kriege selbst entworfen und gebaut.

Herr M.: «... es würde die Geschichte wieder kolossal verzetteln, wenn das jeder ungefähr so machen könnte, wie er wollte. Er müßte ja schon irgendwelche Pläne dafür haben, die auch wirklich den Tatsachen entsprechen und die auch tatsächlich hier – baupolizeilich, woll'n mal sagen – zuträglich sind oder erträglich sind. Wenn das nämlich jeder machen kann, wie er will – jeder glaubt nämlich, er kann machen, was er will – oder kann vielleicht bauen – ich will nur ein Beispiel sagen: Das Haus, das hier steht, ist ja aus der Not geboren – kriegsbedingt – habe ich selbst gebaut – und war schon über fünfzig Jahre alt (er ist jetzt etwas über 80), als ich damit angefangen habe.»

WD: «Ja, das ist doch aber das beste Gegenbeispiel!»

Herr M.: «Ja, das ist ein Beispiel, aber wie! Ich hatte einen Bekannten, der war Kreismaurermeister – dem habe ich mal gesagt, hier guck dir das mal an, ob du damit zufrieden bist. ‹Das hast du hundertprozentig gemacht, das ist schön!› hat er gesagt – ich gebe aber zu, daß von zehn Leuten noch keine fünf da sind, die das alles so können und machen,

Herr M. vor dem Haus, das er einmal in Selbsthilfe gebaut hat. (Quelle: Dechau)

daß es erträglich ist ... Ich stelle mir vor, daß die fünf schlechten – die können viel mehr verderben, als die anderen fünf gut machen können ... aufgrund der Erfahrungen, die man so im Lauf der Zeit gemacht hat ...»

Ob Herr M. damit recht hatte, ist nicht mehr nachprüfbar (weil nicht mehr erlebbar!), denn:

«Die Baubürokratie entscheidet über Grundriß und Frontbreite, über Fenstergröße, Fassadenfarbe und Traufenhöhe, über die zu verwendenden Baustoffe, die Form des Daches, die Ausbildung des Schornsteinkopfes und über die Behandlung der Putz- und

Mörtelfugen. ‹Das Bauen ist verboten›, spottet der Justitiar des Deutschen Volksheimstättenwerks, Dr. Hans Joachim Tittel, über die Praxis vieler Baubehörden, ‹Ausnahmen genehmigt der Stadtbaurat.›»
(«Der Spiegel», 40/1977)

Nichts wird mehr dem Zufall überlassen, alles reglementiert – Raum für Spontaneität, Spielraum für Kreativität sucht man vergebens. Es ist ja nicht allein das (fehlende) Geld, das zur Selbsthilfe greifen läßt – auch wenn dies ein entscheidender Faktor ist. Daß daneben noch eine ganze Reihe positiver Effekte zu erzielen sind, wird deutlich, wenn man die Ergebnisse von Untersuchungen ansieht, die jetzt in Schweden bei Selbsthilfebauten gemacht wurden. Um ein Verhältnis zu seinem Zuhause, seinem Heim zu entwickeln, ist es eben nicht damit getan, seine Tapete mal wechseln zu dürfen.

Selbstbau-Programme in Schweden

Seit etwa 50 Jahren werden in Schweden Erfahrungen mit organisierten Selbstbau-Programmen (mit denen in erster Linie die finanzschwächeren Bevölkerungsschichten angesprochen wurden) gesammelt und ausgewertet. Bei diesen Selbsthilfebauten handelt es sich um Einfamilienhäuser, die in Gruppen gemeinsam gebaut werden, wobei die Hauptaufgabe des Architekten darin besteht, Hilfe zur Selbsthilfe zu leisten, wie dies bei uns zum Beispiel der Bielefelder Hochschullehrer und Architekt Hugo Cronjaeger tut (vergleiche auch den Beitrag von Margarete Schütte-Lihotzky über Wohnungsbau der zwanziger Jahre zu den Selbstbau-Programmen der Wiener Kleinsiedler nach dem Ersten Weltkrieg, Seite 314). Dieser staatlich geförderte, organisierte Eigenbau in Schweden ist sehr beliebt, und die Bewerber haben Wartezeiten zwischen 5 und 10 Jahren.

In verschiedenen selbstgebauten Siedlungen hat man Umfragen vorgenommen. Es wurden auch aus der Warteliste Personen befragt, um ihre Erwartungen im Vergleich mit den Erfahrungen der anderen sehen zu können. Einige der Ergebnisse sind sehr aufschlußreich. Olle Volny schreibt darüber («Bauwelt» 34/1977):

«Am meisten überrascht die Tatsache, daß man der Ansicht war, durch Selbstbau Qualität zu erhalten; das betrachtete man als einen großen Vorteil ... Außerdem betonte man, daß der Selbstbau die nachbarschaftlichen Beziehungen durch die Zusammenarbeit stärke. Daß man die Selbstverwirklichung positiv erlebte, war zu erwarten ... Manche wünschen, daß sehr viel mehr Leute die Gelegenheit haben sollten, ihr eigenes Haus zu bauen ... Man betonte auch, daß man viel ge-

Schaffe, spare …

... Häusle baue. Alte (und nicht nur) schwäbische Lebensregel.

Schon vor dem Häuslebau kann Sparen Gewinn aus Häusern bringen: Wer Geld in Pfandbriefen anlegt, bekommt Zinsen aus Hypotheken.

Pfandbrief und Kommunalobligation

Meistgekaufte deutsche Wertpapiere - hoher Zinsertrag - schon ab 100 DM bei allen Banken und Sparkassen

Verbriefte Sicherheit

lernt hätte. Man kann das Selbstbauen als Unterricht im Bauen bewerten. Man betrachtet es auch als wertvoll, das eigene Haus so gut zu kennen.»

Schon zur Zeit der ersten Selbstbauprogramme in Schweden hat es Proteste gegeben – die Gewerkschaften des Baugewerbes fürchteten um die Arbeitsplätze, die durch Selbsthilfearbeiten bedroht seien. Das sind «vertraute» Töne – es geht auch heute immer wieder um dieses Problem, wenn hierzulande regelmäßig wiederkehrend über das Ausmaß der Schwarzarbeit geklagt wird (die Lautstärke der Klagen ist dabei der jeweiligen Beschäftigungslage auf dem Bausektor direkt proportional). Doch was ist Schwarzarbeit – was ist Nachbarschaftshilfe – die Grenzen sind fließend. Ob «Gewinnsucht» vorliegt, wenn jemand «Dienst- oder Werkleistungen in erheblichem Umfange erbringt», gilt es zu klären, denn dieses Gesetz («zur Bekämpfung der Schwarzarbeit») kommt nicht zur Anwendung, wenn es sich um reine Gefälligkeit oder um Nachbarschaftshilfe handelt.

«(2) Absatz 1 gilt nicht für Dienst- oder Werkleistungen, die auf Gefälligkeit oder Nachbarschaftshilfe beruhen, sowie für Selbsthilfe im Sinne des § 36 Abs. 2 und 4 des Zweiten Wohnungsbaugesetzes (Wohnungsbau- und Familienheimgesetz) vom 27. Juni 1956 (Bundesgesetzbl. I, S. 523).»

Gefälligkeit wird nicht bestraft – das zu wissen ist beruhigend. Und wenn man der Nachbarschaftshilfe – in gar nicht so wohlmeinender Absicht – häufig das Etikett der Zwielichtigkeit anzuheften versucht, so gerät darüber nur zu leicht in Vergessenheit, daß auf diese Weise ungeheure Werte für die ganze Gesellschaft erwirtschaftet werden!

«Im Do-it-yourself sind volkswirtschaftliche Leistungen möglich, die nie in einer Wirtschaftsstatistik auftreten. Der Perfektionismus des regulären Baugewerbes hat bei uns erfolgreich diese Leistungen erstickt, . . .» («werk» 4/1972)

Heimatgefühl

Ein weiteres Ergebnis dieser schwedischen Untersuchung erscheint sehr wichtig: Die Auszugsfrequenz ist außerordentlich gering – pro Jahr verlassen nur 1,9 Prozent der Bewohner ihr selbstgebautes Haus. Diese nackte Zahl bekommt erst dann Aussagekraft, wenn man sie ins Verhältnis setzen kann zu «normalen» Werten. Zum Vergleich hier die Angabe aus einer Untersuchung, die im Jahr 1970 in Linz, bezogen auf das gesamte Stadtgebiet, durchgeführt wurde (ca. 230 000 Einwohner): Dort waren es insge-

samt 18 Prozent. Ganz sicher darf man diese beiden Zahlen nicht direkt miteinander vergleichen – dafür müßte man schon die Randbedingungen genauer eingrenzen. Aber die Mobilitätsbereitschaft der Selbstbauer ist verschwindend gering im Vergleich zu der eines durchschnittlichen Stadtbewohners. Man muß sich fragen, ob Mobilitätsbereitschaft an sich ein Wert ist oder ob sie nicht eher als ein Maß relativer Heimatlosigkeit zu begreifen ist.

Wer selbst Hand anlegen, mitgestalten darf, oder gar wie in diesem Fall das ganze Häuschen selbst errichtet, empfindet sein Zuhause nicht mehr als grundsätzlich austauschbar. Erst diese aktive Identifikation schafft ein Engagement für die Nahumwelt, schafft die Basis für die Überlegung, ob es sich «lohnt», für «100 DM brutto mehr» den Wohnort zu wechseln. Und nicht wenige Selbstbauer genießen das Gefühl, endlich eine produktive Arbeit für sich selbst leisten zu können. Ist es richtig, auf die «Kleinbürger» herabzuschauen, auf diese «Spießer», die so (ekelhaft) zufrieden an ihren Häuschen herumpusseln? Vielleicht möchte man insgeheim mitbauen dürfen.

«Freizeit-Schweißer» beim Bau einer Hütte in der Arbeitersiedlung Eisenheim (Quelle: Günter)

Selber bauen macht Spaß – vor allem Leuten, die sonst keine körperliche Arbeit leisten (Quelle: Dechau)

Literatur

L. Burckhardt: Imaginäre Besichtigung. In: Bauwelt 1/1977.

L. Burckhardt/Ch. Hunziker: Learning from Mulhouse. In: Werk 4/1972.

H. Czech u. a.: Einfamilienhäuser für Neumarkt oder: Wie weit kann Mündigkeit gehen? In: Bauwelt 19/20/1976.

W. Dechau: Gestaltung – mit und ohne Architekten. Ausstellungskatalog (Selbstverlag) Braunschweig 1977.

H. D. Gülicher: Das Segal-Konzept: Häuser aus der Baustoffhandlung. In: Baumeister 11/1975.

Hausbau: Staatlich verordnete Unfreiheit. In: Der Spiegel 40/1977.

M. Hegger/W. Pohl: Selbsthilfe und mittlere Technologien. In: Arch + 33/1977.

W. Kücker: Der Nutzer als Planer und Produzent seiner Wohnumwelt. In: deutsche bauzeitung 11/1977.

P. Peters: Vorschläge. In: Baumeister 11/1975.

R. Schneider: Selbstbau – Zur Bauproduktion im Schatten expertokratischen Bauens. (Gesamthochschule) Kassel 1976.

O. Volny: Architektur durch eigene Arbeit. In: Bauwelt 34/1977.

M. Wagner: Das wachsende Haus. Berlin 1932.

Materialien

Werk und Zeit 2/1977: Schwerpunktheft zum Thema Wohnalternativen.
Bezugsadresse:
Deutscher Werksbund e. V.
Alexandraweg 26
6100 Darmstadt.

Klaus Spitzer

Spielumwelt Stadt

Spielen in der Stadt ist ein Problem, das Kinder im Vor- und Grundschulalter, aber auch noch später unmittelbar betrifft, und das ebenso die Eltern, letztlich auch die Lehrer angeht.

So wie Kinder von Wohnungsnot betroffen sein können, sind sie noch häufiger der «Spielnot» ausgesetzt.

Der Beitrag beschreibt diese Not und zugleich die Notwendigkeit des kreativen Spiels und zeigt an Beispielen, wie man auch in Städten angemessene Spielmöglichkeiten schaffen kann.

Spielfeindliche Entwicklungen

Die kanalisierte Planung

Die Flut von Publikationen, aufklärenden Vorträgen und kurzlebigen Bürgerinitiativen zum Thema «Spielplätze und Spielraum in der Stadt» ist ebensoschnell abgeebbt, wie sie allerorten entstand – an der Situation hat sich allerdings wenig geändert. Die städtische Umwelt ist weithin noch genauso unwohnlich, inhuman und unbespielbar wie vordem, wenn auch das Tempo, in dem Stück um Stück der städtische Bereich dem Verkehr, der kommerziellen Nutzung und neuer Bebauung zum Opfer fällt, aufgrund der Konjunkturschwäche und der Nachkriegssättigung geringer geworden ist.

Nach wie vor planen überlastete und pädagogisch überforderte Gartenämter und Architekten als Ersatz für eine vielfältig zu nutzende und bespielbare Stadtlandschaft die bekannten Kinderreservate am Reißbrett nach dem unsinnigen Schematismus rein quantitativer Spielplatzrichtwerte. Immer noch werden die üblichen sterilen und armseligen Gerätespielplätze gebaut, die die Kinder zu besseren Kletteraffen degradieren, weil man sich an Gesichtspunkten der Haftpflicht, der geringen Folgekosten und der bequemen Pflege orientiert statt an den inzwischen weithin bekannten spielpädagogischen Erkenntnissen. Unerschüttert läuft der

Mechanismus des Behördenapparates in den alten festgelegten Bahnen weiter. Benutzer und Anlieger werden nicht gefragt und schon gar nicht an Planung und Bau beteiligt.

Wenn man auf die speziellen Bewohnerbedürfnisse und Besonderheiten eines Stadtviertels und die Eigenheiten örtlicher Topographie Rücksicht nehmen und vor allem wenn man erreichen wollte, daß sich die Bewohner mit ihrer Umgebung identifizieren, dann müßte man mit der Bevölkerung planen und den öffentlichen Spiel- und Freizeitbereich für eine ständige Veränderung durch Eigeninitiativen offenhalten. Bis heute aber wurden gesetzliche Grundlagen und verwaltungstechnische Möglichkeiten hierfür nicht geschaffen, und man hat wenig von den zum Teil vorbildlichen Initiativen anderer – vor allem der skandinavischen Länder – gelernt.

Die gesellschaftliche Geringschätzung und Abwertung des Spiels

So wie die Erwachsenengesellschaft in die Bereiche einer entfremdeten Arbeit und einer konsumierbaren Freizeit zerfällt, werden auch Lernen und Spiel räumlich und zeitlich geschieden. Wie das Lernen mehr und mehr einen unangenehmen Arbeitscharakter, so erhält das Spiel den abwertenden Beigeschmack des Unwichtigen, Vorübergehenden und nicht eigentlich Ernstzunehmenden

(«Erst die Arbeit, dann das Spiel!»). Die Schule wird – aller spielerischen Elemente entkleidet – zur leistungsorientierten Denkfabrik degradiert und das nicht ernst genommene Spiel als unproduktive Spielerei verkannt, aus dem alltäglichen Leben ausgesperrt und auf den Spielplatz abgeschoben.

Unsere Lebensauffassung und damit auch die von uns geschaffene Umwelt sind spielfeindlich.

Es ist deshalb gar nicht überraschend, wenn Untersuchungen ergeben, daß elfjährige Kinder von den 14 Stunden, die sie täglich wach sind, im Durchschnitt nur noch $1^1/_2$ Stunden spielen, aber schon einen $9^1/_2$-stündigen Arbeitstag haben (Schottmayer/Christmann, 1976).

Die Umwelt als Lernfeld

Spielen ist heute als Ergänzung für verlorengegangene, natürliche und unterdrückte soziale Aktivitäten und als wichtige Möglichkeit der Selbstentwicklung notwendiger denn je. Doch auch Spielen wird gelernt. Wichtig ist daher, daß nicht mehr Spielen und Lernen – als Gegensätze mißverstanden – räumlich und zeitlich getrennt bleiben. So wie lustvolles selbstmotiviertes Lernen immer auch spielerische Züge tragen sollte, müßte auch eine vielgestaltige, allzeit von allen Altersstufen in vielerlei Tätigkeiten nutzbare und überall bespielbare Umwelt geschaffen werden, die ständig zum Lernen anregt.

Der gepflasterten Straße wurde die Vielfalt sinnlicher Reize genommen. So gewinnt der Müll
an Attraktivität. (Quelle: Spitzer)

Eine wirklich bewohnerfreund-
liche Stadt braucht deshalb gar
keine gesonderten Spielplätze.
Kinder brauchen keine Schonräu-
me, sie brauchen die ganze Stadt.

**Die Einflüsse von Erziehungs-
normen und Ideologien**
Die Vielfalt und Kreativität des
Spiels werden ferner durch verinnerlichte Erziehungsnormen
(Sauberkeitsdrill, Ordnungs-
zwang) weiter eingeschränkt.
Diese seelische Deformation,
sinnliche Verödung und spielerische Verarmung sind an der Form
und Ausstattung der üblichen
Spielplätze direkt ablesbar, deren

Entwerfer hier die Leitbilder ihrer
eigenen Erziehung wiederholen.
Überholte einseitige Erziehungsnormen und unterschwelli-
ge Ideologien bestimmen das Bild
unserer Spielreservate: heile Kinderwelt mit Mickymaus und Fliegenpilz, Westernlandschaft mit
Forts und Indianerzelten, Natur-
romantik in Holzbauweise, sport-
licher Leistungsdrill mit Turngeräten. So prägt und beeinflußt die
so harmlos erscheinende Spielumwelt ihre täglichen Benutzer.

Der Spielplatz als Ware
Der nicht befriedigte Spieltrieb
und das durch tatkräftige Bürger-

initiativen geweckte schlechte Gewissen werden jedoch von cleveren Geschäftsleuten profitabel ausgenutzt. Große Firmen verdienen an serienmäßig produzierten Spielgeräten und liefern ganze Gerätespielplätze komplett nach Katalog. Bis auf die zwangsläufige schematische Gestaltung wäre dies eigentlich nicht so problematisch, wenn nicht auf dem freien Markt Rentabilität und leichte Verkäuflichkeit den Vorrang vor der Pädagogik hätten. Die wenigen pädagogisch verantwortungsbewußten Hersteller haben es schwer, sich gegenüber einer Konkurrenz zu behaupten, die es vor allem den Gartenbauämtern leicht und nicht den Kindern recht machen will.

In Ausflugsgebieten, fernab von den Wohnquartieren, entstanden unpersönliche, lärmende Mammutspielplätze, hektische Vergnügungsparks, die mit raffinierten technischen Spielmaschinerien den überreizten Kindern für hohes Eintrittsgeld den perfekten Spielkonsum bieten. Romantische Scheinwelten verfälschen und verschleiern hier die Wirklichkeit. Seien es nun kommerzielle oder erholungsorientierte Freizeitparks, gemeinsam ist ihnen in jedem Fall die stadtferne Lage, die niemals eine Kompensation für die geraubte menschliche Nahumgebung als Spielfläche sein kann.

Geht die hausnahe Spielumwelt verloren, kann man den Spieltrieb in weit vor der Stadt gelegenen «Vergnügungsparadiesen» auch kommerziell ausnutzen. (Quelle: Spitzer)

Hektischer Vergnügungsbetrieb auf einem kommerziellen niederländischen Spielplatz. Der Fliegenpilz soll eine «heile Kinderwelt» symbolisieren, zum tätigen Spiel taugt er nicht. (Quelle: Spitzer)

Rückeroberung der Spielumwelt Stadt

Das degenerierte Spielreservat
Auch ein guter Spielplatz bleibt wegen seiner isolierten Lage, Künstlichkeit und Realitätsferne immer problematisch und sollte daher allenfalls eine Übergangslösung sein. Die bespielbare Stadt bleibt das Fernziel, das angestrebt werden muß. Solange dies nicht realisiert werden kann, müßten wir nach den besten Alternativen suchen. Doch statt dessen baut man weiterhin Turnplätze und bestückt sie eintönig mit festmontierten, unbeweglichen Geräten, die das Spiel kanalisieren, reduzieren und normieren. Doch nicht genug damit, daß die Anlage selbst viele Spiele erschwert und verhindert, darüber hinaus schreiben noch Schilder vor, welche Altersgruppen hier zu welchen Zeiten spielen dürfen, was erlaubt und was verboten ist. So ist es kein Wunder, daß diese

Plätze oft leer stehen und nachts die herangewachsenen Produkte dieser «Pädagogik» ihren Aggressionsstau abreagieren und die Geräte demolieren: Identitätsverlust erzeugt Vandalismus.

Der Versuch, durch Spielplätze den generellen Mangel an Spielraum zu kompensieren, muß also fehlschlagen. Oft wäre eine ungestaltete, verwilderte Fläche spielanregender als ein kostspielig hergerichteter «Langweilplatz». Auf jeden Fall sollte man aber statt einer formalästhetischen Gestaltung vom Reißbrett – Ästhetik mindert hier meist den Spielwert – mehr Freiraum schaffen für eine unreglementierte Kreativität beim Herrichten der Spielbereiche am Bauplatz selbst. Auch Bauarbeiter, helfende Anwohner, Schülergruppen und Kinder haben Ideen. Fachgerechte Anleitung und sachkundige Be-

Dieser typische Gerätespielplatz entspricht den Leitbildern von Ordnung und Sauberkeit, wurde nach vorgeschriebenen Sicherheitsabständen mit Turngeräten «bestückt», ist pflegeleicht und haftpflichtgerecht – nur spielen läßt sich hier schlecht. (Quelle: Wolf)

Der für die Kinder eines Hochhauses «hergerichtete» Spielplatz liegt in trostloser Leere, zugig, schattenlos und ständig ungenutzt. (Quelle: Wolf)

Die Zeigefingerpädagogik entlarvt die unbewußte Angst einer etablierten Gesellschaft vor Autoritätsverlust und Anarchie.

Wenn es um's Geld geht, hört der Spaß auf. Die Behördern sichern sich vor finanziellen Ansprüchen. Autoritäres Verhalten der Begleiter (Aufpassen, Bevormunden, Eingreifen) wird geradezu provoziert.

Alles, was Spaß macht, wird verboten. Die Drohung vor Strafen soll Ruhe, Ordnung und Sauberkeit garantieren. (Quelle: Wolf)

ratung ersetzen dann die allzu detaillierte Schreibtischplanung. Das ist billiger und spielpädagogisch sehr viel sinnvoller. In ähnlicher Weise sollten auch die kostbaren Flächen vorhandener, aber schlecht gestalteter Spielplätze durch eine kleinzellige, vielgestaltige, realitätsnahe, allzeit wieder veränderbare Struktur verbessert und so mit Spielmöglichkeiten angereichert werden.

Das hausnahe Spielmilieu

Nach wie vor spielen vor allem die Klein- und Vorschulkinder am liebsten nahe beim Wohnhaus. Hier fühlen sie sich geborgen, treffen sie Nachbarskinder, sind die Spielsachen schnell bei der Hand. Wird die Wohnumwelt entsprechend geplant, so durchdringen sich Wohnen und Spielen gegenseitig.

Doch wo es kein anregendes, kleinzelliges und vielgegliedertes Kleinmilieu gibt, wird Spiel erschwert oder verhindert. In den Altbaugebieten wurden die freien Flächen zugebaut oder durch den Verkehr unbespielbar gemacht, und in den Neubauvierteln erstrecken sich zwischen den gereihten Häuserkolonnen nur die vorschriftsmäßigen Abstandsflächen als leere, ungenutzte Freiräume. Auch in den Reihenhaussiedlungen und den Eigenheimkolonien mit ihren eingehegten, von Ziergärten umschlossenen Einfamilienhäusern bietet der öffentliche Raum wenig Spielanreiz. Die Freiräume, die in den Vorstädten im Überfluß vorhanden sind, sind durchweg spielfeindlich.

Wir müssen also zumeist eine kommunikative, zellenartig struk-

In Amsterdam halten die Anwohner eines Spielplatzes einen kleinen Zoo, der sich von Jahr zu Jahr vergrößert. Ein Rentner versorgt die Tiere. (Quelle: Spitzer)

Ein langweiliger Spielpatz wurde durch die Mitarbeit der Bevölkerung wieder für Kinder attraktiv. Hier bauten Fachschüler eine immer belebte «Kletterlandschaft» (Tolbrugstaat, Amsterdam). (Quelle: Spitzer)

turierte Kleinarchitektur in menschengerechtem Maßstab und einen überall benutzbaren Wohnungsnahbereich erst wieder neu schaffen: niedrige Mauern, kleine Treppen, Sitzecken, Tische und Bänke, Spielnischen, Überdächer, Pergolen, Windschutzhekken, wildwachsende Vegetation, «grüne Räume», Schattenbäume, informelle Spieleinrichtungen, Gemeinschaftsschwimmbecken, Trampelpfade. (Vergleiche dazu den Beitrag von Roland und Janne Günter über Elemente sozialer Architektur, Seite 10.)

In den Altbaugebieten ließen sich unter anderem Baulücken herrichten, Hinterhöfe sanieren, Schulhöfe umgestalten, freiwerdende Häuser nutzen, Spielstraßen einrichten und Bürgersteige verbreitern. Vom Gesetzgeber wären dann nicht Hausspielplätze vorzuschreiben, sondern ein hausnahes, überall bespielbares Kleinmilieu zu ermöglichen. Behindernde Gesetze müßten verändert werden.

Didaktischer Hinweis: Auch jetzt ist schon Raum für Privatinitiativen zum Ausbau eines kindgerechten Wohnumfeldes, für eine praktizierte Nahdemokratie im hausnahen Bereich. Hier bieten sich auch Möglichkeiten für Schülergruppen wie für den einzelnen Schüler, die Umwelt gemeinsam mit den Bewohnern positiv zu verändern. Bestandsaufnahmen, Bedarfsanalysen und kreative Vorschläge, im Unterricht fachgerecht eingeführt, angeleitet und beraten, bleiben nicht nur Theorie, sondern können hier auch in die Praxis umgesetzt werden (vergleiche die didaktischen Hinweise am Ende dieses Beitrages).

Die Straße als Spielbereich
In einer lebendigen Stadt sieht man auf der Straße die Bewohner arbeiten, einkaufen, handeln, flanieren, sich ausruhen und miteinander sprechen. Hier ist im Prinzip auch der wichtigste Spielbereich der Kinder, hier lernen sie das Leben der Erwachsenen aus erster Hand kennen, ist es immer interessant, ist man nie allein.

Schon durch die Pflasterung und die Untergliederung in Fahrbahn und Bürgersteige aber wurde die Straße erlebnisärmer und die Spielfläche eingeschränkt. Trotz der bis heute erfolgten weitgehenden Reduktion der Straße auf die Verkehrsfunktion spielen die Kinder aber nach wie vor in Ermangelung besserer Möglichkeiten häufig auf diesen jetzt lebensgefährlich gewordenen Flächen – und so stirbt heute in der Bundesrepublik alle drei Stunden ein Kind im Verkehr. In den reinen Wohngebieten am Stadtrand aber erstarrt die Straße in langweiliger Leere. Die Kinder bleiben im Haus und befriedigen ihre Abenteuer-

Vor den Mietwohnungen der Arbeitersiedlungen schufen die Bewohner ohne viel Aufwand ein kindgerechtes Spielmilieu. (Quelle: Günter)

In diesem Utrechter Arbeiterwohnviertel herrscht ein fast mediterranes Straßenleben. Die spielenden Kinder sind in das Leben der Erwachsenen integriert, die ihrerseits den Straßenraum aktiv nutzen. (Quelle: Spitzer)

lust durch die Ersatzerlebnisse des Fernsehens, weil durch die dünne Besiedlung nicht genügend Spielgefährten vorhanden sind und insgesamt der öffentliche Raum nicht genügend Reize bietet.

Nur durch eine völlige Revitalisierung der Stadtviertel (vergleiche den Beitrag von Sebastian Knauer über Verkehr und Wohnen, Seite 177) kann die Straße wieder neu belebt und so auch als Spielraum zurückgewonnen werden. Die Kraftwagen, die über Jahrzehnte nach und nach von ihr Besitz ergriffen, müssen wieder schrittweise verdrängt werden. Nicht die dem Kinde wesensfremde, anpassende Dressur des Verkehrsunterrichts bringt Abhilfe, sondern die Entschärfung der Gefahrenquelle. Die wieder ungefährliche Straße wird sich dann von selbst mit vielfältiger Nutzung beleben und zu einem anregenden Spielbereich werden.

Die verdrängte Natur

Zugängliche Grünflächen sind selten geworden in unseren versteinerten Städten. Zwar bleiben wild bewachsene Grundstücke als mühelos steigende Wertobjekte oft viele Jahre unbebaut, doch schützen sie meist hohe Zäune vor unerlaubtem Betreten, oder die sich schnell einstellende Vegetation wird, um allen Problemen aus dem Weg zu gehen, durch Planierraupen platt gewalzt. Natur in der Stadt heißt für das Kind in der Regel: gepflegte

Vorgärten, dekorative Hausgärten, verbotene Rasenflächen und sauber geharkte Parkanlagen mit fußhohen Geländern längs der Wege.

Doch wo es noch offene Parkflächen und verwilderte Baulükken gibt, da sind die idealen, abenteuerlichen Spielgebiete. Ein mit Tageslauf und Jahreszeit sich ständig wandelnder Reichtum an Strukturen, Farben, Formen und überraschenden Ereignissen spricht alle Sinnesorgane an, lockt die Abenteuerlust, schafft abwechslungsreiche Bewegungsmöglichkeiten, reizt Phantasie und Kreativität. Hier begegnen Kinder noch einer Realität, die nicht für sie hergerichtet wurde, die veränderbar ist, in der man Bäume erklettern und Gerten abschneiden kann, Löcher buddeln und Buden bauen darf.

Wegen dieses hohen spielpädagogischen Wertes müßten Restflächen im Flächennutzungsplan und den Bebauungsplänen als Spielmöglichkeit reserviert und eingeplant werden. Statt kostspieliger Stadtparks könnten sich hier wilde Naturgärten entwickeln. (Vergleiche dazu den Beitrag von Klaus Spitzer über Haus- und Mietergärten, Seite 167.) Freilich ginge dies nicht ohne gründliche, aufklärende Vorbereitung der Bevölkerung. Die zahlreichen Einsprüche ordnungsliebender Anlieger gegen diese angeblichen «ästhetischen Schandflecke» würden sonst alle Initiativen im Keim ersticken.

Auf einem Abenteuerspielplatz darf man vieles tun, was sonst verboten ist. (Quelle: Spitzer)

Bestehende Parks sollten wenigstens teilweise für das Kinderspiel freigegeben werden. Spielparks, Abenteuerspielplätze, Kindergärten und andere pädagogisch betreute Spieleinrichtungen lassen sich hier nach skandinavischem Vorbild organisch eingliedern. Die Grünflächen bieten Raum genug für Spielaktionen, Kinderfeste, Laientheater, die Aufstellung mobiler Zoos. Promenierparks als Leistungsschauen der Gartenkunst aber sind immer kinderfeindlich.

Die Spielförderung im Gegenmilieu

Unter den gegebenen Umständen ist eine Förderung *aller* Spielfunktionen nur bei Betreuung durch Fachpädagogen möglich. So sollte mitten in jedem größeren Stadtviertel – und nicht abgeschoben am Stadtrand – wenigstens ein pädagogisch betreuter Abenteuerspielplatz liegen. Er ist gleichzeitig kommunikatives Zentrum und Ausgangspunkt vieler das Quartier belebender Aktivitäten. Größere betreute Spieleinrichtungen sind Spielparks (Schweden) und Freizeitanlagen (Schweiz). Sie bieten Angebote für alle Altersstufen, einschließlich der Erwachsenen. Damit keine Spielreservate entstehen, bleibt immer die Integration in das Viertel und die Zusammenarbeit mit den Bewohnern von großer Bedeutung.

Neben den großen und kostspieligen Einrichtungen gibt es jedoch auch eine Vielzahl leichter zu realisierender Zwischenformen:

● zeitweise Betreuung von Nahspielbereichen durch Elterngruppen

Die angeschütteten Berge für die Bauarbeiten zu einer Parkanlage («Jröne Meerke» in Neuss) waren eine Spielattraktion, die aber bald von Planierraupen eingeebnet wurde. (Quelle: Spitzer)

Unbeeinflußt bauen die Kinder wilde Phantasiegebilde. Sie interessiert weniger ein schönes oder funktionsgerechtes Ergebnis als die kreative Handlung selbst. (Quelle: Spitzer)

Auf diesem «Robi-Dörfli» in Zürich reproduzierten die Kinder, unterstützt und stark beeinflußt von Erwachsenen, deren kleinbürgerliche Eigenheimideologie des «trauten Glück im Winkel». Schaut man durchs Fenster, hängt auch im Kinderhaus der «röhrende Hirsch» über dem Miniatursofa. (Quelle: Spitzer)

- stundenweise angestellte und bezahlte Kräfte (Tagesmütter)
- Kleinkinderbetreuung auf Spielplätzen im Wohnbezirk (One o'clock clubs in England, Parktanten in Hamburg, Kindergehege in schwedischen Spielparks)
- von Pädagogen geleitete Abendspielveranstaltungen auf herkömmlichen Spielplätzen (Kopenhagen)
- zeitlich begrenzte Spielaktionen auf Spielplätzen durch Privatinitiativen
- den Standort wechselnde Spielbusse (Köln, München).

Wenn schon nicht die ganze Stadt bespielbar ist, sollte ein Netz von Spieleinrichtungen verschiedener alternativer Typen die Stadt durchziehen.

Wenn man weiß, daß Göteborg 1976 allein 52 Spielparks unterhielt, wird klar, daß die Bundesrepublik noch ein spielpädagogisches Entwicklungsland ist.

Der geheizte Schlechtwetterspielplatz

Beengte Wohnverhältnisse verhindern sozialisationsfördernde Gruppenspiele. Wird das Spiel im Freien durch schlechtes Wetter erschwert, fehlen Ausweichmöglichkeiten. Ersatz bieten ganzjährig geöffnete, bei Kälte geheizte, beaufsichtigte, besser noch pädagogisch betreute Spielgebäude (Spielhäuser, Jugendhäuser, Spielheime, Spielplatzgebäude, Freizeitheime). Sie gehören auf jeden größeren Spielplatz.

Im einfachsten Fall genügen schon alte Baubaracken, gebrauchte Bauwagen, ausrangierte Autobusse, Straßenbahnwagen oder Eisenbahnwaggons (sie sind als Spenden zu bekommen oder billig zu erwerben). Größere Einrichtungen können in Altbauten, freiwerdenden Schulgebäuden, Fabriken, Markthallen und Lagerräumen entstehen.

Das seit 1970 erfolgreich betriebene Spielhaus «Blegdamsvej's Remise» in Kopenhagen sei als Beispiel aufgeführt. Hier wurde eine ehemalige «Garage» für Straßenbahnwagen vom Stadtgartenamt für 100 000 DM zu einem öffentlichen, kostenlos für alle zugänglichen Spielhaus umgebaut. Es entstand eine vielgestaltige Spiellandschaft. Auf einer Fläche von 800 qm finden die Kinder auch im Winter in der geheizten Halle (12° C) anregende Spielmöglichkeiten: Go-cart-Bahn, Ballspielflächen, Tischtennis, 4 m hohe Klettergerüste, Sprunggrube, Rutschbahn, Puppentheater und Laienspielbühne, Großbauklötze, Sand und Wasser, Werkstatt zum Modellieren, Bildhauern und Malen. Täglich werden hier von einem ausgebildeten Freizeitpädagogen und 3 bis 5 Helfern 150 bis 200 Jungen und Mädchen (bis zu 16 Jahren) betreut.

Wie das Beispiel zeigt, kann auch in dichtbesiedelten Altbaugebieten und unterversorgten Arbeitervierteln noch Spielraum für Kinder geschaffen werden – und das nicht nur durch private, sondern auch durch städtische Initiativen.

Didaktische Hinweise

Das Thema Spielraum in der Stadt ist ein dankbares Feld für Unterrichtsprojekte mit allen Altersstufen. Hier können die Schüler mitreden, haben sie eigene Erfahrungen und verstehen oft von der Sache mehr als die Erwachsenen, die Lehrer eingeschlossen. Doch die Ansichten der Kinder sind auch das Produkt dieser Umwelt und unserer Erziehung. So reproduzieren sie zunächst einmal nur, was sie erlebt und erlernt haben. Wird aber durch anregende Beispiele, Diskussionen und Reflexionen ihre Kritik geweckt und die Phantasie angeregt, so werden Kreativität und Aktionsbereitschaft nicht nur für den Unterricht fruchtbar, sondern geben gerade bei diesem Thema die Möglichkeit, die «Bildungsinsel Schule» zu verlassen, selbst aktiv zu werden und die Umwelt mitzugestalten. Mitsprache und Mitarbeit der künftigen Benutzer ist bei Spieleinrichtungen noch im Entstehungsstadium besonders wichtig.

Vorschläge für Unterrichtsthemen:

- Dokumentation über städtische Spielplätze (Fotoserien, synchronoptische Aufzeichnung der Spielaktivitäten, Interviews)
- Analysen verschiedener Spielplatztypen (Größe, Ausstattung, Spielfrequenz, Einzugsgebiet, Spielverhalten, Verbes-serungsmöglichkeiten)
- Dokumentation über spielende Kinder auf der Straße/im Garten/auf dem Spielplatz/auf Restflächen/in Parkanlagen/auf dem Abenteuerspielplatz (Fotos, Dias, Film)
- Entwürfe für Spieleinrichtungen (Zeichnungen, Pläne, Modelle)
- Mitarbeit an Verbesserungen eines bestehenden Spielplatzes, wie: Spielgeräte entwerfen, Pflaster aufreißen, Relief herstellen, Sandhügel anschütten, Flächen überdachen, Sitzecken bauen, mobiles Planschbecken einrichten, neues Spielmaterial heranschaffen und unbrauchbares beseitigen, Geländestrukturen für den Wildwuchs von Pflanzen vorbereiten
- Bau eines Spielbereichs/einer Spielanlage/eines Spielgerätes
- Werbekampagne für einen pädagogisch betreuten Abenteuerspielplatz (Flugblätter, Plakate, Ausstellung, Straßentheater, Film, Diaschau)
- Mitarbeit an der Organisation und Durchführung einer Spielaktion/eines Kinderfestes/eines Spielnachmittages
- Entwicklung von Vorschlägen für eine spielfreundliche Stadt (Ausstellung)
- Ausarbeitung einer alternativen, kinderfreundlichen Verkehrsplanung.

Literatur

Autorengruppe ASP/MV: Abenteuerspielplatz – wo verbieten verboten ist. Experiment und Erfahrung Berlin, Märkisches Viertel. (rororo Sachbuch) Reinbek 1973.

A. Bengtsson: Ein Platz für Kinder. Plädoyer für eine kindgemäße Umwelt. (Bauverlag) Wiesbaden/Berlin 1971.

W. Frommlet/H. Mayrhofer/W. Zacharias: Eltern spielen – Kinder lernen. Handbuch für Spielaktionen. (Weismann) München 1972; (rororo Sachbuch) Reinbek 1975.

G. Schottmayer/R. Christmann: Kinderspielplätze. Beiträge zur kinderorientierten Gestaltung der Wohnumwelt. Schriftenreihe des Bundesministers für Jugend, Familie und Gesundheit, Bd. 44/1 und 44/2. (Kohlhammer) Stuttgart 1976.

K. Spitzer/J. Günter/R. Günter: Spielplatzhandbuch. Ein kritisches Lexikon. (Verlag für das Studium der Arbeiterbewegung) Berlin 1975.

H. Wohlin: Freiflächen für Kinder. Wo spielen sie morgen? (Callwey) München 1972.

Materialien

Dia-Serie zum vorliegenden Beitrag.
Bezugsadresse:
Deutscher Werkbund e. V.
Alexandraweg 26
6100 Darmstadt
(Siehe auch Verzeichnis der Zusatzmaterialien im Anhang.)

Gerhard Ullmann/Michael Andritzky/Gert Selle

Was Fotografie über gebaute Umwelt aussagen kann

Architekturfotografie kann helfen, die Wohnumwelt bewußter wahrzunehmen, sich darüber anschaulich zu verständigen und tiefer in den Zusammenhang von gebauter Umwelt und menschlichem Verhalten einzudringen.

Diese Funktion der Fotografie ist schon in anderen Beiträgen, beispielsweise dem von Roland und Janne Günter über Elemente sozialer Architektur (Seite 10), deutlich geworden. Hier wird nun versucht, das Medium Architekturfotografie nicht nur als zusätzliches, sondern als alleiniges Mittel des Erkennens und der Veranschaulichung von Umwelt-Sachverhalten vorzuführen. Dies geschieht in Form einer Gegenüberstellung von Fotos aus zwei extrem gegensätzlichen Berliner Stadtteilen (Kreuzberg und Märkisches Viertel). Jedes dieser Bildpaare besitzt eine spezifische, sehr differenzierte Aussage und beinhaltet in gewisser Weise auch ein Urteil – das des Fotografen. Die Bilder sollen Schüler anregen, ihre eigene Bildinterpretation zu finden, und ihnen Mut machen, selbst mit der Kamera ihre Wohnumwelt zu entdecken.

Was kann Architekturfotografie leisten?

Architekturfotografie ist mehr als nur die Abbildung von Architektur.

Sobald die Kamera sowohl auf die sichtbaren Umweltformen und Räume als auch auf die darin tätigen Benutzer gerichtet wird, können sehr dichte Bilder entstehen, die unter Umständen besser als Worte die historisch-gegenständliche Eigenart und den Sozialcharakter einer Wohnumwelt demonstrieren, weil sie sinnlicher, direkter und damit sozusagen allgemeinverständlicher sind.

Eine solche Fotografie verlangt in der Praxis einige Sensibilität für bildhafte Situationen, fotografische Erfahrung und soziologische Beobachtungsgabe. Dennoch ist sie nicht Sache des pro-

«Stadtbilder» in Kreuzberg und im Märkischen Viertel (Quelle: Ullmann)

fessionellen Architekturfotografen allein.

Als ein Mittel der Erkundung und Selbsterfahrung ist das Massenmedium Fotografie nämlich ebenso ein Instrument für den Laien, der damit seine emotionalen Bezüge zur erlebten Wohnumwelt ausdrücken, der sie zu Entdeckungen nutzen, zur Kritik von Mißständen einsetzen oder ganz einfach dazu gebrauchen kann, sich lustvoll das eigene Quartier «anzueignen».

Es geht hier nicht um «schöne» Bilder, sondern um Umwelt-Wahrnehmungsfähigkeit, und dabei sind die Bewohner – ob Schüler oder Erwachsene – nicht die Laien, sondern die eigentlichen Profis, weil sie von der «Sache», die man im Bild festhalten will, oft sehr viel verstehen (dazu ist auch keine teure Kameraausrüstung nötig). Es geht bei dieser Art des Fotografierens nicht um irgendwelche ästhetischen Effekte, sondern um eine möglichst genaue Erfassung der architektonischen Räume in ihrer Nutzung durch die Bewohner oder Passanten.

Bei diesem Fotografieren wird man dann auch merken, daß man schon durch die Wahl der Situationen, des Gegenstandes und durch die nachträgliche Gestaltung des Bildes im Labor, die Festlegung des Ausschnitts usw. auch Stellung bezieht, und daß man mit der nur scheinbar objektiven Fotografie subjektive Erfahrungen wie gesellschaftliche Urteile vollzieht.

Oft versuchen allerdings Laien, es den Profis gleichzutun und bestimmte ästhetische Bildaussagen zu erreichen, die sich an den bekannten Mustern von Fotografieausstellungen, Zeitschriften oder Büchern orientieren. Auch Foto-Arbeitsgemeinschaften beziehungsweise deren Lehrer entwickeln oft diesen Ehrgeiz. Der Versuch einer Nachahmung solcher ästhetischen Leitbilder, die aufgrund der hohen technischen Qualität der Fotoapparate und ihrer leichten Bedienbarkeit heute fast für jeden erreichbar scheinen, birgt jedoch nicht selten die Gefahr in sich, daß von der Realität beziehungsweise dem Gebrauch der Fotografie als Mittel der Verschärfung und genaueren Wahrnehmung der Wirklichkeit gerade abgelenkt wird. Ein Beispiel dafür ist der beliebte nostalgische Braunton mancher Fotos, die Benutzung eines Weichzeichners oder die verzerrende Optik von Weitwinkel oder Tele, die eingesetzt wird, um bestimmte «Aussageeffekte» zu erzielen.

Worauf es in unserem Zusammenhang viel mehr ankommt, ist zunächst einmal, *für sich selbst* festzustellen, wozu die Fotografie ein Mittel sein soll, was man selber damit ausdrücken will und welches Erkenntnisinteresse man selber hat.

Es macht zum Beispiel einen großen Unterschied, ob einer nach Berlin-Kreuzberg geht, um reizvolle Fotos von der abblätternden Schönheit einer heute fast exotisch anmutenden städtischen Wirklichkeit zu «schießen», oder ob man selbst in diesem Viertel wohnt. Wer die Situation aus eigener Erfahrung und Anschauung kennt, «sieht» auch anders und wird deshalb auch anders fotografieren – weil er die Form nicht losgelöst von ihren Inhalten – sprich dem Leben der Bewohner – wahrnimmt. Ein betroffener «Laie» wird deshalb unter Umständen die «besseren» Fotos machen als der von außen kommende Profi – Fotos, die nicht zuerst ästhetische, sondern vor allem soziale Aussagen machen.

Was Architekturfotografie nicht vermittelt

Zu glauben allerdings, eine gute Architekturfotografie könne völlig unkommentiert alles Wichtige und Nötige über eine Umweltsituation vermitteln, wäre naiv. Wie jedes Bild bedarf sie zusätzlicher Erklärung und zielt auf das gesellschaftliche oder sachliche Vorwissen des Betrachters.

Das freilich kann sie in der skizzierten Weise oft durch ein einziges Bild schlagartig aktualisieren, ansprechen, Partei nehmend mobilisieren.

Was die Miete kostet, wieviel ein Bewohner verdient, wie er sich mit dem Hauswirt arrangiert, vermittelt aber weder ein Foto des Hauses noch des Bewohners. Außerdem können einzelne Fotografien mehrdeutig sein, denn Bilder sind offen für verschiedene Deutungen, je nachdem, wie der Betrachter eingestellt ist. Aus dem Kontext herausgenommen, kann zum Beispiel das Foto eines halbverfallenen Häuserblocks im Sanierungsgebiet sowohl als Anklage gegen die Flächensanierung wie als Zustimmung zum notwendigen Sanierungsvorhaben verstanden werden.

Architekturfotografien werden in der Regel daher durch den Kontext von Bildern, in dem sie erscheinen, und durch den begleitenden Worttext erst eindeutig. Manche allerdings versteht man auch direkt und ohne Kommentar, weil sie fast symbolisch und prototypisch etwas bildlich auf den Begriff bringen, was mit Worten zu beschreiben viele Seiten brauchte.

Außerdem – und dies wird oft nicht genügend in Rechnung gestellt – ist das Wahrnehmen und Deuten von Fotografien eine intellektuell ebenso anstrengende, Konzentration erfordernde Arbeit wie beispielsweise die Wahrnehmung und Deutung von Werken der bildenden Kunst. Nicht jeder kann das gleich gut und nicht jeder nimmt auch das wahr, was sich der Fotograf vorgestellt hat. So vertraut Betrachter verschiedenster Herkunft und Ausbildung mit dem Medium Fotografie auch zu sein scheinen, das Medium selbst trägt nicht die «Message» in sich, sondern es wird ebenso subjektiv und wertend wahrgenommen wie andere Äußerungen auch – seien sie sprachlicher, künstlerischer oder sonstiger Art. Es soll also hier nur davor gewarnt werden, ein Foto schon deshalb für «objektiv» zu nehmen, nur weil die Kamera offenbar nicht lügen könne.

Die nachstehende Bildfolge, in der ein sozial engagierter Architekturfotograf die Wohn- und Lebenssituationen der Bewohner zweier Berliner Wohnquartiere mit der Kamera untersucht hat, soll zeigen, wie die Fotografie – in gewisser Weise von jedem nachvollziehbar – als Erkenntnismittel eingesetzt werden kann.

Die Gegenüberstellung von Bildern aus Berlin-Kreuzberg und dem Märkischen Viertel erfolgt weitgehend unkommentiert, weil die Fotos in dem hier dargestellten Sinne als Aussage eines Fotografen ebensoviel Beweiskraft haben wie die vielen Wortbeiträge in diesem Buch. Statt ausführlicher Bildunterschriften oder Texthilfen zur Interpretation der Fotos werden deshalb nur in wenigen Fällen einige ganz sparsame Tips gegeben. Wir möchten es dem Leser und Betrachter zumuten, sich die Bildaussagen selbständig durch aufmerksame Wahrnehmung dessen zu erschließen, was diese Bilder unmittelbar und sinnlich visuell mitteilen.

Welche Art von Kommunikation ergibt sich vom Fenster eines Hochhauses?
(Quelle: Ullmann)

(Quelle: Ullmann)

Zwei Durchgänge in Mietshäusern – jedes-
mal die gleiche sinnlich-räumliche Erleb-
nisqualität. (Quelle: Ullmann)

Spielort: Kreuzberg (Quelle: Ullmann)   Spielort: Märkisches Viertel (Quelle: Ullmann)

Didaktische Hinweise

Wer mit Schülern oder mit Erwachsenengruppen architekturfotografisch arbeiten möchte, sollte zusammen mit der Gruppe einen Plan diskutieren, der bei aller Entdeckerfreude und Zufallsnutzung ein *systematisches Vorgehen* garantiert, eine Zielperspektive enthält. Man kann als gemeinsamen Aktionsrahmen zum Beispiel eine Art Bestandsaufnahme des Quartiers mit seinen baulichen, sozialen, gewerblichen und verkehrsmäßigen Eigenarten und seinen typischen Merkmalen wählen. Diese auffälligen und unauffälligen Sehenswürdigkeiten können dann zu einer Fotoserie zusammengefügt werden: zu einem *Porträt des Viertels*.

Man kann aber auch einen Plan machen, nach dem nur bestimmte Räume gezielt beobachtet und die Geschehnisse darin gleichzeitig zum Gegenstand der Fotografie gemacht werden, zum Beispiel nach folgendem System:

Öffentliche Räume und Angebote
- Straßen und Gehsteige
- Plätze
- Spielgelände, Sportplätze
- Grünräume
- Freigelände (Sozialbrache)
- Parkplätze
- Ufer
- Läden
- Kneipen

Halböffentliche Räume
- Eingänge
- Höfe
- Gärten
- Treppenhäuser
- Hausecken
- Durchgänge (Passagen usw.)

Auftrag für die Fotografen ist dann immer die Darstellung: Wie sieht das aus und was passiert da?

Um die Einheit von architektonischer Form und Nutzung zu betonen, (und auch die Mißhelligkeiten, die sich für die Bewohner im Gebrauch nicht-bedürfnisgerechter Wohnumfelder ergeben), kann der fotografische Auftrag auch Vereinbarungen über folgende Beobachtungen enthalten:
- Wo wird kommuniziert/nicht kommuniziert? Warum?
- Wo werden Konflikte öffentlich ausgetragen (zum Beispiel Kinder – Erwachsene)?
- Wo und wie finden Gewerbe und Handel statt? (Kann man Handwerker arbeiten sehen, mit Ladeninhabern quatschen, oder gibt es außer dem Supermarkt nichts?)
- Wo und wie wird im Viertel saniert? Das Dorf verändert?
- Wo werden die Bürgersteige/ Straßen benutzt, bespielt, von wem und wann? Wo nicht?
- Wer hält sich wann vor dem Haus, auf der Straße auf, und was tun die Leute da?

Solche Art Architekturfotografie ist ein unerläßliches Mittel des entdeckenden Lernens und der sinnlichen Veranschaulichung in nahezu allen Lernprozessen, die in verschiedenen Beiträgen skizziert worden sind. Bei den didaktisch-methodischen Anmerkungen oder Hinweisen ist die Fotografie daher häufig genannt. Sie muß aber durchaus nicht nur Hilfe, sondern kann integraler Bestandteil von Lernprozessen, zentrales Medium des produktiven und pragmatisch ausgerichteten Lernens sein. Insofern hat sie durchaus einen berechtigten Eigenzweck: Je zielgerichteter die gestalterischen Möglichkeiten der Architekturfotografie entdeckt und eingesetzt werden, um so wirksamer entfalten sich auch die Eigenschaften dieses Massenmediums als Lern- und Bewußtseinshilfe.

Die *Fotoserie* in der Schulausstellung, das *Poster*, das eine Klasse hergestellt hat und vertreibt, die selbstgemachte *Ansichtskarte*, die kritische *Fotomontage* (oder die «visuelle Antithese», vergleiche das Lernbeispiel 3, Band 1, Seite 365) sind durchaus Produkte von Bedeutung in längerfristig angelegten, politisch-ästhetischen Lernprozessen, bei Selbstentdeckungstrips, in Aufklärungskampagnen oder in Widerstandsaktionen gegen drohende Planungsübergriffe wie zum Beispiel bevölkerungsfeindliche Sanierungsvorhaben. Hier kann die Fotografie zur Waffe werden, auch in der Hand schwacher Schüler- und Laiengruppen.

Materialien

Werk und Zeit 6/1976: Schwerpunktheft zum Thema Fotografie.
Bezugsadresse:
Deutscher Werkbund e. V.
Alexandraweg 26
6100 Darmstadt

Rosemarie Gaupp-Kandzora

Wohngebäudeformen heute

Dieser Beitrag bringt eine kleine Gebäudetypologie, das heißt eine Übersicht über die gebräuchlichen Arten von Wohnhäusern.

Zugleich werden die mit den verschiedenen Haustypen verbundenen funktionalen Vorzüge und Nachteile erläutert.

Die Darstellung umfaßt:

1. Die Gruppe der Einfamilienhäuser: Freistehender Typ / Reihenhaus – langer Typ / Reihenhaus – Winkeltyp / Atriumhaus.

2. Die Gruppe der Mehrfamilienhäuser (mit Geschoßwohnungen): Wohnblock (Zeilenbau) / Terrassenhaus.

3. Die Hochhaustypen: Punkthaus / Scheibenhaus.

Die Qualität der Wohnumwelt wird entscheidend von der Art und Dichte der Bebauung eines Wohnquartiers mitbestimmt. Hierbei spielen sowohl städtebauliche als auch soziale und ästhetische Gesichtspunkte eine Rolle. (Vergleiche hierzu die Beiträge von Janos Zimmermann über historische Wohnumweltsituationen, Seite 224, Roland und Janne Günter über Elemente sozialer Architektur, Seite 10, und Franziska Bollerey/Kristiana Hartmann zur Geschichte des alternativen Wohnens, Seite 326.)

Vielfältigkeit der Hausformen schließt Monotonie aus, bedeutet aber nicht gleichzeitig eine besondere Wohnqualität eines Quartiers oder einer Siedlung.

Jeder einzelne Haustyp hat seine besonderen Merkmale, die sich auch auf die Qualität des Wohnens *im* Gebäude auswirken. Voraussetzung für die Bewertung von Wohngebäuden ist die Kenntnis dieser Einzelmerkmale.

Hier werden nur die wichtigsten Haustypen dargestellt und in ihren hauptsächlichen Unterscheidungsmerkmalen beschrieben. (Bei der Zusammenstellung blieben bestimmte ältere Hausformen wegen ihrer speziellen Merkmale unberücksichtigt.)

Vielfach treten die verschiedenen Hausformen gemischt auf (Wertheim – Wartberg).
(Quelle: Gaupp-Kandzora)

1. Gruppe der Einfamilienhäuser

Unterscheidung zwischen aufgelockerter und verdichteter Bebauung in ein- oder mehrgeschossiger Bauweise.

Freistehender Haustyp
Gebäude- und Grundrißform

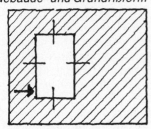

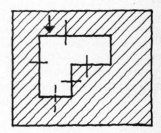

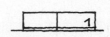

Meist ein- oder zweigeschossige, bei Hanglage auch mehrgeschossige Gebäude mit unterschiedlichen Dachformen (Flachdach, geneigte Dachformen – abhängig unter anderem von Bebauungsvorschriften und Anforderungen). Dieser Haustyp bietet beste Voraussetzungen für vielfältige Grundrißformen mit unterschiedlichen Raumanordnungsmöglichkeiten. Eventuell ausbau- beziehungsweise anbaufähig.

Gebäudeerschließung
Um Witterungseinflüsse und Schmutz von der Wohnung fernzuhalten, ist ein Windfang oder zumindest ein geschützt liegender Hauszugang notwendig.

Orientierung, Belichtung, Belüftung
Orientierung freistehender Haustypen meist drei- oder sogar vierseitig. Dadurch Spielraum bei der Grundrißgestaltung, günstige Ausnutzung der Besonnung, Aussichtslage usw. In den Räumen gute Lichtverhältnisse, einzelne Räume können zweiseitige Belichtung erhalten. Es besteht keine Notwendigkeit für innenliegende fensterlose Räume (zum Beispiel Sanitärräume).

Querlüftungsmöglichkeit, wichtig vor allem in der warmen Jahreszeit und zur raschen Durchlüftung der Wohnung, ist vorhanden.

Freibereich
Ausbildung des Freibereichs im allgemeinen als Terrasse mit Gartenverbindung. Zugang von mehreren Räumen möglich (hauptsächlich bei eingeschossigen Winkeltypen). Bei zwei- oder mehrgeschossigen Gebäuden können weitere Freibereiche unterschiedlicher Ausbildung (Balkon oder Loggia) vorhanden sein. Diese sind in der Regel den Individualräumen zugeordnet.

Die Nutzbarkeit des Gartenteils ist abhängig von der Art des Gartens, von der Grundstücksgröße, der örtlichen Situation. Mit Ausnahme stark verdichteter Bebauung läßt sich der Einblick von Nachbarn und Passanten im allgemeinen gut abschirmen.

Nebenräume
Die Unterkellerung, ob Teil- oder Vollunterkellerung, richtet sich nach der Gebäudegröße, nach den Erfordernissen der Bewohner wie auch nach der örtlichen Situation (zum Beispiel Bodenverhältnisse). Bei Vollunterkellerung sind Räume für hauswirtschaftliche Zwecke, für Freizeit und Hobby je nach Bedarf ausbaufähig beziehungsweise nutzbar.

Nicht unterkellerte Räume im Wohnbereich benötigen eine ausreichende Wärmedämmung (eventuell Fußbodenheizung).

Wirtschaftlichkeit
Mit Ausnahme von Wohnlagen mit hoher Verdichtung ist der Grundstücksbedarf relativ hoch, die Erschließung ist aufwendiger und verursacht höhere Erschlie-

ßungskosten als bei anderen Hausformen. Gesamtkosten richten sich nach Wohnlage, Grundstückskosten, Hausgröße und Hausform, nach Bauausführung und Ausstattung.

Wegen größerer Außenflächen und Fenster – je nach Art der Ausführung – relativ hoher Unterhaltungs- und Reinigungsaufwand, teilweise auch für den Garten zutreffend.

Außenflächen sind gleichzeitig Abkühlungsflächen, dadurch entsteht ein höherer Heizwärmeverlust. Erst ein sogenannter wirtschaftlicher Wärmeschutz und zusätzlich an den Heizkörpern angebrachte Thermostatventile (im Bereich der besonnten Fenster) bringen eine erhebliche Energieeinsparung.

Insgesamt gesehen ist diese Hausform vor allem für Familien mit Kindern geeignet. Sie gewährleistet ein hohes Maß an Freizügigkeit bei guter Anpassungsfähigkeit der Wohnung auch an veränderte Wohnbedürfnisse.

Reihenhaus – Langer Typ

Gebäude- und Grundrißform
Verdichtet gebauter Haustyp, wegen seines häufig schmalen Grundstücksanteils je Haus fast immer zweigeschossig ausgeführt, oft mit ausgebautem Dachgeschoß. Verschiedene, im Hinblick auf die Ausbaufähigkeit aber vorwiegend geneigte Dachformen (Satteldach) sind möglich.

In der Grundrißgestaltung Beschränkung auf wenige Grundformen. Räume des Gemeinschafts- und Räume des Individualbereichs mit den jeweils entsprechenden haustechnischen Räumen im allgemeinen geschoßweise getrennt. Andere Grundrißlösungen sind selten.

Gebäude-Erschließung
Wie beim freistehenden Haustyp. Integrierte, meist gewendelte Treppe erschließt die verschiedenen Geschosse.

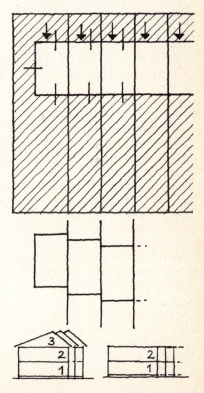

(Quelle: Gaupp-Kandzora)

Orientierung, Belichtung, Belüftung

Zweiseitige Fensterorientierung der Einzelhausteile, die Endtypen können auch dreiseitig orientiert sein. Eine Nord-Süd-Orientierung der Fenster bedingt die Nordlage von mindestens einem Individualraum. Anpassungsfähiger ist die Ost-West-Orientierung, wobei Aussichtslage und andere Merkmale mit zu berücksichtigen und unter Umständen vorrangig zu bewerten sind. Zweiseitige Raumbelichtung (übereck) ist bei Endhaustypen denkbar, oder wenn der Wohnraum in der vollen Haustiefe durchgehend angeordnet ist (seltener Fall). Sanitärräume mitunter innenliegend ohne Fenster.

Lichtverhältnisse in den Räumen im allgemeinen gut. Jeder Hausteil erhält Querlüftung.

Freibereich

Vom Wohnraum zugänglicher Terrassenplatz mit Gartenverbindung. Oft ein weiterer Freibereich im Obergeschoß.

Voll befriedigende Abschirmung (Sicht- und vor allem Lärmschutz) zu den Nachbarn ist nicht immer erreichbar. Dadurch weniger freizügige Nutzung des ebenerdigen Freibereichs (je nach Gebäudeausbildung).

Nebenräume

Wegen geringerer Hausgrundfläche in der Regel Vollunterkellerung (bei normalen Bodenverhältnissen).

Wirtschaftlichkeit

Im Vergleich zum freistehenden Haustyp kleinerer Grundstücksbedarf je Hausteil, wirtschaftlichere Erschließung. Weniger Außenfläche je Hausteil, dadurch geringerer Heizwärmebedarf. Auch hinsichtlich der Instandhaltung der Außenflächen weniger Aufwand. Die Freizügigkeit ist bei diesem Haustyp etwas eingeschränkt (siehe Freibereich). Die Störanfälligkeit innerhalb der Wohnung durch Nachbarn ist unter anderem abhängig von der Bauausführung der Haustrennwände. Günstig ist die zweischalige Ausführung (zwei gegeneinander gedämmte Wände).

Die zwei- oder mehrgeschossige Bauform bedingt vermehrte Transportwege, vor allem bei fehlenden Abstellflächen auf den verschiedenen Geschossen (Gerätetransport bei der Wohnungsreinigung). Hauswirtschaftliche Arbeiten verteilen sich auf mehrere Geschosse, einschließlich Keller.

Gegebenenfalls Behinderungen und Unfallgefahr durch Treppe (bei Kleinkindern, älteren Menschen und Gehbehinderten).

Die geschoßweise Trennung des Wohn- und Schlafbereichs kann zumindest vorübergehend Nachteile bringen, zum Beispiel für Haushalte mit Kleinkindern, im Krankheitsfall oder wenn ein geeigneter Spielbereich im Wohnzimmer in Küchennähe fehlt. Bei älteren Kindern bietet diese Grundrißlösung wegen der besseren Abschirmung zum Wohnraum eher Vorteile.

Reihenhaus – Winkeltyp
Gebäude- und Grundrißform
Verdichtet gebauter, meist eingeschossiger Haustyp mit Flachdach. Winkelhäuser am Hang bezeichnet man auch als terrassierte Häuser.

Grundrißanordnung winkelförmig um einen Gartenhof angeordnet mit Gliederung des Gemeinschafts- und Individualbereiches.

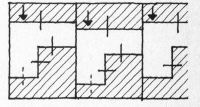

Gebäude-Erschließung
Wie bei den anderen Haustypen mit Windfang.

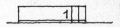

Orientierung, Belichtung, Belüftung
Entsprechend dem winkelförmigen Grundriß können Fenster an mehreren Hausseiten angeordnet sein. Bevorzugte Fensterorientierung zum Gartenhof, oft bis zum Boden reichende große Fensterflächen. Dadurch gleichzeitig optische Raumerweiterung. Belichtung dürfte in allen Räumen gut

(Quelle: Gaupp-Kandzora)

sein. Querlüftungsmöglichkeit mindestens übereck ist vorhanden.

Freibereich
Im Gegensatz zum langen Reihenhaustyp hier oft kleinerer, als Gartenhof (Terrasse und Garten) ausgebildeter Freibereich mit guten Nutzungsmöglichkeiten. Er ist nicht oder nur zum Teil einsehbar, außerdem lärmgeschützter gegenüber Nachbarn, auch bei eng aneinander gebauten Häusern. Die Verbindung zu mehreren Räumen bewirkt eine direkte Einbeziehung der Natur. Intern können dadurch gewisse Störungen auftreten.

Nebenräume
Wegen vergleichsweise großer Hausgrundfläche wird eher Teilunterkellerung bevorzugt. Bei

Hanglage ist der Ausbau von zusätzlichen Untergeschoßräumen für Wohnzwecke gegeben.

Wirtschaftlichkeit
Relativ geringer Grundstücksbedarf. Wegen der Hausgliederung kostenaufwendigere Gebäudeform. Relativ viel Außenfläche bedingt eine gute Wärmedämmung der betreffenden Bauteile (siehe freistehender Typ). Bezüglich des Gartenhofs geringerer Unterhaltungs- und Pflegeaufwand (kommt allerdings immer auf die Art des Gartens an).

Das Wohnen auf einer Ebene bietet Vorzüge, die Einbeziehung des Gartenhofs eine gute Überschaubarkeit des Freiraums. Weniger externe Störungen sichern die Privatsphäre. Für Familien mit Kindern – auch mit Kleinkindern – ist dieser Haustyp gut geeignet.

Atriumhaus
Echte Atriumhäuser sind in unseren Breitengraden selten. Mitunter werden ähnliche Hausformen (siehe Bild Seite 139 oben), manchmal auch Winkelhäuser, als «Atriumhaus» (richtiger Gartenhofhaus) bezeichnet.

Gebäude- und Grundrißform
Ausschließlich gereiht beziehungsweise verdichtet gebauter Haustyp mit Flachdach. Kennzeichnend die rundum geschlossene eingeschossige Gebäudeform mit vorwiegend zum Innenhof orientierten Räumen. Flä-

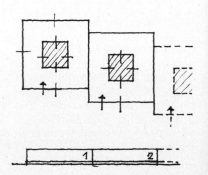

chenaufwendiger, weitläufiger Grundriß.

Gebäudeerschließung
Im Prinzip wie bei den anderen eingeschossigen Haustypen.

Orientierung, Belichtung, Belüftung
Fensterorientierung mehrseitig, vorwiegend zum Innenhof. Gute Ausnutzung der Besonnung – je nach Lage. Günstige Lichtverhältnisse in allen Räumen. Querlüftungsmöglichkeit nicht so gut wie bei den anderen Hausformen.

Freibereich
Rundum abgeschlossener Gartenhof. Dadurch Einsicht von Passanten oder Nachbarn praktisch unmöglich.

Nebenräume
Eher Teilunterkellerung.

(Quelle: Gaupp-Kandzora)

Wirtschaftlichkeit
Auch bei hoher Verdichtung mit relativ kleinem Grundstück je Hausteil wegen der vielen Außenflächen sehr aufwendige, teure Bauform, auch hinsichtlich des Unterhaltungsaufwandes. Kaum gebauter Haustyp.

2. Gruppe der Mehrfamilienhäuser (mit Geschoßwohnungen)

(Quelle: Gaupp-Kandzora)

(Quelle: Gaupp-Kandzora)

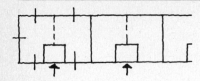

Innerhalb dieser Gruppe neben kleineren Gebäuden mit 3, 4 und eventuell 5 Wohnungen Unterscheidung zwischen mehrgeschossigen Wohnblocks und Terrassenhaustypen.

Wohnblock (Zeilenbau)

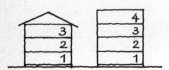

Gebäude- und Grundrißform
Geschlossene oder gegliederte Bauform, meist drei- oder viergeschossig, mitunter bis zu 7 Geschossen. Flachdach oder geneigte Dachformen (letztere heute selten). Wohnungsgrößen innerhalb des Gebäudes häufig unterschiedlich, ausgenommen Gebäude für einen speziellen Personenkreis (alte Menschen, Alleinstehende).

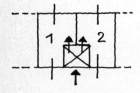

Die Grundrißgestaltungsmöglichkeiten der einzelnen Wohnungen sind abhängig von deren Größe und Erschließung.

Gebäudeerschließung
Erschließung der Wohnungen in Wohnblocks über Treppenhaus, mit oder ohne Aufzug (für Gebäude mit 5 und mehr Geschossen ist ein Aufzug gefordert).

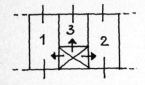

Die Wohnungen sind Zwei- oder Dreispännertypen. Beim Zweispänner sind je Geschoß zwei Wohnungen vom Treppenpodest zugänglich, beim Dreispänner drei Wohnungen. Dadurch können sich gewisse Zwangs- beziehungsweise Auswahlkontakte zu den Nachbarn entwickeln. Beim Dreispännertyp ergeben sich für die mittlere Wohnung größere Störungen durch die Nachbarschaft von Räumen mit unterschiedlicher Nutzung (Schlafraum grenzt zum Beispiel an Wohnraum der Nachbarwohnung).

Orientierung, Belichtung, Belüftung
Am häufigsten ist die zweiseitige Fensterorientierung mit Ausnahme der Wohnungen am Gebäudeende oder bei Gebäudegliederung.

Raumbelichtung normalerweise ausreichend, teilweise abhängig von überdachten Freibereichen vor Räumen. Je nach Grundrißform und Gebäudetiefe sind auch innenliegende haustechnische Räume denkbar. Die mittlere, meist kleine Wohnung des Dreispännertyps erhält nur einseitige Belichtung und somit keine Querlüftung.

Freibereich
Unterschiedliche Ausbildung der Freibereiche, zum Beispiel als offener oder teilweise eingezogener Balkon, als Eckbalkon, Loggia oder Terrasse (letztere bei ebenerdigen beziehungsweise terrassierten Wohnungen). Die Loggia bietet am meisten Schutz vor Wind, Regen und nachbarlicher Einsicht.

Nebenräume
Für jede Wohnung wird mindestens 1 Abstellraum (Kellerraum) gefordert. Er muß kühl und trocken, gut belüftet und für die Lagerung von Vorräten geeignet sein.

Weitere Nebenräume, je nach Gebäudegröße, dienen als Gemeinschaftseinrichtungen zum Abstellen von Fahrrädern usw. und zur Wäschepflege.

Wirtschaftlichkeit
Die Kosten je Wohnung richten sich nach deren Wohnfläche und dem zu berechnenden Freiflächenanteil sowie nach der Ausstattung der Wohnung. Je geringer die belichtete Außenfläche ist, desto günstigere Heizkostenverhältnisse können angenommen werden. Die mittlere Wohnung des Dreispännertyps hat theoretisch den geringsten Heizwärmeverlust (Beeinflussung auch durch Heizgewohnheiten der Nachbarn).

Wohnungsnebenkosten sind abhängig unter anderem von der technischen Ausstattung des Gebäudes (zum Beispiel Aufzug).

Das Wohnen in diesem Gebäudetyp wird wesentlich bestimmt durch die Lage der Wohnung im Gebäude, durch die Störanfälligkeit der Wohnung, das Zusammenleben mit Nachbarn.

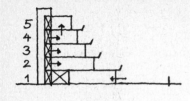

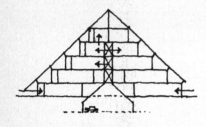

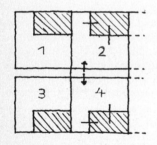

(Quelle: Gaupp-Kandzora)

Terrassenhaus

Gebäude- und Grundrißform

Terrassierte Gebäude haben mindestens 4 bis 5, oft auch mehr Geschosse. Wegen der Staffelung sind die Wohnungen unterschiedlich tief und in der Größe verschieden. Die beiden oberen Geschosse sind oft zusammengefaßt zu zweigeschossigen sogenannten «Maisonette-Wohnungen». Vielfältige Grundrißformen sind möglich, beim Hügelhaus winkelförmig. Dachformen flach oder geneigt (letztere beim sogenannten Hügelhaus, siehe Abbildung).

Gebäudeerschließung

Erschließung der Wohnungen kann verschieden sein: entweder über zentrales Treppenhaus mit Aufzug, eventuell auch in Verbindung mit Innengang oder Laubengang (siehe unter Laubenganghaus).

Gelegentlich sind die Erdgeschoßwohnungen ähnlich Reihenhäusern nebeneinander mit Garten angeordnet. Ihr Zugang erfolgt häufig direkt von außen (siehe Skizzen).

Orientierung, Belichtung, Belüftung

Entsprechend der Grundrißform entweder zweiseitige oder dreiseitige Orientierung, bei Winkelgrundrissen gute Ausnutzung der Besonnung sämtlicher Wohnungen. Je nach Tiefe der Terrasse und deren Überdachung eventuell nicht in allen Bereichen günstige Lichtverhältnisse. Quer- beziehungsweise Übereck-Lüftung ist vorhanden.

Freibereich
Freibereiche sind als teilweise überdachte Terrassen ausgebildet, oft von mehreren Räumen zugänglich. Durch tiefe eingebaute Pflanztröge trotz hoher Verdichtung nahezu keine Einsicht von Mitbewohnern. Größe und Tiefe der Terrasse erlaubt eine gute Nutzbarkeit des Freibereichs für viele Zwecke.

Wirtschaftlichkeit
Im Vergleich zum Wohnblock (Zeilenbau) aufwendigere Bauform, was sich auch in den Kosten für die einzelnen Wohnungen niederschlagen dürfte, zumal insgesamt größere Wohnflächen angenommen werden können.

Insgesamt gesehen gewährleisten Terrassenhäuser auch bei hoher Verdichtung viel privaten Freiraum (individuelles Wohnen). Diese Wohnform kommt dem Wohnen im Einfamilienhaus am nächsten.

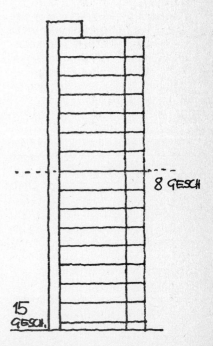

8 GESCH

15 GESCH.

3. Die Hochhaustypen

Wohngebäude, die höher als 22 Meter sind (8 Wohngeschosse und mehr), gelten als Hochhäuser. Innerhalb dieser Gruppe erfolgt eine Unterscheidung bestimmter Grundtypen.

(Quelle: Gaupp-Kandzora)

(Quelle: Gaupp-Kandzora)

Punkthaus

Gebäude- und Grundrißform
«Punktförmige» Grundfläche des Gebäudes. Geschlossene oder gegliederte Bauform mit unterschiedlichen Wohnungstypen. Vielfältigkeit in der Grundrißgestaltung, besonders bei gegliederter Bauform.

Gebäudeerschließung
Zentrale Erschließung des Gebäudes und der Wohnungen durch ein Treppenhaus mit Aufzug. Die Wohnungen sind Drei- oder Mehrspännertypen (siehe Skizzen). Dadurch sind theoretisch Auswahlkontakte bezüglich der Nachbarn gegeben.

Orientierung, Belichtung, Belüftung
Die Orientierung der einzelnen Wohnungen ist abhängig vom jeweiligen Typ, ob Drei- oder Mehr-

spänner. Sie kann ein-, zwei-, bei gegliederter Bauform auch mehrseitig sein. Dementsprechend ist Quer- beziehungsweise Übereck-Lüftungsmöglichkeit vorhanden oder nicht. Bei Gebäuden mit starken Vor- und Rücksprüngen in der Fassade ist die Besonnung und Belichtung vor allem der Erdgeschoßwohnungen mitunter teilweise eingeschränkt.

Freibereich
Prinzipiell ist die Ausführung der Freibereiche als Balkon oder Loggia denkbar.

Gegenüber dem offenen Balkon (siehe Bild) bietet die dreiseitig geschlossene Loggia auf jeden Fall den im Hochhaus besonders erforderlichen Windschutz und ebenso weitgehenden Schutz vor nachbarlicher Einsicht und Schwindelgefühl. Für eine vielseitige Benutzung ist die Loggia deshalb weitaus besser geeignet.

Die geforderte hohe Brüstung sollte im Sichtbereich (beim Sitzen) unterbrochen sein.

Nebenräume – Gemeinschaftseinrichtungen

Wie bei anderen Mehrfamilienhäusern. Darüber hinaus können weitere Räume zur gemeinschaftlichen Benutzung zur Verfügung stehen, beispielsweise Spiel-, Hobby-, Partyräume.

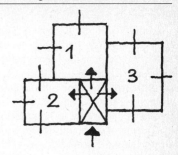

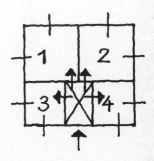

(Quelle: Gaupp-Kandzora)

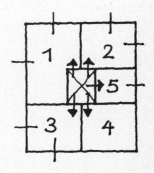

Wirtschaftlichkeit
Vor allem bei gegliederten Bauformen weniger typisierte Wohnungen (Grundrisse) und relativ viel belichtete Außenfläche. Dadurch vergleichsweise hohe Baukosten. Hinzu kommt der bei Hochhäusern notwendige technische und organisatorische Aufwand (zum Beispiel Aufzug, Müllschlucker, Hausmeister). Letzteres bedeutet, daß für die einzelne Wohnung sogenannte Nebenkosten anfallen (bei Mietwohnungen unter Umständen in der Miete enthalten).

Bei mehrseitig orientierten Wohnungen (gegliederten Bauformen) je nach Art der Wärmedämmung höherer Heizwärmebedarf.

Geeignete Wohnform für Menschen, die bequemes und anonymes Wohnen vorziehen (zum Beispiel berufstätige kinderlose Ehepaare).

Scheibenhaus
Gebäude- und Grundrißform
Im Gegensatz zum Punkthaus ist das sogenannte Scheibenhaus dem Wohnblock vergleichbar. Geschlossener oder auch gegliederter Baukörper, eventuell in der Höhe gestaffelt.

Grundrißgestaltungsmöglichkeiten weniger vielfältig als beim Punkthaus.

Gebäudeerschließung beziehungsweise Erschließung der einzelnen Wohnungen kann unterschiedlich sein.

Weitere Merkmale siehe beim jeweiligen Erschließungstyp.

(Quelle: Gaupp-Kandzora)

(Quelle: Gaupp-Kandzora)

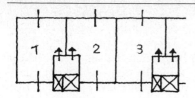

A. Erschließung durch einzelne Aufgänge

Gebäudeerschließung erfolgt durch Einzeltreppenhäuser (wie beim Zeilenbau) jeweils mit Aufzug. Wohnungen hauptsächlich Zweispännertypen, mitunter sehr tiefe Wohnungsgrundrisse. Weitgehende Typisierung (Vereinheitlichung) der Wohnungsgrundrisse ist oft gegeben.

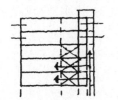

Orientierung, Belichtung, Belüftung

Zweiseitige Fensterorientierung der einzelnen Wohnungen, sehr häufig mit innenliegend angeordneten fensterlosen Sanitärräumen, gelegentlich auch innenliegende Küchen. Bei großen Raumtiefen ist die Belichtung unter Umständen eingeschränkt.

Querlüftungsmöglichkeit ist aufgrund der zweiseitigen Belichtung vorhanden.

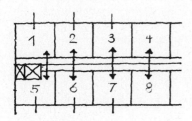

B. Innengangtyp

Gebäudeerschließung durch ein Treppenhaus mit Aufzug. Auf jedem Geschoß werden die Wohnungen durch einen langen Innenflur erschlossen. Sie sind auf beiden Seiten des Flurs angeordnet.

Oft kleine Wohnungen (Appartements) mit gleichem oder ähnlichem Grundriß. Wegen der geringen Grundrißtiefe sind größere Wohnungen mitunter als zweigeschossige Maisonette-Typen ausgebildet.

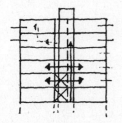

Orientierung, Belichtung,
Belüftung
Die Wohnungen erhalten nur einseitige Belichtung. Sehr schlecht in diesem Fall eine Nord-Süd-Orientierung der belichteten Gebäudeseiten, weil dadurch die Hälfte der Wohnungen stark benachteiligt wäre.

Eine Querlüftung ist wegen der nur einseitigen Orientierung nicht möglich.

Wegen der vielen Mitbewohner an einem geschlossenen Treppenflur ist dieser Erschließungstyp einem Hotel oder Wohnheim vergleichbar. Ob dadurch Nachbarschaftskontakte gefördert werden, ist fraglich.

C. Laubengang-(Außengang-)Typ
Im Gegensatz zu den anderen Gebäudeformen werden beim Laubengangtyp alle Wohnungen über ein Treppenhaus mit Aufzug und außen am Gebäude entlangführende sogenannte Laubengänge erschlossen.

Auf jedem Geschoß liegen mehrere Wohnungen an einem Laubengang. Wegen der Witterungseinflüsse sollte der Zugang zur Wohnung über einen Windfang erfolgen (wie beim Einfamilienhaus).

Dem Laubengang zugeordnet sind meist haustechnische Räume wie Küche und Bad, eventuell auch Eßplatz oder Kinderzimmer. Bei sehr hoch liegenden Fenstern auf dieser Seite entsteht der Eindruck von Abstellzonen. Die Sicht auf den Laubengang wird dabei genauso verhindert wie Einsicht von außen in die Wohnungen. Ersteres bedeutet aber einen Nachteil (fehlende Kontrolle).

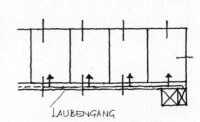

LAUBENGANG

(Quelle: Gaupp-Kandzora)

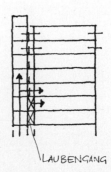

LAUBENGANG

Orientierung, Belichtung, Belüftung

Orientierung der meist unterschiedlich großen Wohnungen zweiseitig, am Gebäudeende auch dreiseitig. Gute Belichtung der einzelnen Räume, sofern die zum Laubengang orientierten Fenster nicht zu hoch liegen. Dadurch kann die Belichtung eingeschränkt sein. Selten innenliegende fensterlose Räume.

Querlüftungsmöglichkeit ist vorhanden.

Bei diesem Haustyp sind durch den Laubengang zwangsläufig Nachbarschaftskontakte gegeben. Mehr Beobachtungsmöglichkeiten, soziale Kontrolle, unter Umständen auch mehr Störungen, was zu Konflikten führen kann. Das Wohnen ist weniger anonym. Eine Wohnform also, die

Vor- und Nachteile in sich einschließt. Wer anonymes Wohnen bevorzugt, sollte nicht gerade diesen Haustyp wählen.

Alle hier skizzierten Bewertungen einzelner Wohnhaustypen sind nach groben (eben «typischen») Kriterien vorgenommen.

Was man sonst noch alles bedenken muß, wenn man den Wert einer Wohnung feststellen möchte – zum Beispiel wenn man Wohnungsangebote prüft – kann man in meinem Beitrag über Bewertungsmerkmale für Wohnungen (Band 1, Seite 155) sowie im Beitrag von Michael Andritzky/Ingrid Wenz-Gahler über Wohnbedürfnisse (Band 1, Seite 104) nachschlagen. (Vergleiche auch die didaktischen Hinweise bei beiden Beiträgen.)

Klaus Spitzer

Grün in der Stadt –
Zur demokratischen Nutzung von
öffentlichen Grünanlagen

Städtisches «Grün» ist jede freie, von Pflanzen bedeckte Fläche innerhalb der Stadt. Nach den Besitzverhältnissen unterscheiden wir zwischen öffentlichem, also allgemein zugänglichem, und privatem Grün. Hier ist zunächst von den öffentlichen Grünflächen die Rede.

Sind damit bloß die «grünen Lungen» einer Stadt bezeichnet, oder hatten und haben diese nicht bebauten Flächen ganz andere Funktionen außer jener biologischen zu erfüllen? Der Beitrag greift diese Frage auf und gibt darüber hinaus Hinweise auf neue Formen der Aneignung und Gestaltung des städtischen «Grüns» durch die Bewohner.

Die Sozialfunktion des Stadtgrüns

Das «grüne» Alibi
Die Wörter «Grün» und «Natur» versprechen vielen allein schon Ruhe, Erholung, Entspannung und Genuß. «Durchgrünung» scheint manchen Schwarmgeistern schon bedeutungsgleich mit einer humanen Stadt, als gäbe es nicht die traurigen Beispiele verkommener Parkanlagen amerikanischer Metropolen, die allein zu betreten sich niemand mehr traut. Wer städtisches Grün als Allheilmittel gegen alle Umweltprobleme anpreist, der liefert ein Alibi für das Versäumnis, deren Ursachen zu bekämpfen. Ein Gesetz gegen Luftverschmutzung ist immer noch wirksamer als die Anpflanzung von Bäumen. Die «Grünmagier» mit ihren mißverstandenen Gartenstadtideen übersehen, daß die Mißstände, die sie mit Grün und Gärten bekämpfen wollen, die gleichen ökonomischen und politischen Ursachen haben, die auch die Freiflächen im Stadtinnern reduzierten, den Lebensraum der Stadt unwirtlich machten und zur Zersiedlung der Landschaft führten.

Dekoration oder Nutzung?
Nicht das Grün verbessert die Stadt, sondern seine Nutzungsqualität.

Seine ästhetische Funktion – bedeutungsvoll für das psychische Wohlbefinden des Stadtbewohners – geriet freilich in Mißkredit, weil es bis heute zu repräsentativen Zwecken, als Fortsetzung der Herrschaftsarchitektur mit «grünen Mitteln» herhalten mußte oder als Dekoration lediglich eine inhumane Architektur verdecken half. Von hier aus war es nur ein konsequenter Schritt zu den Kunststoffbäumen an den Straßen von Los Angeles und San Francisco.

Die klimatischen, hygienischen und medizinisch-therapeutischen Wirkungen und die ökologischen Aspekte des städtischen Grüns werden in den letzten Jahren eingehender erforscht. Demgegenüber fast unbeachtet blieb jedoch die wichtige Möglichkeit kommunikativer Nutzung der Grünflächen, Kleingartenanlagen und Hausgärten. Erst dadurch wird «Grün» demokratisch.

Grünräume zum Benutzen

Wenn man weiß, daß am Wochenende die «Stadtflucht auf Zeit» die Spitzenbelastung an Ausfallstraßen auf das Doppelte gegenüber Werktagen anschwellen läßt, begreift man die große Bedeutung einer lebensgerechten hausnahen Umgebung für den Stadtbewohner. Sozial und ökologisch orientierte Gartenarchitektur in Wohnungsnähe aber erübrigte die zeitraubende und umweltbelastende Suche nach den Resten einer heilen Natur – wo gibt es sie noch? – und könnte ein Gegengewicht schaffen gegen die kommerzialisierten innerstädtischen Erholungsmöglichkeiten.

Pflanzen beleben und gliedern Räume menschlichen Maßstäben entsprechend. Kleingegliederte Freiräume laden zum Verweilen ein, sind abwechslungs- und erlebnisreich, sie sind kommunikativ: Grünräume nicht zum Betrachten, sondern zum Benutzen. So betrachtet könnte auch ein Stadtpark mehr sein als ein Alibi für schlechte Wohnbauweise: Er würde zum Begegnungszentrum und Aktionsfeld im nahen Wohnbereich.

Grün bleibt veränderbar

Der Mensch, der die Umwelt schafft, wird auch durch sie geprägt. Lassen sich auch die politökonomischen Wurzeln der Mißstände durch Grün in der Stadt keineswegs beseitigen, so machen doch Kontakte im Nahbereich der Wohnungen die Menschen nicht nur psychisch entspannter, sondern, durch die gemeinsame konkrete Verbesserung der Lebensverhältnisse vor der Haustür – hier ist sie noch möglich – politisch bewußter. Selbstbewußtsein und Solidarität können entstehen. Die Umwelt wird nicht mehr als schicksalsbedingt, sondern als veränderbar erlebt. Im folgenden sollen die Erscheinungsformen städtischen Grüns in einem geschichtlichen Abriß und an aktuellen Beispielen gezeigt werden.

Das Freiland als Nutzfläche in der mittelalterlichen Stadt

Innerhalb der Stadtmauer einer mittelalterlichen Stadt lagen noch viele agrarisch genutzte Flächen (von sogenannten Ackerbürgern). Neben Feldern und Weinbergen gab es zahlreiche und ausgedehnte Obst- und Gemüsegärten. Nur so ist das Überleben während langer Belagerungszeiten zu erklären. (Siehe dazu auch den Beitrag von Janos Zimmermann über historische Wohnumwelt-Situationen, Seite 224.)

Die Bürgergärten, die zunächst reine Nutzgärten waren, wurden mit zunehmendem Wohlstand des Bürgertums in Nachahmung ritterlicher Lebensformen zu Zier-

gärten umgestaltet oder erhielten teilweise wohnlichen Charakter beziehungsweise wurden für Feste gesellig genutzt.

Öffentliche Grünanlagen waren – im Gegensatz zu antiken Städten – unbekannt. Sie wurden auch nicht entbehrt, da es keine Freizeit im heutigen Sinne gab. Die nötigen Flächen für Feste fand man auf den Volks- und Schützenwiesen vor den Toren der Stadt. Die durch die Mauern genau begrenzte Stadt war von leicht erreichbarer Landschaft umgeben. Doch war ein Bedürfnis nach Naturerlebnis noch unbekannt.

Als innerhalb der Stadt der Bo-

Noch auf dem Neusser Stadtplan aus dem Jahr 1646 sehen wir die zahlreichen, durch Häuserblocks oder Mauern begrenzten Bürgergärten.

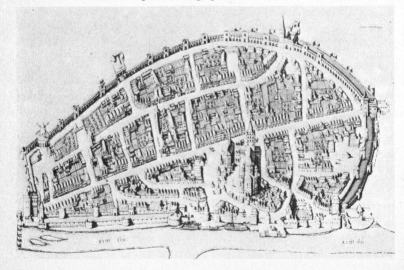

den knapper wurde, überbaute man auch die Grünflächen. Die Hausgärten wurden immer kleiner. So legten viele Bürger – verbotenerweise – vor den Mauern Gärten an – Ahnen der Kleingartenbewegung.

In der nachmittelalterlichen Epoche führte die weiterentwikkelte Kriegstechnik mit durchschlagskräftigeren Kanonen dazu, daß die Stadtmauern durch mächtige und kostspielige Bastionen verstärkt wurden, die die Städte an ihrer weiteren Ausdehnung hinderten. Vor den Befestigungen entwickelte sich daher eine intensiv genutzte Gartenlandschaft. Oft wurden auch auf den Wällen selbst baumbestandene «Spaziergänge» angelegt, die sehr beliebt waren.

Der Park als Herrschaftsarchitektur

Seit dem Ende des 15. Jahrhunderts (Renaissance) ließen sich die Fürsten Lustgärten und Parkanlagen bauen. Im Absolutismus des 17. und 18. Jahrhunderts (Barock) entstanden vor allem vor der Stadt in Verbindung mit den Schloßbauten ausgedehnte kunstvoll gestaltete Parkanlagen (französische Parks). Sie dienten vornehmlich der Repräsentation und Demonstration des feudalen Herrschaftsprinzips und ermöglichten der adligen Gesellschaft ein von der Bevölkerung abgeschirmtes Hofleben. Sie wurden erst unter dem Einfluß der Französischen Revolution für die Bürger geöffnet und bilden heute, inmitten der dichten Bebauung der Umgebung, oft die einzigen Grünflächen im Stadtinnern.

Das schwere kunstgeschmiedete Eisentor erinnert daran, daß der jetzt so belebte Park von Schloß Mirabell in Salzburg einst wie alle anderen von der Bevölkerung nicht betreten werden durfte. (Quelle: Spitzer)

Die ideologische Funktion

Die Natur wurde gezähmt und zum bildnerischen Kunstwerk umgeformt, Pflanzen wurden zu Kompositionselementen, zur Fortsetzung der Architektur mit anderen Mitteln. Die schnurgeraden Alleen und axialen Systeme waren auf den Mittelpunkt des Schlosses ausgerichtet, Symbol des politischen Zentralismus. Die geordnete Gliederung der Gartenanlagen, die geometrische Führung der Wege und die symmetrischen Ornamente der Beete sollten die beherrschende Gewalt des absoluten Fürsten symbolisieren.

Die Pflanzen als Baumaterial

Büsche und Bäume wurden nach stereometrischen Grundformen zugestutzt, lebensfähige, bodenständige Pflanzengesellschaften wurden zu Monokulturen reduziert, blühende Wiesen durch ständiges Scheren in Rasenteppiche verwandelt. Dicht gepflanzte Blumen wurden in den Farbornamenten der Medaillons zu Symbolen von Reichtum und Überfluß.

Neue Pflanzen wurden nur nach dekorativen Gesichtspunkten gezüchtet und repräsentative exotische Arten importiert. Nutzpflanzen wie Gemüse, Obstbäume und Sträucher erinnerten an verpönte Arbeit und wurden aus den Parks nach und nach entfernt. Hier mag auch die Wurzel dafür liegen, daß man bis heute die Mehrzahl aller Pflanzen, die weder leistungsorientiertem Nutzungsdenken noch tradierten Schönheitsidealen entsprechen, als Un-kraut verdammt.

Wie der Herrscher das Volk, so beherrscht der Gärtner die Pflanzen. Die wilde Natur wird dem Willen des Menschen unterworfen und seinen ästhetischen Vorstellungen angepaßt. (Quelle: Spitzer)

Das statische Schönheitsideal

Die repräsentative Funktion der Fürstengärten wirkt bis heute nach. Sie zeigt sich nicht nur in der fixierten Gestaltung unserer Parks, sondern auch in den Hinweisschildern an den Eingängen, die aufs genaueste die Verhaltensweise der Benutzer vorschreiben.

Auf unterster Ebene wird dieses verinnerlichte Ideal karikiert vom Eigenheimbenutzer, der die spärlichen Quadratmeter sauber geschorenen Rasens in seinem eigenen Vorgarten nicht zu betreten und zu benutzen wagt. Und wie die städtischen Parkanlagen oft mit großen Pflegekosten nur als unberührbares Gartenkunstwerk zum rein ästhetischen Konsum erhalten werden, so vernichtet der Kleinbürger im Vorstadtgarten die zaghaften Versuche der Natur zu einem Eigenleben zwischen Betonplatten und am Wegesrand mit den werbewirksam angepriesenen Unkrautsprays.

Die Entstehung des «öffentlichen Grüns»

Als der Entwicklung der Kriegstechnik nicht mehr durch verbesserte Bollwerke zu begegnen war, schleiften die Städte die zu kostspieligen und einengenden Befestigungsanlagen. Zunächst wurden die gewonnenen Freiflächen noch dicht mit Wohnhäusern überbaut.

Um 1800 hatte die Begeisterung für die englischen Landschaftsgärten auch das Festland erfaßt. Überall wurden nun in einer «grünen Welle» auf den entfestigten Wallanlagen Grünflächen angelegt, unterstützt durch Geldspenden und Eigenarbeit der Bürger.

In dieser Zeit wurden auch die ersten Gesamtkonzepte für eine städtische Grünplanung entwickelt. In München entstand der erste «Volksgarten» Kontinentaleuropas, der «Englische Garten» (seit 1804 unter F. L. von Schell). 1824 baute P. J. Lenne in Magdeburg einen Volksgarten, und in der Folge entstanden in vielen anderen Städten ebenfalls öffentliche Parkanlagen.

Ästhetisches Vorbild waren die Landschaftsgärten des «demokratischen» England, die dort seit Anfang des 18. Jahrhunderts entstanden waren.

Im Gegensatz zu den strengen Barockanlagen wurden im Landschaftsgarten Büsche und Baumgruppen als scheinbar natürliche, zwanglose, plastische Kulissen gruppiert und zu einer idealisierten, malerisch empfundenen Landschaft mit gewundenen Wegen und eingestreuten Idealarchitekturen komponiert. Die Gestaltungsideale des «englischen Gartens» verflachten allerdings in den Parks und Hausgärten der

Betrachtet man den Kernbereich unserer Städte auf den Stadtplänen, so erkennt man, daß die spärlichen Grünflächen überwiegend an der Stelle früherer Befestigungsanlagen zu finden sind. In Frankfurt am Main wurden die Grünanlagen in ihrer ganzen Ausdehnung jedoch nur durch besondere Vorschriften (dem späteren «Wallservitut») erhalten.

Gründerzeit zu Nierenrasen und Brezelwegen, eine Tradition, deren Einflüsse heute noch sichtbar sind.

Bürgerliche Parks und ihre Nutzung

Die Parks dienten in erster Linie nur der bürgerlichen Oberschicht zu repräsentativen Kutschfahrten und Spaziergängen. Der stolzierende Bürger ersetzte die Adelsgesellschaft, ohne selbst Verfügungsgewalt über die Anlagen zu haben. Fürstengleich, im Sonntagsstaat herausgeputzt, genoß man die Anlagen und vergaß dabei, daß man keineswegs über das

neue Eigentum verfügen konnte. Die Parkanlagen werden bis heute von einem einzigen Spezialisten entworfen, ohne Mitsprache oder Beteiligung der künftigen Benutzer, und sie werden von einer neuen Obrigkeit – dem Gartenamt – verwaltet. Wie ehedem schreiben Wege vor, wo man geht, festmontierte Bänke bestimmen, wo man ruhen darf, und Aussichtspunkte, wo man das Panorama schauend zu bewundern hat.

Diese «Fremdbestimmung» ist eine der Ursachen für die oft erstaunlich geringe Nutzung (nur 12 Prozent der Bewohner im Nahbereich von 15 Minuten benutzen die Anlagen regelmäßig). Viele Parks, besonders in amerikanischen Städten, degenerierten zu Orten des Verbrechens.

Gut genutzte Parks haben bestimmte Merkmale. Sie sind

- nicht sofort überschaubar,
- auf einen bestimmten Punkt ausgerichtet,
- sonnig und
- eingerahmt von bewohnten Gebäuden und belebten Straßen (Jacobs, 1971).

Wichtig zur Aktivierung sind attraktive Anziehungspunkte wie Ausflugslokale, Spiel- und Sportplätze, Orchesterveranstaltungen im Musikpavillon, Schwimmbecken, Eislauf- und Rollschuhbahn, Tiergehege. Die Ästhetik spielt dagegen nur eine geringe Rolle.

«Grüne Lungen» und «Briefmarkengrün»

Im Gefolge der Industrialisierung seit der Mitte des 19. Jahrhunderts explodierten die Städte. Die Bodenspekulation blühte. Freie Flächen wurden mit renditebringenden Mietshäusern überbaut oder zu Villenvierteln für zahlungskräftige Bevölkerungsschichten. Grünflächen waren kostspieliger Luxus. Auch die brachliegenden, verwilderten Grundstücke – ökologisch von großer Bedeutung und ideale Spielgebiete – wurden nach und nach zugebaut. Die Stadt versteinerte und erhielt Wüstenklima.

Auf dem Gelände der alten Festungsanlagen wurden breite Ringstraßen (Boulevards), mehrspurige Prachtstraßen mit Baumalleen, Straßen für Promenaden und Geschäftsverkehr angelegt. Hier war auch der repräsentationsträchtige Rahmen für öffentliche Gebäude. (Vergleiche den Beitrag von Peter Haiko/Mara Reissberger über großbürgerliches Wohnen, Seite 266.)

Wegen der hohen Bodenpreise entstanden in der Nähe der wenigen Parkanlagen nur die «besseren» Stadtviertel, deren komfortable Häuser oft noch Hausgärten und kleine Privatparks besaßen. Dagegen haben die am dichtesten besiedelten Massenquartiere der Arbeiter und kleinen Angestellten – das Gros der Bevölkerung – bis heute nicht nur die schlechteste Wohnungsqualität, sondern auch den geringsten Freiraum und das wenigste Grün auf kleinen Restflächen («Briefmarkengrün»).

Der Park als Vermittler bürgerlicher Normen

Die repräsentative städtische Grünanlage wurde als «grüne Lunge» (doch hat Luftaustausch andere Ursachen) zum Alibi für inhumane Stadtplanung. Zudem sollte der Park um 1900 zunächst weniger der Gesundheit und der Erholung der Bevölkerung dienen, als die neu entstandene Arbeiterklasse im Sinne der Oberschicht günstig beeinflussen, ihr die bürgerlichen Normen vermitteln und sie von politischen Aktivitäten ablenken. Freilich hatte der entfernt wohnende Arbeiter bei einer zwölfstündigen Arbeitszeit wenig Muße, sich durch die «Sehenswürdigkeit» bilden zu lassen.

Bei der ältesten bekannten «Parkbesetzung» im Londoner Hydepark 1866 protestierten die damals unterdrückten, aber selbstbewußten Arbeiter gegen die reglementierenden und deklassierenden Kleider- und Verhaltensvorschriften.

Privatidylle in der Schlafstadt

Die bis heute vielfach mißverstandene, 1898 veröffentlichte Konzeption von Ebenezer Howards «Gartenstadt» (auf 30 000 Einwohner beschränkte, wirtschaftlich selbständige, durchgrünte, aber kompakte Stadt in einem «Garten», bestehend aus einem Grüngürtel mit landwirtschaftlichen Betrieben zur Versorgung der Bewohner) und die unreflektiert übernommene, nur aus ihrer Zeit heraus zu verstehende Forderung des CIAM (Congres Internationaux d'Architecture Moderne) in der Charta von Athen, 1933, nach rigoroser räumlicher Trennung der Funktionen Wohnen, Arbeit, Erholung, Verkehr führte

im Nachkriegsdeutschland zu den ausufernden Gartenvorstädten (Schlafstädte), eine Entwicklung, die bis heute durch die staatliche Förderung der Eigenheimbewegung unterstützt wird.

In der Folge wurden von Gärten rings umgebene freistehende Einzelhäuser auf viel zu große Grundstücke gesetzt (im Durchschnitt 1000 m^2; zum Vergleich: Reihenhäuser in den Niederlanden und Großbritannien stehen auf nur 150 bis 250 m^2). Während der normierte und überflüssige Vorgarten hier als Schaustück das Entree dekoriert, wird der Garten hinter dem Haus zur Privatidylle und unterstützt so die Neigung zum sozial verpflichtungslosen Verhalten.

Als Gegenreaktion gegen die landverschwendenden Eigenheimsiedlungen proklamierten die Städtebauer die Verdichtung mit dem Schlagwort «Urbanität». So entstanden Hochhausballungen mit Mietwohnungen ohne jeden Freiraumbezug und mit sterilen, nicht nutzbaren Freiräumen, die lediglich die gesetzlichen Bestimmungen als vorgeschriebene Abstandsflächen erfüllten.

Das unsoziale «soziale Grün»

Der Überschuß an Freiraum

Beim Wiederaufbau und der Erweiterung der Städte nach dem Zweiten Weltkrieg wurde die Blockbauweise der Mietshäuser

abgelöst von der hygienisch fortschrittlicheren Zeilenbauweise oder von isolierten Turmhäusern. Wohnhochhäuser, inmitten von weiträumigen, aber funktionslosen Parks, die nach dem Vorbild englischer Landschaftsgärten gestaltet waren, wurden schon von Gropius und Le Corbusier propagiert. Statt des geschlossenen und belebten Straßenraums entstanden durch die von der Bauordnung vorgeschriebenen Abstände große kahle Freiflächen, das sogenannte «soziale Grün», als ein eingeebnetes, lediglich mit Rasen und wenigen Büschen und Bäumen dekorativ gestaltetes Gelände – zu Kostenlasten der Mieter oder Steuerzahler.

Das «grüne Vakuum»

Im Vergleich zur früheren Nutzung der Haushöfe und Privatgärten – die bis vor 100 Jahren noch für die meisten Stadtbewohner selbstverständlich waren – ist dieses «grüne Vakuum» (Rainer, 1972) in hohem Maße funktionsarm und in seiner schematischen Normierung nicht einmal ästhetisch befriedigend. Es erfüllt keine soziale Funktion und besitzt nur geringen Erholungswert. Dieses «Renommiergrün» darf im allgemeinen nicht einmal betreten werden. Die Anlage von Gärten für die Hausbewohner ist nicht erlaubt. Diese Freiflächen haben zwischen Hochhäusern überdies den Nachteil zu großer Beschattung.

Unter dem Aspekt der Grünnutzung ist daher die Flachbauweise wünschenswerter, wie sie bei vielen holländischen Siedlungen mit einer Überbauung der Grund-

stücke bis zu 70 Prozent der Fläche zu finden ist. Trotzdem sind auch hier noch kleine Gärten möglich.

Hausnahe Erholung

Zum Ausgleich für den für die Bürger nicht nutzbaren Freiraum werden kostspielige Erholungsgebiete in und außerhalb der Stadt gebaut (zum Beispiel die Revierparks des Ruhrsiedlungsverbandes mit ihren die Freizeit vorprogrammierenden Angeboten), anstatt eine wohnungsbezogene Erholung zu fördern.

Der leere Blumentopf auf der riesigen kahlen Rasenfläche der Pariser Satellitenstadt Grigny, La Grande Borne, wirkt wie ein Symbol. Werden menschliche Maßstäbe beachtet, wird der kleingegliederte Freiraum intensiv genutzt. (Quelle: Spitzer)

Es ist zu fordern, die zahllosen, von den Bewohnern zwar bezahlten, aber nicht benutzbaren, sozial brachliegenden Grünflächen zwischen den Wohnhäusern einer Nutzung durch die Anlieger zugänglich zu machen, sie von ihnen gestalten zu lassen: zu Nutz- oder Ziergärten (Mietergärten), zur Tierhaltung, als Spielbereiche für alle Altersstufen, zur Anlage von Badeteichen oder zu kommunikativen Einrichtungen. Durch diese Identifikationsmöglichkeiten entsteht ein Verantwortungsgefühl, die Benutzer pflegen diese Anlage selbst und es entstehen keine Unterhaltungskosten für die Allgemeinheit mehr. Die Erholung findet nach Feierabend ohne lange Anfahrtswege vor der Haustür statt.

Der Sozialpark, die demokratische Grünanlage

Alte Leitbilder

Schon kurz nach 1900 forderten und realisierten in einigen Städten (Hamburg, Köln) die Befürworter des sogenannten «Volksparks» eine benutzbare Grünanlage mit großen eingegliederten Nutzräumen (Spielplätze, Ruhezonen und Ruhegärten als Hausgartenersatz), doch war die Gestaltung noch an alten Leitbildern orientiert.

Seit dem Erlaß des Bundesbaugesetzes 1960 setzte in den Gemeinden eine umfassende Grünplanung ein, die alle Grünflächen in einer Gesamtstruktur zusammenfaßte, ohne jedoch die tradierte Funktion zu ändern.

Sozial orientierte Planung

Eine wirkliche Demokratisierung der Parkanlagen würde bedeuten, diese nach den Bedürfnissen der Bevölkerung zu gestalten, das heißt, den Benutzungscharakter gegenüber dem Schau- und Ziercharakter zu betonen. Die Planung muß bereits unter diesen Gesichtspunkten mit den künftigen Benutzern gemeinsam erfolgen, beim Bau können die Bürger mitarbeiten, und später dürfen sie den Volkspark nach ihren Wünschen nutzen und verändern. Nicht eine «Freizeitanlage», die nur den Vergnügungskonsum fördert, ist hier das Ziel, sondern ein kommunikativer, aktivitätsfördernder Freibereich.

Auch der Pflanzenbestand wird nach anderen Kriterien ausgesucht, neue, robuste Arten werden gezüchtet, Obststräucher und -bäume können wieder aufgenommen werden.

Bleibt der Park durch die Pflege der Wege begehbar, können sich große Teile in Naturgärten verwandeln. Benutzbare, robuste Grasarten («Leistungsgrün») erlauben das Betreten und Bespielen der Grasflächen. Trampelpfade schaffen ein alternatives Wegenetz. Büsche und Bäume werden raumbildend gepflanzt, um

Eine Nutzung der Grünanlagen zur Kommunikation der Bevölkerung – wie hier am Speakers Corner im Londoner Hydepark – ist wichtiger als ihre ästhetische Funktion. (Quelle: Spitzer)

bergende und windgeschützte «Kommunikationsnischen» zu erhalten. Bänke werden so aufgestellt, daß nicht nur Ruhemöglichkeiten (isoliert, abgeschirmt), sondern auch Kontaktbedürfnisse (gegenüberstehende Bankgruppen) berücksichtigt werden. Zahlreiche Klappstühle können nach individuellem Belieben versetzt werden.

Ständige Belebung
Durch zahlreiche Veranstaltungen und kommunikative Einrichtungen wird der Park zu allen Zeiten belebt: Menschen spielen, Familien picknicken, Kinder zelten, Springbrunnen werden zu Duschen, Seen zu Badeteichen. Der sonst so unbeliebte Parkwärter, früher von den Kindern als «Rasenbulle» gefürchtet, wird Kontaktperson und Allroundhelfer, Spielleiter, Märchenonkel, Sani-

täter, Spielgeräteausleiher, Spielzeugtauschbörsen-Verwalter, Adressenvermittler und Nachrichtenzentrale.

Bänke sind Kommunikationskerne. Werden sie wie hier im Pariser Parc Luxembourg genutzt, so bilden sich bald dichte Gruppen animierter Zuschauer. (Quelle: Spitzer)

Selbsthilfe der Bürger

Ist eine umfassende Anhebung städtischer Lebensqualität auch Aufgabe einer Gesamtplanung, die nur auf politischem Wege durchgesetzt werden kann, so haben doch die Bürger ebenfalls die Möglichkeit, in Selbsthilfe damit zu beginnen.

Im Delfter Westerkwartier und in zahlreichen anderen Orten der Niederlande stellten die Bewohner Blumenkästen und Pflanzkübel vor die Haustüre, rissen das Straßenpflaster auf, pflanzten Bäume, Büsche und Rankenpflanzen und legten Minigärten auf den Straßen an. Die Straßen bekamen so den Charakter von Fußgängerzonen und wurden zu Wohnstraßen. Baumpflanzaktionen können außer den ökologischen und hygienischen Vorteilen eine neue Verbundenheit der Bürger mit ihrem Viertel schaffen.

Zahlreiche Beispiele zeigen, daß Selbsthilfe nicht nur durch private Initiativen allein entstehen muß, sondern auch von den Behörden gefördert werden kann. So wurden in New York City mit Unterstützung einer staatlichen Institution durch Bürgergruppen in den letzten Jahren 1246 brachliegende Trümmergrundstücke und Innenhöfe in Gemüsegärten umgewandelt (Röhl/Weydemann, 1977).

Die Entfernung weniger Pflastersteine in Wandnähe schafft auf der Straße Raum für Sträucher und Rankenpflanzen: Beispiele für eine positive Veränderung des hausnahen Wohnbereichs. (Quelle: Spitzer)

Kleine Beete, umrahmt von den herausgenommenen Pflastersteinen der Straße, an einem Wohnschiff in Amsterdam. (Quelle: Spitzer)

Identifikationsmarken schaffen Beziehung zwischen Bewohnern und Wohnumfeld. Bürger pflanzen «Stammbäume» für Neugeborene: Pflanzaktion einer Bürgerinitiative in Düsseldorf. (Quelle: Spitzer)

Bürger sperrten eine Straße für den Durchgangsverkehr, stellten Pflanzenkübel und -kisten auf, entfernten Pflastersteine und pflanzten Bäume. Um den Laternenpfahl winden sich jetzt Ranken (Bantammerstraat in Amsterdam). (Quelle: Spitzer)

Zusammen mit einer Bürgerinitiative entwerfen und propagieren Schüler einen Volkspark. Unterrichtsprojekt in einer Neusser Schule. (Quelle: Spitzer)

Didaktische Hinweise

Die vorangehende Zusammenstellung ist wegen des besseren Überblicks in historischer Reihenfolge geordnet. Doch empfiehlt sich eine solche Abfolge im Unterricht – wenn überhaupt – nur, wenn sie ständig in Beziehung zur konkreten Lebenswirklichkeit der Schüler und zu ihren Alltagserfahrungen gebracht wird. (Vergleiche die pädagogisch-didaktische Orientierung von Uwe Ahrens/Peter Becker, Band 1, Seite 18.)

Die Beispiele sollen aufzeigen, wie und unter welchen Interessen sich die Umwelt verändert hat und wie der einzelne heute zu ihrer Veränderung beitragen kann.

Im folgenden einige Themenvorschläge für den Unterricht, die praktisch und reflektierend bearbeitet werden sollten.

- Alte Landkarten, alte Stiche des Wohnortes, der Nachbarstadt ausfindig machen (Stadtarchiv, Museum, Privatbesitz) und die damaligen Grünflächen mit der gegenwärtigen Nutzung vergleichen (Bebauungsplan, Flächennutzungsplan).
- Grundrisse, Zeichnungen oder Modellbauten einer mittelalterlichen Stadt, eines französischen Parks, englischen Gartens, Volksparks, einer Freizeitanlage, eines Spielplatzes, Dachgartens anfertigen (später als Anschauungsmaterial wieder zu verwenden).
- Besichtigungen und Analysen von historischen Parkanlagen, städtischen Grünanlagen, Hausgärten, Vorgärten in Schulnähe, in Wohnungsnähe. Alternativvorschläge zur kommunikativen Nutzung (Text, Fotocollagen, Zeichnungen, Modelle).
- Veränderung einer Straße durch Grün zu einer Wohnstraße (Aktionen, Modellbau, Ausstellung).
- Arbeitende, sich erholende oder spielende Menschen in Grünanlagen, Hausgärten, Kleingärten (Fotodokumentation).
- Aktionen in Grünanlagen (Spiele, Bäume pflanzen, Bänke aufstellen).
- Der Baum und seine Bedeutung (Fotos, Zeichnungen, Malereien, Ausstellung).
- Bänke als Kommunikationskerne, ihre Standorte, Gestaltung, Nutzung (Zustands- und Bedarfsanlayse, Entwürfe, Lagepläne, Fotos).

Literatur

A. Bernatzki: Von der mittelalterlichen Stadtbefestigung zu den Wallgrünflächen von heute. Ein Beitrag zum Grünflächensystem deutscher Städte. (Patzer) Berlin/Hannover 1960.

H. de la Chevallerie: Mehr Grün in die Stadt. Freiraumplanung im Wohnungs- und Städtebau. (Bauverlag) Wiesbaden/Berlin 1976.

D. Hennebo/A. Hoffmann: Geschichte der deutschen Gartenkunst. 3 Bde. (Broschek) Hamburg 1963.

J. Jacobs: Tod und Leben großer amerikanischer Städte. (Bertelsmann) Gütersloh 1971.

H. Keller: Kleine Geschichte der Gartenkunst. (Parey) Berlin/Hamburg 1976.

R. Rainer: Lebensgerechte Außenräume. (Artemis) Zürich 1972.

K. Röhl/T. Weydemann: New York City Gardening Program. In: Bauwelt 68/1977.

K. Spitzer: Gedanken zur Demokratisierung städtischer Grünflächen. In: Garten und Landschaft 11/1976.

K. Spitzer: Wohnungsnahe Freiräume: ‹Sozialbrache› oder Kommunikationsmilieu? In: Garten und Landschaft 9/1977.

Materialien

Dia-Serie zum vorliegenden Beitrag.
Bezugsadresse:
Deutscher Werkbund e. V.
Alexandraweg 26
6100 Darmstadt
(Siehe auch Verzeichnis der Zusatzmaterialien im Anhang.)

Klaus Spitzer

Haus- und Mietergärten – Räume für Kreativität und Kommunikation

Sind Hausgärten überflüssig oder bloß Tummelplätze für widernatürliche Ordnungsliebe und Gartenzwerg-Idyllik?
Der Beitrag geht der Frage nach, welche Funktionen heute noch Hausgärten in der Stadt erfüllen und wie man wieder zu solchen Gärten kommen kann, ohne daß sie gleich wieder völlig privatisiert werden.

Kreative Übungsfelder statt stereotyper Rückzugsinseln

Die zahllosen Negativbeispiele stereotyper Hausgärten auf der landzersiedelnden «Einfamilienhausweide» im Stadtumland verführen dazu, sie als antistädtische Statussymbole des Wohlstandsbürgers abzuwerten. Hohe Hecken, Zäune und Sichtblenden markieren sie als Fluchtburgen und Privatidyllen. (Vergleiche dazu den Beitrag von Gert Selle über Umweltgestalt, Seite 63.)
Immerhin aber wünschen sich 55 Prozent der Bevölkerung einen eigenen Garten. Dieser Wunsch ist ernst zu nehmen, ist er doch Anlaß für viele, die Stadt zu verlassen. Doch lassen sich Gärten auch heute noch im Stadtinnern realisieren. Schon in den Genossenschaftssiedlungen der zwan-ziger Jahre entstanden im Blockinnern grüne Innenhöfe mit Mietergärten, lärmgeschützte «mikroklimatische Frischzellen» mit echten Sozialfunktionen. Diese Modelle könnten beispielhaft sein, doch da Boden Ware ist, nehmen oft einnahmeträchtige Mietparkplätze ihre Stelle ein.
Konkurrenzhaltung und Leistungsdenken prägen auch Gestaltung und Funktion der privaten Hausgärten. Und wenn heute die Abbildungen der in hohen Auflagen verbreiteten Kataloge von Gartenbedarfsartikeln unterschwellig Klischees suggerieren, die sich nahtlos decken mit den anerzogenen Leitbildern von Sauberkeit, Fleiß und Ordnung, so werden morgen schon findige

Der 1919 von Michael Brinkmann erbaute Häuserblock «Spangen» in Rotterdam wird vom Innenhof her erschlossen. Das Blockinnere wird durch schmale Mietergärten, Spielanlagen und Ruheplätze intensiv genutzt. (Quelle: Spitzer)

Firmen standardisierte Gartentypen vervielfältigen und als Ware handeln: Garten als Konsumartikel. Dies wird bei Gerätespielplätzen und Dachgärten längst praktiziert. (Siehe dazu den Beitrag von Klaus Spitzer zur Spielumwelt Stadt, Seite 106.)

Wie die Gestaltung, so ist die Funktion normiert. Doch statt Prestigesymbole, private Gartenlaubenidyllen oder Rückzugsinseln vor einer feindlichen Umwelt zu sein, könnten Hausgärten und wohnungsnahe Kleingartenanlagen auch nachbarschaftliche Kontaktbereiche sein und zu Übungsfeldern kreativer Veränderung werden.

Im folgenden sollen einige der aufgezeigten Aspekte näher untersucht werden.

Gartenformen, Gartenfunktionen

Der Vorgarten als Hoheitszone

Der Vorgarten steht als «Kümmerform» in der Tradition feudaler Repräsentationsgärten (Fürstenpark – Villenpark – Vorgarten). Die Einzäunungen bürgerlicher Vorgärten der Jahrhundertwende mit ihren Lanzen aus Gußeisen verweisen noch deutlich auf das fürstliche Vorbild.

Oft ungenutzt und baumlos, dient der Vorgarten lediglich als Distanzraum und Prestigesymbol. In den Gründerjahren war er dicht bepflanzt mit dunklen, schattengebenden Bäumen, die die Fluchtburg der Villa verdeckten und Schutz vor Sonne gaben (mit vornehmer Blässe setzte sich der Großbürger vom körperlich arbei-

Die Distanz haltende Hoheitszone eines bürgerlichen Vorgartens wird von gußeisernen Lanzen geschützt. (Quelle: Spitzer)

Der ungenutzte, nicht einmal mehr dekorative Vorgarten ist nur noch Distanzraum. (Quelle: Schmidt-Cords)

tenden Menschen ab). Heute präsentiert er sich in eintöniger Wiederholung vor allem in den Reihenhaussiedlungen mit kurzgeschorener Rasenplatte, ringsum begrenzt von schmalen Pflanzstreifen mit Miniaturkoniferen (Nadelhölzer werfen kein störendes Laub!) oder einigen repräsentativen Solitären. Die unsinnliche puritanische Sterilität entspricht Erziehungsidealen wie Sauberkeit, Fleiß und Ordnung. Die un-

natürliche Monokultur von Gras und die ästhetisch einfallslose Gestaltung (Ebene, Gerade, rechter Winkel) werden noch gefördert durch Rasenmäher, elektrische Heckenschere und Unkrautvertilgungssprays.

Die kostbaren, zu den Straßen hin gelegenen Flächen der Vorgärten ließen sich aber leicht zu kommunikativen, halböffentlichen Zonen umwandeln.

Der Vorgarten als Hoheitszone darf nicht genutzt werden: Nutzung bringt Veränderung und damit Wertminderung für den Besitzer. (Quelle: Günter)

Hausgärten – Spielräume kreativer Phantasie

Die Gärten, mit die letzten Spielräume kreativer Phantasie, sind, wie es scheint, in Wirklichkeit keineswegs Orte überquellender Vielfalt. Nicht selten reiht sich auch hier Klischee an Klischee. Teure Einzelpflanzen präsentieren sich auf kahlem Rasen («Zierde ist, was der Nachbar nicht hat») und wiederholen so das Konkurrenzdenken aus dem Alltag. Statt Schaffensfreude wird oft genug nur Besitzstreben demonstriert: Da werden Grenzen durch Zäune abgesteckt, Verbotsschilder aufgestellt und heftige Fehden mit den Nachbarn ausgefochten.

Doch noch immer gibt es daneben auch die Hausgärten mit verwildertem Dschungeldickicht oder üppigem Sommerblumenmeer, kleinzelligen Kräuter- und Gewürzbeeten und dem Anbau

In diesem Neubauviertel in Noordwijk (Niederlande) werden die Vorgärten den Bedürfnissen der Bewohner entsprechend individuell verschieden genutzt. (Quelle: Spitzer)

von ungespritztem Gemüse und Obst, mit selbstgebastelten Vogelvolieren, Kaninchenställen und Brieftaubenschlägen: Gärten als Nutzräume, als «Bauspielplätze für Erwachsene». Dort, wo die von der durchrationalisierten Umwelt unterdrückten Emotionen durchbrechen, treibt die Kreativität auch mal seltsame Blüten: Gartenzwerglandschaften erzählen von unerfüllbaren Wünschen ihrer Erbauer, vom Rückzug in die Märchenwelt der Kindheit, aber auch von den Träumen eines künftigen irdischen Paradieses.

Der Garten als Treffpunkt

Ein Hausgarten ist das genutzte Stück Land beim Haus, in dem man wohnt. Dies braucht keineswegs Privateigentum zu sein (Mietergärten). Auch die Größe läßt sich reduzieren. Schon eine geschickt gestaltete Parzelle von 50–100 qm kann Räumlichkeit und hohen Nutzwert besitzen (Teppichsiedlungen). Eine Zusammenlegung und gemeinsame

Nutzung der Einzelflächen wäre denkbar. Hierzu muß in einer auf Privatbesitz basierenden Gesellschaft allerdings erst der anerzogene Besitztrieb des einzelnen überwunden werden.

Die oft übliche Isolation von allen nachbarschaftlichen Kontakten im grünen «Glück im Winkel» hat gesellschaftliche Ursachen und ist nicht eine Folge der Gärten. Dort, wo solidarische Praxis Tradition hat, etwa bei den Bergleuten im Ruhrgebiet, finden wir auch andere Formen: offene Anlagen mit kommunikations- und kinderfreundlichen Gestaltungen und neben den in den Freiraum ausgeweiteten Wohnbereichen der «grünen Zimmer» viele halböffentliche und öffentliche Zonen, Wohnwege, Gartenhäuser, Altenecken und informelle Spielgelände für Kinder. Der Garten wird hier zum kommunikativen Treffpunkt. (Vergleiche dazu den Beitrag von Roland und Janne Günter über Elemente sozialer Architektur, Seite 10.)

Rechte Seite oben:
Tiergehege, Rosenzucht, Spielbereich, Gemüsegarten oder Liegewiese: individuelle Hausgärten ohne Prestigefunktion im Delfter Westernviertel. (Quelle: Spitzer)

Unten:
Die gerade in Arbeitersiedlungen und Kleingartenanlagen häufig anzutreffenden, liebevoll gebastelten und zusammengestellten Gartenzwerglandschaften und Miniaturarchitekturen spiegeln nicht nur die Wunschträume ihrer Erbauer, sondern sind auch ein Ventil für die unter den heutigen Arbeitsbedingungen ungenutzte Kreativität (Arbeitersiedlung Sachsen in Dorsten). (Quelle: Günter)

Naturgarten im Großstadtmilieu

Mußte sich der Mensch früher gegen die wilde Natur behaupten, so gilt es heute, gegenüber einer wuchernden Technik die letzten Naturreste zu retten oder zu regenerieren. Auch innerhalb der Freiräume einer Stadt sind stabile ökologische Refugien möglich, sie sind sogar viel weniger pflegeaufwendig und damit billiger als gewöhnliche Parkanlagen, verbessern die Lebensqualität der Wohnumgebung und sind sozial besser nutzbar.

Ein vielgestaltiges, einfühlsam den natürlichen Bodenformen nachgeformtes Gelände wird vorgegeben, mit trockenen Hügeln und feuchten Mulden, und einige raumgebende, bodenständige Büsche und Bäume werden gepflanzt. Bald siedeln sich von allein die ersten Pionierpflanzen an, abgelöst von sukzessiven Arten, und im Laufe von 3 bis 4 Jahren hat sich eine relativ stabile Pflanzengesellschaft gebildet. Da die Pflanzen hier auf kleiner Fläche und unter starker Nutzung (zum Beispiel Kinderspiel) wachsen, wird vom Gärtner, um die Entwicklung zu beschleunigen, einfühlsam und vorsichtig steuernd in den Prozeß eingegriffen. So sind ohne große Kosten schon zahlreiche wenig pflegebedürftige Gärten und Grünanlagen in der Schweiz, in Österreich und den Niederlanden entstanden, Gärten, strapazierfähig wie gute Gebrauchsgegenstände.

Hier wurden auch, statt der üblichen teuren und pflegeaufwendigen Schwimmbecken mit Umwälzanlage, Filtern und umweltschädigenden Reinigungschemikalien, kombinierte Pflanzen- und Badeteiche angelegt, deren Pflanzen und Tiere kostenlos für die Wasseraufbereitung sorgen. So lassen sich natürliche, nachbarschaftlich genutzte Schwimmbäder für jedermann realisieren.

Kleingärten – Rückzug in die Idylle oder Alternative zur Umweltproblematik?

In den durch die Industrialisierung geprägten Städten wurden die sozialen Programme des städtischen Grüns nur noch durch private Initiativen weiterentwickelt: durch Schrebervereine, Kleingartenvereine, Verschönerungsvereine.

Der Kleingärtner pflegt, ohne das Land selbst zu besitzen, kostenlos öffentlichen Grund. Er findet Erholung innerhalb der Stadt und belastet so nicht den Verkehr. Er lebt in Gemeinschaft mit anderen ohne Isolation. Er hat die sonst unterdrückte Möglichkeit kreativen, selbstbestimmten Schaffens und produziert zu allem noch volkswirtschaftlich beachtliche Mengen von giftfreiem Obst und Gemüse.

Statt die Kleingärtner – die überwiegend aus «sozial schwächeren» Schichten stammen und so ohne starke Lobby sind – an die Stadtränder zu verdrängen, sollten für sie im Stadtinnern, auch in den Häuserblocks und zwischen

Der Architekt und Biologe Eduard Neuenschwander (Zürich) läßt den anfallenden Bauaus-
hub bei Neubauten nicht abtransportieren oder einebnen, sondern naturähnlich gestalten
und wild bewachsen (Vorort von Zürich, einjähriger Zustand des Geländes).
(Quelle: Koppándy)

Sorgt man dafür, daß Regenwasser nicht versickert, können durch natürliche Nieder-schläge Tümpel, Seen und sogar Schwimmanlagen geschaffen werden, in deren von schädlichen Chemikalien freiem Wasser sich wieder selten gewordene Pflanzen und Tiere ansiedeln (Gärten von Eduard Neuenschwander, Zürich). (Quelle: Koppándy)

Louis Le Roy (Heerenveen, Niederlande) läßt in seinen «wilden Gärten» Schuttbrok-ken anfahren, als eine günstige Vorgabe für eine durch eingeflogenen und einge-schleppten Samen sich einstellende vielge-staltige, bodenständige Pflanzenwelt (Pro-jekt «Regenboog»-Kerk, Leeuwarden). (Quelle: Spitzer)

Häuserzeilen, dauernde Grünflächen reserviert werden. Freilich müßten diese, im Gegensatz
zur praktizierten Vereinsisolation,
durch die Anlage von Spazierwe-
gen und Ruheplätzen auch für die
übrigen Bewohner erschlossen
werden. (Vergleiche dazu auch
den Beitrag von Wilfried Dechau
über Selbstgestaltung, Seite 84.)

Didaktische Hinweise

Die aufgezeigte Problematik bietet viele Ansatzpunkte für den Unterricht. In der Wohnumgebung
der Schüler und in der Nachbarschaft der Schule lassen sich bestimmt zahlreiche Belege finden,
deren Analyse eine Basis gibt, um
Gegenbeispiele zu entwickeln, in
Plänen, Zeichnungen und Modellen zu veranschaulichen und im
günstigsten Fall sogar als Gärten
zu realisieren.

Themenvorschläge
- Haus und Garten: Entwürfe für
  Teppichsiedlungen (Pläne,
  Modelle)
- Umgestaltung des Schulgar-
  tens zum Aktionsraum und Begegnungszentrum (Pläne, Modelle, Realisierung)
- Bau von informellen Mauer-
  werkstrukturen als Grundlage
  für den Wildwuchs eines «Na-
  turgartens» in den Grünanlagen der Schule (Realisierung,
  Fotodokumentation vom Bau
  und der sich ansiedelnden Vegetation)
- Veränderung eines Hausgar-
  tens, Vorgartens, Spielplatzes
  zur kommunikativeren Nutzung (Pläne, Modelle, Realisierung)
- Kleingärtner und Kleingärten
  (Analysen, Dokumentationen,
  Interviews, Videoaufzeichnun-
  gen, Malereien, Zeichnungen,
  Fotos)
- Gartenzwerglandschaften
  (Analysen, Dokumentationen,
  Fotos).

Materialien

Dia-Reihe zum vorliegenden Beitrag
Bezugsadresse:
Deutscher Werkbund e. V.
Alexandraweg 20
6100 Darmstadt

Sebastian Knauer

Verkehr und Wohnen

**Auch in Wohngebieten sind die Straßen in erster Linie für den Auto-
verkehr bestimmt. Die Folge: hohe Unfallgefahr für die schwächeren
Verkehrsteilnehmer wie Fußgänger, Kinder, Alte. Die Straße als öffentlicher Raum für vielfältige Aktivitäten wird zudem eingeschränkt.**

**Der Beitrag begründet, warum «Verkehrsberuhigung» notwendig
ist, und macht anschaulich, wie verkehrssichere und bewohnbare
Straßen, zum Beispiel in Holland oder in der Bundesrepublik, aussehen können.**

**Das Problem der bewohnbaren Straße (und was sie kostet) wird an
einem Planungsprojekt in Hamburg aufgezeigt.**

Standpunkte

Hermann Böttcher aus Hamburg-
Harburg, Lassallestraße, ist von
Beruf Kraftfahrer. Wenn es um
seine Straße geht, ist er jedoch
gegen Autos:

«Der Lärm ist unerträglich, vor
das Haus gehören Blumenbeete
und Strächer.»

Für die Rentnerin Gertrude
Hausers aus dem gleichen Wohnviertel im Süden der Hansestadt
sind Autos ebenfalls ein Ärgernis:

«Auf beiden Seiten der Straße
parken die Blechkisten und ver-
stellen den Bürgersteig.»

Die Kinder der 5. Klasse der örtlichen Hauptschule in der Maret-
straße wissen auch schon, was sie
lieber wollen:

«Vor der Schule bauen wir eine
Spielburg.»

Ganz andere Sorgen hat die
Geschäftsfrau Irmgard Schwartz,
die in der Nr. 31 einen Getränke-
handel betreibt:

«Wie sollen unsere Kunden und
Lieferanten vor der Haustür parken, wenn wir nur einen Parkplatz
zugedacht bekommen? Da kann
nicht mal das Bier vom Lastzug
geladen werden.»

Dies sind vier Reaktionen von
Bewohnern, die aufgefordert waren, über die Umgestaltung ihrer
Straße zu einer Wohnstraße nach-
zudenken. «Eine bewohnbare

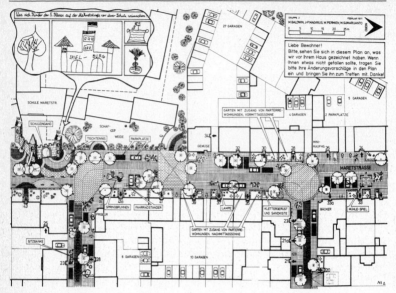

Projekt «Bewohnbare Straße», Hamburg 1977: vor die Schule eine Spielstraße

Straße bedeutet nicht, daß man auf ihr wohnen kann, sie ist ein Gebiet für Fußgänger, spielende Kinder und Fahrzeugverkehr, der eine untergeordnete Rolle spielt», erläutert ein Flugblatt für die Anwohner. Absender ist eine Gruppe von Architektur- und Stadtplanungsstudenten an der Hamburger Hochschule für bildende Künste. In einem Projekt «Bewohnbare Straßen» haben sie in einjähriger Arbeit Vorschläge für die Umgestaltung einiger Straßenzüge entwickelt. Leiter der Gruppe ist der Holländer Jos P. Weber, der im heimischen Delft bereits vor fünf Jahren an der Errichtung der ersten Wohnstraßen in Europa beteiligt war. «Wir wollen Straßen für den Menschen», faßt Weber das Ziel seiner Arbeit zusammen. Nach den Erfahrungen in Holland soll die bewohnbare Straße auch in Deutschland Realität werden. Mit Holperschwellen, Fahrbahnverengungen und Bäumen mitten auf der Straße soll in Wohngebieten der Verkehr beruhigt werden. «In Holland haben wir keine Schwellenangst mehr», meint Weber, «warum sollen wir nicht auch hier unsere Straßen sicherer machen?»

Wohnstraße in Holland: für Autos, Kinder, Radler (Quelle: Stern)

Warum Verkehrsberuhigung?

«Der Straßendamm ist in erster Linie für den Fuhrwerkverkehr bestimmt, deshalb vermeide der Fußgänger jedes überflüssige Verweilen auf demselben.» Diese Bekanntmachung des Berliner Polizeipräsidenten von 1908, wenige Jahre nach der Erfindung des Automobils, gibt bereits die Richtung an für eine Verkehrsplanung, die das Bild unserer Städte prägen sollte. Vorrang wurde dem Auto eingeräumt, dessen Besitz (20 Millionen) und Produktion zu bestimmenden Faktoren der heutigen Volkswirtschaft wurden. Jeder siebte Arbeitsplatz ist abhängig von der Automobilindustrie. Mit der wachsenden Motorisierung entwarfen die Verkehrsplaner ein immer größeres Netz von besseren Straßen, das auf den Gebrauch des Autos ausgelegt ist.

Etappe auf diesem Weg war in den fünfziger Jahren der Versuch, die *autogerechte Stadt* zu schaffen, in der überall sicher und schnell gefahren werden kann. Verkehrsstaus, Lärm- und Luftverschmutzung und schließlich die Zerstörung wertvoller Bausubstanz in den Innenstädten waren die Folgen. Bessere Straßen, auch in den Wohngebieten, zogen neuen Verkehr nach sich.

Andere Leitbilder in der Stadtplanung führten zur Einrichtung von *autofreien Zonen* für Fußgänger, meist entlang der Hauptgeschäftsstraßen in den Innenstädten. Trotz des Ausbaus öffentlicher Nahverkehrsmittel wurde der motorisierte Verkehr dadurch jedoch weniger eingeschränkt als in angrenzende Wohngebiete abgedrängt.

Auch in sogenannten reinen Wohngebieten, in denen keine Gewerbebetriebe angesiedelt sind, hat das Auto Vorfahrt. Das fängt an mit den geltenden «Richtlinien für die Anlage von Stadtstraßen (RAST)», nach denen die Straße in erster Linie dem Kraftfahrzeugverkehr zu dienen hat.

Unfälle

Mancherorts wandelten sich diese Straßen in Wohngebieten zu Rennbahnen, auf denen Spitzengeschwindigkeiten bis zu 115 km/h gemessen wurden. Die gesetzliche Höchstgeschwindigkeit wurde nur von der Hälfte der Autofahrer eingehalten, wie eine Untersuchung des hessischen Ministeriums für Wirtschaft und Technik zeigte. Folge der Raserei sind Unfälle mit Fußgängern:

● Etwa 50 bis 70 Prozent der getöteten Fußgänger fanden ihr Ende nicht auf dichtbefahrenen Hauptstraßen, sondern auf Straßen in Wohngebieten.

● Im innerörtlichen Unfallgeschehen werden doppelt soviel Fußgänger wie Insassen von Personenkraftwagen getötet.

● Mehr als die Hälfte der im Innerortsverkehr getöteten Fußgänger entfallen auf sogenannte Problemgruppen: Kinder unter 15 Jahren und ältere Menschen über 65 Jahren.

Für Kinder besteht gerade auf scheinbar ruhigen Anliegerstraßen ein vergleichsweise hohes Unfallrisiko. Kinder sehen die Verkehrswelt mit anderen Augen als die Erwachsenen. Aus ihrer Froschperspektive, kaum einen Meter über dem Boden, blockieren alleine schon parkende Autos die Sicht. Verkehrsschilder, auch wenn deren Bedeutung schon erkannt wird, sind häufig zu hoch angebracht. Von Kindern wird die Fahrgeschwindigkeit eines Autos, das auf sie zukommt, meist falsch eingeschätzt. Auch wenn am Bordstein vor Überqueren der Straße brav nach links und rechts geschaut wird, handeln Kinder spontan. Insbesondere vor der eigenen Haustür, wo sie sich sicher fühlen. Die Bilanz für die schwächsten Verkehrsteilnehmer ist deutlich: In 60 Prozent aller Unfälle mit Kindern wird ihnen juristisch die Schuld zugesprochen, auch wenn Fachleute wissen, daß die Verkehrswelt der Erwachsenen verantwortlich zu machen ist. Mit 1354 Kindern, die 1977 dabei den Tod fanden, hält die Bundesrepublik einen traurigen Weltrekord: In keinem anderen Land verlieren – gemessen an der Einwohnerzahl – so viele Kinder ihr Leben auf der Straße. Manche Eltern fahren denn auch ihre Kinder lieber mit dem Auto in die Schule, weil der Weg zu Fuß oder mit dem Rad zu gefährlich ist.

Soziale Straßen

Für eine Verkehrsberuhigung und auch eine Beruhigung des Gewissens sprechen nicht nur meßbar zurückgehende Unfallziffern. Die Straße in einem Wohngebiet ist mehr als ein Verkehrsweg. Auf ihr finden Begegnungen mit dem Nachbarn statt, Einkaufen, Weg zur Arbeit, Spazierengehen, Anliefern gehören zum Erlebnisbereich vor allem der Kinder. Für die Fachleute erfüllt die Straße damit eine «soziale Funktion». Aus der Überlagerung verschiedener Funktionen, zu denen auch der Verkehr gehört, entsteht «Öffentlichkeit». (Vergleiche den Beitrag von Klaus Spitzer/Karola Baumann/Iris Salzmann über Kommunikation in der Stadt, Seite 45.)

Die Straße wird zu einem öffentlichen Raum, zu einer Art Vorzimmer der eigenen Wohnung. Am deutlichsten wird diese Bedeutung des Straßenraums bei den Kindern. Denn für zwei Drittel der unter Fünfzehnjährigen dient die Straße nach wie vor als wichtigste Spielfläche, allerdings mit Hindernissen, wenn parkenden Autos auf den Bürgersteigen inzwischen mancherorts mehr Platz zugebilligt wird als den Fußgängern.

Gerade die lebendige Straße mit einer Vielfalt von Aktivitäten ist auch für Jugendliche attraktiv. Deutlich wird dies in Neubaugebieten, deren Ent- und Versorgung mit Straßen sich allzuoft an der Planung eines Abwasserkanals orientiert. Hier bleiben die Freiflächen, geplant für Kinder und Jugendliche, häufig unbenutzt.

Die Straße als öffentlicher Raum bedeutet die Chance, Bürgersinn und Solidarität zu entwickeln (vergleiche zum Beispiel den Beitrag von Roland und Janne Günter über Elemente sozialer Architektur, Seite 10). In der Praxis muß jedoch schon wegen der Unfallgefahr die Straße zu Feindesland erklärt werden, mindestens zum Niemandsland, das man sich nicht anzueignen traut.

Kurskorrektur

Dieses Niemandsland vor der eigenen Haustür für alle Anwohner zurückzugewinnen ist Ziel verkehrsberuhigender Maßnahmen.

So fordert der Deutsche Städtetag eine Änderung der Straßenverkehrsordnung zugunsten «gemischter Fußgängerstraßen». In zusammenhängenden Wohngebieten, deren Eingang besonders gekennzeichnet ist, sollen Straßen in voller Breite dem Fußgänger, spielenden Kindern, aber auch dem Autofahrer zur Verfügung stehen. Das Bundesministerium für Raumordnung, Bauwesen und Städtebau will in einem Forschungsvorhaben die «Verbesserung der Spielmöglichkeiten von Kindern auf öffentlichen

Straßen im Wohnumfeld» feststellen lassen. Dabei sollen auch Lösungen gefunden werden für Problembereiche: verdichtete Altbaugebiete, in denen das Spiel- und Freiflächendefizit besonders ausgeprägt und die Verkehrsbelastungen besonders hoch sind.

Auch die Parteien haben sich in ihren kommunalpolitischen Programmen des Themas «Wohnen und Verkehr» angenommen. Die CDU fordert, Wohnviertel begegnungsfreundlicher zu gestalten, Fußgängerzonen einzurichten, Maßnahmen zum Schutz von Kindern, Alten und Behinderten im Verkehr. Die FDP will mit der Beschränkung des privaten Autoverkehrs eine Verkehrsberuhigung in Wohngebieten fördern. Die SPD plädiert für eine Wohnumwelt, die ein «Zuhause» sein kann, die zur Lösung sozialer Konflikte anregt und weitgehend frei von Belästigungen und Gefährdungen ist. In Wohngebieten sollen Fußgängerzonen und Wohnwege eingerichtet und Gehwege von parkenden Autos befreit werden.

Selbst der ADAC, Lobby der Autofahrer, denkt über Verkehrsberuhigung nach. Nach einer Expertenreise in europäische Nachbarländer empfahlen sogar die Vertreter des Automobilclubs eine Einschränkung des Autoverkehrs in Wohngebieten.

Verkehrsberuhigte Straße in Hamburg, mit Pflastersteinen, Bepflanzung und Straßenmöbeln wohnlich hergerichtet (Quelle: Knauer)

Bewohnbare Straßen

Prinzip der bewohnbaren Straße ist ein Nebeneinander von Auto und Fußgänger.

Diese Erkenntnis ist das Ergebnis einer Reihe fehlgeschlagener Versuche, den Autoverkehr zu drosseln. So wurde in der bayerischen Gemeinde Taufkirchen mit Tempo-30-Schildern an den guten Willen der Autofahrer appelliert. Ergebnis war, daß Ortsunkundige tatsächlich langsamer fuhren, die Ansässigen aber wie bisher durchbrausten, wenn kein Polizist dabeistand. Vollsperrung oder Einbahnverkehr haben sich in Wohngebieten ebenfalls als untauglich erwiesen, da sie eine Verlagerung des Verkehrs auf andere Straßen mit sich brachten.

Auch der Einbau von Schwellen quer zur Fahrbahn zeigte sich als alleinige Maßnahme problematisch. Versuche mit diesen sogenannten «schlafenden Polizisten» in Heidelberg und Hannover ergaben, daß die Autofahrer kurz vor dem Hindernis bremsten, um dann wieder Gas zu geben. Die Folge: Anlieger beschwerten sich über mehr Lärm, die Unfallquote sank nicht. Aus den tiefen Schleifspuren von Ölwannen und Auspufftöpfen an den Schwellen schloß der ADAC, daß die Aggression der Autofahrer gefördert würde.

Erfolgreich waren dagegen Maßnahmen zur Verkehrsberuhigung, wenn – auch unter Verwendung von Bodenwellen – das gesamte Straßenbild umgemodelt wurde. Denn je gradliniger die Straße erscheint, um so mehr gewinnt der Autofahrer den Eindruck, auch bei hoher Geschwindigkeit sicher zu fahren. Die Trennung von Straßendecke und Bürgersteig durch eine Bordkante dient als Leitlinie für diesen «optischen Durchschuß».

Beispiel Holland

Vorbild für den Umbau zur Wohnstraße wurden die holländischen Wohnreservate. Ein blau-weißes Schild «Wohnerf» am Eingang solcher Wohngebiete signalisiert dem Autofahrer:

«Hier hat der Fußgänger Vorrecht, das Auto ist zu Gast.»

Rücksicht auf spielende Kinder und Fußgänger wird durch einfache Mittel erreicht. Entlang der Straße wurde aus Blumenbeeten, Bäumen, Klettergerüsten, Fahrradständern und Sitzbänken eine planvolle Slalomstrecke geschaffen. Alle hundert Meter ist eine Bodenschwelle eingelassen, die nachhilft, die Geschwindigkeit des motorisierten Verkehrs zu drosseln. Eingeebnete Bordsteine und verschiedenartige Pflaster sorgen zudem für eine vorsichtige Fahrweise. Ohne ein Verkehrsschild aufzustellen, wurde die Geschwindigkeit der Autofahrer auf 15 km/h gebremst.

Nachdem in Delft bereits die ersten Wohnstraßen fünfjähriges Jubiläum feierten, zog der Ge-

«Wohnreservate» in Holland sind besonders gekennzeichnet. Pflasterung und parkende Autos machen die Straße ruhiger. (Quelle: Stern)

setzgeber nach. Im «Staatsblatt des Königreichs der Niederlande» verkündete er im August 1976 eine Änderung des Verkehrsgesetzes. Die Novelle regelt für Wohngebiete: Fußgänger dürfen besonders gekennzeichnete Straßen über die volle Breite benutzen; das Spielen ist dort erlaubt; Kraftfahrer dürfen in Wohngebieten nicht schneller als mit Schrittgeschwindigkeit fahren, sie müssen auf Fußgänger Rücksicht nehmen. Fußgänger sollen ebenso nicht unnötig den Verkehrsfluß behindern.

Die Gesetzesnovelle legalisierte bereits geschaffene Wohnhöfe, bei deren Einrichtung die Anwohner auch selbst mitwirkten, und ist somit eher der Nachvollzug von nachbarschaftlichen Initiativen.

Wohnstraßen in der Bundesrepublik

Dieses Delfter Modell, inzwischen in über 40 anderen holländischen Städten nachgeahmt, ist Grundlage ähnlicher Versuche in der Bundesrepublik. So wurden bereits in Bonn und München einzelne Straßen als Wohnstraßen umgestaltet oder durch Einebnen der Bordsteine als besonderes Aufenthaltsgebiet für Fußgänger gekennzeichnet. Ein Großversuch zur Verkehrssicherheit in 19 Städten von Nordrhein-Westfalen kombiniert Tempo 30 mit einer Möblierung der Straßen. In Einbahnstraßen sollen Autos abwechselnd links und rechts geparkt werden, um durch diese Hindernisse zu langsamer Kurvenfahrt zu zwingen. Damit wollen die Planer auch den sogenannten Schleichverkehr von Fahrern, die von verstopften Hauptverkehrsstraßen auf Wohngebiete ausweichen, eindämmen. «Wer durchwitschen will, soll sich verheddern», sagt einer der Verantwortlichen des Projekts, das mit 5 Millionen Mark von der Regierung gefördert wird.

Schon für weniger Geld geht es in kleineren Städten mit Altstadtbereichen, in denen Bürgersteige nie existiert haben. Dort wird rücksichtsvoll gefahren, und das Miteinander von Fußgängern und Autos ist selbstverständlich. Im schwäbischen Nördlingen will man an dieser gemischten Nutzung festhalten. «Unfälle zwischen Fußgängern und Fahrzeugen sind selten», sagt der Stadtbaumeister. «Wir werden auch in Zukunft die Straßen und Gassen ohne besondere Bordsteine ausbauen.»

In Hamburg sollen bewohnbare Straßen unter Beteiligung der Anwohner entstehen. Dazu wurde von den Planern ein Fragebogen ausgeteilt, auf dem Wünsche zur Umgestaltung der Straße erfaßt werden. Die Wahlmöglichkeit reicht vom Blumenbeet bis zum Baum, von der Sitzbank bis zum eigenen Parkplatz vor der Haustür. Häufigster Wunsch war in einer ersten Umfrage der Baum.

Vorausgegangen waren Unter-

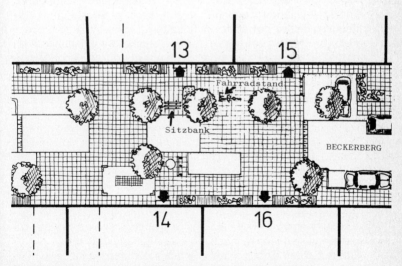

Straße nach Wunsch, Bewohner planen mit. Projekt «Bewohnbare Straße»:

suchungen über den fließenden und ruhenden Verkehr, Modellberechnungen für den Parkplatzbedarf, Aufstellen einer Unfallstatistik. Ein erster Entwurf für die Umgestaltung der Straße wurde mit den Anwohnern diskutiert, weitere Anregungen wurden aufgenommen. Das Ergebnis wird allen Betroffenen in einer eigenen Stadtteil-Zeitung mitgeteilt.

Die Hamburger Planer, gestützt auf Erfahrungen in Holland, gehen davon aus, die Autofahrer für ihre Vorschläge zu gewinnen. Immerhin besitzen rund ein Viertel der Haushalte in dem untersuchten Stadtgebiet ein Automobil. Das Gefährt der eigenen Familie soll bis vor die Tür fahren können. Ferngehalten werden sollen fremde Autos, die den knappen Parkraum besetzen. Offen bleibt jedoch die Frage, wie das Parkplatzproblem in dichter bewohnten Straßen gelöst werden kann.

Der Bau von Tiefgaragen in den Innenhöfen der Wohnblocks verlagert den Lärm gerade in die ruhigen Hinterhöfe. Zudem ist die finanzielle Belastung pro Garagenplatz (etwa der Preis eines Mittelklassewagens) von Bewohnern in Altbaugebieten und Sozialwohnungen kaum zu tragen. Verkehrsberuhigung zielt aus diesem Grund auch auf Verringerung des motorisierten Verkehrs zugunsten billigerer und gesünderer Verkehrsmittel. «Neben dem Fußgänger wollen wir auch dem Fahrradfahrer neuen Platz schaffen», sagt der Leiter der Hamburger Planungsgruppe. «Auf der Wohnstraße gibt es zwar keine getrennten Radwege, aber mehr Radfahrer.» Von den Hamburger Planern wurde ein Katalog von Merkmalen für verkehrssichere und bewohnbare Straßen aufgestellt:

- Der Straßenraum ist als Gestaltungs- und Nutzungsbereich zu betrachten, der überall für den Fußgänger und nur an einigen Stellen für das Auto zugänglich ist.
- Durch Bäume, Poller und Bänke (jedoch nicht durch Verkehrsschilder) soll das Parken von Autos eingeschränkt werden.
- Die Trennung zwischen Fahrstreifen und Gehweg durch eine Bordsteinkante soll aufgehoben werden, da lange, gerade Straßenteile zu höheren Fahrgeschwindigkeiten verleiten.
- Ein abwechslungsreicher Straßenbelag durch gepflasterte Schachbrettmuster und Kreise auch dort, wo abends Autos parken, soll als Spielfläche dienen.
- Holperschwellen und Fahrbahnverengungen sollen dort angelegt werden, wo Fußgänger die Straße überqueren.
- Hindernisse auf der Fahrbahn, wie Sitzbänke, Bäume und Klettergerüste, sollen die Geschwindigkeit von Autos auf Schrittempo drücken.
- Im Notfall müssen jedoch Polizei, Krankenwagen und Feuer-

wehr zügig durchfahren können. Müllabfuhr und Straßenreinigung sollen nach wie vor praktisch und wirtschaftlich möglich sein.

Die Kosten

Die Hamburger Planungsgruppe hat ausgerechnet, was die bewohnbare Straße kostet. Für den Umbau eines fünfzig Meter langen Stücks Straße wird ein Betrag von 58000 DM angesetzt. Umgelegt auf die Wohnungen der Anlieger ergibt sich eine einmalige Belastung von etwa 11 DM pro Quadratmeter. Enthalten sind in dieser Rechnung die Kosten für neue Pflasterung, neue Straßenlaternen, Erstpflanzung von Bäumen, das Aufstellen von Bänken und Spielgeräten. Zum Vergleich: Fünfzig Meter Bundesstraße kosten das Dreifache. Das gleiche Stück Autobahn eine halbe Million Mark – fast zehnmal mehr als die bewohnbare Straße. Dafür könnte sich Herr Böttcher aus dem Hamburger Stadtteil eine Menge Blumen vors Haus pfIanzen.

Leben mit dem Verkehr

«Die Wohnstraße kann keine Patentlösung für die städtischen Verkehrsprobleme sein», warnte schon der holländische Verkehrsminister nach Einführung der vorbildhaften Wohnreservate. Kritiker der Wohnstraße befürchten eine zu große Einschränkung des Autoverkehrs und eine Verschärfung der Parkplatznöte. In einem vertraulichen Plan des Hamburger Senats denkt der Bausenator schon über unpopuläre Schritte nach, so zum Beispiel, «ob der Erwerb eines Autos nicht eventuell an den Nachweis eines Stellplatzes gekoppelt werden soll».

Die Wohnstraße kann denn auch nur Teil eines umfassenden Konzepts zur Verkehrsplanung sein. Doch Straßen, die alleine für Autos da sind, vertreiben die Menschen. Unfallgefahr und fehlende Umweltqualität sind für kinderreiche Familien ein häufiger Grund zum Wechsel der Wohnung. Mit dem Umzug an den Rand der Stadt entstehen neue Verkehrsprobleme, und innerstädtische Wohngebiete drohen zu veröden. Zudem sinken die Steuereinnahmen für den Stadtsäckel, der Kreislauf schließt sich.

Bewohnbare Straßen sind kein Patentrezept, sie können jedoch einen wichtigen Beitrag leisten, um nicht nur die Straße, sondern auch die Stadt «bewohnbar» zu machen.

Didaktische Hinweise

Schüler sind in der Regel kompetent, die Straße als Verkehrs- und Spielraum zu diskutieren. Es wird ihnen ja auch zugemutet, den täglichen Verkehrskampf auf dem Schulweg wie beim Spielen und auf der Straße nachmittags zu bestehen. Diese Erfahrungen können Schüler (schon in der Grundschule) einbringen. Sinnvoll sind:

- Schülerumfragen (in der Klasse und bei anderen) über die benutzten Verkehrsmittel für den Schulweg, über Gefahrenstellen, (Beinahe-)Unfälle beim Spielen oder auf dem Schulweg; Schilderungen der «Verkehrssitten» (zum Beispiel der Autofahrer gegenüber radfahrenden oder spielenden Schülern);
- «Störungsprotokolle», bei denen zum Beispiel in der eigenen Straße über eine Woche hinweg jeden Nachmittag eigene oder fremde Spiele beobachtet und die Störungen durch ruhenden oder fließenden Verkehr notiert werden;
- bildnerische Darstellung der eigenen Straßensituation: großflächiges Malen und Zeichnen, zum Beispiel auf langem Packpapier oder Tapetenbahnen, mit Markierung der ungefährdeten und gefährdeten Spiel- und Ruheflächen;
- Ausflug zu einer verkehrsberuhigten Stadtzone, wobei ein deutlicher Unterschied zwischen den kommerzialisierten Fußgängerzonen und Einkaufszentren, die in der Regel für Kinder gar nichts bieten, und solchen Zonen zu machen ist, die der Bewohner wegen verkehrsberuhigt wurden, oder Nachforschungen, wo in der Nähe der Schule oder der Wohnviertel gleichsam unbeabsichtigt solche verkehrsberuhigten Zonen sich erhalten haben (Dokumentation mit Fotografien oder über Zeichnen und Malen);
- eigene Entwurfstätigkeit der Schüler bei der fiktiven Lösung bestimmter Probleme aus ihrem eigenen Erfahrungsbereich;
- Mitwirkung an einer Initiative für ein Straßenberuhigungs- und Gestaltungskonzept (wobei die Schüler Entwürfe einbringen können);
- Eigeninitiativen der Schüler, zum Beispiel durch Eingaben der Klasse an die für Stadt- und Verkehrsplanung Verantwortlichen und Lieferung von konkreten Entwürfen in Form von Zeichnungen oder Modellen (dabei sollte man als Lehrer das Einschalten der örtlichen Presse aus Gründen der besseren Durchsetzungschancen nicht vergessen) – einschließlich «utopischer» Lösungsversuche, zum Beispiel unter dem Thema «Die Straße gehört zur Hälfte uns», «Wir entwerfen eine Straße mit Spielbezirken»,

«Wir bringen die Autos weg (anders unter)».
Dazu können Zeichnungen, Collagen, plastische Modelle –

zum Beispiel aus Pappe und Pappmaché – wie im Lernbeispiel 4 (Seite 385) – angefertigt werden.

Literatur

M. Andritzky/P. Becker/G. Selle (Hg.): Labyrinth Stadt. (DuMont) Köln 1975. (Siehe dort Ganser: Verkehr.)

Bodenschwellen sind die letzte Möglichkeit. In: ADAC – Motorwelt 10/1977.

H. Glaser (Hg.): Urbanistik. (Beck) München 1974. (Siehe dort D. Beisel: Kinder in Städten.) Nach dem Unfall unter die Räder. In: Stern 29/1977.

P. Peters (Hg.): Fußgängerstadt. München 1977. (Siehe dort: S. Eichenauer u. a.: Bewohnbare Straßen. Leben mit dem Verkehr/S. Menke: Fahrverkehr/S. Monheim: Verkehrsberuhigung.)

Unfälle in geschlossenen Ortschaften. (Bundesanstalt für Straßenwesen) Köln 1976.

J. Weber: Bewohnbare Straßen in Hamburg. Diskussionspapier 1977.

Materialien

Werk und Zeit 3/1973 und 2/1976: Schwerpunkthefte zum Thema Verkehr.
Bezugsadresse:
Deutscher Werkbund e. V.
Alexandraweg 26
6100 Darmstadt
(Siehe auch Verzeichnis der Zusatzmaterialien im Anhang.)

Horst Rottjakob

Sanierung

Dieser Beitrag geht in ganz knapper Form auf das Problem der gewaltsamen Veränderung beziehungsweise der Zerstörung von Wohnumwelt und sozialer Wohnqualität durch «Flächensanierung», Abriß und rücksichtslose Neuplanung aus Profitmotiven ein. Er zeigt Ursachen und Folgen eines Vorgangs auf, von dem große Teile der Wohnbevölkerung – Erwachsene wie Kinder – betroffen sind, und gibt Anregungen, wie sich Schüler Kenntnis dieser Vorgänge beschaffen und selbst mit initiativ werden können, um bei der Abwehr solcher bevölkerungsfeindlicher Maßnahmen mitzuarbeiten.

Zum Thema Sanierung

Der Große Duden, Band 5 (Fremd-wörterbuch):
«sanieren: (lat. ‹gesund machen, heilen›): . . . 3. (in einem Stadtteil) gesunde Lebensverhältnisse schaffen . . .»

«Die Mißachtung menschlicher Bedürfnisse und Wünsche hat dazu geführt, daß unsere Städte so aussehen, wie sie sind. Dominanz hat alles, was zur Profitmaximierung beiträgt.» (Ausstellungskatalog [Profitopolis], 1972)

Nicht die Bedürfnisse der Menschen, sondern das Geld entscheidet darüber,

WER
WAS
WO

baut.

Aufgrund dieser Situation muß der Begriff «Sanierung» heute differenziert werden.

(Quelle: Rottjakob)

«Sanierung» heißt demnach:
1. sozial gesunde Lebensverhältnisse schaffen;
2. wie er von vielen «Planungs-menschen» verstanden wird: bestehende soziale Verhältnisse verändern.

Städte werben mit Slogans wie:
«Unsere Stadt baut um!»
«Unsere Stadt wird schöner!»
«Unsere Stadt muß modern werden!»

«Unsere Stadt auf dem Weg ins Jahr 2000!»
Wie sieht der Weg ins Jahr 2000 jedoch aus?

Die heutigen Städte werden auf Druck der Kapitaleigner (Kaufhäuser, Banken usw.) mit Hilfe des Gesetzgebers (Städtebauförderungsgesetz, Bundesbaugesetz) auf Kosten der arbeitenden

---

Hier hat die Planierraupe saniert. Bevor hier ein Parkplatz, ein Supermarkt oder auch eine «Grünfläche» entsteht, haben Kinder sich das brachliegende Grundstück vorübergehend angeeignet. (Quelle: Ullmann)

Bevölkerung (denn das ganze Umkrempeln muß ja von Steuergeldern bezahlt werden) umstrukturiert. Gemischte Altstädte (Wohnen, Arbeiten und sonstige Bedürfniserfüllung an einem Ort) werden zu Kauf- und Parkstädten (Orte, in denen nur noch Konsumieren und Parken erlaubt ist). Die Mieten steigen, weil billige Altbauwohnungen kaum noch zu bekommen sind und die neuen hohe Zinsen kosten. Und der Wohnwert solcher Viertel sinkt rapide. Nach der «Sanierung» ist er meistens praktisch verschwunden.

Experten sprechen vom Verlust der Lebensqualität und der Atmosphäre.

Was wird wegsaniert?

Hier eine Reihe von Stichworten:
- «Milieu»
- Orte, an denen man sich trifft
- Häuser mit persönlicher Note
- überschaubare Größenverhältnisse
- Reichtum an Erinnerungen
- Übersichtlichkeit
- Bäume
- Gras
- bunte Gärten, in denen viele ihre Hobbies ausüben
- Lauben, in denen man Skat spielt und mit dem Nachbarn nach Feierabend redet
- die Kneipe um die Ecke, wo der Schnaps noch fünfzig Pfennig kostet
- Kontakt von Fenster zu Fenster
- Kontakt vom Fenster zur Straße oder zum Garten
- Hinterhöfe, die gleichzeitig ausgezeichnet als Kinderspielplätze funktionieren
- der «Tante-Emma-Laden» direkt um die Ecke, in dem man nicht mit psychologischen Verkaufsfallen reingelegt wird und der zusätzlich Kommunikation bietet
- Buden für Studenten
- soziale Mischung
- Heimat, weil man fast alles kennt
- Geborgenheit
- Vertrautheit
- Vielgestaltigkeit
- Nachbarschaft
- Solidarität
- breites und differenziertes Angebot unterschiedlicher Wohnungsgrößen
- breites und differenziertes Angebot unterschiedlicher Wohnungstypen
- breites und differenziertes Angebot unterschiedlicher Wohnlagen.

Was geschieht nach der Sanierung?

Das Wohnen wird in Hochhausgettos am Stadtrand verlegt (Entstehung von Schlafstädten am Stadtrand – Schlafen wird als «Wohnen» interpretiert).

Das Arbeiten wird ebenfalls in riesige Industriegebiete am anderen Stadtrand verlagert. Für die arbeitende Bevölkerung bedeutet diese Umstrukturierung weite An- und Abfahrtswege, das heißt, durch das meistenteils unvollkommene Nahverkehrsnetz

(Quelle: Rottjakob)

braucht man ein Kraftfahrzeug.

Durch die oben genannte Trennung der Bereiche Konsumieren, Schlafen, Arbeiten und die damit nun verbundenen An- und Abfahrtswege werden riesige Autostraßen nötig – sie sind jedoch nur Verbindungen für den Autofahrer, für die anderen Menschen bedeuten sie eine noch stärkere Trennung der einzelnen Bereiche.

Der Verlust von lebensnotwendigen Umweltbedingungen, wenn man nicht nur die «materielle Bewohnbarkeit», sondern die «moralische Bewohnbarkeit» von Umwelt meint (Mitscherlich), hat folgende Kennzeichen:

- Profitmaximierung
- Bodenwucher
- auf dem Reißbrett geplante Slums, die man gemeinhin sozialen Wohnungsbau nennt
- sterile Wohngettos, sortiert nach Einkommensklassen
- autogerecht statt menschengerecht geplante Umwelt
- Verlust der Urbanität
- Mißachtung der Menschen
- Rücksichtslosigkeit gegen sozial Schwache
- allgemein-gesellschaftliche Erkrankung.

(Vergleiche Profitopolis, 1972.) Für die oben genannten Maßnahmen gibt es eine fast endlose Liste von Fallbei(l)spielen, so aus Lippstadt, Bielefeld, Berlin, München, Duisburg, Höxter, Frankfurt, Langenberg, Dortmund . . . Dort können Betroffene über ihre Erfahrungen mit «Sanierungsmaßnahmen» berichten.

Allerdings läßt sich auch über entgegengesetzte Aktivitäten berichten.

Stark machten sich viele Menschen, indem sie sich zu Bürgerinitiativen zusammenschlossen und gegen diese Sanierungsmaßnahmen vorgingen.

Positive Berichte hierüber gibt es zum Beispiel aus dem Ruhrgebiet (vor allem in Arbeitersiedlungen), wo Bürgerinitiativen oder Arbeiterinitiativen durch Versammlungen, öffentliche Gespräche mit den Verantwortlichen,

(Quelle: Rottjakob)

Fernsehen, Zeitung, Film und selbsterstellte Publikationen geplante «Flächensanierungen» verhinderten und wirkliche Maßnahmen zur Wiederherstellung von eventuell mangelhafter Bausubstanz in Gang setzten.

Beispiele für Gegenwehr
Die Arbeitersiedlung Eisenheim liegt in Oberhausen-Osterfeld, umgeben von Industrie, eine Oase (grüne Insel) im schwarzen Kohlenpott.

1972 hatte Eisenheim 39 Häuser mit 159 Haushalten und 488 Personen. Seit Jahrzehnten erzählte man den Bewohnern, daß die Häuser abgerissen würden. (So hatte man immer einen Grund, die Bewohner wegen Mängeln der baulichen Substanz zu vertrösten.)

1972 setzte eine aktive Arbeiterinitiativenarbeit ein. Man stellte fest, daß die Arbeitersiedlung Eisenheim (1844 gebaut) flächensaniert (total abgerissen) werden und durch neue Hochhausbauten ersetzt werden sollte. Nach jahrelanger intensiver Auseinandersetzung mit der Problematik «Sanierung» und mit den Verantwortlichen dieser Maßnahmen (Eigentümer der Siedlung, Planungsgesellschaft, Baugesellschaft und den verantwortlichen Politikern) ist es der Eisenheimer Arbeiterinitiative gelungen, die Siedlung zu erhalten und etwaige Bausubstanzmängel beseitigen zu lassen (Projektgruppe Eisenheim, 1975).

1974 beabsichtigte man in Salzkotten, einen großen Teil der Stadt zum Sanierungsgebiet zu erklären. Untersuchungsfirmen waren schon beauftragt.

Durch ein spontanes, aber sehr konsequentes Auftreten einer Bürgerinitiative (durch Gegengutachten) konnte dieser Sanierungsplan jedoch sehr schnell vergessen werden.

Solche Aktivitäten (Initiativenarbeit) bedeuten für jeden, der daran teilnimmt, eine intensive und solidarische Auseinandersetzung mit den spezifischen Problemen der «Sanierung».

Was muß man dabei beachten?

Um sozio-ökonomische Probleme der «Sanierung» ausmachen zu können, ist es unumgänglich, die *sozio-ökonomischen Funktionen* der Stadt allgemein mit ins Auge zu fassen.

Eine solche allgemeinere Vorgehensweise hat zum einen historisch zu sein und die Stadt als etwas geschichtlich Gewordenes zu begreifen; darüber hinaus können die heutigen Probleme der Stadt nur unter Einbeziehung der augenblicklichen gesellschaftlichen *Herrschafts- und Besitzverhältnisse* voll erfaßt werden.

Die chaotische Expansion städtebaulicher Maßnahmen resultiert nicht zuletzt auch aus dem *Selbstverständnis der Planenden*, die «unter Planung eine Tätigkeit verstehen, die nur durch Experten geleistet werden kann, die also mit Politik, vor allem aber mit ideologischen Zielsetzungen eigentlich nichts zu tun hat. Sie geben sich also unpolitisch, ja oft verachten sie die Politiker wegen der Irrationalität ihres Verhaltens und wegen der Machtinteressen, die den Aufbau einer ein für allemal richtigen, das heißt funktionierenden Stadt nur behindern» (Hans-Paul Bahrdt).

Ursachen der Sanierungsproblematik

Das geltende *Bodenrecht* (nebst der Kapitalqualität des Bodens) erschwert eine rationale Raumplanung und Raumordnung.

«Auch die Altstadtsanierung ist heute weithin zu einer Quelle des privaten Geschäfts zu Lasten der Allgemeinheit geworden» (Hofmann, 1971).

Die *Bodennutzung* innerhalb von Großstädten wird von den Wünschen der kaufkräftigsten Gruppen bestimmt. Bei gewerblichen Standorten sind die verkehrsgünstigsten die begehrtesten; daher werden in der City die höchsten *Bodenpreise* erzielt.

«In einer Gesellschaft, in der nach wie vor der *Privatbesitz an Grund und Boden* überwiegt, in der die Liberalisierung am konkurrenzlosen Objekt, dem Boden, zum ökonomischen Grundsatz erhoben wird, erscheint es fraglich, ob Städteplanung als bloßes Problem ‹vernünftiger› Architektur, als Problem der Soziologie und vielleicht noch Psychologie zureichend dargestellt werden kann» (Berndt/Claasen/Siebel, 1967).

«Der Städtebau ist von unmittelbar *politischen Entscheidungen* abhängig. Welche Stadtform sich durchsetzt, bedeutet eine Durchsetzung der einen oder anderen Lebensform. Daß sich dabei keineswegs die psychologisch oder ästhetisch brauchbarsten Formen durchsetzen, hängt von dem Machtgefälle in der Gesellschaft ab» (Berndt/Claasen/Siebel, 1967).

Didaktische Hinweise

Die Erkenntnisse, die hier nur kurz skizziert worden sind, können nur in komplexen Lernprozessen und in der gesellschaftlichen Erfahrung selbst gewonnen werden — für Erwachsene (Planungs- und Sanierungsbetroffene) ebenso wie für Schüler. Dieses gesellschaftliche Wissen aber ist notwendig, um auch in der richtigen Weise aktiv werden und gegen Sanierungspläne vorgehen zu können. Wie die Erfahrung vieler Betroffener gezeigt hat, ist das Vertrauen auf eine angeblich im demokratischen Sinne funktionierende Planungs- und Verwaltungsstruktur und auf die Versprechen der Politiker so ziemlich die falscheste Reaktion, die man sich hier als Lernender leisten kann.

Im Unterschied zum schulischen Lernen *über* ein Problem

muß man hier *in* der Problembe-
wältigung, in der rauhen politischen Wirklichkeit selber lernen.
Tut man das nicht richtig,

- dann wird man eben wegsaniert,
- dann gibt es kein brachliegen-
  des Spielgelände mehr,
- dann wird das alte Haus mit
  dem provisorischen Jugend-
  zentrum abgerissen,
- dann gibt es plötzlich keine
  Gärten und Bäume mehr – alles
  unwiderruflich!

Sanierung ist ein brisantes
Thema für den Unterricht, sobald
Schüler selbst von Sanierungsmaßnahmen betroffen sind, in Initiativen mitarbeiten, sich soli-
darisieren oder selber Leute aufmerksam machen.

(Quelle: Hildebrandt)

Dann wird die Wirklichkeit zur
Schule! (Vergleiche hierzu das
Lernbeispiel 7, Seite 407.)

Die Rolle der Schule (des Lehrers) ist vor allem dort von Bedeutung, wo für die Aktionen nötiges
Gesellschaftswissen, das sich
nicht aus der unmittelbaren Anschauung und Erfahrung entnehmen läßt, vermittelt werden kann.

Wie aber kann Unterricht dazu
beitragen, gegen diese Leute Widerstand zu leisten?

Zunächst einmal bieten sich
folgende Aspekte für den theoretisch einführenden Unterricht
über «Sanierung» an:

1. Der politische Aspekt
2. Der ökonomische Aspekt
3. Der soziologische Aspekt
4. Der historische Aspekt
5. Der visuelle (ästhetische)
   Aspekt
6. Der juristische Aspekt
7. Der technologische Aspekt
8. Der geographische Aspekt

Wo immer die Schüler Interesse an einem Aspekt bekunden,
wird sich notgedrungen jeweils
der ganze Ursachen- und Folge-
komplex des Problems der «Sanierung» aufwerfen und wird der
Unterricht sich mit den vorhandenen gesellschaftlichen Erfahrungen der Schüler verknüpfen
lassen.

Aber dies ist nur der relativ kleine und nur kurzfristig das Interesse bindende Lernbereich der
Theorie, die *anschaulich* und
praktisch verwendbar werden
muß.

An die Stelle der theoretischen

Auseinandersetzung müssen im Unterricht immer mehr treten:

- die Konfrontation und Analyse von konkreten Verhältnissen, Strukturen, Zusammenhängen und deren Auswirkungen
- die Konzeption, Realisation und Auswertung von Flugblättern, Plakaten, Dokumentationen, Ausstellungen, Publikationen, Filmen beziehungsweise Video-Bändern
- die aktive öffentliche Initiativarbeit
- Praktika in entsprechenden Institutionen (zum Beispiel in Redaktion und Druckerei der Stadtteilzeitung, Spielplatzbetreuung usw.).

Ein derart wirklichkeitsbezogener Unterricht zum Thema Sanierung könnte folgende Aktivitäten anregen beziehungsweise integrieren (die täglich Lernprozesse sind, wie sie eine Schule sonst kaum bieten kann):

- Exkursionen in ein betroffenes Sanierungsgebiet mit der Aufgabe der Problemwahrnehmung durch Fotografie, Film, Notizen, Skizzen, teilnehmende Beobachtung, Interviews
- Auswertung, Weiterverarbeitung und Vertiefung des Materials durch Gruppendiskussionen und Dokumentation
- Realisation von Collagen, Plakaten, Wandzeitungen und Realisation von Initiativen-Flugblättern (schuleigene Einrichtungen wie Siebdruckrahmen oder Fotokopierer «zweckentfremden» lernen)

- Besuch von Bürgerversammlungen unter der Sanierungsthematik
- Kooperation mit einer eventuell bestehenden Bürgerinitiative
- Analyse und Problematisierung von Bebauungsplänen (die gibt es beim städtischen Planungs- oder Sanierungsamt)
- Vergleiche verschiedener Bebauungspläne (Was hat sich im Laufe der Jahre an den Bebauungsplänen verändert?)
- Erarbeitung von Teilalternativen, eventuell anschließend ein kontroverses Plan- oder Rollenspiel (das in Straßentheaterszenen umgesetzt werden kann)
- Analyse, Konzeption und modellhafte Realisation verschiedener Einrichtungen in einem Sanierungsgebiet (Freizeitzentrum, Spielplatz, Diskothek), die dem subjektiven und akuten Schülerinteresse besonders entgegenkommen (wahrscheinlich läßt sich das ganze Projekt damit am besten starten!)
- Ausstellung von selbsterstellten Modellen und Zeichnungen (Entwürfe) in der Schule oder besser noch an einem öffentlichen Ort (Bürgerhausfoyer, kirchliches Gemeindezentrum)
- hartnäckige Befragung von Kommunalpolitikern und Planern (Jugendamt) über die Verwirklichungsaussichten.

Literatur

M. Andritzky/P. Becker/G. Selle: Labyrinth Stadt. Planung und Chaos im Städtebau. Ein Handbuch für Bewohner. (DuMont) Köln 1975.

Berndt/Claasen/Siebel: Zum Verhältnis von Städtebau und Gesellschaft. In: Das Argument 44/1967.

J. Boström/R. Günter: Arbeiterinitiativen im Ruhrgebiet. (Verlag für das Studium der Arbeiterbewegung) Berlin 1976.

Ch. Dellemann u. a.: Burano. Kommunikation, Sozio-Ökonomie, Städtebau. Eine Stadtbeobachtungsmethode zur Beurteilung der Lebensqualität. (Forschungsstelle Eisenheim) Oberhausen 1976.

R. Günter/R. Hasse: Handbuch für Bürgerinitiativen. Argumente, Berichte, Erfahrungen. (Verlag für das Studium der Arbeiterbewegung) Berlin 1976.

W. Hofmann: Sanierung – für wen? (Büro für Stadtsanierung und soziale Arbeit Berlin-Kreuzberg) Berlin 1971.

R. Keller: Bauen als Umweltzerstörung, Alarmbilder einer Un-Architektur der Gegenwart. (Artemis) Zürich 1973.

Profitopolis oder Der Mensch braucht eine andere Stadt. Eine Ausstellung über den miserablen Zustand unserer Städte und über die Notwendigkeit, diesen Zustand zu ändern, damit der Mensch wieder menschenwürdig in seiner Stadt leben kann. (Neue Sammlung) München 1972.

Projektgruppe Eisenheim: Rettet Eisenheim. (Verlag für das Studium der Arbeiterbewegung) Berlin 1975.

Universität Bielefeld, Zentrum für interdisziplinäre Forschung: Altstadtsanierung, Städtezerstörung durch Stadtplanung und -sanierung? (Umfeld und Chancen einer Novelle). Bielefeld 1974.

Materialien

J. Müller: Alle Jahre wieder saust der Preßlufthammer nieder oder Die Veränderung der Landschaft. (Sauerländer) Aarau 1973.

J. Müller: Hier fällt ein Haus, dort steht ein Kran und ewig droht der Baggerzahn oder Die Veränderung der Stadt. (Sauerländer) Aarau 1976.
2 Bildermappen für Schulkinder und Erwachsene.

Postkarten-Serie zum vorliegenden Beitrag
Bezugsadresse:
Horst Rottjakob
Randweg 11
4790 Delbrück-Westenholz
(Siehe auch Verzeichnis der Zusatzmaterialien im Anhang.)

Gisela Schuler (Institut Wohnen und Umwelt. Unter Mitwirkung von Veronika Oelbermann)

Wohnen in Obdachlosenunterkünften

Der Beitrag über das Wohnen in Obdachlosenunterkünften ist in gewisser Weise ein Schlüsselbeitrag des Buches, denn er belegt die in vielen anderen Aufsätzen immer wieder behauptete Ungleichheit der Wohnversorgung an einem besonders krassen Beispiel. Die in den darstellenden Text eingeblendeten Dokumente und Zitate über die Situation der Obdachlosen zeigen, wie weit man in der BRD noch von den sozialstaatlichen Versprechungen und dem nur auf dem Papier verbürgten Recht auf ein menschenwürdiges Leben für alle entfernt ist. Der Beitrag gliedert sich in die Abschnitte: Wer ist obdachlos? Aus welchen Ursachen und mit welchen Folgen? Wie ist die konkrete Wohnsituation von Obdachlosen? Wie kann die Lage der Obdachlosen verbessert werden?

(Quelle: Steiger)

Auf den ersten Blick scheint es in unserem Wohlfahrtsstaat keine Wohnungsnot mehr zu geben. Doch der Schein trügt: trotz der statistischen Aussagen über den recht hohen Stand der quantitativen und qualitativen Wohnungsversorgung leben immer noch Menschen in sogenannten Obdachlosengebieten. Sie wohnen teilweise schon seit Jahren in Wohnungen minderwertigster Qualität, auf engstem Raum und unter gesundheitsgefährdenden Bedingungen. Trotz des angeblich so eng geknüpften sozialen Netzes kommt es auch heute noch vor, daß Familien aufgrund ihres geringen Einkommens oder einer vorübergehenden sozialen und finanziellen Notlage ihre bisherige Wohnung verlieren, weil sie die Miete nicht bezahlen können. In diesen Fällen sehen die zuständigen kommunalen Behörden oft als einzige Lösungsmöglichkeit die Einweisung in die Obdachlosen- oder Notunterkunft.

Neben den ehemaligen Flüchtlings- oder Vertriebenenlagern aus der Nachkriegszeit stehen den Kommunen hierfür öffentlich geförderte, speziell zur Unterbringung Obdachloser gebaute Wohnunterkünfte zur Verfügung.

Die öffentliche Förderung dieser Art von Unterkünften sollte eine *vorübergehende* Maßnahme sein zur Bewältigung der Wohnprobleme, die sich durch den Abbau der Wohnraumbewirtschaftung Anfang der sechziger Jahre, die Aufhebung der Mietpreisbindung und den Wegfall des Mieterschutzes ergeben haben. (Vergleiche die Beiträge von Christine Mussel über Wohnungsmarkt und Wohnen zur Miete, Band 1, Seite 54 und 65.)

Die meisten Siedlungen sind dennoch heute noch bewohnt, da bei steigenden Sozialmieten, unzureichendem Wohngeld und knapper werdenden billigen Altbauwohnungen «für die einkommensschwachen Gruppen der Bevölkerung auch heute noch ein erheblicher Wohnungsnotstand besteht und die Gefahr ... latent ist, in die Obdachlosigkeit abzugleiten» (Wohnen von Problemgruppen, 1975).

Wer ist obdachlos, aus welchen Ursachen und mit welchen Folgen?

Nach offizieller Definition wird Obdachlosigkeit immer noch in erster Linie als ordnungs-, polizei- und wohnungsrechtliches Problem begriffen. Das heißt:

● Jemand, der ohne Wohnung praktisch auf der Straße leben müßte, stellt «eine Gefahr für die Sicherheit und Ordnung des Gemeinwesens» (Zöllner, 1978) dar. Dabei bleibt gleich, ob der Wohnungsverlust von dem Betroffenen selbst oder durch andere verursacht wurde.

- Es ist Aufgabe der Polizei- beziehungsweise Ordnungsbehörde, diese der Allgemeinheit oder dem einzelnen drohende «Gefahr» zu beseitigen. Sie weist dem Betroffenen ein vorübergehendes und notdürftiges Obdach zu, falls er nicht selbst in der Lage ist, sich eine Wohnung zu beschaffen.

- Die durch Ordnungsverfügung untergebrachten Personen sind zwar dem Wortsinn nach nicht mehr obdachlos; sie gelten jedoch als obdachlos, weil sie keine *eigene* Wohnung haben. Sie sind nicht Mieter, sondern *Nutzer* der ihnen zugewiesenen Unterkunft. Sie bezahlen keine Miete, sondern eine *Nutzungsgebühr*. Sie haben in bezug auf ihre Unterkunft praktisch keine Rechte: Zum Beispiel kann die Unterkunft jederzeit und ohne Einhaltung der gesetzlichen Kündigungsfristen gekündigt werden, bestehen keine gesetzlich geregelten Mindestansprüche an Wohnverhältnisse, wird die Benutzung der gemeindeeigenen Unterkünfte durch eine strenge Hausordnung, eine sogenannte Anstaltsordnung geregelt (vergleiche A. Brühl, 1977).

- Obdachlos sind eigentlich auch die Land- und Stadtstreicher, die sogenannten Nicht-Seßhaften. Sie werden von den behördlichen Maßnahmen jedoch nicht erfaßt, wenn sie keine Anzeichen für eine künftige Seßhaftigkeit erkennen lassen.

Stadt Maibaden   Maibaden, den 10. 5. 1977
Ordnungsamt

Eheleute Bärbel u. Peter Jonas
Karlsplatz 5, Maibaden

Ordnungsverfügung

Durch diese Verfügung werden Sie und Ihre vier Kinder in das Übergangsheim Spitzweg 10, Block C, Räume 16–18, eingewiesen.
Die sofortige Vollziehung wird angeordnet.
Die Anwendung unmittelbaren Zwangs wird für den Fall angedroht, daß Sie nicht innerhalb einer Woche die Unterkunft bezogen haben.
Begründung: Da Sie nicht in der Lage waren, die Ihnen drohende Obdachlosigkeit selbst zu beseitigen, werden Sie durch diese Verfügung in die vorbezeichneten Räume eingewiesen. Die sofortige Vollziehung wird angeordnet, um eine Gefährdung und Störung der öffentlichen Sicherheit und Ordnung durch Ihre Obdachlosigkeit zu verhindern. Sollten Sie nicht innerhalb einer Woche die Ihnen zugewiesenen

Räume bezogen haben, so werden Sie mit unmittelbarem Zwang eingewiesen.

Rechtsmittelbelehrung: Gegen diese Verfügung kann innerhalb eines Monats nach Bekanntgabe Widerspruch erhoben werden. Der Widerspruch ist bei der Stadtverwaltung Maibaden – Ordnungsamt – schriftlich oder zur Niederschrift einzulegen. Ist über den Widerspruch ohne zureichenden Grund in angemessener Frist sachlich nicht entschieden worden, so kann Klage beim Verwaltungsgericht Maibaden schriftlich oder zur Niederschrift des Urkundsbeamten der Geschäftsstelle erhoben werden. Diese Klage kann nicht vor Ablauf von drei Monaten seit Einlegung des Widerspruchs erhoben werden, außer wenn wegen der besonderen Umstände des Falles eine kürzere Frist geboten ist. Die Klage ist gegen die Stadt Maibaden zu richten. Sie muß Kläger, Beklagten und Streitgegenstand bezeichnen.

Im Auftrag
Oberle, VA

Wie viele Obdachlose gibt es in der Bundesrepublik?

Seit Jahren schätzt man die Zahl der Obdachlosen unverändert auf 500 000 bis 800 000 Personen. Geschätzt wurden hierbei allerdings nur die Personen, die keine *eigene* Wohnung haben und in einer gemeindeeigenen Notunterkunft wohnen oder die in eine Normal-Wohnung eingewiesen sind. Personen, die in unzureichenden Wohnverhältnissen leben oder die unmittelbar vor dem Verlust ihrer Wohnung stehen, werden in dieser Schätzung nicht berücksichtigt. «Alle diese Merkmale zusammengenommen, müßten sicher einige Millionen Menschen in der Bundesrepublik als obdachlos gelten» (Zöllner, 1978).

Warum gibt es keine genaueren Informationen über das tatsächliche Ausmaß von Obdachlosigkeit?

Erstens fehlen in der Regel die notwendigen Daten. Zweitens haben sich die Problembereiche der Obdachlosigkeit zum Teil so verlagert, daß sie statistisch nicht mehr ausreichend erfaßt werden können. Mit dem Abriß städtischer Notunterkünfte in den letzten Jahren und der Umsetzung der Bewohner in andere Problemgebiete oder durch Umwandlung der Nutzungs- in normale Mietverträge, aber ohne Verbesserung der Wohnverhältnisse schien die Obdachlosigkeit quantitativ reduziert zu werden. Damit ist sie jedoch lediglich aus dem Blickfeld der Öffentlichkeit beziehungsweise aus der offiziellen Statistik verschwunden. Geblieben ist das Problem der extremen Benachteiligung eines Teils der Bevölkerung im Wohnbereich.

Drittens kommt hinzu, daß neben den bisherigen «sozialen

Brennpunkten», wie Obdachlosensiedlungen oft bezeichnet werden, neue soziale Brennpunkte in Neubau- und Sanierungsgebieten entstanden sind. (Vergleiche die Beiträge von Peter Müller zum Standort Wohnen, Band 1, Seite 38, und von Horst Rottjakob über Sanierung, Seite 190.)

Erwähnt werden müssen auch die Menschen, die eine größere und bessere Wohnung zwar brauchen, sie aber auf dem Wohnungsmarkt nicht erhalten oder bezahlen können.

Die folgenden Ausführungen betreffen den klassischen Bereich der sozialen Brennpunkte, nämlich die Obdachlosensiedlungen – auch solche, die in der Kommunalpolitik nicht mehr so genannt werden – und ehemalige Arbeitersiedlungen, die sich zu sozialen Brennpunkten entwickelt haben. In ihnen manifestiert sich für eine durch die Gesellschaft permanent vernachlässigte Minderheit der Bevölkerung Wohnungsnot und soziale Notlage in besonders krasser Form.

Was bedeutet es, obdachlos zu sein?

Obdachlos zu sein, bedeutet nicht nur, im amtlichen Sinne «kein Dach über dem Kopf» zu haben. Obdachlos bedeutet auch

● Außenseiter zu sein, diskriminiert durch räumliche Isolation und menschenunwürdige Wohnverhältnisse,

● sozial verachtet und gemieden zu werden,

● von den Behörden besonders kontrolliert zu werden und

● in dauernder finanzieller Not und Abhängigkeit zu leben.

Auszug aus einem Beschwerdebrief einer Bewohnerin in einem Obdachlosengebiet an die zuständige Behörde:

«Wir möchten eine Beschwerde einbringen!

Am 22. Juni 1976 mußten wir nach . . . ziehen, mit unseren drei Kindern im Alter von acht, sechs und einem Jahr.

Die Miete war zu hoch, wir konnten sie nicht mehr bezahlen in . . .

Aber wir finden, es ist noch lange kein Grund, Leute, die momentan in eine Notlage gekommen sind, einfach in solch ein Viertel hineinzustecken.

Erst einmal finde ich es infam, daß man eine fünfköpfige Familie auf einen Raum von 55 qm hineinpfercht.

Angeblich soll dies hier eine Dreizimmerwohnung sein. Bevor wir hier einzogen, machte man uns den Vorschlag, einen Teil unserer Möbel zu verkaufen (obwohl wir Kinder haben) . . .»

Die Situation der Obdachlosen ist schließlich durch die geringe Aussicht gekennzeichnet, aus eigener Kraft aus der Unterkunft herauszukommen und in eine «normale» Wohn- und Lebenssituation zurückzukehren. Denn hierzu wäre ein fester Arbeitsplatz und der Nachweis der finanziellen Möglichkeiten für das Mieten einer Wohnung erforderlich. Ohne abgeschlossene Berufsausbildung und mit der Adresse der Notunterkunft ist es schwer, insbesondere vor dem Hintergrund der andauernden Arbeitslosigkeit, eine Arbeit zu finden.

Sind Obdachlose an ihrer Situation selbst schuld?

Die überwiegend negative Einstellung der Bevölkerung und der zuständigen Behörden ihren Obdachlosen gegenüber wird von der Überzeugung bestimmt, daß diese an dem Eintritt ihrer Notsituation «selbst schuld» haben.

Gemäß diesem Schuldprinzip haben die Einweisungen in Obdachlosenunterkünfte in erster Linie Disziplinierungscharakter: Sie sollen deutlich machen, daß die Betroffenen für eine normale Wohnung nicht geeignet sind. Durch primitivste Ausstattung der Obdachlosenunterkünfte sollen sie angehalten werden, baldmöglichst wieder auszuziehen und vor allem künftig ihre Miete zu zahlen, um nicht wieder eingewiesen zu werden.

Die Anwendung des Verschuldenbegriffs auf Obdachlose entspricht aber weder den Erkenntnissen zahlreicher Untersuchungen noch den sozialpolitischen Maßstäben unserer Gesellschaft.

Sind die Ursachen der Obdachlosigkeit der Öffentlichkeit ausreichend bekannt?

Über die wahren Gründe, warum Familien obdachlos werden, sagen die amtlichen Statistiken wenig aus, denn hinter den äußeren Anlässen des Wohnungsverlustes (Kündigungen wegen Zahlungsverzug, Eigenbedarf des Vermieters usw.) steht meist ein ganzes Bündel sozialer und finanzieller Faktoren als eigentliche Ursache der Obdachlosigkeit. Diese Ursachen sind zwar für die Bundesrepublik empirisch nie belegt worden, schälen sich aus zahlreichen Untersuchungen aber deutlich heraus:

• Die meisten erwachsenen Obdachlosen haben fast ausnahmslos Volksschulabschluß und häufig keine abgeschlossene Lehre (zum Beispiel: in Mannheim 43 Prozent der Männer und 74 Prozent der Frauen). Die erwerbstätigen Obdachlosen sind deshalb vorwiegend als ungelernte oder angelernte Arbeiter tätig (Kögler, 1976).

• Mangelnde Förderung und äußere Lebensumstände führen zu einer weiteren Verschlechterung des Bildungsniveaus der in den Siedlungen heranwachsenden Kinder. Der Anteil der Sonderschüler unter den schulpflichtigen Kindern ist entsprechend hoch: 42,9 Prozent im Vergleich zu 3 Prozent der Gesamtschülerzahlen in der Bundesrepublik. Kaum ein Schüler besucht eine weiterführende Schule.

- Als Folge bestehen sowohl für Erwachsene als auch für Jugendliche nur niedrig qualifizierte Arbeitsmöglichkeiten und daraus resultierend überdurchschnittliche Arbeitslosigkeit. Dazu ein Beispiel aus einer Obdachlosensiedlung in Offenbach:
Berufsausübung: Arbeitslose 15 Prozent, Rentner 18 Prozent, Angelernte/Ungelernte 39 Prozent, Handwerker 5 Prozent, Selbständige (Kleinhändler und Kleingewerbetreibende) 12 Prozent (Deutscher/Fieseler/Maor, 1978).

- Genaue Zahlen über das Einkommen von Obdachlosen liegen nicht vor. Alle Untersuchungen weisen jedoch darauf hin, daß die Obdachlosen fast ausschließlich zu den unteren Einkommensgruppen gehören. Nimmt man den Sozialhilfe-Regelsatz als Orientierungswert, dann muß man feststellen, daß Einkommen dieser Größenordnung kaum für die laufenden Ausgaben zum Lebensunterhalt ausreichen. Der Anteil der Empfänger von Sozialhilfe ist nach allem Gesagten zwangsläufig hoch. In Marburg-Waldtal zum Beispiel beziehen von 76 Familien 57 Familien beziehungsweise Personen regelmäßig Sozialhilfe (in der Bundesrepublik Deutschland insgesamt nur 33 von 1000 Einwohnern).

**Zum Leben zuwenig
zum Sterben zuviel!**

«Den Sozialhilfe-Empfängern geht's gut!»
Diese Meinung hört man oft, im Wohngebiet und auch außerhalb. Wir sind nicht der Meinung, daß den «Asozialen Puderzucker in den Arsch geblasen» wird.
Warum? Dann sollten Sie einmal lesen, von was Sozialhilfeempfänger alles leben sollen:

wöchentlich:

eineinhalb Pfund Kartoffeln	20 g Nudeln
eineinhalb Pfund Brot	vier Eier
1 Dose Gemüsekonserve	
300 g Zucker	dazu monatlich:
200 g Wurst	1 Suppenhuhn
150 g Fisch	eineinhalb Tafeln Schokolade
160 g Käse	eine halbe Tube Zahnpasta
300 g Butter	einmal Haarschneiden

ein halbes Stück Seife	eine Rückfahrkarte für 30 km
zweieinhalb Rasierklingen	ein halber Vereinsbeitrag
vier 50-Pf-Briefmarken	300 g Röstkaffee
ein Tageszeitungs-Abonnement	ein Päckchen Kaffee
6 Bus-/Straßenbahn-Fahrten	drei Fl. Bier
eine halbe Kino- oder Theaterkarte	ein Geschenk für 3,50 DM

Für diesen Einkaufszettel stehen 287 DM (in Hessen 293 DM) zur Verfügung. Außerdem müssen von dem Geld noch Strom und Gas bezahlt werden, außer Heizung.
(«Frankfurter Rundschau» vom 18. 8. 1977)

Die genannten Merkmale der Unterprivilegierung treffen nicht nur für Obdachlose zu, hier aber sind sie derart gehäuft, daß

- plötzlicher Ausfall des regelmäßigen Einkommens
- Arbeitslosigkeit
- Krankheit
- Frühinvalidität
- Wohnungskündigung (zum Beispiel bei Sanierung)

zur Krise und damit zur Einweisung in ein Obdachlosengebiet führen kann.

Das Obdachloswerden ist dann nur ein Symptom für eine umfassende soziale Notlage.

Was sind die Folgen der Obdachlosigkeit?

Ist mit dem Verlust der alten Wohnung und der bisherigen räumlichen und sozialen Umgebung die Obdachlosigkeit erst einmal eingetreten, schließt sich der Teufelskreis von Ursache und Wirkung sozialer Not. Dieser Kreis läßt sich nur mühsam wieder aufbrechen, denn mit der Einweisung in eine Obdachlosenunterkunft werden gleichzeitig die denkbar schlechtesten Voraussetzungen für die Überwindung des eigentlichen und die Obdachlosigkeit verursachenden sozialen Notstandes geschaffen. Durch die moralisch negative Bewertung der Obdachlosigkeit und durch die Lebensbedingungen in den Obdachlosengettos selbst treten neue Probleme wie Verhaltensauffälligkeit, Resignation, Arbeitsscheu, Kriminalität und Alkoholismus auf, die die Vorurteile gegenüber den Obdachlosen verfestigen. Selbst ursprünglich gesunde Familien werden nach längerem Aufenthalt in Obdachlosen-Siedlungen zu Problemfamilien. Mit einer Aufenthaltsdauer von mehr als 3 Jahren müssen bis zu 70 Prozent, von 6 Jahren 20 bis 50 Prozent der Familien rechnen (Kögler, 1976). Von einer «vorübergehenden» Unterbringung kann hier nicht mehr gesprochen werden.

Vor allem haben die Kinder und Jugendlichen unter den Auswirkungen zu leiden. Zwei Drittel der Personen in Obdachlosen-Siedlungen sind Kinder und Jugendliche. Um die ungünstigen Voraussetzungen für die Lern- und Entwicklungschancen aufzufangen, wären besondere Schulförderungs-, Erziehungsberatungs- und Freizeitmaßnahmen notwendig. Diese sind nur unzureichend vorhanden. Gleichzeitig sind die Eltern, oft alleinstehende Mütter, mit der den Umständen entsprechend ungleich schwierigeren Erziehungsaufgabe überfordert.

Durch die Enge des Wohnraumes und durch den Zwang, nach außen hin angepaßt zu erscheinen, reagieren die Erwachsenen ihre Aggressionen und Nervosität innerhalb der Familie meistens an den Kindern ab. Durch die genannten Umstände wird der Besuch der Sonderschule, später die geringe Chance auf einen Ausbildungsplatz und damit Arbeitslosigkeit fast zwangsläufige Folge für einen großen Teil der Kinder und Jugendlichen, obwohl sie nicht weniger begabt sind als andere Kinder. Eine weitere Folge der bedrückenden Verhältnisse ist die Unterbringung vieler Kinder in Erziehungsheimen. Obwohl die Eltern dies nicht wollen, – weil sie ihre Kinder nicht weniger lieben als andere Eltern –, sind sie gegenüber den Folgen äußerster räumlicher Bedrängnis machtlos. Dazu ein Fallbeispiel:

Weil es zu kalt war: Kinder kommen in ein Heim

Eltern klagen: Statt unsere Wohnung zu renovieren, nimmt die Stadt unsere drei Söhne und unsere Tochter weg.

Herr S. nennt es eine «große Sauerei», der Leiter des Darmstädter Jugendamtes spricht von einer notwendigen Maßnahme im Interesse der Kinder. Beide meinen das gleiche.

Am Dienstag wurden die vier Kinder Dieter (5), Michael (3), Bianka (2) und Uwe (11 Monate) aus der elterlichen Wohnung ... abgeholt und in ein Kinderheim gebracht ...

Das Jugendamt bescheinigt den Eltern, daß sie die Kinder gut versorgen und daß die vier auch ganz gut gedeihen. Es nimmt lediglich Anstoß am Zustand der Wohnung, die – bis auf ein elektrisch beheiztes Zimmer – kalt bleibt, obwohl die ... für einen Kohleofen im Zentrum der Wohnung Kohlegutscheine bekommen. Es nimmt Anstoß an nassen Matratzen, an aufgeweichten Kissen, zugefrorenen Scheiben. Aber dafür, sagt der Gerüstbauer ..., kann ich doch nichts. Man kann mir doch keinen Vorwurf daraus machen, daß die Wände feucht sind und die Deckenecken verrotten. Die Wohnungen hier sind halt wenig stabil gebaut und nach sechs Jahren schon überholungsreif. Wie hier bei mir sieht es auch in den anderen Neubauten am ... aus. Aber die Stadt renoviert ja nichts. Auch das Heizungsproblem stellt sich seiner Meinung nach nicht so dar, wie es für die Fürsorgerin aussieht. Er hat sich für das

Wohnzimmer eine Elektroheizung gekauft, doch die reicht nicht für die ganze Wohnung aus. Zündet er den Kohleofen an, dann riecht es bald in allen Zimmern nach stickigem Qualm: der Abzug funktioniert nicht. Er hält es für irrwitzig, daß die Stadt ihm die Kleinen wegnimmt, die Stadt, die letztlich für den Zustand der Schlichtwohnung verantwortlich

sei, weil sie auf Reparaturgesuche nie geantwortet habe. «Warum ist die ganze Zeit nichts passiert?» fragt er. «Warum werde ich bestraft für die Nachlässigkeit der Stadt? Und warum kann das Amt die zugesagte materielle Hilfe nicht auch ohne Heimeinweisung der Kinder gewähren?»

(«Darmstädter Echo» v. 30. 12. 76)

Es ist ein und dieselbe öffentliche Hand, die einerseits die Kinder in ein Heim bringt, die aber andererseits versäumt hat, die Ursache der Unterbringung zu beheben.

Wie ist die konkrete Wohnsituation in Obdachlosensiedlungen?

Die Wirklichkeit des Wohnens in Obdachlosengebieten läßt sich anhand von Statistiken nicht voll erfassen. Deshalb sollen die Wohnverhältnisse anhand von Fall- und Situationsbeschreibungen verdeutlicht werden. (Die Beispiele stammen aus Darmstadt, haben aber exemplarischen Charakter.)

Menschenunwürdige Wohnverhältnisse
Zum Wesen unseres Sozialstaates gehört das verfassungsmäßig garantierte Recht auf ein menschenwürdiges Leben sowie die freie Entfaltung der Persönlichkeit und Gleichheit vor dem Gesetz.

1 Allgemeines
1.1 Das Grundgesetz der Bundesrepublik Deutschland gewährleistet für jedermann ein menschenwürdiges Leben und die freie Entfaltung der Persönlichkeit (Artikel 1 und 2) und stellt in den Artikeln 20 und 28 die Ausgestaltung unseres Gemeinwe-

sens als Sozialstaat fest. Dementsprechend wird in vielfacher Weise, z. B. nach dem Bundessozialhilfegesetz und dem Jugendwohlfahrtsgesetz, Hilfe gewährt, die ein menschenwürdiges Dasein ermöglichen soll. Aus diesen Gesichtspunkten muß die öffentliche Verwaltung bemüht sein, dem Problem der Obdachlosigkeit vor allem mit vorbeugenden Maßnahmen zu begegnen, so daß eine Obdachlosigkeit von vornherein verhindert wird. Ist die Obdachlosigkeit eingetreten, so stellt sie nicht nur eine ordnungs- behördliche Aufgabe zur Aufrechterhaltung oder Wiederherstellung der öffentlichen Ordnung dar. Die öffentliche Verwaltung erstrebt mit ihren Maßnahmen vielmehr in erster Linie die volle Wiedereingliederung der Obdachlosen in die Gesellschaft.

Die Voraussetzungen für ein menschenwürdiges Leben sollen durch das Bundessozialhilfegesetz und das Jugendwohlfahrtsgesetz ermöglicht werden.

Von einem menschenwürdigen Leben kann jedoch so lange nicht gesprochen werden, wie Bewohner von Obdachlosensiedlungen in menschenunwürdigen Wohnverhältnissen leben, und dies gemäß rechtlich sanktionierten Mindestanforderungen: «Es soll genügen, wenn dem Betroffenen ein Unterkommen in allereinfachster Form zur Verfügung gestellt wird, das Schutz vor den Unbilden der Witterung gewährt (OVG Münster, ZMR 60, 150) und eine – wenn auch primitive – Lebensführung ermöglicht (VGH Bad Württ ZMR 65, 316). Das Obdach braucht als vorübergehende Unterkunft nach Lage, Größe und sonstigen Verhältnissen nicht den an eine Wohnung zu stellenden Anforderungen zu genügen, insbesondere auch nicht Platz für die Aufstellung aller Möbel zu bieten, sondern ‹außer für die Menschen nur für den zum täglichen Leben völlig unentbehrlichen Hausrat›» (Brühl, 1977).

Die Wohnverhältnisse lassen sich trotz qualitativer Unterschiede der einzelnen Unterkunftsbauten (Baracken, Einfachst- oder Schlichtwohnungen) zusammenfassend wie folgt charakterisieren:

Größe der Unterkunft
Die Unterkünfte sind viel zu eng und überbelegt. Die durchschnittliche Raumbelegung liegt bei 3 Personen (im Bundesdurchschnitt bei 0,8). Nach Vorschlägen des Deutschen Städtetages sind 4 bis 5 qm Wohnfläche für den Obdachlosen ausreichend, die Richtlinien für den sozialen Wohnungsbau gehen von je einem Zimmer für die dem Haushalt angehörenden Personen aus (§ 39 II. WoBauG).

Die drangvolle Enge verhindert eine familiengerechte Einrichtung der Unterkunft, häufig müssen sich zwei oder mehr Personen ein Bett teilen. Hierzu als Beispiel der Grundriß einer Wohnung mit einer Gesamtwohnfläche von 55,15 qm für eine Familie mit 2 Erwachsenen und 4 Kindern:

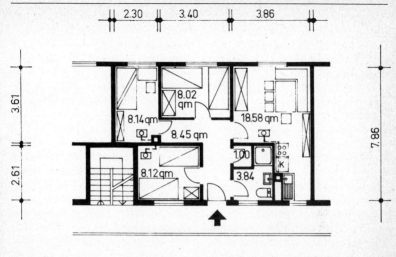

Bauplan des Bauvereins für Arbeiterwohnungen: Grundriß einer Arbeiterwohnung
(Quelle: IWU)

Die wenig solide Bauweise mit durchfeuchteten und verschimmelten Wänden, undichten Fenstern, nicht schließenden Eingangstüren und verrotteten Fußböden wird von den Bewohnern einer Siedlung selbst dokumentiert.

Kommentar der Bewohner:

«Diese Bilder sind nur ein Beispiel der grausamen Bauweise der Stadt, in denen man sozial schwachen Bürgern zumutet, mit solchen Fehlern unserer Stadtplaner leben zu müssen.»

«Diese Herren scheuten nicht einmal, die Mieter für diese Fehler verantwortlich zu machen, und sagen, die Mieter haben sie selber gemacht.»

Bauweise und Ausstattung

Beheizt werden die Wohnungen meist mit Einzelkohleöfen, aus Platzmangel oft nur von einem Ofen in der Küche aus. Kommentar eines Bewohners zu den nicht selten schadhaften Kaminen: «Ein weiterer großer Fehler sind die Kamine ... Wenn die Mieter an manchen Tagen nicht alle Öfen ausmachen, droht Erstickungsgefahr.»

Die Wärmedämmung ist selten ausreichend. So kommt es, daß Bewohner von Schlichtwohnungen, obwohl sie es nicht warm haben, auf höhere Heizkosten kommen als Mieter in zentralgeheizten Wohnungen.

Die sanitäre Ausstattung der Wohnungen entspricht nicht im mindesten den Anforderungen an gesunde Wohnverhältnisse.

«Die Durchlauferhitzer im Bad sind zu klein. Folge: nicht genügend Wasser zum Duschen ...

Kein Gefälle zum Abfluß in den Duschen, außerdem ist der Sokkel zu niedrig.

Verteilerdosen sitzen zum Teil hinter der Brausestange, was baupolizeilich nicht statthaft ist.

Syphons sind mangelhaft befestigt und undicht» (Auszug aus einem Beschwerdebrief).

«Der bauliche Zustand, die mangelnden sanitären Einrichtungen und die Überbelegung erschweren außerordentlich die Sauberhaltung der Unterkünfte. Trotzdem waren 53,6 Prozent der Unterkünfte sauber und wohnlich eingerichtet, 90,6 Prozent waren sauber und nur 9,3 Prozent unsauber.» Ca. 20 Prozent der Haushalte investierten weit über ihre Pflicht als Mieter hinaus in größere Renovierungen und Instandhaltungsarbeiten (Sozialpolitischer Arbeitskreis Heidelberg).

Wohnlage

Die Wohnumgebung ist gekennzeichnet durch primitivste Bauweise: graue Betonklötze, Holzbaracken, billigste Ausführung der Treppenhäuser und Laubengänge, lieblose Gestaltung der Außenanlagen.

Obdachlosenunterkünfte liegen meist am Stadtrand, tangiert von stark befahrenen Straßen, umgeben von Industrie- und Gewerbegebieten, an Müllkippen oder Rieselfeldern, an Verschiebebahnhöfen, Kläranlagen und Schrottplätzen.

Kontrolle durch die Behörden

Mit dem Übergang in den Obdachlosenstatus ist auch eine tatsächliche Einschränkung der persönlichen Rechte und eine Kontrolle der persönlichen Bereiche verbunden. Es beginnt damit, daß der Obdachlose – wie bereits erwähnt – nicht die Rechte eines Mieters hat.

Neben dem Verlust der Rechte als Mieter wird vor allem durch die Kontrolle der Behörden die Einschränkung persönlicher Rechte wirksam. Viele der Bewohner in Obdachlosensiedlungen sind bei irgendeiner Behörde «aktenkundig», am häufigsten bei Sozial-

Etwa 20 Prozent der Haushalte in einer Darmstädter Siedlung investierten weit über ihre Pflicht hinaus in größere Renovierungen und Instandhaltungsarbeiten. (Quelle: IWU)

(Quelle: IWU)

amt, Jugendamt, Gesundheits-
amt, Arbeitsamt.

**Schlechte Versorgung mit öf-
fentlichen und privaten Dienstleistungen**
- Es fehlen preisgünstige Ein-
  kaufsmöglichkeiten in der
  Nähe.

- Die Verkehrsverbindungen zu
  öffentlichen Einrichtungen
  und in die Stadt sind schlecht.
- Die Spielmöglichkeiten für Kinder und Jugendliche sind ungenügend.

Wie kann die Lage der Obdachlosen verbessert werden?

Offensichtlich haben die bisherigen kommunalen Maßnahmen
nicht ausgereicht, um die Lage
der Obdachlosen grundlegend
und nicht nur vorübergehend zu
verbessern. Dies lag vor allem
daran, daß bisher überwiegend
die Symptome und nicht die Ursachen der Obdachlosigkeit be-
kämpft wurden.

Bekämpfung der Ursachen
Gleichzeitig mit der Verbesserung der Wohnungsversorgung
müssen die materiellen Voraussetzungen zur Erhaltung einer
neuen Wohnung geschaffen
werden.

Dies erfordert vor allem:

kurzfristig: Arbeits- und Be-
rufsförderungsmaßnahmen für

erwachsene Obdachlose zur Stabilisierung des Einkommens; niedrige Mieten und großzügige finanzielle Hilfen für Umzug und Neuanschaffung von Möbeln. Manche Wiedereingliederung ist an finanziellen Schwierigkeiten gescheitert;

längerfristig: intensive Schul- und Berufsbildungsmaßnahmen für Kinder und Jugendliche in Obdachlosengebieten;

vorbeugend: keine weitere Einweisung von Obdachlosen in speziell hierfür vorgesehene Gebiete, sondern Ausnutzung aller materiellen Hilfen, zum Beispiel Übernahme von Mietkosten, um die bisherige Wohnung zu erhalten, sowie wohnungspolitische Maßnahmen zur Erhaltung und Bereitstellung billigen Wohnraums.

Obdachlosigkeit kann damit verhindert werden.

Abbau von Vorurteilen

Vorurteile der Bevölkerung den Obdachlosen gegenüber und Diskriminierung der Obdachlosen waren bislang in der Regel unüberwindliche Hindernisse bei den Wiedereingliederungsversuchen. Es fehlt an einer intensiven Aufklärung der Bevölkerung allgemein und einer gezielten Vorbereitung der Nachbarschaft auf die Probleme der Obdachlosen, damit Vorurteile abgebaut und Diskriminierungen in der neuen Umgebung nicht fortgesetzt werden.

Planungskonzepte zur Verbesserung der Wohnsituation in Obdachlosengebieten

Das bisherige Konzept der Auflösung bestehender Obdachlosengebiete hat oft nur eine neue Gettoisierung bewirkt. Durch die gezielte Umsetzung von Obdachlosen in ganz bestimmte Neubausiedlungen, in sanierungsbedürftige Gebiete oder in speziell für ehemalige Obdachlose errichtete neue Wohnblocks werden die Probleme höchstens verlagert. Die ehemalige Obdachlosensiedlung als «Schandfleck» der Gemeinde ist optisch nicht mehr vorhanden.

Das Konzept der stufenweisen Wiedereingliederung, nach dem die Obdachlosen je nach Bewährung von der primitivsten über einfache in eine Normal-Wohnung aufsteigen konnten, muß ebenfalls als gescheitert angesehen werden. Familien, insbesondere mit Kindern, kann ein mehrfacher Umzug nicht zugemutet werden, vor allem weil Bindungen an Schule, Arbeitsplatz und Nachbarschaft verlorengehen und zusätzliche finanzielle Belastungen entstehen.

Erfolgversprechender ist das Konzept, das die Entwicklung eines Obdachlosengebiets zu einem «normalen» Wohngebiet zum Ziel hat. Dies kann sowohl durch Modernisierung der vorhandenen Gebäude als auch durch Neubau geschehen. In jedem Fall ist ein Maßnahmenprogramm notwendig, das alle für die

Entwicklung eines Stadtteils bedeutsamen Bereiche zusammenfaßt und die Versorgungsunterschiede zu anderen Wohngebieten ausgleicht. Bisher gibt es nur wenige solcher Planungen, die auch verwirklicht wurden. Es fehlt an den sozialpolitischen Initiativen. Bestehende, meist von engagierten Sozialarbeitern oder Studenten mit Bewohnern organisierte Projektgruppen können ihre politischen Forderungen kaum durchsetzen, um so weniger, als durch die augenblickliche ökonomische Krise der Rotstift mit Vorliebe bei Reformvorhaben im sozialen Bereich angesetzt wird (siehe dazu Kampf gegen das Ghetto, 1978).

Beteiligung der Betroffenen

Die sicher größte Schwierigkeit besteht in der mangelnden Beteiligung der Obdachlosen an der Veränderung ihrer Lage. Die zuständigen Behörden wollen diese Beteiligung nicht; sie haben selbst bei der Koordinierung unterschiedlicher Zuständigkeiten Probleme. Die Betroffenen trauen sich nicht, weil sie die teilweise lange Jahre tagtäglich erlebte Diskriminierung verunsichert hat. Aber Entscheidungen über die Verbesserung der Lage ohne Berücksichtigung der Interessen der Bewohner bedeuten die Fortsetzung von Abhängigkeit und Entmündigung. Sie haben daher wenig Erfolgsaussichten.

Ein positives Beispiel aktiver Bewohnerbeteiligung:

In Darmstadt hat es ein paar Jahre gedauert, bis die Bewohner einer Obdachlosensiedlung mit Unterstützung einer Gruppe von Sozial- und Gemeinwesenarbeitern durch zahllose Einzel- und Gruppengespräche, Informationsbeschaffung und organisatorische Hilfen gemeinsam ihre Interessen öffentlich und gegenüber Behörden und Politikern artikuliert haben.

Das sind unsere Erfahrungen seit Jahren:

1. Weil die Kamine nicht richtig ziehen, dringen die Abgase vom Gasboiler in die Wohnungen ein. Das kann besonders in den kleinen Duschräumen zu Vergiftungen führen. Wir wissen nicht, wie hoch die Konzentration der Gase ist. Aber muß erst wieder jemand umfallen? Mit Sicherheit sind diese Gase gesundheitsgefährdend!

2. Bei starkem Wind fliegen die Deckel unserer Öfen hoch. Das ist zwar nicht an allen Kaminen der Fall. Aber überall, wo es ist, ist anschließend der gesamte Raum voller Ruß.

3. Manche Familien wachten nachts auf und ihre Wohnung stand – obwohl kein Ofen an war – total unter Qualm. Der Wind drückt offensichtlich den Qualm anderer Mieter in ihre Wohnung.

Sollen wir und unsere kleinen Kinder in diesem Qualm vielleicht ersticken?

4. Aus diesem Grund können wir manchmal gar kein Feuer mehr anmachen. Und gerade dann ist es manchmal ziemlich kühl, so daß wir warm haben müßten. Wer bezahlt uns die hohen Stromrechnungen, wenn wir uns mit elektrischen Radiatoren aushelfen?

Mieter haben sogar schon ihre Kaminöffnungen zugestopft, nur um vor dem Qualm sicher zu sein bzw. anderen Mietern das Heizen zu ermöglichen (weil z. B. ein Baby in der Wohnung ist).

5. In manchen Zimmern besteht überhaupt keine Heizmöglichkeit, weil kein Kaminanschluß vorhanden ist. DESHALB SIND WIE DER MEINUNG, DASS DIE HEIZUNG NOCH 1978 FERTIGGESTELLT SEIN MUSS!!!

Die Mieter der . . . . . .

Im Mai 1978

(Flugblatt von Mietern städtischer Wohnungen in der Rodgaustraße, Darmstadt)

Der Erfolg: Die Verantwortlichen mußten zu den Problemen der miserablen Wohnverhältnisse – bislang nur am Rande der Kommunalpolitik erwähnt – unter dem Druck öffentlicher Diskussionen Stellung beziehen; Verbesserungsvorschläge konnten teilweise durchgesetzt werden. Aber das kann nur der Anfang sein.

Didaktische Hinweise

Der Komplex «Obdachlosenproblematik» steckt insofern voller didaktischer Tücken, als *Nicht-Betroffene* sich die Situation der Betroffenen nur schwer vorstellen können, während es den *Betroffenen*, das heißt auch den Kindern im Unterricht, in der Regel peinlich ist, öffentlich mit ihrer eigenen schlechten sozialen Lage konfrontiert zu werden. Andererseits nützt es ihnen auch nichts, wenn die Obdachlosenproblematik quasi akademisch-theoretisch abgehandelt wird.

Was wäre also didaktisch sinnvoll und methodisch machbar?

1. Es ist sicher wichtig, daß nichtbetroffene, «normale» Schüler die Erfahrung machen, daß die vielgepriesene Leistungsgesellschaft und sozialstaatliche Ordnung eine derartig dunkle Kehrseite hat und weshalb dies so ist. (Hier böten sich auch inhaltliche Verbindungen zur Geschichte der sozialen Wohnverhältnisse an.)

2. Es ist ebenso wichtig, wenn nicht didaktisch noch begründeter, Kindern aus sogenannten sozial schwachen Familien oder aus

(Quelle: IWU)

Obdachlosen-Siedlungen die Erfahrung zu ermöglichen, daß sie mit vereinten Kräften und solidarischer Hilfe anderer, wenn schon nicht ihre Wohnsituation, so vielleicht ihre Spiel-, Sport- und Freizeitmöglichkeiten im Wohnumfeld verbessern können.

Gehen diese Schüler überhaupt auf das Ansinnen ein, sich über Probleme ihrer persönlichen Wohn- und Wohnstandort- beziehungsweise Wohnumfeldsituation zu äußern (und sei es versteckt in Rollenspielen oder bildnerischen Produktionen, sozusagen nebenbei und zufällig), so kann man sie in ihrer «Expertenrolle» als Kenner und kompetente Kritiker dieser Situation bestärken.

Als Lehrer muß man hier freilich trennen zwischen der momentanen Unveränderbarkeit der sozialen Lage dieser Kinder und erfolgversprechenden Versuchen bei der Behebung punktueller Mängel wie zum Beispiel der Anlage eines Aktivspielplatzes mit Betreuung auf Kosten der Stadt, der Öffnung eines sonst nicht zugänglichen Spielgeländes oder der Einrichtung einer Freizeitstätte in Selbsthilfe in der Siedlung.

Ziel des Unterrichts mit Kindern oder Jugendlichen aus Obdachlosenquartieren sollte letztlich immer eine *gemeinsame Praxis der selbstorganisierten Verbesserung* der eigenen Lage sein – sonst werden die betroffenen Schüler noch tiefer enttäuscht, als sie es ohnehin schon aufgrund ihrer nahezu hoffnungslosen Lage sind, und sonst finden sich der Lehrer (und die anderen Schüler) unversehens in der Rolle des Voyeurs, der bloß mal zugeguckt hat, wie schlecht es denen da geht.

Als Lehrer muß man wissen, daß hier Sozialarbeit und langfristig praktisch-politisches Engagement (nicht bloß Unterricht!) verlangt sind – oder man muß die Finger von diesem Thema lassen.

Es gilt, besonders feinfühlig auf die möglichen (Abwehr)-Reaktionen der betroffenen Schüler zu achten und jede Diskriminierung der ohnehin Diskriminierten zu vermeiden. Man muß unter Umständen auch große Umwege im Lernverlauf in Kauf nehmen. Oft haben gerade Kinder aus Obdachlosenquartieren ein derartiges Defizit an produktiver, lustvoller Aneignung, daß zum Beispiel das Zeichnen, Malen, Bauen, Fotografieren und Filmen im Lauf des Unterrichts sie vollständig fasziniert.

Das im Lernbeispiel 1 (Band 1, Seite 23) beschriebene Verfahren der produktiv-gestaltenden Umweltaneignung im Zuge eines selbstorganisierten Erfahrungslernens scheint hier einen methodisch gangbaren Lernweg zu öffnen.

Man wird als Lehrer dennoch gezwungen sein, eigene Lernzielvorstellungen zu korrigieren oder Lernziele überhaupt zu revidieren. Diese Erfahrung kann man nicht vorwegnehmen.

Hier können nur einige knappe Hinweise gegeben werden, wie handlungsbezogene Lernverläufe betroffener Haupt- oder Sonderschüler einzuleiten und zu unterstützen wären:

• Man kann tastende *Defizitanalysen zur Wohn- und Freizeitsituation* der Schüler durch Zeichnen, Malen, Rollenspiel oder forciert durch das Interesse an technischen Selbstdarstellungsmedien auch über Super-8-Produktionen oder Video-Aufzeichnungen von Szenen anlegen, die der täglichen Wohnwirklichkeit nachempfunden sind, wie: Auseinandersetzung mit Amtspersonen; Krach in der Familie; was man schon geklaut hat (oder klauen möchte); Krimi in der Siedlung; Wenn ich Batman wäre usw. Im Laufe dieser situationsanalytischen und enthemmenden Eingangsphase könnte sich auch entscheiden, ob man im weiteren Verlauf mit einer Schülergruppe direkt in die Siedlung gehen kann oder nicht.

• Man kann mit einer Schülergruppe *Bauzustand, Belegungsdichte und Einrichtungsstandards* der Siedlung forschend mit Kamera und Checkliste ermitteln und anschaulich dokumentieren – zum Beispiel in Wandzeitungsform oder als fotokopierte Broschüre, die sowohl in der Schule und im Unterricht als auch in der Öffentlichkeit der Siedlung gezeigt werden kann (das Einverständnis der Schlichtwohnungsinhaber sowohl für die Erkundung wie für die Dokumentation vorausgesetzt).

- Man kann *Wohnumfeld-(Defizit)-Analysen* mit Checkliste und Kamera zum Gebrauchswert, das heißt der Ausstattung und Nutzung des öffentlichen Raumes der Siedlung (Gärten? Spielgelegenheiten?) beziehungsweise des unbebauten Raumes um die Häuser und der Infrastruktur-Einrichtungen des Umfeldes (Läden? Kneipen? Sportplatz?) zusammen mit «kundigen» Schülern anfertigen und auch hier die Ergebnisse für den Unterricht und weitere Verwendung dokumentieren.

- Man sollte auch eine *Findigkeits-, Selbsthilfe- und Kreativitätsanalyse* anregen, bei der festzustellen ist, was den Schlichtwohnungsinhabern alles eingefallen ist, um ihre Wohnsituation zu verbessern oder zu verschönern (selbstangelegte Nutz- und Ziergärten, Blumenfenster, Aquarien, Schönheitsreparaturen an der Wohnung, Bastel-Schuppen, Kaninchenstall usw.), um aufzuzeigen, was den Bewohnern schon alles gelungen ist.

- Man muß im Laufe dieser Vorarbeiten Schüler und Elternteile (eventuell auch Geschwister oder andere Jugendliche) – am besten in Zusammenarbeit mit einem dort praktizierenden Sozialarbeiter oder einer Studentengruppe – zur Mitarbeit an der Verwirklichung eines *praktischen Vorhabens* zu gewinnen trachten – sei es eine Art «Siedlungszeitung», eine Kindermalstube, ein selbstorganisiertes Renovierungsprojekt oder auch «nur» eine Briefaktion an zuständige Ämter und Kommunalpolitiker.

- Man muß zunächst die für die praktische Erkundung und Dokumentation notwendige *technische Ausrüstung* (Kameras, Video-Recorder usw.) und das *Material* (Malutensilien, Filme, Papier) bereitstellen beziehungsweise beschaffen und freie Handhabung ermöglichen (ohne Ängstlichkeit zu zeigen).

- Man muß dafür sorgen, daß das «Produkt» (das Flugblatt, die Broschüre, die Dokumentation in Posterform, das Modell, bis hin zum einfachen Beschwerdebrief) seine vorgestellten Adressaten (Behörden, Parteien, Presse) und die Öffentlichkeit der Siedlung erreicht, damit ein erstes solidarisches Erfolgserlebnis gelingt.

- Man muß als Lehrer viel Freizeit opfern, um außerhalb des Unterrichts mit diesen Haupt- oder Sonderschülern (und den hinzugewonnenen Elternteilen) nicht nur bis zur Fertigstellung «ästhetischer Produkte», sondern auch bis zum Erfolg oder Mißerfolg der konkreten Aktion selber praktisch zu arbeiten.

Literatur

A. Brühl: Rechtliche Hilfen für Obdachlose. (Juventa) München 1977.

V. Christiansen: Obdachlos weil arm. (Achenbach) Gießen 1973.

Grundsätze zur Verbesserung der Lage der Obdachlosen. (Hessisches Sozialministerium) Wiesbaden 1973.

G. Iben: Zur Obdachlosenfrage. In: Bauwelt 28/1972.

Kampf gegen das Ghetto: Dokumentation von Erfahrungen mit Bewohnergruppen. In: päd. extra Sozialarbeit 6/1978.

A. Kögler: Die Entwicklung von Randgruppen in der BRD. Göttingen 1976.

H. Schlich/H. A. Schmidt: Mieterlexikon '78. (Deutscher Mieterbund) Köln 1978.

Wohnen von Problemgruppen. (SIN-Städtebauinstitut) 1975.

W. Zöllner: Obdachlos durch Wohnungsnot. (rororo aktuell) Reinbek 1973.

Teil VIII: Geschichte der städtischen Wohnumwelt

Janos Zimmermann

Eine historische Betrachtung städtischer Wohnumweltsituationen

Denken wir an Wohnen, so verbinden wir damit meist nur die Vorstellung von den vier Wänden, also vom Inneren der Wohnung. Wir machen uns nur selten bewußt, daß zum Wohnen auch die Nahumgebung der Wohnung gehört und die Qualität des Wohnens häufig ebenso von der Qualität des Wohnumfeldes abhängt wie von der eigentlichen Wohnung. Das fängt mit der Wohnlage innerhalb der Stadt, dem guten oder schlechten Ruf des Stadtviertels an und endet mit dem konkreten Angebot an benutzbaren Einrichtungen im wohnungsnahen Freiraum (zum Beispiel Möglichkeiten der aktiven Beschäftigung im Freien wie Gärtnern, Tiere halten, Basteln usw.). In diesem Beitrag über die städtischen Bauformen in Vergangenheit und Gegenwart geht es vor allem um die Art und Ausstattung des wohnungsnahen Freiraums, um die Lage der Häuser zum öffentlichen Raum, um die räumliche Verbindung zwischen Öffentlichkeit und Privatheit beziehungsweise darum, welche Räume Architektur überhaupt schafft.

Betrachten wir eine Wohnumweltsituation, so können wir fragen: Gibt es störenden Verkehrslärm oder haben wir wenigstens *eine* ruhige Wohnungsseite, gibt es Bäume, Vorgärten, breite Gehwege und geschützte Eingangsbereiche vor dem Haus und private (zum Beispiel Gärten), halbprivate (zum Beispiel Wohnwege), halböffentliche (zum Beispiel gemeinschaftlich zu nutzende Innenhöfe) Zonen hinter dem Haus? Welche Formen des Freiraums werden überhaupt durch eine Bebauung geschaffen (Punkthochhäuser beispielsweise haben überhaupt keinen definierbaren Freiraum um sich herum)? Und wie ist dieser Freiraum ausgestattet? Hält er überhaupt «Angebote» zur Nutzung für uns bereit, oder ist er nur ein totes Stück Grün, nur Abstandsfläche zwischen den Häusern, die man nicht gern benutzt? Wie war das früher, wie ist es heute?

Diesen und ähnlichen Fragen soll hier in einem knappen Abriß der Entwicklung typischer städtischer Wohnumweltsituationen vom Mittelalter bis heute nachgegangen werden. Denn Wohnen und Freiraum sind traditionell stark aufeinander bezogen.

Die baulich-räumliche Ausprägung einer spezifischen Wohnumwelt gibt darüber Auskunft, wieviel Wahlfreiheit für die Fortsetzung des Wohnens von der Wohnung in den Freiraum hinein, wieviel potentiell verfügbarer Handlungsspielraum für die Tätigkeiten der Bewohner vorhanden ist.

Didaktischer Hinweis: Wohnumweltsituationen unterscheiden sich je nach ihrer Größenordnung. Man kann sie auf der Ebene der Gesamtstadt anhand von Stadtgrundrissen, auf der Ebene des Stadtteils, des engeren Wohnquartiers, an einem Baublock oder einem einzelnen Haus untersuchen. Diese verschiedenen Areale stehen zueinander in einer hierarchischen Beziehung, das heißt, in jeder nächst größeren Betrachtungsebene sind alle darunter liegenden Areale vielfach enthalten.

Während die Wohnung als eine erlebbare Umwelt angesehen werden kann, über die wir noch als Ganzes eine eigene, umfassende Erlebniserfahrung besitzen, ist die Gesamtstadt, zum Teil auch das Stadtquartier, ein Bereich, in dem jeder einzelne nur noch Ausschnitte erlebt und zum Teil recht unterschiedliche Teilerfahrungen macht. Diese sehr subjektive und auch gruppenspezifisch bedingte Realitätsverkürzung (zum Beispiel die Sichtweise alter Leute, Hausfrauen, Jugendlicher) verstärkt sich umso mehr, je weiter der betrachtete Gegenstand von der unmittelbar erlebten engeren Wohnumweltsituation entfernt ist. Deshalb empfiehlt es sich, im Unterricht zunächst vom engeren Wohnumweltbereich (Haus, Block oder Zeile) auszugehen und von daher erst die nächsthöheren Betrachtungsebenen zu erschließen.

Exemplarische Beispiele aus der Zeit von 1200 bis 1800

Die mittelalterliche Stadt
Die frühen Städte des Mittelalters sind entweder Neugründungen oder auf historischem Grund (zum Beispiel römischen Siedlungen) gebaute Städte. Beiden ist die großflächige Gliederung des städtischen Areals innerhalb der Befestigungsanlagen durch Hauptstraßen gemeinsam, die in der Regel von Tor zu Tor quer durch die Stadt führen.

Bei geplanten Städten bilden die Hauptstraßen häufig die Form eines Kreuzes aus. Nur in Ausnahmen enden solche Hauptstraßen

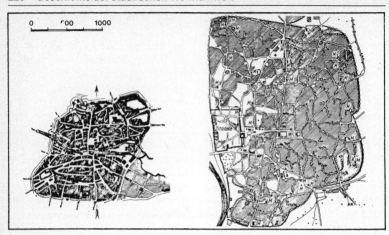

Die Stadtgrundrisse von Nürnberg (links) und Ahmedabad. Die islamische Stadt hat viele Such- und Sackgassen, ein unregelmäßiges Straßennetz und kleinere Quartiere.

an der Stadtumfriedung. Nebenstraßen differenzieren die übrigen Flächen und schneiden Rechteckblöcke heraus; damit entsteht eine städtische Grundrißbildung, die sich beispielsweise deutlich von der islamischer Städte unterscheidet.

Die Bodenordnung war bestimmt durch die «städtische Grundstücksleihe» nach der alten deutschen Rechtsordnung (Trennung von Boden und Gebäude). Die zu Anfang häufig sehr weiträumigen Stadtanlagen wurden außer von Kaufleuten und Handwerkern auch von Ackerbürgern bewohnt. Die großen Freiflächen innerhalb der Wallanlagen dienten einerseits den Ackerbürgern als Nutzfläche und andererseits in Notzeiten der außerhalb der Stadt lebenden bäuerlichen Bevölkerung als Fluchtraum.

Die Bebauung wurde entlang den Straßen durchgeführt, so daß der Straßenblock allseitig eine geschlossene Baufront (Scheuern, Mauern, Wohnhaus) aufwies. Die Straßenblöcke dimensionierte man so groß, daß trotz zweiseitiger Bebauung neben einem Wirtschaftshof auch noch Freiflächen für Viehhaltung, Garten und Ackerbau übrigblieben. Diese Form der Baukörper-/Freiraum-Anordnung führte zu einer eindeutigen Abgrenzung zwischen den privaten und öffentlichen Zonen einerseits und den privaten untereinander andererseits. Wenn auch die öffentlichen Freiräume entsprechend ihren Funktionen in Hauptstraßen, Nebenstraßen und Plätze, wie Markt- oder Brunnenplatz, räumlich differenziert wurden, zum Teil auch unterschiedlichen rechtlichen

Charakter hatten, so war doch das weit bedeutendere räumliche Merkmal die entschiedene Trennung der privaten Freiräume von den öffentlichen ohne nennenswerte Raumübergänge, das heißt Raumzonen, die zwischen beiden gelegen hätten. Die Straßenverläufe mit der additiven Baukörperreihung ließen solche Zonen nicht entstehen.

Während in der ersten Phase des städtischen Wachstums großzügig immer neue Flächen – auch freibleibende – in die Umwallung einbezogen wurden, konnte mit Einführung neuer Kriegstechniken die bis dahin übliche Form der Stadterweiterung nicht mehr durchgehalten werden. Neue Angriffstechniken verlangten neue Abwehrtechniken. Diese wiederum waren kostspielig und erforderten zudem räumliche Beschränkung der Stadtflächen und eine dichtere Nutzung. In zunehmendem Maße wurden daher die öffentlichen Freiflächen am Rande der Stadt, aber noch innerhalb der Mauern, ebenso bebaut wie

Auf diesem Plan von Aachen (1649) sind die Freiflächen in der umwallten Stadt deutlich zu erkennen.

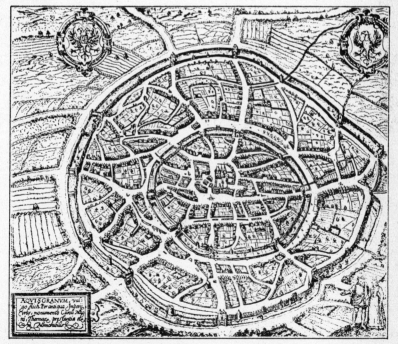

die privaten Freiräume. Lediglich in Städtchen (wie Rothenburg etwa), deren Bevölkerungsbestand sich nicht nennenswert veränderte, kann die ursprüngliche Siedlungs- und Wohnform noch in Plänen des 19. Jahrhunderts abgelesen werden.

Im Laufe der Entwicklung bildeten sich in bestimmten mittelalterlichen Städten in Abhängigkeit von den ökonomischen Bedingungen politische Machtkonstellationen einzelner Bürgergruppen wie Kaufmannsgilden und/oder Handwerkszünfte heraus, die nach und nach auch zu einer räumlichen Trennung der Bürger in baulich verschiedene Stadtquartiere führten. Selbst die Armen bildeten Gemeinschaften: «1454 entstand in Zülpich eine Bruderschaft, der Bettler, Krüppel, Blinde und andere Arme angehörten . . .» (Ennen, 1975). Aus diesen «Kooperativen» heraus wurden neue Lösungen für alte Probleme entwickelt. Aufgaben wie die Alten-, Witwen-, Waisen- und Armenfürsorge, die früher durch die Familien und die Sippen wahrgenommen wurden, konnten nun als Gemeinschaftsaufgabe angegangen werden.

Im baulichen Rückgriff auf schon «immer» bekannte Gebäudegruppierungen für Gemeinschaftsanlagen, wie zum Beispiel die innerstädtischen Klöster, werden nun Bauentwürfe für das Wohnen bestimmter sozialer Gruppen verwirklicht, die bis heute im Prinzip ihre Bedeutung behalten haben (beispielsweise Reihenhauszeilen). An den Beispielen der Augsburger Fuggerei und einem Amsterdamer Beginenhof läßt sich zeigen, daß zwei baulich voneinander verschiedene Entwürfe zu nutzungsähnlichen Freiraumlösungen führen. Während die Fuggerei das Prinzip des Zeilenbaus verwendet, stellen die Beginenanlagen das Prinzip der Blockrandbebauung mit freiem, gemeinsam zu nutzenden Innenhof dar. Die Unterschiede beider Freiraumkonzepte werden allerdings durch den Mauerabschluß, der die Fuggerei umgab, gemildert. So entstehen in beiden Fällen innerhalb der Stadt Freiräume, die weder der Öffentlichkeit noch einer bestimmten Familie/Sippe, sondern einer institutionalisierten Gruppe nicht blutsverwandter Personen zugeordnet sind.

Nach dem 30jährigen Krieg war mit dem Verlust an politischer Macht auch die Führung im Städtebau vom Bürger beziehungsweise bestimmten Bürgergruppen auf die Fürsten beziehungsweise die Geistlichkeit übergegangen. Diese politische und wirtschaftliche Machtverschiebung fand ihren inhaltlichen Ausdruck in den formalen Planvorstellungen der damaligen Zeit.

Idealstadt und geplante Stadt

Die allgemeine Diskussion der aus der Renaissance entlehnten Idealstadtmodelle ist ebenso ein Indiz dafür wie das Bemühen, die

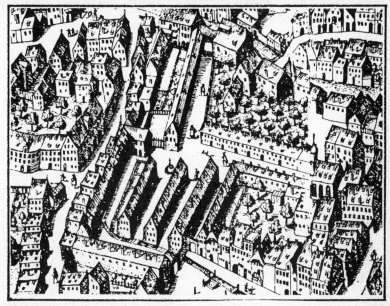

Die Fuggerei in Augsburg (aus einem Stich von 1626)

Die Amsterdamer Beginenanlage (Ausschnitt aus einem Stadtplan von 1574)

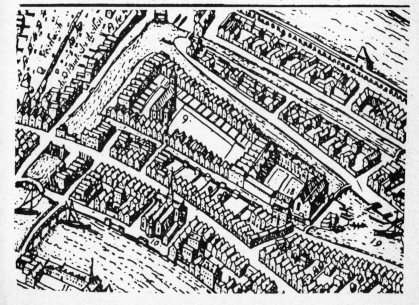

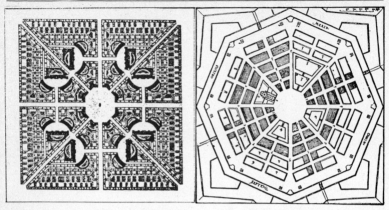

Schematische Darstellung eines idealen Stadtquartiers um 1802 (links) und einer Idealstadt um 1600

einzelnen Baumaßnahmen, ja Bauelemente in den Rahmen einer «höheren» Ordnung zu stellen. So bestimmten feste Regeln die Wahl der Kapitellformen an den verschiedenen Gebäudeteilen eines Schlosses ebenso wie den Aufbau einer Hausfassade. Die Durchsetzung dieser Auffassung war durch die in der Wiederaufbauphase entstandene wirtschaftliche Vormachtstellung der Fürstlichkeit abgesichert und behielt bis Ende des 18. Jahrhunderts Gültigkeit. «Das Ideal der Gleichförmigkeit aller Bürgerhäuser und Wohnpalais bestimmte das Baudenken. Bevorzugt wurde ein nüchterner, kalvinistischer Klassizismus ... Die Bau- und Straßenordnung erhielt ein ebenso genaues Reglement wie die Garnison. Alles wurde vorgeschrieben, jedes Haus abgezählt und vorberechnet ... Berlin war

um die Mitte des 18. Jahrhunderts die reinlichste Residenzstadt Europas, alle Straßen gepflastert, beleuchtet, gesäubert, leer und still» (Braunfels, 1977).

In der ersten Phase des Wiederaufbaus wurden dem bauwilligen Bürger außerordentliche Anreize wie unentgeltliche Bauplätze, Baumaterial und steuerrechtliche Erleichterungen gewährt. Vom Bauwilligen mußten dafür Musterzeichnungen und Normenpläne eingehalten werden. Im Laufe der Zeit nahm die Reglementierung des Bürgers besonders in den Residenzstädten zu. Um die Bauziele durchzusetzen, die die «Gesamtordnung» vorschrieb, wie zum Beispiel die Randbebauung entlang der großen Straßenachsen, wurden die Fürsten als Bauherren und Spekulanten selber tätig oder machten mit gelindem Druck einzelne Bürger –

meist höhere Beamte – zu Bauwilligen.

Grundlegend neue Haus/Gebäudeformen entstehen in dieser Zeit nicht. Weiterentwickelt wird das Konzept des freistehenden Bürgerhauses zur palazzo-ähnlichen Villa. Daneben gibt es die bekannte geschlossene Bebauung, nun auch als reiner Mietwohnungsbau, dessen Fassaden zumindest entlang den großen Straßen an die italienischen Palazzi der Renaissance erinnern sollten. (Vergleiche den Beitrag von Peter Haiko/Mara Reissberger über großbürgerliches Wohnen, Seite 266.)

«Schon im ausgehenden achtzehnten Jahrhundert meldet sich die Reaktion im Wunsche nach Abwechslung, die erste Auflehnung gegen die Einfachheit des Klassizismus. Ein Zeitgenosse Hasches, von Günterode, schreibt im gleichen Jahre, wo jener noch die Dresdener Königsstraße rühmt, von der Casseler Neustadt, es sei zu tadeln . . . hin und wieder in den Straßen die das Auge so sehr und so plötzlich ermüdende Gleichförmigkeit dieser Häuser, die man in den meisten neu angelegten Städten findet», und Weinbrenner bemerkt für Karlsruhe 1807: «Daß es in artistischer Hinsicht nicht immer schön und vorteilhaft sei, wenn Häuser an Häuser kasernenartig aneinander gesetzt sind und hierdurch eine allzu große Monotonie veranlassen, auch daß daher bei einigem geschulten architektonischen Arrangement selbst Städte von 1-, 2-, 3- und 4-stöckichten Häusern angelegt werden können» (zitiert nach Braunfels, 1976).

Die extreme Form der Fremdbestimmung der Bürger in ihren Baumaßnahmen führte im Laufe der Zeit zu erstarrten Formen und zur Unwilligkeit des wirtschaftlich erstarkten Bürgertums. Es kann daher kaum verwundern, daß sich in dieser Zeit das revolutionäre Gedankengut, zum Beispiel der Französischen Revolution, für den wohlhabenden Bürger vor allem auf die Idee der Baufreiheit, das heißt die Lösung des Bodens aus seiner Gebundenheit beschränkte.

Exemplarische Beispiele aus der Zeit von 1800 bis heute

Die moderne Stadt

Das mittelalterliche Bodenordnungsrecht des geteilten Eigentums (Ober- und Untereigentum), das bis weit in das 18. Jahrhundert reicht, hatte im Laufe der Zeit zu ungemein verwickelten Eigentumsverhältnissen geführt.

Erst mit dem wirtschaftlichen Aufschwung des Bürgertums beginnt im Anfang des 19. Jahrhunderts wieder eine städtische Planung aus und in der Verantwortung der die Stadt tragenden be-

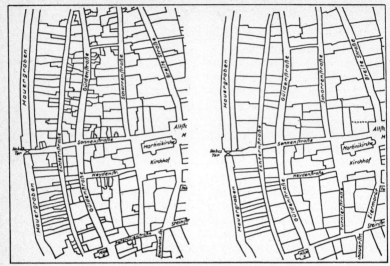

Links ein Beispiel für die jahrhundertelange Zerstückelung durch Erbteilung in der Braunschweiger Altstadt, rechts der Versuch einer Rekonstruktion alter Besitzflächen.

ziehungsweise beherrschenden sozialen Gruppen.

Diese Phase der Entwicklung wird bestimmt durch eine Veränderung der staatlichen Rahmenbedingungen, die in Preußen durch die Aufhebung der Gutsuntertänigkeit (1807), die Einführung der gemeindlichen Selbstverwaltung (1808), die Verkündung der allgemeinen Gewerbefreiheit (1810) und den Beginn der Handelsfreiheit innerhalb des Staates (1818) gekennzeichnet sind. Eingeleitet wird diese Epoche mit der Auflassung der Festungsanlagen und der damit verbundenen Ausbreitung der Städte.

Kennzeichnend für die wirtschaftlichen Verhältnisse war die «öffentliche Armut», die oft genug eine Umwandlung der Wallanlagen in städtische Grünzonen als Freiräume für Erholungssuchende nicht zuließ: Nur der Verkauf des Geländes für Bebauungszwecke machte die Umwandlung wirtschaftlich tragbar. Diesem Muster folgt der öffentliche städtische Mitteleinsatz im Prinzip bis heute. Im allgemeinen Landrecht in Preußen wurde durch den aufgeklärten Monarchen die Baufreiheit schon 1794 zugebilligt. Der «Gemeinwohlhinweis», in dem das Recht der Berücksichtigung der Belange der

Allgemeinheit festgeschrieben war, wurde zwar auch im Landrecht verankert, spielte aber in zunehmendem Maße im öffentlichen Bewußtsein keine Rolle mehr. Zeitweise schien er außer Kraft gesetzt.

Bebauungspläne und Bauspekulation

Bis zum Jahre 1855 war die Aufstellung von Bebauungsplänen in Berlin eine Staatsaufgabe, die erst ab dieser Zeit in den Aufgabenbereich des Gemeindevorstandes übergeht. Einzige Aufgabe dieser Pläne war die Festlegung der Straßen. Die Fluchtlinien regelten die Straßenbegrenzung. Die baupolizeiliche Aufsicht erstreckte sich lediglich auf die Prüfung der Einhaltung dieser Linien und war rechtlich nur mangelhaft abgesichert. Seit der Cabinettsordre von 1838 konnten die Grundstücksbesitzer an den Straßenbaukosten beteiligt werden. Das Regulativ der Stadt Berlin vom 31. 12. 1838 über Pflasterverbindlichkeiten ordnete erstmals die Heranziehung der Anlieger zu den Straßenbaukosten an, und ein neues «Gesetz über die Anlegung und Veränderung von Straßen und Plätzen in Städten und ländlichen Orten vom 2. Juli 1875» ermöglichte dann die totale Kostenabwälzung bis zu einer maximalen Straßenbreite von 26 m. Damit war die wirtschaftliche Voraussetzung geschaffen, völlig unabhängig von verkehrlichen Notwendigkeiten immens

breite Straßen in neuen Bebauungsplänen auszuweisen. Je breiter die Straßen, desto höher die jeweilige Anliegerbelastung. Zum Ausgleich werden Straßenblöcke mit extrem tiefen Baugrundstükken und einer im Prinzip beliebig dichten Bebauung sowie Nutzung der Kellerräume als Wohnung zugelassen. Mitte der fünfziger Jahre erreichen die Abmessungen der Blöcke eine Länge von etwa 200 bis 400 m und eine Tiefe von 150 bis 250 m.

Das gesamtstädtische konzeptionelle Denken in der Ordnungshierarchie des fürstlichen Städtebaues der Barockzeit wird abgelöst von der Phase der liberalistischen, nur grundstücksbezogenen, gesamtstädtisch ziellosen und auch ungesteuerten «Bauwut» des 19. Jahrhunderts. Eine der Ursachen des Baubooms war die sprunghaft steigende Bevölkerungszahl, die jede Art von Bebauung, da sie nachgefragt wurde, akzeptabel erscheinen ließ. Mietskasernen mit bis zu sieben Hinterhöfen entstanden, deren Minimum an Freiraum bei 17 x 17 Fuß lag. (Vergleiche den Beitrag von Franziska Bollerey/Kristiana Hartmann über die Mietskaserne, Seite 283.)

«Das Grundstück wird aber nicht nur über der Erde ausgenutzt. Nur die Hälfte aller Häuser haben keine Kellerwohnungen. Ein Zehntel der gesamten Bevölkerung Berlins wohnt unter der Erde» (Bruch, 1870). Nach 1905 wohnen 550629 Einwohner Ber-

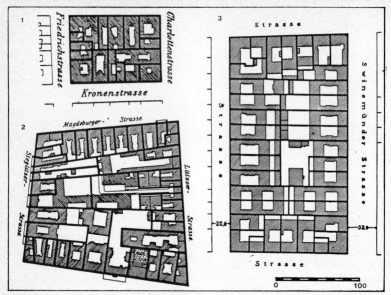

Berliner Baublöcke: 1. Baublock der Friedrichstadt, Parzellierung aus dem 17. Jahrhundert, in der Bebauung von 1902; 2. Baublock in der Parzellierung von 1850/51, in der Bebauung von 1902; 3. Neuer Berliner Baublock in der Planaufnahme von 1902

lins (nicht Groß-Berlins) «in Wohnungen, in denen jedes heizbare Zimmer mit 4 bis 13 Menschen belegt ist (1 088 269 in Wohnungen, bei denen jedes heizbare Zimmer mit 3–13 Personen belegt ist). Berlin hatte zu dieser Zeit 2 Millionen Einwohner» (Hegemann, 1913). In der «Deutschen Bauzeitung» von 1870 analysierte Bruch die Situation des Mietwohnungsbaues, stellte die rechtliche Seite und ihre Folgen dar, verglich Berlin mit anderen Großstädten, die auch ohne Berliner Mietskasernen auskommen, und zeigte an einzelnen Bauquartieren und Straßenblöcken auf, welche Ver-

besserungen vorgenommen werden könnten (Bruch, 1870).

Bruch machte in seinem Aufsatz deutlich, daß keine wesentliche Änderung in der Bebauungsart und -intensität zu erwarten sei, solange es keine Baugesetze gibt, die mit Hilfe einer hinteren Baugrenze die Beliebigkeit der Ausdehnung der Bebauung verhindern. Im einzelnen schlägt er vor, wie durch eine Absprache zwischen den jeweiligen Grundstücksbesitzern zumindest ein Minimum an Querlüftung für die schmalen Hinterhöfe erreicht werden könnte. Derartige Gedanken wurden seitens des Bürgertums als Eingriff in die individuelle Handlungsfreiheit angesehen, die man sich erst vor kurzem erobert hatte. Sie waren der liberalistischen Wirtschaftsauffassung ebenso fremd wie die Fürsorgepflicht des Herrschenden gegenüber den Abhängigen, eine Auffassung, der sich bestimmte Kreise des Adels immer noch verbunden fühlten.

Wohnungsbaugenossenschaften

Zur gleichen Zeit wurden Genossenschaften auf der Grundlage der Prinzipien der Selbstorganisation, der Selbstverwaltung und der Selbstverantwortung ins Leben gerufen. In Woolwich und Chatam in England betrieben schon 1760 Dockarbeiter genossenschaftlich organisierte Mühlen und Bäckereien.

Eine große Zahl von Beispielen erfolgreicher Selbsthilfe und auch viele Mißerfolge kennzeichnen die Entwicklung genossenschaftlicher Organisationen.

Auch zur Behebung der Wohnungsnot in den Städten wurden Organisationen auf der Basis der Selbsthilfe, Selbstverantwortung und Selbstverwaltung gegründet.

Im damaligen deutschen Reich war V. A. Huber einer der Wegbereiter des Baugenossenschaftswesens. Seine Schrift «Die Selbsthilfe der arbeitenden Klassen durch Wirtschaftsvereine und innere Ansiedlung» erregte 1848 Aufsehen. Als erste «Mietsgenossenschaft» gründete C. W. Hoff-

mann im Jahre 1852 in Berlin «Die Gemeinnützige Bau-Gesellschaft». In der Schrift «Die Wohnungen der Arbeiter und Armen» stellte er den Zweck der Genossenschaft in einer uns sehr bekannten Weise heraus. Die Mietgenossenschaft «will zum Nutzen sowohl für die Betheiligten als für das Ganze eigentumslose Arbeiter in arbeitende Eigenthümer verwandeln» (Hoffmann, 1852).

Nach dem Preußischen Allgemeinen Landrecht von 1794 galten allerdings genossenschaftliche Assoziationen nicht als rechtsfähig. Erst als im Jahre 1867 das im wesentlichen von Schulze-Delitzsch vorgeschlagene «Gesetz betreffend die privatrechtliche Stellung der Erwerbs- und Wirtschaftsgenossenschaften» in Preußen verabschiedet wurde, erfolgte auch die rechtliche Absicherung, die die im Gesetz genannten «Vereine zur Herstellung von Wohnungen für ihre Mitglieder» als Genossenschaften anerkannte.

Einen raschen Anstieg der Gründungen von Wohnungsbaugenossenschaften gab es nach 1889, als durch das «Invaliden- und Altersversicherungsgesetz» die Anlage von Teilen des Vermögens der Invaliden- und Altersversicherungsanstalten in Grundstücken und Hypotheken ermöglicht wurde. Das im gleichen Jahr verabschiedete neue Genossenschaftsgesetz führte zudem die beschränkte Haftpflicht ein und verminderte damit das Risiko des einzelnen beim Erwerb der Mitgliedschaft erheblich. Die Voraussetzungen für eine ungehinderte Entwicklung des Genossenschaftswesens waren gegeben. Während es noch im Jahre 1888 nur 28 Wohnbaugenossenschaften gab, stieg die Zahl der Genossenschaften im Jahre 1900 auf ca. 385, im Jahre 1914 auf 1402 und im Jahre 1928 auf 4095 an.

Auf diese Weise wurden die organisatorischen und ökonomischen Voraussetzungen geschaffen, die zur Durchsetzung einer grundstücksübergreifenden Wohnbebauung nötig waren. Neben Siedlungen mit Kleinsiedlungsbauten in Anlehnung an den Gartenstadtgedanken entstanden Bau-/Raum-Konzepte im Geschoßwohnungsbau als Hofblöcke oder Gartenhofbebauungen, die den Bewohnern Freiräume zugänglich machten, die neue Nutzungsgelegenheiten anboten. In diesem Zusammenhang wurden auch Wohnumwelt-Konzepte entwickelt, die zum Teil an die bauliche und räumliche Ausprägung der Beginenhöfe des Mittelalters erinnerten.

Wohnhöfe und Siedlungen
Bis in die dreißiger Jahre des 20. Jahrhunderts werden Wohnhöfe und Blockbebauungen mit gemeinschaftlich zu nutzenden Innenräumen gebaut. Vor allem die genossenschaftlich organisierten Wohnungsbauträger nehmen

Größere Blockeinheit mit gemischter Bauweise als Gegenvorschlag für die üblichen Überbauungen in Berlin

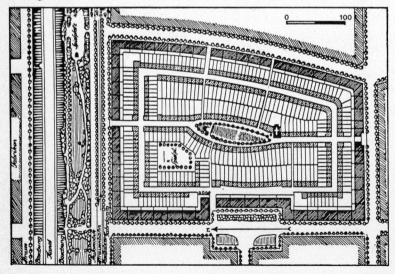

sich dieses Bau-/Raum-Konzeptes an.

Allerdings wird dieses Gestaltungsprinzip vielfach nur als Einzellösung gebaut. Vermutlich

kam die Größe einer solchen Anlage dem Umfang eines üblichen Wohnungsprogrammes entgegen. In einigen anderen Fällen erweiterte man das Bau-/Raum-

Modell der Ebertanlage in Ludwigshafen (erbaut 1928/29) und Grundrißplan des heutigen Zustandes mit späteren Einbauten wie zum Beispiel Garagen

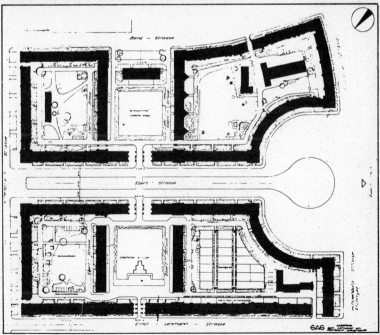

Konzept des Wohnhofes zu umfassenderen Siedlungskonzepten, zum Beispiel in Amsterdam-Zuid, dem Dulsberg-Gelände Barmbek, der Jarrestadt in Hamburg und der Großsiedlung am Ostbahnhof in München.

Von den Wiener Blockbeispielen sind vor allem der George-Washington-Hof, Der Rabenhof und der Karl-Marx-Hof als die Beispiele anzuführen, die über die Gestaltung eines Straßengevierts hinausgehen und das Bau-/Raum-Konzept «Hofblock» zu einer Gestaltungskonzeption auch für die nächstgrößere Ebene, «die Siedlungseinheit», weiterentwickeln.

Daneben entstehen Siedlungen, die die Blocköffnung beto-

Die Jarrestadt in Hamburg. Lageplan und eine Aufnahme der Siedlung von 1931

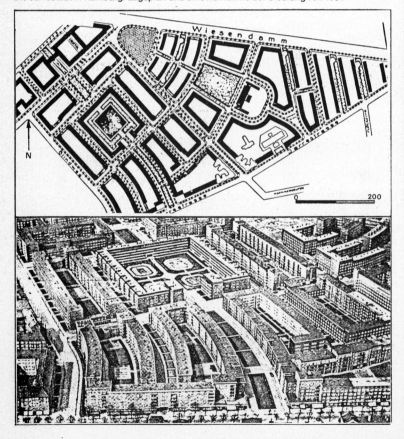

nen und die bisher eindeutig zugeordneten Freiräume auflösen. Bei einigen dieser Entwürfe ist die Ableitung aus der Blockbebauung noch recht deutlich, wie zum Beispiel bei der Siedlung «Onkel Toms Hütte» in Berlin-Zehlendorf; bei anderen ist die Auflösung vollzogen, so in der Weißen Stadt in Berlin-Reinickendorf, in Riedhof-West in Frankfurt am Main und in der Großsiedlung Britz in Berlin. Die neuen Freiräume weisen gestreckte Raumzonen aus. Sie sind allerdings bei den Entwürfen der zwanziger Jahre in der Regel durch gestaltete Baukörper, das heißt durch den Einsatz bewußter formaler Mittel, optisch gefangen und im Sinne

Lagepläne typischer Siedlungsentwürfe des «Neuen Bauens» aus den dreißiger Jahren.

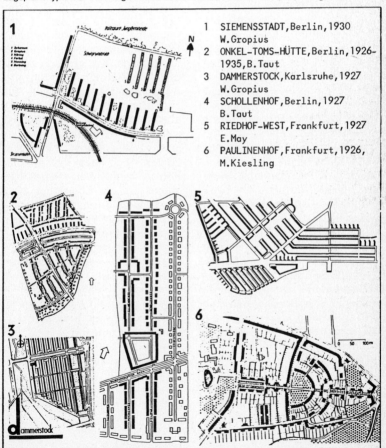

1 SIEMENSSTADT, Berlin, 1930
  W. Gropius
2 ONKEL-TOMS-HÜTTE, Berlin, 1926-1935, B. Taut
3 DAMMERSTOCK, Karlsruhe, 1927
  W. Gropius
4 SCHOLLENHOF, Berlin, 1927
  B. Taut
5 RIEDHOF-WEST, Frankfurt, 1927
  E. May
6 PAULINENHOF, Frankfurt, 1926,
  M. Kiesling

einer Gesamtkonzeption eingegrenzt. Auf diese Weise verdeutlicht sich sowohl dem Bewohner aus der Sicht des Fußgängers wie dem Leser des Stadtplanes aus der Vogelperspektive ein räumlich als Ganzes erfaßbares Gebiet. (Vergleiche hierzu den Beitrag von Henning Burk über das Neue Bauen, Seite 302.)

Tendenz zur Raumauflösung

Im Dritten Reich wird diese Entwicklung unterbrochen und mit entsprechend ausgerichteter Propaganda vor allem der Kleinsiedlungswohnungsbau gefördert. Schon zuvor hatte sich eine gewisse Tendenz zur Raumauflösung angekündigt: eine Betonung des Einzelobjekts, eine Individualisierung der Wohnungsbauaufgabe und eine Hinwendung zum Familienhaus. Selbst die damals progressiven Werkbundausstellungen – zumindest bezogen auf die Objekt*gestaltung* – in Stuttgart (Weißenhof-Siedlung, 1927) und Wien verdeutlichen diesen Trend. «Was den Zeitgenossen am Weißenhof am meisten auffiel und worauf sie am stärksten reagierten, waren nicht die Wohnprogramme und nicht die konstruktiven Experimente, sondern die (Bau)Formen» (Huse, 1976).

Mies van der Rohe beabsichtigte zwar, die Häuser «auch städtebaulich zu einer Einheit zu verbinden», jedoch im gebauten Ergebnis sind die Freiräume entweder private oder öffentliche Zonen. Die Trennung der Verkehrswege in Fahrzeug- und Fußgängerverkehr ist eher funktional denn räumlich motiviert; vermittelnde Übergänge fehlen. Die Bebauungskonzeption ist ein Ergebnis des rein grundstücksbezogenen Wohnbauprogrammes.

Das Interesse der Initiatoren der damaligen Werkbundausstellung «Weißenhof» in Stuttgart war auf die Gestaltung der Wohnung und die Darstellung des «neuen Wohnens» ausgerichtet. Ein Gestaltungswillen für die Gesamtanlage, wie er noch zu der gleichen Zeit an vielen Ein- und Zweifamilienhausgebieten mit eher traditionsgebundenen Bauausführungen zu beobachten ist, trat hinter der Objektgestaltung zurück. Was damals beim Weißenhof noch kaum auffiel – das Fehlen eines Bau-/Raum-Konzeptes auf der Ebene der Siedlungsplanung –, wurde dann nach dem Zweiten Weltkrieg besonders deutlich sichtbar.

Die «Einfamilienhausweiden» unserer Zeit – in den Vorstadtdörfern meist Zwei- oder Dreifamilienhäuser – vermitteln die Erkenntnis, daß eine additive Aneinanderreihung von Einzelhäusern, selbst wenn jedes einzelne Objekt in sich gut durchdacht und reizvoll gestaltet ist, noch keine Gestaltqualität im Sinne einer räumlichen bedingten Nutzungsvielfalt, keine «Siedlung» entstehen läßt.

Daneben zeigen viele Siedlungsbeispiele aus der Zeit vor

Streusiedlung aus meist freistehenden Einfamilienhäusern, typisch für die Zeit nach dem Zweiten Weltkrieg (Quelle: Deutscher Werkbund)

und nach dem Ersten Weltkrieg, bei denen die gleiche Bauaufgabe vorlag, wie mit bestimmten Bau- und Raumelementen (wie Straßenerweiterungen, Höfe, Plätzchen, Eingangstore zum Gebiet, Straßenüberbauungen) räumlich sehr differenzierte und ideenreich ausgeführte Wohnumweltsituationen gestaltet werden, die durchaus als eine Erweiterung der Verhaltensspielräume für die Bewohner anzusehen sind.

Eindrucksvoll für unsere heutigen Verhältnisse ist die Differenziertheit des städtebaulichen und städteplanerischen Problembewußtseins der zwanziger Jahre.

Besonders bei Martin Wagner ist eine Weitsicht für erst später eintreffende städtebauliche Schwierigkeiten zu erkennen. So sieht er schon 1928 die Probleme voraus, die das Verkehrsmittel Auto einerseits für die Innenstädte und andererseits für das Stadtumland schaffen wird. Nach seiner Auffassung entstehen auch in Europa und in Deutschland – ähnlich wie in Amerika damals schon zu erkennen – die wirtschaftlichen, die technischen und die gesellschaftlichen Voraussetzungen, so daß «das Ansiedlungsland der Städte in einem vor dem Kriege nicht geahnten Umfang» erweitert wird und die Trends «der Entwicklung zum Einfamilienhaus . . . eines Tages so stark werden, daß die Entwicklung der Vorstädte von keiner Macht der Welt behindert werden kann» (Wagner, 1929).

Rückschritte nach dem Zweiten Weltkrieg

Der Trend zur Raumauflösung jedoch sollte noch weitergehen.

Die Zeit nach dem Zweiten Weltkrieg greift die baulich/räumlichen Ideen der Zeilenbebauung der Vorkriegszeit nur bruchstückhaft und formal reduziert wieder auf. Trotz großer finanzieller Anstrengungen der öffentlichen Hand ähneln die Bauformen in ihrer schematischen Lieblosigkeit eher der liberalistischen Phase des großstädtischen Wohnungsbaues des neunzehnten Jahrhunderts als den genossenschaftlich entwickelten Bau-/Raumkonzepten der zwanziger Jahre. Die noch in dieser Zeit bei den Siedlungsentwürfen zu beobachtenden Gebietsabgrenzungen, das Bemühen, erkennbare Gesamtkonzeptionen zu entwickeln, Anfang und Ende des Gebietes ablesbar zu entwerfen, das alles fehlt nun völlig. Die dem Zeilenbau entlehnten Freiraumzonen gehen ohne Unterbrechung in anders genutzte Zonen, wie Verkehrsstraßen, über. Der früher übliche ebenerdige Hinterausgang wird aus Rationalisierungsgründen durch den Kelleraufgang ersetzt oder fehlt ganz. Die Möglichkeit des alternativen Verlassens des Hauses in verschieden gestaltete, verschieden offene und unterschiedlichen Personengruppen zugängliche Freiräume ist nicht mehr möglich. (Vergleiche den Beitrag von Roland und Janne Günter über Elemente sozialer Architektur, Seite 10.)

Angeblich hat die Forderung nach Durchlüftung/Besonnung/Durchgrünung geschlossene Bau-/Raum-Konzepte verhindert. In Wirklichkeit waren Rationalisierungs- und Profitgründe und nicht zuletzt eine eklatante Gestaltungsunfähigkeit der Planer ausschlaggebend.

Nach und nach werden die strengen Richtungen des Zeilenbaues als letztes formales Gliederungsmittel aufgegeben. Punkthäuser entstehen in verstärktem Maße auch als Wohnhochhäuser. Die Freiräume werden zu raumdiffusen Zonen. Die entstandenen Bau-/Raum-Konzepte vertreten Raumvorstellungen, die am besten mit dem Wort «Beliebigkeit» gekennzeichnet werden.

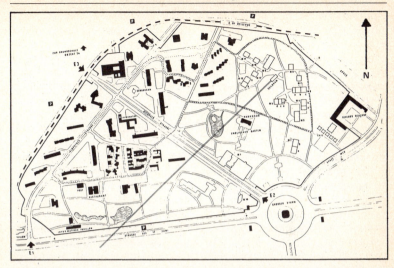

Der Lageplan des Hansaviertels in Berlin zeigt die gesamträumliche Gestaltlosigkeit und «Beliebigkeit» dieses 1956/57 ausgeführten, preisgekrönten Demonstrationsprojekts.

Die wegweisende Wohnungsbauausstellung der Nachkriegszeit, das «Hansaviertel» in Berlin, stellte den Prototyp dieses Raum-Konzeptes «Beliebigkeit» dar. Moholy-Nagy karikiert die Raumvorstellungen des preisgekrönten Entwurfes mit den Worten: der Plan «sieht eine Kombination von ‹vertikalen Dörfern› von Unites auf Pilotis und Einfamilienhausgruppen vor, die wie Vogelsprenkel zwischen das Gesträuch gefallen sind» (Moholy-Nagy, 1970), während Wagner in einer kritischen Stellungnahme gar von «Potemkinschen Dörfern» spricht.

Ihren extremen Ausdruck – zumindest was die Wohnkörperhöhen betrifft – findet diese Entwicklung im Entwurf des Märkischen Viertels in Berlin. Dort sieht man, daß die Gliederung der Freiräume, ihre Größe und Anordnung sich als abhängige Resträume zwischen den einzelnen Baukörpern darstellen und sich diese wiederum aus einer Addition der Grundrisse der Wohnungen ergeben.

Hochhauskette im Märkischen Viertel Berlin
(Quelle: Ullmann)

Neuansätze

Um die Räumlichkeit der Wohnsituation wieder erlebbar zu machen und auf ein menschliches Maß zu bringen, müßten Planer und Architekten auf der Ebene
- des Siedlungsbereichs,
- der Baugruppe/des Baublocks,
- des Hauses/der Haustür

differenzierte Raumvorstellungen zu verwirklichen beginnen.

Als positives Beispiel eines Wohngebietes, dessen Bau-/Raum-Konzeption Gestaltungsvorstellungen für alle drei Ebenen enthält, sei Barberaren i Sandviken genannt.

Die Wiederentdeckung solcher Räume wird um so wichtiger, je deutlicher sich zeigt, daß die Reduktion des Wohnens auf die eigenen vier Wände der Wohnung eine verkümmerte Form des Wohnens darstellt, die wichtige Wünsche und Verhaltensmöglichkeiten von vornherein ausschließt. Eine Bauform, die dies in extremer Weise deutlich vor Augen führt, ist das punktförmige Wohnhochhaus, umgeben von einem diffusen Freiraum ohne Nutzungsgelegenheiten. Denn ein Freiraum könnte in seinen verschiedenen Nutzungsformen Wohn- und Wirtschaftshof, Wohn- und Spielstraße, individuell oder auch gemeinsam zu nutzender Garten, Autoreparatur- und Autowaschplatz sein. Auf diese Weise werden Außenräume zu komplementären Nutzungszonen der Innenräume der Wohnung. Der Handlungs- und Aktivitätsspielraum für Wohnverhalten wird damit in einer Form erweitert, wie er zum Beispiel im Einfamilienhausbau längst zur Selbstverständlichkeit geworden ist.

Wohngebiet in Sandviken (Schweden). Hier ist die Wohnumwelt wieder in benutzbare und erlebbare «Räume» gegliedert.

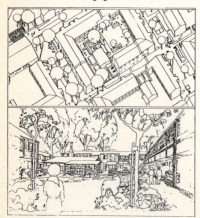

Punktförmige Hochhäuser bilden überhaupt keinen Freiraum ab.
(Quelle: Deutscher Werkbund)

Didaktische Hinweise

Es gibt kaum einen vergleichbaren Erfahrungsbereich, in dem die Geschichte so direkt und für jeden selbst erlebbar in die Gegenwart hineinragt, wie die Stadt mit ihrer Mischung historischer und neuer Bauformen. Für den Unterricht geht es hier weniger um die verschiedenen architektonischen Stile, sondern darum, welchen Entfaltungs-, Spiel- und Lebensraum die historischen Architekturen uns als ihren Benutzern und Bewohnern bieten.

Schüler können selbst entdecken, daß zum Beispiel die Blockbebauung des ausgehenden 19. und frühen 20. Jahrhunderts mit ihren ruhigen und vielfach nutzbaren Wohnhöfen eine Alternative zum sogenannten «Abstandsgrün» zwischen den schematischen Häuserzeilen des sozialen Wohnungsbaus oder den hochgetürmten Häuserketten vieler Trabantenstädte darstellt. (Vergleiche hierzu auch die Beiträge von Klaus Spitzer über Grün in der Stadt und Haus- und Mietergärten, Seite 150 und 167, sowie von Roland und Janne Günter über Elemente sozialer Architektur, Seite 10, nebst den didaktischen Hinweisen, die dort gegeben werden.)

Durch Beobachten, Dokumentieren und Vergleichen lernen Schüler ihre eigene Wohnumwelt und die in ihrer Stadt vorhandenen städtebaulichen Formen besser kennen und hinsichtlich ihres Gebrauchswertes beurteilen. Dabei entdecken sie sozusagen nebenbei die Geschichte ihrer Stadt oder ihres Viertels.

Folgende Einzel-, Gruppenoder gemeinschaftliche Aktivitäten sind im Unterricht sinnvoll:

- Beschreiben, Zeichnen, Fotografieren eines Wohnumweltausschnitts (Straße, Block, Zeile)
- Kartierung der Ausstattung des wohnungsbezogenen Freiraums
- Beobachtungsprotokolle der Bewohneraktivitäten im Freiraum (vergleiche die «Burano-Methode» im Beitrag von Klaus Spitzer/Karola Baumann/Iris Salzmann über Kommunikation in der Stadt, Seite 45)
- Vergleich und subjektive Bewertung der verschiedenen Bestandsaufnahmen in der Klasse (dazu Ausstellung einer Dokumentation o. ä.)
- Entwicklung eigener Vorstellungen und Nutzung des Freiraums (Alternativen).

Folgende «Checkliste» könnte dazu dienen, den Raumcharakter und gleichzeitig den Gebrauchswert einer Wohnumgebung festzustellen (die vorgefundenen Elemente werden auf einem einfachen Plan des Wohnblocks usw., den man selbst zeichnen kann, eingetragen):

Räumlichkeit
1. Größe
   Hoffläche
   Umfang
   Geschoßzahl
   Wohnungen
2. Zugänglichkeit
   Raumöffnungen
   Verkehrszugänge
   Hauseingänge
   Kellereingänge
3. Barrieren
   Zäune
   Hecken
   Bebauung
   Tore

Morphologie
1. Relief
   Höhenunterschiede
   Treppen
   Einfassungen
2. Textur
   Pflaster
   Sand
   Rasen
   Boden
   Fahrbahn

Ausstattung
1. Sachen
   Bank
   Tisch
   Beleuchtung
   Papierkorb
   Sandkasten
   Kletterstange
   Bewegungsgerät
   Mülltonne
   Teppichstange
   Wäschestange
   Parkplatz
   Garage
   Tiefgarage
2. Natur
   Bäume (Höhe)
   Hecken
   Pflanzen
   Wasser (stehend)
   Wasser (fließend)

Ebenso können Schüler relativ schnell den Typ der Bebauung feststellen und notieren, welche Arten von Freiräumen durch die Bauform entstanden sind (zum Beispiel platz- oder hofartige, gestreckte – zeilenförmige oder diffuse –, gestreute Anordnung der Baukörper und der entsprechenden Form des Freiraumes usw.) In den selbsterstellten Planskizzen anhand der Checkliste kann so der Nutzwert der Räume, die Ausstattungsdichte deutlich werden, das heißt das, was man mit diesen Räumen anfangen/nicht anfangen kann, welche Aktivitäten darin möglich/nicht möglich sind.

Da Schüler auf der Grundlage abstrakter Pläne keine Raumvorstellungen entwickeln können wie professionelle Planer und Architekten, ist es besonders wichtig, vor Ort die Räume kennenzulernen und Empfindungen zu notieren (das Gefühl des Beengtseins, der Weite oder der Intimität).

Um den Zusammenhang der verschiedenen Bebauungsformen mit der historisch-gesellschaftlichen Entwicklung zu entdecken, kann das «Stadtplanspiel» gemacht werden:

In jeder größeren Stadt finden sich die in diesem Beitrag dargestellten Bebauungsformen in mehr oder weniger ähnlich gelagerten Ringen oder Zonen, meist vom alten Stadtkern ausgehend über die Gründerzeitviertel bis hinaus zu den Industrie- und Wohnvierteln der neueren Zeit. Solche typischen Zonen (zum Beispiel mittelalterliches Altstadtquartier, axiale Ordnungsraster aus der Barockzeit, Mietskasernenblöcke aus der Gründerzeit, Hofbebauungen der Zeit vor und nach dem Ersten Weltkrieg, sozialer Wohnungsbau der zwanziger Jahre in Zeilenform, Trabantenstadt der sechziger Jahre) gilt es im Falk-Plan der eigenen Stadt zu entdecken und zum Beispiel mit einer Foto-Erkundung und den Checklistenergebnissen zu dokumentieren (durch Schülergruppen, die in unterschiedlichen Gegenden wohnen). In einer Bewertungsskala für die Freiraum-Qualität in Form von farbigen Markierungen der untersuchten Flächen können die gesammelten Eindrücke ihren Niederschlag finden. Außerdem kann die Klasse daran wenigstens ganz grob die historischen Entstehungsbedingungen nachvollziehen und so etwas über den Prozeß der Stadtentwicklung erfahren.

Eine vergleichende Analyse der eigenen Wohnsituation im Sinne von «Mikrostudien» der Schüler könnte allein Gegenstand eines längeren Lernprozesses werden. Dabei können die Schüler mit zeichnerischen Mitteln die bauliche und räumliche Situation festhalten und vergleichen. Durch die Beschreibung der Zugänglichkeit der einzelnen Freiräume und Häuser (Zäune, Vorgärten, Hecken, Mauern, Ein-/Ausgänge, Treppen) und der Ausstattung der

Räume (Rasen-, Pflasterflächen, Wege, Sand, Wasser) kann eine vergleichende Wertung zum Beispiel der Spielmöglichkeiten für Kinder oder der Freizeitmöglichkeiten für Jugendliche und Erwachsene vorgenommen werden (für ein Murmelspiel brauche ich Sandfläche; zum Waschen eines Autos Zufahrt, Wasser, gepflasterte Fläche, Gully; zum Rollschuhfahren . . . usw.).

Um die Bedeutung des Wohnumfeldes als «Wohnraum» ins Bewußtsein zu heben, kann man die Schüler auch zur Phantasieproduktion anregen: «Was möchte ich um mein Haus herum alles vorfinden?» – «Wir bauen eine Kindersiedlung.» – «Wir machen aus den Anlagen, was wir wollen.» (Vergleiche hierzu das Lernbeispiel 4, Seite 385.)

Literatur

W. Braunfels: Abendländische Stadtbaukunst. Köln 1976.

E. Bruch: Berlin's bauliche Zukunft und der Bebauungsplan. In: Deutsche Bauzeitung, Jg. IV, 96–201, Berlin 1870.

Bundesministerium für Bildung und Wissenschaft: Arbeiterkinder im Bildungssystem. Bonn-Bad Godesberg 1976.

Bundesministerium für Jugend, Familie und Gesundheit: Familie und Wohnen (Kohlhammer) Stuttgart 1975.

Bundesministerium für Raumordnung, Bauwesen und Städtebau: Das Wohnen in der Bundesrepublik. Bonn-Bad Godesberg 1975.

E. Ennen: Die europäische Stadt des Mittelalters. Göttingen 1975.

W. Hegemann: Der Städtebau nach den Ergebnissen der Städtebauausstellungen in Berlin und Düsseldorf. 1910 – 1912. Teil I und Teil II. Berlin 1913.

C. W. Hoffmann: Die Wohnungen der Arbeiter und Armen. I. Heft. Die Berliner Gemeinnützige Bau-Gesellschaft. Berlin 1852.

N. Huse: Neues Bauen 1918 bis 1933. (Moos) München 1976.

J. C. Kirschenmann/Ch. Muschalek: Quartiere zum Wohnen. Bauliche und soziale Entwicklung des Wohnens. (Deutsche Verlagsanstalt) Stuttgart 1977.

S. Moholy-Nagy: Die Stadt als Schicksal. (Callwey) München 1970.

M. Muchow/H. Muchow: Der Lebensraum des Großstadtkindes. Hamburg 1935.

H. J. Nörnberg/D. Schubert: Massenwohnungsbau in Hamburg. Materialien zur Entstehung und Veränderung Hamburger Arbeiterwohnungen und -siedlungen 1800 – 1867. (Verlag für das Studium der Arbeiterbewegung) Berlin 1975.

S. Stübben: Der Städtebau. Entwerfen, Anlage und Entwicklung der Gebäude. Leipzig 1924.

M. Wagner: Städtebauliche Probleme in amerikanischen Städten und ihre Rückwirkung auf den deutschen Städtebau. Berlin 1929.

Katrin Zapf

Stadtentwicklung – Die soziale Dynamik des Verstädterungsprozesses

Dieser sozialwissenschaftliche Beitrag zum Thema, wie und warum sich unsere Städte verändert haben und wie sie sich weiter verändern werden, stellt relativ hohe Anforderungen an den Leser. Er bietet jedoch Grundlagenwissen zum Verständnis vieler anderer Beiträge in diesem Band, in denen es um städtische Erscheinungsformen und Lebensweisen im einzelnen geht. Die weitverbreitete Stadtkritik wird hier als Folge des noch nicht bewältigten Erbes der Industrialisierung gedeutet und es wird gezeigt, daß wir einer neuen Epoche der Urbanisierung entgegengehen, in der es unter Umständen gelingen könnte, für das Wohnen in der Stadt wieder humane Voraussetzungen zu schaffen, wenn der entsprechende Wille dazu vorhanden ist.

Der Beitrag enthält unter anderem ein Stadtentwicklungsmodell, das deutlich macht, wie, wo und unter welchen Bedingungen die unterschiedlichen gesellschaftlichen Schichten in der Stadt wohnen. Er erklärt, woher die vielzitierte Stadtflucht kommt, und bringt Anregungen, wie sich die Stadt regenerieren könnte. Im Beitrag von Janos Zimmermann wurden die baulichen Veränderungen der Stadt aus der Sicht des Architekten und Bauhistorikers dargestellt, hier nun wird die soziale Seite von einer Stadtsoziologin näher ausgeleuchtet. Beide Beiträge sollten im Zusammenhang gesehen werden.

Urbanisierung – ein gesamtgesellschaftliches Phänomen

Für die Gründung, die Entwicklung und das nachhaltige Wachstum von Städten gibt es vielfältige gesellschaftliche Vorbedingungen. In der Geschichte konnten sich Städte erst entfalten, als die Nahrungsmittelproduktion nicht mehr den Einsatz aller arbeitsfähigen Personen erforderte: in fruchtbaren Gegenden früher als in weniger fruchtbaren, in reichen Ländern früher als in weniger reichen. Arbeitsteilung, marktmäßiger Austausch der Arbeitsprodukte und die elementare Versorgung mit Wasser und Lebensmitteln mußten gewährleistet sein, damit das Siedeln in Städten überhaupt möglich war. Diese spezifischen Voraussetzungen städtischer Existenz begründeten im allgemeinen eine höhere soziale Wertigkeit der Städte gegenüber ihrem Hinterland.

Das Wachstum der Städte ist für die westliche, industrialisierte Welt seit dem 19. Jahrhundert ein ganz grundlegendes Phänomen der gesellschaftlichen Entwicklung. Urbanisierung bedeutet seitdem weit mehr als die statistische Tatsache, daß ein stets wachsender Anteil der Gesamtbevölkerung einer Nation oder Region in Orten lebt, die mehr als 10000 Einwohner haben. Urbanisierung bedeutet die Anpassung der gesamten Lebensweise an die Bedingungen, die arbeitsteilig organisierte, dicht besiedelte Orte ihren Bewohnern vorgeben. Alle neueren gesamtgesellschaftlichen Entwicklungen von Bedeutung sind Phänomene, die in engstem Zusammenhang mit der Urbanisierung stehen:

- die außerhäusliche Erwerbsarbeit als Normalfall von Arbeit schlechthin,
- die Entwicklung von der Großfamilie zur Kleinfamilie,
- die institutionelle Sozialisation der Kinder in Schulen,
- die marktmäßige Versorgung der Haushalte,
- die Freisetzung der älteren Jugendlichen aus sozialer Verpflichtung,
- die Isolation der alten Menschen aus sinnhaften Lebenszusammenhängen.

Soziale Bewegungen, Parteien und Gewerkschaften haben in Städten ihren Ursprung; Massenkonsum, Kulturindustrie, private Motorisierung haben Gestalt und Inhalt erst in den Städten gewonnen, bevor sie als gesamtgesellschaftliche Erscheinungen auch die Lebensweise in Dörfern und Weilern prägten.

Epochen der Verstädterung

Urbanisierung – Verstädterung – selbst ist zwar ein kontinuierlicher Prozeß, doch verlief er zumindest im mitteleuropäischen Raum in charakteristischen Epochen (vgl. R. Mackensen).

Feudale Verstädterung

Kaiser, Könige, Fürsten, Bischöfe begründeten Residenz- und Garnisonsstädte als repräsentative Standorte für Machtausübung und Hofhaltung. Von ihnen aus sollte ein weites Hinterland regiert und militärisch geschützt werden. Die Beamten, der Hofstaat und das meist zugehörige Militär waren die dominierenden Bevölkerungsgruppen. Neben ihnen entwickelte sich ein Bürgertum zur Versorgung und Bedienung der höfischen Gruppen. Die Residenzstadt war typischerweise eine Konsumstadt: Produziert wurde nicht für den Export, sondern zur Versorgung der Stadt selbst.

Merkantile Verstädterung

Die merkantile Verstädterung beruhte auf dem wachsenden Handel mit landwirtschaftlichen und handwerklichen Erzeugnissen: Sie hat kleine Orte wachsen lassen, denen der Territorialherr das Marktrecht verlieh; sie hat größere Orte zu Zentralen des Fernhandels aufblühen lassen, etwa die Städte der Hanse oder der Fugger.

Die tragenden Bevölkerungsgruppen in den Handelsstädten kamen aus dem Bürgertum: Es waren die Kaufleute, die Händler, die Spediteure; auch Handwerker als Produzenten von Manufakturwaren, die sofort in den Handel gingen. Liberale politische Entwicklungen haben den Aufstieg solcher Handelsstädte begünstigt: Die Aufhebung des mittelalterlichen Zunftzwangs und die Gewerbefreiheit boten auch Neulingen in Handel und Gewerbe eine Chance. «Stadtluft macht frei» – für die Epoche der merkan-

tilen Verstädterung trifft der vielzitierte Satz am ehesten zu. Frei von Fürstenabhängigkeiten, Agrartraditionen und der vollständigen Integration in seßhafte Großfamilien, konnten die Zuwanderer in die Handelsstädte für sich mehr Handlungsfreiheiten in Anspruch nehmen als die Bürger und der höfische Anhang in Residenzstädten und mehr als die Bauern im Hinterland.

Die industrielle Verstädterung

Im ausgehenden 19. Jahrhundert prägte die industrielle Verstädterung die Art des Städtewachstums: Nicht Schloß, Garnison, Markt oder Kontor charakterisieren die neuen Ansiedlungen, sondern die Zeche, die Fabrik, das Werk, die Firma. Es dominierte die Produktion von Waren in bislang unvorstellbaren Mengen. Die neue Produktionstechnologie auf der Basis von Kraftmaschinen führte zu gänzlich neuen Arbeitsformen. Großbetriebe, deren Arbeitsrhythmus am Rhythmus des Maschineneinsatzes orientiert war, boten Arbeit und Brot für Millionen von Menschen, die zuvor auf dem Land eine karge, teils hoffnungslose Existenz fristeten. Der sogenannten «Landflucht» verdanken die Industriestädte ihr Bevölkerungswachstum.

Die industrielle Verstädterung forcierte die Entwicklung von mehr und deutlich größeren Städten, als sie die feudale und die merkantile Epoche kannte. Die Industriearbeiterschaft stellte die

«Masse der Bevölkerung» – sie war aber nur zahlenmäßig dominant, nicht im politischen oder sozio-ökonomischen Sinn. Die elenden Existenzbedingungen der Arbeiterschaft bestimmten das äußere Erscheinungsbild der Industriestädte: triste, übervölkerte Arbeiterwohnquartiere neben bombastischen Fabrikmauern und unter rauchenden, stinkenden Fabrikschloten (siehe dazu: Mumford, 1978). Die Industriestadt ist Produktionsstadt – demonstrativen Konsum, wie ihn die Residenzstadt kennzeichnete, können nur wenige Unternehmer in den bürgerlichen Villenquartieren entfalten.

Die tertiäre Verstädterung

Die bislang letzte Epoche ist die der tertiären Verstädterung. Das neuerliche Städtewachstum wird entfacht durch den Ausbau der Bürokratien in Staat, Gesellschaft und Wirtschaft. Auch die Tertiärstädte sind durch Produktion geprägt, aber nicht durch die Produktion von Waren im sekundären Sektor der Wirtschaft (Industrieproduktion), sondern durch Produktion spezifischer Dienstleistungen (also dem in der Fachsprache sogenannten tertiären Sektor). Verwaltungen aller Art, Ausbildungsinstitutionen, Forschungseinrichtungen, Hotels, Kliniken, Gaststätten bilden den Motor des Wachstums der tertiären Verstädterung.

Die dominierende Bevölkerungsgruppe im Zuge tertiärer Verstädterung bilden die Angestellten, die «Büroarbeiter» auf allen Stufen der sozialen Leiter. Ihre Arbeits- und Lebensverhältnisse passen sich nicht nahtlos in überkommene Stadtgestalten ein. Ihre auskömmlichen Einkünfte erlauben Bewegungsfreiheiten, die die Industriearbeiterschaft der vorangegangenen Epoche nie hatte und die ihren Niederschlag in höheren, quasi bürgerlichen Wohnansprüchen finden.

Die heutige Stadt als Mischform

Betrachten wir die heute existierenden Städte in der Bundesrepublik, so können wir die genannten Stadttypen allerdings nirgendwo in reiner Form entdecken. In den Residenzstädten wurden schon im frühen 19. Jahrhundert die Garnisonen geschleift und das Gelände der Befestigungsanlagen anderweitig genutzt, etwa als Standort für die aufstrebenden Betriebe im Verlauf der industriellen Verstädterung. Wo die alten Handelsstädte ihre Bedeutung behalten haben, erleben sie durch die tertiäre Verstädterung einen neuen Wachstumsschub. Auch die reinen Industriestädte – etwa die speziell als Industriestandorte gegründeten Städte Wolfsburg und Salzgitter – verzeichnen dann eine tertiäre Verstädterung, wenn für die Industriewarenproduktion die Fabrikation selbst stark rationalisiert werden kann und der bürokratische Aufwand der Produktionsvorbereitung, Produktionsverwaltung und Produktionsverteilung an Bedeutung gewinnt. Städte, die *allein* von der tertiären Verstädterung gebildet worden wären, gibt es in der Bundesrepublik nicht, denn die Ausweitung des Dienstleistungsbereichs erfolgte in Städten, die bereits historisch vorgeformt waren.

Im Unterschied zu ganzen Städten lassen sich aber in einzelnen Stadtquartieren die Epochen der Verstädterung recht genau ablesen: Die repräsentativen Schloßbezirke und die Wohnsitze der gehobenen Beamtenschaft in den Residenzstädten sind zwar meist neuzeitlichen Nutzungen überlassen, aber häufig in ihrer Baugestalt erhalten und restauriert worden. Die traditionellen Marktplätze und die umliegenden Kontorgebäude der Handelsstädte kann man noch in Augenschein nehmen, wenn auch hier die ursprüngliche Nutzung meist aufgegeben wurde.

Aus der Zeit der industriellen Verstädterung haben die meisten Gebäude überdauert: Die Arbeiterwohnquartiere der Gründerzeit sind heute noch unverzichtbare Teile des Gesamtwohnungsbestandes, wenn auch Bombenschäden und neueste Sanierungsvorhaben den ursprünglichen Charakter verändert haben. Typische Quartiersformen der tertiären Verstädterung sind die in den sechziger Jahren entstandenen separierten «Bürostädte», aber auch die «Bankenviertel» und ähnliche Konzentrationen von Verwaltungsgebäuden in vielen Innenstadtkernen. Typische Wohngebiete, die der tertiären Verstädterung so voll entsprechen wie die Arbeiterwohnquartiere der industriellen Verstädterungsepoche, gibt es nicht. Vieles deutet darauf hin, daß die tertiäre Verstädterung ein tatsächliches Wachstum der Städte nur im Bereich der Arbeitsstätten bedeutet. Der zugehörige Wohnungsbau für die Beamten, Angestellten und sonstige Schreibtischberufe vollzieht sich zunehmend außerhalb der Stadtgrenzen. Die «Büroarbeiter» kamen früh in den vollen Genuß der privaten Motorisierung und des großzügigen Straßenbaus in der Bundesrepublik. Sie mußten nicht wie die Industriearbeiter um die Jahrhundertwende überbelegte Wohnstandorte in unmittelbarer Nähe der neuen Arbeitsstätten akzeptieren.

Ende des allseitigen Stadtwachstums

Die Epoche der tertiären Verstädterung markiert einen deutlichen Bruch in der Entwicklung. Die vorangegangenen Phasen bewirkten Stadtneugründungen oder sie brachten Wachstumsschübe für vorhandene Städte. Das Wachstum betraf die Zahl der Einwohner, die Zahl der Arbeitsstätten, häufig auch das städtische Territorium durch Eingemeindungen von Vororten. Im Zuge der tertiären Verstädterung vollzieht sich nun kein eindeutiges Wachstum mehr. Zwar wächst die Zahl der Arbeitsplätze

durch die Ansiedlung von Großbetrieben des tertiären Sektors –
aber die Zahl der Einwohner ist
rückläufig, und das städtische
Territorium läßt sich aus politischen Gründen nicht weiter ver-
größern. Die Epoche der tertiären
Verstädterung ist noch im vollen
Gang und ihr Ende nicht abzuse-
hen, doch eines wird bereits jetzt
deutlich: Sie führt nicht mehr zu
allseitigem Städtewachstum; für
das Wohnen bewirkt sie einen of-
fenkundigen Rückzug aus den
Städten. (Siehe dazu auch den
Beitrag von Peter Müller über
Wohnstandorte, Band 1, Seite 38.)

Das Stadtentwicklungsmodell von Burgess (1925)

Für die heutige Situation der
Großstädte sind die industrielle
und die tertiäre Wachstumsphase
von besonderer Bedeutung. Deren genauere Betrachtung verspricht auch Einsichten in die aktuellen Probleme der Stadtentwicklungspolitik.

Von Wissenschaftlern ist mehr-
fach versucht worden, den typischen Prozeß des Gestalt- und
Strukturwandels von Städten bei
Wachstum nachzuzeichnen und
dabei von topographischen, historischen, politischen und individuellen Besonderheiten der
Städte zu abstrahieren. Das frü-
heste, aufschlußreichste und zugleich einfachste Stadtentwicklungsmodell dieser Art wurde von
dem amerikanischen Sozialöko-
logen Ernest W. Burgess schon
1925 vorgestellt. Es ist ein Modell
konzentrischer Kreise und teilt
die Stadt – von der Innenstadt
ausgehend – in fünf Ringe, Zonen
genannt.

Zone I   *loop*: das Geschäftszentrum, der Stadtmittelpunkt,
die bauliche Repräsentation der
Stadt.

Zone II   *zone in transition*: Zone im Umbruch – überalterte
Wohnquartiere, Kleingewerbe,
veraltete Nutzungen; eine Übergangszone zwischen Kerngebiet
und ordentlichen Wohngebieten,
mit hoher Mobilität und ungewis-
ser Zukunft.

Zone III   *zone of workingmen's
homes*: die Wohngebiete der besser verdienenden Arbeiterschaft.

Zone IV   *residential zone*: bürgerliche, «bessere» Wohngebiete.

Zone V   *commuters zone*:
das stadtbezogene Umland, der
Einzugsbereich für Pendler zu Ar-
beits- und Ausbildungsplätzen
und für Kunden der Innenstadtge-
schäfte.

Das Stadtwachstum, das Burgess – vom amerikanischen Beispiel ausgehend – beschreibt,
entspricht besonders exakt der
industriellen und dem Beginn der
tertiären Verstädterung.

Diese besondere Form des
Wachstums lagert sich typischerweise nicht an den jeweiligen

Stadtrand an, sondern es stößt ins Innere der Städte vor und drängt bereits vorhandene Nutzungen nach außen. Dieser Vorgang setzt einen harten Wettbewerb der Nutzungen um Standorte in Gang; er bewirkt einerseits Mobilität, Neubau und Bodenpreissteigerungen; andererseits Verfall, Umbau und Abbruch von Gebäudesubstanz.

Die Zone im Umbruch

Von den Veränderungen am stärksten betroffen ist die *zone in transition* zwischen den stabilen Wohngebieten und dem Geschäftskern der Städte. Es sind dies in deutschen Städten die Innenstadt-Randzonen mit überalterten Wohngebäuden. Die Expansion des Geschäftszentrums drängt in diese Zone vor und ist erfolgreich, weil sie den Eigentümern geeigneter Grundstücke die Vergoldung bislang unattraktiver Standorte verspricht; sie blockiert aber gleichzeitig Investitionen in die Erneuerung des Wohnungsbestandes. Gleichzeitig wachsen in dieser Zone die Verkehrsbelastungen zu Spitzenwerten. Denn das expandierende Geschäftszentrum zieht ständig wachsende Verkehrsströme auf sich, die die ohnehin niedrige Wohnqualität der Innenstadt-Randgebiete vollends zerstören.

Die *zone in transition* stand im Mittelpunkt jahrelanger soziologischer Großstadtforschung in Chicago (Stein, 1960). Sie erwies sich als Standort für nahezu alle negativen Sozialerscheinungen, die sich als Folge allzu rascher Urbanisierung ergeben. Städtewachstum beruht ja fast ausschließlich auf Zuwanderung, und die Zuwanderer sind vorwiegend Menschen in labilen Existenzlagen: nicht-erbende Bauernsöhne, arbeitslose Landarbeiter, arbeitslose Handwerker; junge Menschen mit der Hoffnung auf eine bessere Zukunft; junge Frauen, die eine Existenz jenseits traditionaler Familienrollen suchen. (Für das Chicago der zwanziger und dreißiger Jahre waren die ausländischen Einwanderer typisch: die Sizilianer, die Juden, die Chinesen, die Deutschen.)

Nur in der *zone in transition* haben die neuen Zuwanderer die Chance, eine erste Wohnung zu finden. Die stabilen Wohngebiete bleiben ihnen vorerst verschlossen, sozial und/oder finanziell. Es kommt zu den charakteristischen räumlichen Konzentrationen von Nationalitäten: zu Kolonien wie «Little Sicily» der Süditaliener, dem «Getto» der Juden, «Chinatown» der Chinesen. Dazwischen die kriminelle Unterwelt, der politische Untergrund, die moralische Aufrüstung, die nicht-etablierte Bohème.

Billige Absteigen, Pfandhäuser, Alkoholismus, Jugenddelinquenz, Verbrechen kennzeichnen die Szenerie zwischen ärmlichen Wohnungen. Zwar verläßt die zweite Generation der Einwanderer zumeist die *zone in transition*. Die Kinder der Einwanderer fassen Fuß in der *zone of working-men's homes* – auch dort räumlich konzentriert («second immigrant settlement», «Deutschland»), jedoch unter eher akzeptierbaren Wohn- und Sozialverhältnissen. Aber dadurch regeneriert sich die *zone in transition* nicht: Neue Zuwanderer drängen in die leergewordenen Wohnungen, stetige Expansion des Geschäftszentrums mindert die Wohnqualität weiter, Desorientierung, Unsicherheit, Elend, Sprachlosigkeit, Delinquenz und Abnormität nehmen zu.

Die vielfältigen amerikanischen Studien über diese Phänomene der Stadtentwicklung werden erst heute bei uns aufgearbeitet und auf deutsche Verhältnisse anzuwenden gesucht.

Suburbanisierung, Grenzen des City-Wachstums, Verödung der Innenstadt-Randzone

Für die Analyse der Veränderungsprozesse in Innenstadt-Randzonen erweisen sich die amerikanischen Studien tatsächlich als fruchtbar. Was die Studien aber nicht bieten, ist eine Zukunftsperspektive. Insbesondere Kommunalpolitiker wollen heute über die Beschreibung und Erklärung von sozialen Prozessen hinausgehen und erkennen, ob und mit welchen Maßnahmen dem Niedergang der *zone in transition* begegnet werden kann. Da aber endet das Burgess-Modell – es muß deshalb auf die heutige Situation weitergedacht werden.

Für eine Aktualisierung dieses Stadtentwicklungsmodells der konzentrischen Kreise wären drei Faktoren besonders zu berücksichtigen:

● die Stadtrandbebauungen in den sechziger Jahren
● die zu Ende gehende Nachfrage nach Standorten in der City durch den tertiären Sektor (Banken) und
● die private Motorisierung.

Verlagerung von Wohnstandorten an den Stadtrand

Während die Neubautätigkeit unmittelbar nach dem Zweiten Weltkrieg vorwiegend Reparatur der Vorkriegsstadt bedeutete, wurden in den sechziger Jahren typischerweise am Stadtrand «neue Siedlungen» gebaut, ganze Stadtquartiere nach den Maßstäben des sozialen Wohnungsbaus (also nach Burgess in der *residential zone* der «besseren Gegend»). Die neuen Sozialwohnungen am Stadtrand wurden an anspruchsberechtigte Haushalte vergeben, die bislang weiter innen in der Stadt gewohnt hatten (dazu: Zapf/Heil/Rudolph, 1960). Ganze Sektoren der alten *residential zone* verloren damit ihre soziale Exklusivität – auf die Stadtbevölkerung wirkte ein Sog nach außen. Dem entsprach ein Druck von innen: Die Geschäftsviertel dehnten sich aus, der konzentrierte Einzelhandel und die Bürobetriebe bevorzugten zentrale Standorte (dazu: Stöber, 1964). Hinzu kam der Bevölkerungsdruck neuer Zuwanderer aus anderen Regionen und aus dem Ausland.

Konzentration von Dienstleistungsbetrieben in der City
Die Konzentration von Warenhäusern, Bankbetrieben und Verwaltungszentren verdrängte die Wohnungen aus dem inneren Geschäftsbereich. In den neuen Kerngebieten dominierte seitdem die einseitige Geschäftsnutzung: Fünf-Tage-Woche, Acht-Stunden-Tag, dekretierte Ladenschlußzeiten sorgen für die rhythmische Entleerung der Citygebiete. Im Begriff «Verödung der City» ist dieser Prozeß zusammengefaßt und als pathologisch analysiert worden. Viele Kommunalpolitiker haben ernsthaft Maßnahmen ergriffen, dieser Entwicklung entgegenzuwirken. Halbherzige Maßnahmen freilich, denn nur die Städte mit massiver Nachfrage nach Büroraum waren in der Lage, «Bürostädte» am Stadtrand auszuweisen. Andernorts mußten Kompromisse geschlossen werden, die letztlich doch zur weiteren Kommerzialisierung der Kernbereiche führten. Auch die Einrichtung von Fußgängerzonen ist eine solche halbherzige Maßnahme. Sie bringt in erster Linie Umsatzsteigerungen in den umgewandelten Geschäftsstraßen, aber sie gibt keine Impulse für das propagierte neue, citynahe Wohnen, im Gegenteil (dazu: Gewos, 1975). Der verstärkte Kunden- und Autostrom zu den Fußgängerzonen mindert den Wohnwert der benachbarten Straßen beträchtlich und forciert noch deren Niedergang, ohne daß eine sinnvolle Nachfolgenutzung in Sicht wäre. Denn für weitere Umwandlungen von Wohnstraßen zu Geschäftsstraßen fehlt es an weiterer Nachfrage. Und damit werden ganz andere Entwicklungsphänomene deutlich, gegen die die sogenannte «Verödung der City» zum Scheinproblem schrumpft.

Die starke Konkurrenz um innerstädtischen Boden hat etwa gleichzeitig mit der wirtschaftlichen Rezession nachgelassen. Die Nachfrage nach zusätzlichem Büroraum ist stark abgesunken, neue Verwaltungsbetriebe bevorzugen jetzt eher die freieren Lagen an Ausfallstraßen. Den Warenhäusern und Verkaufsstraßen erwächst in den Großmärkten am Stadtrand eine massive Konkurrenz, die einer weiteren Expansion im Stadtinnern die Grenzen der vorhandenen Kaufkraft setzt. Damit werden im Kerngebiet keine Wohnungen mehr «verdrängt» – besonders dort nicht, wo viele Eigentümer seit langem auf eine rentablere Nutzung ihrer erneuerungsbedürftigen Wohngebäude warten: in der *zone in transition*.

Stadtrandwanderung/Suburbanisierung

Während also der Druck von innen nach außen aufgehört hat, hält der Sog von außen weiter an. Den Großsiedlungen am Stadtrand folgten unzählige kleinere Bauvorhaben in den Umlandgemeinden. Die ständig verbesserten Verkehrsverhältnisse und die private Motorisierung lassen Entfernungen schrumpfen und tragen dazu bei, daß das Wohnen «vor der Stadt» nicht mehr als Problem erscheint. Die als «Suburbanisierung» bezeichnete Besiedlung des städtischen Hinterlandes hat in den meisten Stadtregionen der Bundesrepublik weit um sich gegriffen, meist in Form der «Aufsiedlung» vorhandener kleiner Ortschaften, selten durch Ortsneugründungen im Wald oder auf der grünen Wiese. Solange die Städte einen ständigen Zuzug zu verzeichnen hatten – Gastarbeiter, junge Arbeitnehmer aus ländlichen Gebieten, Zuwanderer aus anderen Städten – wurde diese Randwanderung nicht so ernst genommen. Nun aber, da die Zuwandererströme stark zurückgegangen sind, fällt die andauernde Abwanderung stark ins Gewicht, zahlenmäßig und strukturell.

Negative Auswirkungen auf die Innenstadt-Randzonen

Die Hauptabwanderungsgebiete liegen nach wie vor in den Innenstadt-Randzonen. Dort entstehen nun aber Lücken – denn es gibt heute nicht mehr so viele Zuwanderer, die sie unauffällig füllen. Da generell die besser verdienenden und die jüngeren Haushalte wegziehen, verbleibt in den Innenstadtrandgebieten eine immer schwierigere Bevölkerung. Der Anteil von alten Menschen, Sozialhilfeempfängern, Ausländern in der ersten Generation und Ausländerkindern ist relativ hoch.

Mit dieser Umstrukturierung sinken die Vermögenswerte und die Kaufkraft im Gebiet selbst – das hat negative Auswirkungen auf den ansässigen Einzelhandel und das ansässige Handwerk; das Interesse der Hauseigentümer an Investitionen in ihre überalterten Gebäude nimmt ab – das hat negative Auswirkungen auf die ohnehin bescheidene Wohnungsqualität; damit verringert sich auch häufig das kommunalpolitische Interesse an dem Gebiet und das Niveau der öffentlichen Schulen – das hat negative Auswirkungen auf sämtliche Standortqualitäten im Quartier. Zumal in diesen unattraktiven Zonen von seiten der Kommunalverwaltungen dann auch häufig problematische Nutzungen fest etabliert werden: Prostitution, Nachtgewerbe, Obdachlosenunterkünfte, Lagerplätze, Auffahrten zu Stadtautobahnen und ähnliches.

Die Verödung der Innenstadt-Randzone ist also ein sehr viel tiefer greifender Vorgang als die sogenannte Verödung der City. Sie geht einher mit baulichem Verfall, räumlicher Konzentration hilfloser Bevölkerungsgruppen, Wertverfall von Grundstücken und Gebäuden. Eine Aussicht auf gewerbliche Nutzung der Gebiete im ganzen besteht nicht mehr. Nur als Wohngebiete können diese Zonen genutzt werden, doch als solche werden sie immer abstoßender.

Entwicklungsziele für die Innenstadt-Randzone

An dieser Stelle muß Stadtentwicklungspolitik einsetzen, denn tiefgreifender Stadtumbau ist nötig, um die Innenstadt-Randzonen als Wohngebiete zu regenerieren.

Die Gebiete tragen durchweg die Hypothek ihrer Entstehung: Als Massenwohngebiete des expandierenden 19. Jahrhunderts sind sie außerordentlich dicht bebaut. Typisch ist die Kleinwohnung ohne Bad und ohne Stellplatz für einen Pkw. Typisch ist der Mangel an Grün- und Spielflächen und die starke Verkehrsbelastung. Die meisten dieser Gebiete waren seit eh und je übervölkert (die Wohnquartiere des Bürgertums haben nie solche Bevölkerungsdichten erreicht).

Die zahlenmäßige Entleerung der Innenstadtrandgebiete ist daher gar kein Alarmzeichen – sie gibt eher Hoffnung auf verbesserte Lebensqualitäten für den einzelnen Haushalt. Doch durch Abwanderung allein ändert sich nichts an den Gebäuden. Kleinwohnungen bleiben Kleinwohnungen; wenn die Abwanderung eingesetzt hat, werden sie nur nicht mehr von Arbeiterfamilien, sondern von alleinstehenden Witwen bewohnt. Und wenn die Witwen sterben, werden eher Geschiedene, Lehrlinge oder Studenten, kinderlose Paare und ähnliche Haushalte kurzfristig dort wohnen, als daß sich Familien längerfristig hier einrichten (es seien denn Gastarbeiterfamilien, solange sie keinen Zugang zu größeren Wohnungen haben). Beim Stadtumbau muß dieses Wohnungsgemenge unbedingt verändert werden zugunsten von größeren Wohneinheiten.

Wer wird künftig in der Innenstadt wohnen?

Der Stadtumbau kann unter idealistischer und realistischer Zielrichtung begonnen werden. Unter idealistischer Zielrichtung verstehe ich das rigorose Großreinemachen in den Hinterhöfen der *zone in transition* nach dem Motto: «Verbesserung der Sozialstruktur». Dies bedeutet, daß die einkommensschwachen Gruppen über kurz oder lang an diesen Standorten nicht mehr werden leben können. Nach Modernisierung, Sanierung, Abbruch und Wiederaufbau der Wohngebäude entstehen Wohnanlagen, die nur von einkommensstarken Gruppen zu finanzieren sind. Eine wesentliche Voraussetzung für diese Strategie des Stadtumbaus («soziale Aufwertung») ist eine ausreichende Menge von Haushalten der oberen Mittelschicht, die teure Wohnungen im innerstädtischen Bereich beziehen möchten. Unter den gegenwärtigen Bedingungen ist diese Voraussetzung aber gerade nicht gegeben.

Bislang ist in der Innenstadtbevölkerung gerade die obere Mittelschicht nur schwach vertreten. Herbert Gans hat die Innenstadtbevölkerung einmal in fünf Gruppen zusammengefaßt (Gans, 1974):

1. *die Kosmopoliten:* nicht ortsgebundene, gut ausgebildete Personen mit gutem Einkommen, meist kinderlos, stark berufsorientiert;
2. *die Unverheirateten, Kinderlosen, Geschiedenen:* meist junge Leute, die Startchancen suchen für den Beginn – auch Neubeginn – eines beruflichen oder privaten Werdeganges;
3. *die Angehörigen der «ethnischen Dörfer»:* in der Bundesrepublik sind das Gastarbeiter, die kolonieartig zusammenleben, stark familienorientiert;
4. *die sozial Benachteiligten:* Gelegenheitsarbeiter, Sozialhilfeempfänger, Obdachlose Personen ohne Einkommen, soziale Absteiger;
5. *die Mitgefangenen:* Alteingesessene, die schon immer da waren und nicht weggezogen sind; eine vergleichweise stabi-

le, ältere, auch ärmere, familienorientierte Population.

Unter der Zielsetzung «Verbesserung der Sozialstruktur» müßten die Gruppen 3, 4 und 5, die den weitaus größten Teil der Innenstadtbevölkerung ausmachen, allmählich ausgesiedelt und durch mittelständische Gruppen ersetzt werden.

In Städten von nationaler und internationaler Bedeutung mit hoher Attraktivität für Kosmopoliten und mit einem hochdifferenzierten innerstädtischen Arbeits- und Unterhaltungsangebot (zum Beispiel Berlin, London, Amsterdam) besteht diese Möglichkeit.

Wenn man einmal von den beträchtlichen sozialen Härten absieht, die mit der Aussiedlung entstehen, so deuten die Berichte vom Stadtumbau in Paris, in Straßburg, in Bern, in Warschau oder kleinen «nostalgischen» Städtchen wie Colmar doch darauf hin, daß es gelingen kann, durch ein Angebot an sehr guten, dementsprechend auch sehr teuren Wohnungen in der Nähe der Geschäftszentren Haushalte der Mittel- und Oberschichten wieder ins Stadtinnere zu ziehen. Dabei handelt es sich allerdings vorwiegend um Erwachsenenhaushalte ohne oder nahezu ohne Kinder, da sich die hohen Ansprüche gerade der oberen Mittelschicht für Kinderentwicklung und Familienentfaltung in Luxuswohnungen ohne Freiflächen nicht realisieren lassen.

Die neuen Baustrukturen, mit

denen diese Art Stadtumbau meist bewerkstelligt wird, entsprechen den höchsten technischen Standards: Apartmenthochhäuser, Tiefgaragen, Hoch- und Tiefstraßensysteme. Sie gewährleisten hohe Wohnqualitäten und zugleich hohe Bevölkerungsdichten, allerdings um den Preis außerordentlich kapitalaufwendiger Investitionen, einer totalen Technisierung der Wohnumwelt und hoher Mieten.

Realistische Zielrichtung für den Stadtumbau

Neben der idealistischen Entwicklungsstrategie, die sich an den ökonomischen und sozialen Fakten aufreibt oder wenig darum kümmert, gibt es aber auch eine eher realistische Zielrichtung für den Stadtumbau: die *Ausformung geschützter Wohngebiete* und die *Verbesserung der Wohnungsqualität* im innerstädtischen Bereich. Dieses Konzept geht von den vorhandenen Beständen aus bei den Gebäuden und bei der Bevölkerung. Einen Maßstab für den Grad des angestrebten Umbaus setzen die «Mitgefangenen», die Alteingesessenen; auch ansässige Hauseigentümer, die ein gut Teil des erforderlichen Umbaus aus eigener Motivation übernehmen können.

Durch die Bündelung des Durchgangsverkehrs sind quasi geschlossene Wohngebiete ohne die überproportionale innenstadttypische Verkehrsbelästigung auszuformen. Damit entfällt ein Teil der Lärmbelästigung und ein Teil der unmittelbaren Gefährdung für Kinder und Personen, die nicht im Vollbesitz menschlicher Kräfte sind.

Die Verbesserung der Wohnungsqualität setzt am Gebäudebestand an. Dieser wird gelichtet (Blockentkernung, Gewinnung von Grünanlagen und Parkierungsflächen), ergänzt (Schließung von Baulücken) und modernisiert (sanitäre Einrichtungen, größere Wohnungen). Die Maßstäbe für die Modernisierung sind nicht den komfortablen Neubauprogrammen entlehnt: Es sind einfachere Standards zugrunde zu legen und lediglich Mindestanforderungen zu stellen. Gleichzeitig sind Anreize zu schaffen, die die hohe Quote der Kleinwohnungen reduziert.

Diese realistische Zielrichtung im Stadtumbau verzichtet bewußt auf die typischen Bauformen der sechziger und siebziger Jahre: auf Hochhauswohnungsbau, Tiefgaragen, Parkhäuser, Hochstraßen. So umbauen bedeutet im allgemeinen, daß man einen Rückgang der Bevölkerungszahlen in Kauf nehmen muß. Wenn die Wohnungsqualität verbessert und der Lebensraum pro Kopf erhöht werden soll, so ist dies nur für eine kleinere Bevölkerung möglich. Die Innenstadt-Randzonen sind ja generell sehr dicht besiedelt, deutlich dichter als die alten Vororte und die neuen Siedlungen am Stadtrand und im Umland. Der Stadtumbau im Innern bedeutet dann dort einen Abbau der zu hohen Bevölkerungskonzentration.

Er stoppt damit allerdings nicht die Stadtrandwanderung und will dies auch nicht. Im Gegenteil: Er ist ohne unerträgliche soziale Härten nur möglich, wenn die Stadtrandwanderung anhält. Eine systematische Aussiedlung ist dann nämlich nicht erforderlich. Was längerfristig gestoppt werden soll, ist der fluktuationsbedingte Zuzug.

Und es besteht die Hoffnung, daß durch die Ausformung geschützter Wohnquartiere und die Verbesserung der Wohnungsqualität auch jüngere Familien mit Kindern und besseren Einkommen im Gebiet bleiben werden. Solcher Stadtumbau schafft eine Zukunft für die Innenstadt-Randzone: Sie verödet nicht, sie bleibt weiterhin Wohngegend, auch für Haushalte mit unterdurchschnittlichem Einkommen.

Die Grenzen des Möglichen

Die Grenzen der Entwicklungsmöglichkeiten nach idealistischer und realistischer Strategie setzen allerdings die Sozialprobleme, die sich in den vergangenen Jahrzehnten in den Innenstadt-Randzonen konzentriert haben: Es gibt eine massive Nachfrage nach einfachem, billigem Wohnraum, die nicht negiert werden kann. Wird sie aufgrund erfolgreicher Umbaumaßnahmen im Stadtinnern gar nicht mehr befriedigt, so verflüchtigt sie sich nicht, sondern drückt in andere Quartiere – etwa in die alten Ortskerne der eingemeindeten Dörfer. Sie löst dort eben die Folgen des baulichen und sozialen Verfalls aus, die durch den Stadtumbau innen beseitigt werden sollen. Je konsequenter als Stadtumbauziel die «Verbesserung der Sozialstruktur» angestrebt wird, desto wahrscheinlicher ist die bloße räumliche Verlagerung der Sozialprobleme. Doch schließt auch die Ausformung geschützter Wohngebiete und die Verbesserung der Wohnungsqualität negative Nebenwirkungen im Sozialbereich nicht automatisch aus.

Die wechselseitige Abhängigkeit von Stadt- und Umlandentwicklung

Die Regeneration der Innenstadt-Randzonen als Wohngebiet ist nicht von der Suburbanisierung des gesamten städtischen Umlandes zu trennen. Während die Suburbanisierung der Bevölkerung einigermaßen bekannt ist (dazu: Beiträge zum Problem der Suburbanisierung, 1975) und von seiten der Großstadtpolitiker als «Stadtflucht» sattsam verteufelt worden ist, vollzieht sich in den letzten Jahren auch eine deutlich erkennbare Suburbanisierung des

Handels. Die neuen Großmärkte am äußeren Rand der Städte ziehen bereits beträchtliche Kaufkraft nach außen und schaffen eine ernsthafte Konkurrenzlage zur City im Bereich aller undifferenzierten Massenprodukte. Wenn die Cities diese Konkurrenz nicht abwehren können – und nichts spricht bislang dafür – werden die innerstädtischen Geschäftsstraßen wieder stärker vom spezialisierten Fachhandel geprägt, während der Vertrieb von Massenartikeln an den Stadtrand wandert.

Entlastung der City durch gezielte Dezentralisation

Eine solche Entwicklung hätte für die Cities spürbare Umsatzeinbußen zur Folge – sie brächte aber auch deutliche Entlastungen und Beruhigungen und wäre sehr förderlich für die Regeneration innenstadtnaher geschützter Wohngebiete. Zugleich könnten sich im Bereich der Stadtränder neue Schwerpunkte entwickeln, die den Druck der Region auf die Zentralstadt mindern. Auf der Basis einer solchen Entwicklung wäre endlich eine Konsolidierung der *zone in transition* möglich. Die Region wäre nicht länger in jeder Beziehung auf den Kern der Zentralstadt hin orientiert; der öffentliche Nahverkehr, das Straßennetz, der Haupt-Pendlerstrom, der Hauptstrom der Kaufkraft würden nicht länger ausschließlich in die Stadtmitte drücken, sondern im Außenbereich der Städte verflochten und auf verschiedene Standorte verteilt.

Politische Voraussetzungen einer veränderten Stadtentwicklung

Zum Maßstab der herrschenden Stadtentwicklungspolitik ist der jüngste Strukturwandel noch nicht geworden. Die dauerhafte Dezentralisierung vormals innerstädtischer Funktionen würde eine funktionale Abwertung der Kernstädte und eine Aufwertung der Stadtränder oder der Umlandgemeinden bedeuten; sie würde eine gänzlich andere politische Struktur der Region voraussetzen und eine andere räumliche Verteilung der kommunalen Aufwendungen. Eine handlungsfähige politische Organisation der suburbanisierten Region beziehungsweise der «Regionalstadt» gibt es dafür aber noch nicht. Die Verwaltungsreformen der vergangenen Jahre haben die überragende Stellung der Zentralstadt eher gefestigt als aufgeweicht. Die Furcht vor jeglichem bedeutsamen innerstädtischen Funktionsverlust bewegt die verantwortlichen Großstadtpolitiker in der gleichen Weise wie die Furcht vor der «Stadtflucht».

Die faktische Dezentralisierung beschränkt sich auf das Siedlungswesen und einige ökonomische Bereiche. Sie hat keine politische Unterstützung durch die Zentralstädte, aber sie war auch mit politischen Mitteln bislang nicht aufzuhalten. Sie verspricht den inneren Städten eine Funktionsentlastung zugunsten der noch extensiv genutzten Umlandgemeinden und den einzelnen Haushalten höhere Wohnqualitäten. Sie schränkt aber die Macht, die Dominanz, die höhere soziale Wertigkeit der Kernstädte über ihr Hinterland ein – dies ist eine Tatsache, für deren Durchsetzung sich Oberbürgermeister und herrschende Stadtratsfraktionen kaum aktiv einsetzen werden. So vollzieht sich die faktische Stadtentwicklung häufig gegen die lokale Stadtentwicklungspolitik. Und die Abwehr von «Stadtflucht» und «Funktionsverlust» bindet ganz unnötig Kräfte und Kapital, die im Kampf gegen die Unbewohnbarkeit der Innenstadt-Randzone so dringend gebraucht würden.

Zusammenfassung

Suburbanisierung charakterisiert die Epoche der tertiären Verstädterung; die Städte selbst verlieren an Bedeutung für städtische Lebensweisen. Die Massenmedien und die private Motorisierung erlauben die Erfahrung von Urbanität, Weltläufigkeit, Informiertheit auch abseits der Zentren. Es gibt kaum mehr spezifisch städtische Privilegien, die nicht auch vom Hinterland aus in Anspruch genommen werden könnten.

Die Epoche der tertiären Verstädterung bedeutet aber mitnichten das «Ende der Städte», auch nicht die «Deurbanisierung» der Städte, kein «Zurück zu Natur und Agrikultur». Was in den Städten abgebaut wird, ist Übervölkerung, Übernutzung und unbewältigte Vergangenheit: das erdrückende Erbe der Industrialisierungsepoche, von dessen sozialen Lasten sich die Industrie selbst längst befreit hat.

Viele Versuche, die sozialen Folgen der industriellen Konzentration technisch und baulich zu bewältigen, sind in den letzten Jahren an ihre vorläufigen Grenzen gestoßen – die Hochhaus-Wohnbauten, die zentralen Versorgungseinrichtungen, die neuen Massenverkehrsmittel, die aufwendigen Straßensysteme sind schonungsloser Kritik ausgesetzt. Das außerordentlich hohe Maß an individueller Entfremdung, das die technischen Superstrukturen dem einfachen Stadtbewohner zumuten, wird nicht länger selbstverständlich und echnikergeben hingenommen. Suburbanisierung ist eine Art Abstimmung mit Füßen und Rädern: nicht grundsätzlich gegen Urbanität und Städte, sondern gegen die mit dem städtischen Leben verbundenen Zumutungen in der elementaren Lebensgestaltung.

Suburbanisierung ist eine Chance für die Städte zur Regeneration und Stabilisierung ihrer inneren Struktur. Ohne Bevölkerungsdruck und den daraus resultierenden steigenden Leistungszwang können sie ihre tatsächlichen Kapazitäten prüfen, städtische Lebensqualitäten neu aufbereiten, Übernutzungen abbauen und eine politische Vereinigung von Stadt und Umland konstituieren.

Und nur damit würden die Städte den neuen «städtischen Massen» *die* individuellen Entfaltungschancen geben, die der städtischen Arbeiterschaft immer vorenthalten blieben und die die Beschäftigten des tertiären Sektors als erste im Hinterland gesucht haben.

Literatur

M. Andritzky/P. Becker/G. Selle (Hg.): Labyrinth Stadt. (Du Mont) Köln 1976.

P. Atteslander/B. Hamm (Hg.): Materialien zur Siedlungssoziologie. (Kiepenheuer und Witsch) Köln 1974.
Dort die Aufsätze von Park, McKenzie, Hawley, Shevky/Bell, Firey und Riemer.

H. Becker/D. Keim: Gropiusstadt: Soziale Verhältnisse am Stadtrand. (Krämer) Stuttgart 1977.

Beiträge zum Problem der Suburbanisierung. Veröffentlichungen der Akademie für Raumforschung und Landesplanung, Forschungs- und Sitzungsberichte Bd. 102. Hannover 1975.

E. W. Burgess: The Growth of the City. In: E. Park/E. W. Burgess: The City. Chicago 1925, 4. Auflage 1967.

H. J. Gans: Urbanität und Suburbanität als Lebensformen. In: U. Herlyn (Hg.): Stadt- und Sozialstruktur. München 1974.

Gewos – Gesellschaft für Wohnungs- und Siedlungswesen e. V. Hamburg: Citynahes Wohnen. Hamburg 1975.

J. Hoffmeyer-Zlotnik: Gastarbeiter im Sanierungsgebiet. Das Beispiel Berlin-Kreuzberg. (Christians) Hamburg 1977.

R. Mackensen: Städte in der Statistik. In: Wolfgang Pehnt (Hg.): Die Stadt in der Bundesrepublik Deutschland. (Reclam) Stuttgart 1974.

L. Mumford: Die Stadt. Geschichte und Ausblick. 2 Bde. (dtv) München 1978.

M. Stein: The Eclipse of Community. An Interpretation of American Studies. Princeton 1960.
Kapitel 1: Robert: Park and Urbanization in Chicago.

G. Stöber: Das Standortgefüge der Großstadtmitte. Frankfurt/Main 1964.

G. Stöber: Struktur und Funktion der Frankfurter City. Frankfurt/Main 1964.

R. Weeber: Eine neue Wohnumwelt. (Krämer) Stuttgart 1971.

K. Zapf/K. Heil/J. Rudolph: Stadt am Stadtrand. Frankfurt/Main 1969.

Peter Haiko/Mara Reissberger

Großbürgerliches Wohnen

**Dieser Beitrag schildert das mit der ökonomischen Entwicklung ge-
koppelte Entstehen repräsentativer bürgerlicher Wohnformen.**

**Weshalb sind in der Gründerzeit und bis gegen Ende des 19. Jahr-
hunderts immer prächtigere bürgerliche Wohnbauten entstanden?
Wie waren sie innen aufgeteilt und ausgestattet?**

**Der Beitrag geht auf Bautypen dieser Epoche ein und zeigt den
Zusammenhang der wirtschaftlichen, kulturellen und bauhistori-
schen Entwicklung. Die zitierten Beispiele aus Wien lassen sich auf
Berlin oder andere deutsche Städte übertragen.**

Rascher ökonomischer Aufstieg einer Familie in-
nerhalb weniger Generationen

Die erste Generation

A. Todesco, aus Preßburg nach
Wien zugewanderter Einzelwa-
renhändler, gründet in Wien eine
Firma für den Rohseidenhandel.
Bei seinem Tode 1817 hinterläßt
er (im Guldenwert):

Seidenwarenlager	3000 fl*
Barkapital	1000 fl
Pretiosen	68 fl
Kleidung und Wäsche	130 fl
Einrichtungsgegenstände	135 fl**

(für das 1. Zimmer: 1 Tisch, 6 Sessel,
1 Kasten, 1 Spiegel, 1 Standuhr; für
das 2. Zimmer: 1 Tisch, 6 Sessel,
1 Garderobenkasten, 4 Quastenvor-
hänge; für die Küche: 3 Messing-
leuchter, 1 Mörser und die ordentliche Kücheneinrichtung)

* entspricht dem Jahresgehalt eines Staats-
rates = Ministerialrat!
** ist weniger als das Jahresgehalt der unter-
sten Dienstklasse im Staatsdienst!

A. Todesco investiert noch
(fast) alle Profite in sein Waren-
lager.

Der «kleine Handelskapitalist»
bewohnt eine bescheidene Miet-
wohnung, bestehend aus Zimmer, Küche, Kabinett, in einem
Zinshaus in der Preßgasse Nr.
486.

Die zweite Generation

Hermann Todesco dehnt 1824 die Firma seines Vaters zu einem Großhandlungshaus (das auch die Funktion einer Privatbank beinhaltet) aus. In der Absicht, den Zwischenhandel für Rohseide auszuschalten, kauft er in Oberitalien große Ländereien für die Maulbeerbaumzucht und konzentriert so von der Gewinnung und Aufbereitung bis zum Verkauf des Rohprodukts alles in seiner Hand. 1830 gründet Hermann Todesco eine Textilfabrik in Niederösterreich und baut sie zu einem der zeitgenössischen Technologie entsprechenden Industriebetrieb aus; in der Baumwollspinnerei produzieren 1844 ca. 140 Arbeiter an 75000 Spindeln 200000 Pfund Garn, welches in der angeschlossenen Weberei auf – hier zum erstenmal in Österreich eingesetzten – mechanischen Webstühlen weiterverarbeitet wird.

Als Großhändler, Bankier, Fabrikbesitzer und darüber hinaus als Direktor der privaten Wien-Gloggnitzer Eisenbahngesellschaft besitzt Hermann Todesco, als er 1844 stirbt, 2264000 fl – ein Vermögen, das nicht zuletzt auf dem Mehrwert basiert, den die Arbeiter in seiner Fabrik schufen. Der Lohn beträgt dort für 76 Wochenstunden 4–7 1/2 fl für männliche, 1 1/2–3 fl für weibliche Arbeiter sowie 1 fl für Kinder. (Zum Vergleich: 1846 verzeichnet das Triestiner Schiffahrtsunternehmen Lloyd mit seinen 20 Schiffen Einnahmen von 1600000 fl.)

Anders als sein Vater verwendet Hermann Todesco bereits Geldmittel für einen «gehobenen, gutbürgerlichen» Wohnstil.

Der Handels- und Industriekapitalist der Frühgründerzeit lebt in einer 6 Zimmer sowie zahlreiche Neben- und Dienstbotenräume umfassenden Wohnung, Innere Stadt Nr. 642/643, in einem Haus, das dem in der Biedermeierzeit zum Textilgroßhändler und Verleger aufgestiegenen Rudolf v. Arthaber gehört, mit welchem Hermann Todesco wohl auch geschäftlich in Verbindung steht.

Die dritte Generation

Eduard Todesco, 1848 zum alleinigen Leiter des Großhandlungshauses Hermann Todescos Söhne geworden, vermehrt sein Kapital in erster Linie durch Finanztransaktionen und Börsenspekulationen; direkte Aktivitäten in Handel und Industrie bleiben zweitrangig. Sein sozio-ökonomischer Werdegang ist in charakteristischer Weise verbunden mit jener Phase der wirtschaftlichen Entwicklung in der zweiten Hälfte des 19. Jahrhunderts, der sogenannten Hochgründerzeit, in welcher der moderne Kapitalismus endgültig zur Grundlage der Volkswirtschaft wird.

Eduard Todesco spielt eine dominierende Rolle im staatlichen Anleihen- und privaten Emissionsgeschäft, das heißt, er leiht dem verschuldeten Staat Geld beziehungsweise finanziert adlige

Großgrundbesitzer, und er beteiligt sich in großem Umfang an der Gründung von Aktiengesellschaften.

Da der Aufbau von Großfabriken, Großbetrieben beziehungsweise der Ausbau des in dieser Zeit meist privaten Eisenbahnnetzes oft die finanzielle Leistungsfähigkeit des einzelnen Unternehmers übersteigt, werden Gesellschaften gegründet, an der sich mehrere Personen durch den Kauf von sogenannten Aktien (Aktie = Anteil) beteiligen können. Diese Aktien handelt man an der Börse. Ihr Wert richtet sich nach Angebot und Nachfrage. Zu wissen, wann man welche Aktie kaufen oder verkaufen soll, das macht den erfolgreichen Börsenspekulanten aus – wie Eduard Todesco einer ist.

Da er darüber hinaus eine Reihe von Spitzenfunktonen bei Banken (Aufsichtsratsposten) innehat, konzentriert Eduard Todesco so viel Kapital und Machteinfluß in seiner Person, daß ihn die Zeitgenossen mit Recht als Inkarnation der Finanzwelt schlechthin sehen.

Die «Gazetten» schätzen zu Beginn der siebziger Jahre seinen Reichtum auf 15 Millionen Gulden.

Das «Palais Todesco» – eines der typischen Zeugnisse des luxuriösen und repräsentativen Wohnens der reichen Bourgeoisie der Gründerzeit. (Quelle: Haiko/Reissberger)

(Zum Vergleich: 1872 beträgt die Gesamtspareinlage bei dem «ersten und bei weitem bedeutendsten Credit-Mobilier-Institut Österreichs», der Österr. Creditanstalt, 15,3 Millionen Gulden).

Eduard Todescos Reichtum dient der Entfaltung eines ostentativ luxuriösen, großbürgerlichen Wohnstils.

Der prominente Finanzkapitalist der Hochgründerzeit erwirbt 1860 einen Baugrund für 181000 fl in der Größe von 1 760 qm gegenüber der Oper (damit kauft er gleich zu Beginn der Wiener Stadterweiterung eines der größten und teuersten Grundstücke im neu parzellierten Ringstraßengebiet!) und läßt dort für sich und seine Familie ein «nobles» Wohnhaus, das sogenannte Palais Todesco, errichten.

Der namhafte Ringstraßen-Architekt Theophil Hansen, der spätere Erbauer von Parlament und Börse, wird von Todesco beauftragt, sämtliche Appartements der Beletage (= 1. Stock) repräsentativ auszustatten; Plafonds, Möbel, Stoffe, Lüster, Spiegel – einfach alles «bis auf die letzten Geräte hinab» wird von Hansen gezeichnet und nach seinen Entwürfen ausgeführt. Diesen besonderen Anspruch auf Exklusivität läßt sich der Bauherr ca. 60000 fl kosten. 1876 beträgt der testamentarische Schätzwert des Hauses 914200 fl.

Merkmale repräsentativen Wohnens der Großbourgeoisie

Die Wiener Ringstraße als *die* Prachtstraße der Donaumetropole, ab der Mitte des 19. Jahrhunderts anstelle der alten Stadtbefestigungen geplant, bietet als Ort der wichtigsten öffentlichen Bauten (Oper, Burgtheater, Rathaus, Parlament, Hofburg) und als «architektonische Zitatensammlung» vergangener Stile, die den historischen und politisch-kulturellen Anspruch der Habsburger Monarchie und ihrer Träger insgesamt legitimieren und in die Zukunft projizieren soll, eine attraktive, repräsentative Wohnumgebung schlechthin.

Eduard Todesco und mit ihm sehr viele reich gewordene Bankiers, Großhändler, Industrielle, Kaufleute und Gewerbetreibende – das Großbürgertum also – sucht gerade zur Zeit der Stadterweiterung eine ihm angemessene, ebenso repräsentative wie exklusive Wohnsphäre – und findet sie eben in der Wiener Ringstraße.

Auf einer bestimmten Stufe der Kapitalakkumulation ergibt sich für die Großbourgeoisie der Hochgründerzeit die Möglichkeit und die Notwendigkeit, nicht mehr alle Kapitalüberschüsse wieder zu investieren, sondern Teile des Vermögens für Repräsentation und Prestigeaufwand freizusetzen, um einen ihrer *ökonomischen Macht* entsprechenden *gesellschaftlichen Status* zu demonstrieren.

Orientierung am Adel

Nicht die Verwirklichung eines bürgerlich-fortschrittlichen Selbstverständnisses wird dabei verfolgt, sondern vielmehr die Identifikation mit dem gesellschaftlich und politisch noch immer dominanten Hochadel als Vorbild. In einer Art von Nachziehverfahren übernimmt die sozial aufstrebende «Zweite Gesellschaft» traditionell-etablierte Wertvorstellungen der «Ersten Gesellschaft»: Sie strebt nach feudalen Statussymbolen, sie bemüht sich um einen aristokratischen Lebensstil beziehungsweise imitiert ihn.

Vorrangig begehrt beim bürgerlichen Unternehmer ist die *Erhebung in den Adelsstand*, die in der Regel im Zusammenhang mit der Verleihung des Ordens der Eisernen Krone als Anerkennung für Verdienste in der Wirtschaft beziehungsweise im Wohlfahrtswesen deklariert wird.

Die Adelsqualität (einfacher Adel, Ritterstand, Freiherrnstand) legt die Einstufung der jeweiligen Familie innerhalb der großbürgerlichen Schicht fest und ermöglicht die Statuskonkurrenz mit dem Hochadel.

Die Krone ihrerseits hat mit der Nobilitierungspolitik ein Instrument, unternehmerische Initiativen zu fördern und den Großbourgeois an die feudalen Grundlagen der bestehenden, ständisch strukturierten Gesellschaftsordnung zu binden.

Ein anderes Ziel der Geldaristokratie ist die *Einheirat in den Geburtsadel.*

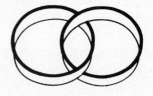

Es gilt die Losung, die in Adolf Tschabuschniggs Roman «Die Industriellen» ausgegeben wird: «Das Ehebett vermittelt am sichersten die Fusion zwischen der Industrie und dem Adel.»

Besonders deutlich kommt die Refeudalisierung zum Ausdruck in der großbürgerlichen Wohnpraxis, in der architektonischen Gestaltung der Wohnhäuser und ihrer Nutzung.

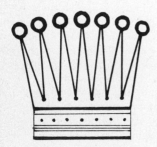

Fassade und Portal

Die Forderungen, welche die Fassade des *großbürgerlichen Wohnhauses* in der zweiten Hälfte des 19. Jahrhunderts zu erfüllen hat, kann man auf den ersten Blick erkennen, wo immer man solchen Häusern heute noch begegnet. Es ist die Forderung nach Repräsentation.

Das Haus soll nach der zeitgenössischen Architekturtheorie
- außen palastartig sein,
- dem Stande, der Lebensart und der sozialen Stellung des Eigentümers gemäß sein,
- sich vom «Gemeinen» entfernen,
- die Erwartung wecken, daß man darin schöne und reich ausgestattete Wohnräume und Säle findet,
- den Charakter von Pracht haben.

Das sind im wesentlichen die gleichen Forderungen, welche die Fassade eines hochadeligen Palastes im 18. Jahrhundert zu erfüllen hat:

Die Palläſte ſollten ſich durch einen eigenen, der Hoheit der Beſitzer angemeſſenen Charakter auszeichnen, und nicht blos erweiterte und ſehr vergrößerte Wohnhäuſer ſeyn ... Alles muß den Charakter der Hoheit an ſich tragen ... Die Außenſeiten des Pallaſtes müſſen daher, damit ſie der Beſtimmung des Gebäudes entſprechen, im hohen und erhabenen Style angelegt ſeyn, und den Charakter von Hoheit und Würde haben.

Mit der Anpassung an die Palastarchitektur versucht der Großbürger mit dem Hochadel – zumindest nach außen – gleichzuziehen. Dies erklärt auch, warum man an einer großbürgerlichen Architektur des 19. Jahrhunderts zum Beispiel ein Portal finden kann, das stark an das Portal eines adeligen Barockpalastes aus dem 18. Jahrhundert erinnert, ja von dort «genommen» zu sein scheint.

Haus Sturany (ab 1874 erbaut)   Stadtpalast des Fürsten Liechtenstein
(Quelle: Haiko/Reissberger)   (um 1700) (Quelle: Haiko/Reissberger)

Das historistische Portal zitiert
das barocke Portal.
Nach außen – also an den Architektur*betrachter* gewendet, wird
signalisiert:

Ich bin ein Palais

Ich bin ein Palais

Damit wird der Anspruch des   Ich bin ein Palais
Bauherrn architektonisch zum
Ausdruck gebracht:

Ich bin ein (Alt-)Adeliger

Im Inneren – also für den Architektur*benutzer*, hat eine solche großbürgerliche Architektur nicht nur den adeligen Schein, sondern auch das bürgerliche Sein abzudecken. Für diesen doppelten Anspruch mußte ein Prototyp der Wohnhausarchitektur der Großbourgeoisie gefunden werden.

Das Zinspalais

Ökonomie und Repräsentation
Das Zins(Miet)palais ist eine sehr praktische Lösung: Es erfüllt gleichzeitig *ökonomische* und *repräsentative* Ansprüche:

- Man kann durch Vermietung gut verdienen.
- Man ist wer, wenn man in der Beletage wohnt.

In der Fassade des Zinspalais spiegelt sich der soziale Status der Bewohner abgestuft wider. (Quelle: Haiko/Reissberger)

Das Zinspalais ist der ideale Kompromiß zwischen Erwerbssinn und Repräsentationsbedürfnis.

Das Erdgeschoß soll möglichst rentabel vermietbare Comptoirs (= Büros) und Verkaufsgewölbe (= Geschäfte) enthalten.

Außerdem soll das Haus in den übrigen Stockwerken Wohnungen für Mietparteien erhalten: kleinere Wohnungen (als jene des Bauherrn), deren Anzahl in den oberen Stockwerken zunimmt.

Den 1. Stock in seiner Gesamtheit will der Bauherr selbst bewohnen und verlangt zu diesem Zwecke eine eigene Stiege, welche von keiner anderen Partei im Haus benutzt werden darf.

Seine Wohnung soll mit großer Sorgfalt dekoriert, bis in das kleinste Detail künstlerisch ausgestattet werden.

Daher gibt es in jedem Zinspalais – voneinander getrennt – einen *Mietbereich* und eine *Hausherrnsphäre*. Nach Lage, Größe und Ausstattung ergibt sich ein maximaler Prestigewert für die Hausherrenwohnung; die Mietwohnungen «fallen dagegen ab». Demgemäß zeigt die typische Zinspalaisfassade eine «hierarchisch» gestufte Behandlung der einzelnen Geschosse: Große, hohe Fenster mit reicher Umrahmung, Balkonen usw. zeichnen die Beletage – und mit ihr den Hausherrn – als erstrangig aus; niedrigere Fenster mit schlichterem Dekor bezeichnen die anderen Geschosse als solche von untergeordneter Geltung, für Bewohner von niedrigerem Sozialrang. Diese Vertikaldifferenzierung wird vom Barockpalast übernommen – nur, daß sie beim Zinspalais – der Sozialstruktur seiner Bewohner entsprechend – nicht den Standesunterschied zwischen *Herr* und *Bedientem*, sondern das Sozialgefälle zwischen *Hausherr* und *Mietern* wiedergibt.

Den Architekturformen entsprechen die Verkehrsformen und die Mieten:

«Sobald heute ein Hausbesitzer sein Haus nicht ausschließlich für sich gebrauchen will – im andern Fall werden die Wohnhäuser manchmal noch zwei-, gewöhnlich dreistöckig in Villenform gebaut –, sondern dessen Räume zum Vermieten bestimmt, läßt er so viele Stöcke aufeinander pfropfen, als überhaupt tunlich ist. Vier bis fünf Etagen ist das Gewöhnliche.

Erste Etage: Bewohnt der Hausbesitzer und Bourgeois höchstselbst mit Familie. Ist hübsch geräumig, von allen Etagen die gesündeste und die bequemste.

Zweite Etage: Kommt der ersten so ziemlich gleich. Hier wohnt eine «Herrschaft», «die es machen kann» und welcher der Herr Bourgeois und Hausbesitzer

Im Inneren des Hauses sieht es dann etwa so aus.
(Quelle: Haiko/Reissberger)

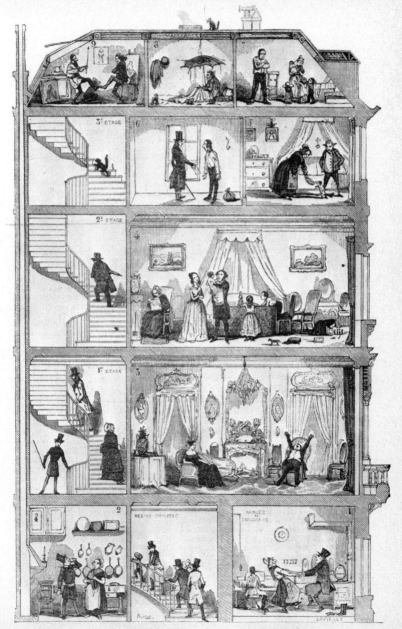

(Coupe d'une maison parisienne le 1er janvier 1845. — Cinq étages du monde parisien.)
Vignettes extraites du DIABLE A PARIS (2e série), publié par Hetzel.

deshalb ungeheure Bücklinge macht, denn der «Herrschaft», die Geld genug hat, ist es gleichgültig, ob sie alljährlich mit 50 Talern übersetzt wird oder nicht. Mietpreis 500 bis 600 Taler.

Dritte Etage: Wenn keine «Herrschaft» sich findet, wird die dritte Etage an verschiedene Familien verteilt. Der Hausbesitzer ist hier noch höflich, aber vergibt sich durchaus nichts von seiner Bourgeois-Würde. Ist sein Rükken von der zweiten Etage noch etwas krumm, so wird er in der dritten augenblicklich bolzgerade und steif. Mietpreis für eine Familie 300 bis 400 Taler.

Vierte Etage: Der Herr Hausbesitzer hat nicht Zeit, sich mit all den Leuten abzugeben, die hier wohnen; er sieht sie nur bei seiner «Arbeit», beim Einstreichen des Mietzinses, und vergißt deshalb, da er sie nicht kennt, zuweilen in der vierten Etage ihren Gruß zu erwidern; Rücken korporalsmäßig steif. Mietpreis 150 bis 200 Taler.

Fünfte Etage: Man kennt sich gar nicht. Der Mietzins wird mit abgewandtem Gesicht empfangen. Überhaupt ist es nur der besonderen «Humanität» der Herren Hausbesitzer zu verdanken, daß man da oben solche Leute wohnen läßt. Mietzins 80 bis 120 Taler.

Unter der Erde: Habenichtse, Arbeiter, die eigentlich gar keine Wohnung brauchten, wenn die Herren Hausbesitzer nicht wieder so «human» wären und ihnen ihre

stinkenden, feuchten dumpfen Kellerlöcher überließen. Bei der geringsten «Störung der Hausordnung» werden sie mit bekannter Humanität auf die Straße geworfen. Mietpreis 40 bis 50 Taler.»

(Aus: Der Volksstaat Nr. 63, 25. Juli 1873, zitiert nach: H. M. Enzensberger [Hg.]: Klassenbuch 2. Ein Lesebuch zu den Klassenkämpfen in Deutschland 1850–1919. Darmstadt 1972)

Fassade, Eingang, Vestibül
Die Fassadendekoration der Beletage hat die herrschaftliche Wohnung und ihren Besitzer nach außen zu repräsentieren; das gilt auch für das *Eingangsportal*. Dieses soll jedem einen Eindruck von der «Würde und Großartigkeit des Inneren» vermitteln. Um seiner Aufgabe gerecht zu werden, bedient es sich häufig eines typischen Hoheitszeichens, des Triumphbogenmotivs:

(Quelle: Haiko/Reissberger)

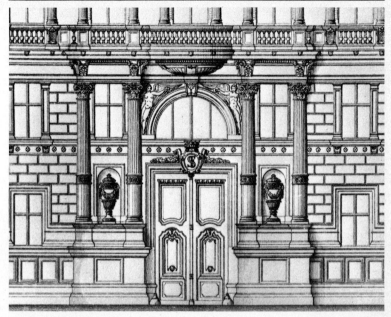

(Quelle: Haiko/Reissberger)

Ein solches «Zeichen» soll – psychologisch – auf den einen ausschließend, auf den anderen einladend wirken – je nachdem, welcher Gesellschaftsschicht er angehört, ob er «würdig» ist oder nicht.

Der Eintretende jedenfalls gelangt durch den Haupteingang des Gebäudes in das sogenannte *Vestibül* (Vorraum des Hauses). «Es fordert der angenehme Eintritt, daß dem Portal gegenüber ein überraschender Gegenstand angebracht sei, der sogleich die Aufmerksamkeit des Eintretenden auf angenehme Weise in Anspruch nimmt, ihn so zu sagen empfängt und fesselt»; dieser kann sein:

entweder

«die Aufgangstreppe mit einem großartigen und eleganten Prospekt»

oder

«an der Wand des Hofgebäudes ein großartig und elegant geschmückter Brunnen».

«Säulen, Pilaster, Figuren auf Postamente oder in Nischen gestellt, Marmorgetäfel, Wandbildnerei, Balustraden, Geländer und Kandelaber aus edlem Stoff gefertigt» usw. sind zu sehen.

Eine solche Ausstattung bereitet den Eingetretenen auf die

(Quelle: Haiko/Reissberger)

(Quelle: Fiegl)

(Quelle: Haiko/Reissberger)

Prunktreppe

Stiege

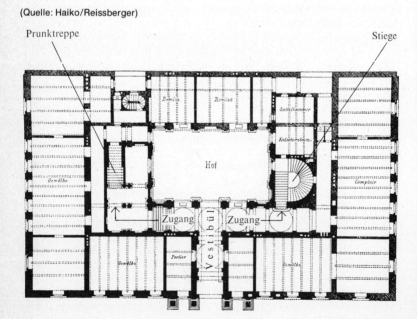

Pracht der Festräume in der Beletage vor, die er mittels der Prunktreppe erreichen kann.

Das Vestibül ist *der* öffentliche Raum des Zinspalais, wird er ja noch von allen Hausbewohnern gemeinsam benutzt; die Trennung in Hausherrnsphäre und Mietbereich beginnt erst mit den beiden unterschiedlich ausgestatteten Treppenhäusern.

Die ästhetischen Unterschiede sind Ausdruck der sozialen Unterschiede!

Die Herrschaftswohnung
Somit leitet das Vestibül von der Öffentlichkeit der Straße über die Öffentlichkeit des Hauses zur reduzierten Öffentlichkeit jenes Bereiches der Herrschaftswohnung über, in dem sich die großbürgerliche Familie den Gästen präsentiert, in dem sie Besucher empfängt und ihren gesellschaftlichen Rang, ihre kulturellen Ambitionen sowie – nicht zuletzt – ihren finanziellen Reichtum zur Schau stellt.

Bei diesem Versuch, eine repräsentative Öffentlichkeit herzustellen, orientiert sich die Großbourgeoisie wiederum an der Architektur «Großer Herren Palläste». Dies liegt nahe, finden sich doch nur dort jene «Gesellschaftsräume» vorgebildet, welche für die Entfaltung eines feudalen Lebensstils notwendig sind.

Freilich: der Wunsch des Großbürgers, «wie ein Fürst» zu repräsentieren, bleibt weitgehend ein Wunschtraum – und zwar deshalb, weil er

● als Großbürger nicht jedes private Ereignis zum Staatsakt erheben kann (wie etwa die französischen Könige des 17. und 18. Jahrhunderts das einfache Aufstehen und Zubettgehen mit einem so aufwendigen Zeremoniell über die Bühne gehen lassen, daß es zu einer Demonstration von Macht und Herrschaft wird),

● als Großbürger in einer gewissen gesellschaftlichen Kontaktbeschränkung lebt: Die Hocharistokratie grenzt sich gegen den Geldadel hin ab, dieser seinerseits distanziert sich von sozial niedrigeren Schichten; somit schränkt sich der Kreis derer, die von der «Zweiten Gesellschaft» eingeladen werden beziehungsweise einer Einladung Folge leisten, wesentlich ein. Das Großbürgertum bleibt in seinen Gesellschaftsräumen, ob es will oder nicht, fast ausschließlich unter sich.

Demgemäß ist in der großbürgerlichen Wohnung zum einen – an die barocke Tradition anknüpfend – als das architektonische und gesellschaftliche Zentrum immer der Fest-(Tanz)saal mit beigeordneten Räumen zu finden. Zum anderen aber – im Vergleich zum feudalen Vorbild – ist eben dieser Bereich reduziert: Es gibt nicht nur weniger Gesellschaftsräume, diese sind auch kleiner geworden.

Trotzdem: Luxus bleibt Luxus.

So verfügte der Bankier Gustav Epstein in seiner um 1870 angelegten großbürgerlichen Wohnung über einen Festbereich, der folgende Räume umfaßte:

Vorzimmer . . . . 27 qm
Empfangssaal . . . . 64 qm
Tanzsaal . . . . 80 qm
Wintergarten . . . . 30 qm
Speisesaal . . . . 64 qm
Spielzimmer . . . . 47 qm

Gibt sich dieser Aufwand im Vergleich etwa zum barocken Wiener Stadtpalais Liechtenstein (12 Fest- beziehungsweise Gesellschaftsräume mit insgesamt über 1 200 qm Grundfläche!) relativ bescheiden, so stellt er doch einen unerhörten Luxus dar, berücksichtigt man die kleinbürgerlichen oder gar die proletarischen Wohnverhältnisse der Zeit um 1870.

In dieser Luxusatmosphäre finden die Bälle statt, führt die Frau des Hauses ihren «Salon», stellt man «lebende Bilder» nach berühmten Werken der bildenden Kunst, während in den Fabriken der Mehrwert produziert und in den Kontoren die Profite registriert werden.

Didaktische Hinweise

Obwohl der gehobene private Wohnungsbau heute scheinbar ganz andere Ausprägungen findet, lassen sich dennoch historische Bezüge zum großbürgerlichen Wohnen herstellen oder Parallelen vor allem im Repräsentationsbereich der Wohnung ziehen. (Vergleiche dazu den Beitrag von Michael Andritzky über Möbel, Band 1, Seite 192.) So zielen nicht nur übergroße Wohnzimmer in teuren Bungalows auf ein gesellschaftliches Treiben ab, das gar nicht mehr in ihnen herrscht. Auch die «Polstergarnitur» oder die antikisierende Wohnzimmer-Schrankwand vermitteln Ansprüche, welche weniger bemittelte Inhaber von Mietwohnungen oft über ihre praktischen Bedürfnisse stellen.

Die feudalen Vorbilder von einst sind endlich «ganz unten»

angekommen, wie in den sechziger Jahren der «Gelsenkirchener Barock» (vergleiche hierzu den Beitrag von Gert Selle gegen die Geschmackserziehung, Band 1, Seite 240), sie wurden sogar schon sehr früh nachgeahmt, im kleinbürgerlichen, ja ansatzweise sogar in den proletarischen Wohnformen um die Jahrhundertwende. (Vergleiche den Beitrag von Sonja Günther über Arbeitermöbel, Band 1, Seite 312.)

Die Geschichte des großbürgerlichen Wohnens ist (im Zusammenhang mit vielen anderen Beitragsthemen) eine Grundlage zum Verständnis immer noch «repräsentativer» Wohnformen der Gegenwart. Die Baugeschichte des Stadtpalais und des Zinshauses der Bourgeoisie zeichnet gleichsam auf ihrer Oberfläche ästhetisch-gestalthaft die sozialgeschichtliche Entwicklung nach. Die Einheit von Ökonomie, Ästhetik und Sozialgeschichte kann von älteren Schülern aufgedeckt und zur Erklärung gegenwärtiger Wohnleitbilder und Wohnformen herangezogen werden. Dies kann geschehen über

- Fotoerkundungen und selbsterstellte Dokumentationen (Schaubilder, Stadtteilbroschüren) bürgerlicher Wohnviertel oder Straßenzüge vor 1900, mit Textauszügen aus Dokumenten, zeitgenössischer Literatur und Kulturkritik (vergleiche hierzu den Beitrag von Hermann Glaser über Wohnbilder – Seelenbilder, Band 1, Seite 322);

- vergleichende Rekonstruktion der Lebensumstände und Wohnweisen auf «Bilderbögen»
a) eines Fabrikanten und Kommerzienrats
b) eines Fabrikarbeiters um 1890
(zum Beispiel anhand von Biographien und Jubiläumsschriften, Arbeiter-Autobiographien und sozialkritischer Literatur);

- synchronoptische Darstellung der ökonomischen, technologisch-wissenschaftlichen, politischen und sozialen Entwicklung im Deutschen Reich 1870–1914 (Schautafel oder Poster mit Fotos, Zeichnungen, Tabellen);

- Entwurf einer fotografierten und gezeichneten «Typologie» der bürgerlichen Bauformen (Fassadenfotos, Grundrißskizzen), vor allem der Zinshäuser, aber auch der «Villen», die in einem Viertel, einer Straße anzutreffen sind, und Gegenüberstellung moderner Typen (Mietshäuser, Bungalows usw.) – eventuell nach dem Prinzip der «Gegenschnitt-Montage») zum Herausarbeiten der ästhetischen Elemente, die das Sozialgefälle der Bewohner beziehungsweise Besitzer markieren;

- Entwurf einer «Typologie» der Einrichtungsformen (zum Beispiel großbürgerlich-feudal, mittelständisch, kleinbürgerlich, proletarisch) einst und heute – in Form von Schaubildern mit Kurztexten, Zeichnungen, Fotos, Fotokopien;

- Rekonstruktion einer «Familiengeschichte» des Wohnens in Form eines illustrierten Berichts durch Befragen von Eltern und Verwandten; Einsatz von Kopien aus dem Familien-Fotoalbum, alten Ansichtskarten, Ortschroniken und Vergleich der Nachforschungen in der Klasse in Form einer Ausstellung.

Alle diese Veranschaulichung und sinnlich-produktive Wiederentdeckung von Geschichte erleichtert die Erkenntnis soziologisch und ästhetisch durchgehender Traditionslinien ebenso wie der sozialen Veränderungen, die sich in der «Aneignung» einst privilegierter Wohnformen durch andere Schichten spiegelt.

Materialien

Dia-Reihe zum vorliegenden Beitrag (etwa 20 exemplarisch verwendbare Dias)
Bezugsadresse:
Deutscher Werkbund e. V.
Alexandraweg 26
6100 Darmstadt

Schulkinder an der öffentlichen Wasserpumpe (um 1898).
(Quelle: Landesbildstelle Berlin)

Franziska Bollerey/Kristiana Hartmann

Die Mietskaserne

Am Beispiel Berlins, der größten Mietskasernenstadt der Welt, wird hier ein besonderer Wohnhaustyp vorgestellt und eine Art des Wohnens analysiert, die für proletarische und kleinbürgerliche Wohnbevölkerungsgruppen seit der Industrialisierung und dem sprunghaften Flächenwachstum der großen Städte charakteristisch ist.

Dabei wird nicht nur das historische Wohnungselend ins Bewußtsein zurückgeholt. Der Beitrag zeigt auch auf, daß die alten Mietskasernen-Viertel heute, angesichts kahl-funktionalistischer Großprojekte des «sozialen» Wohnungsbaues der Gegenwart, oft überraschende soziale Wohnqualitäten aufweisen, die unbedingt erhalten werden müssen.

«Urbanität», Inbegriff städtischen Lebens, wird heute oft mit Fotografien aus typischen Mietskasernenstraßen, mit Szenen aus Sanierungsgebieten in Berlin-Charlottenburg, Kreuzberg und Wedding anschaulich gemacht. Menschenwürdige Wohnverhältnisse werden seit den grundlegenden Untersuchungen von Jane Jacobs und den negativen Erfahrungen, die man mit Neubauquartieren, ja mit ganzen neu aus dem Boden gestampften Städten, wie dem Märkischen Viertel in Berlin, gemacht hat, nicht mehr am Standard des gekachelten Bades, am Fahrstuhl, am Baukomfort schlechthin gemessen. Heute be-

Kreuzberg, Oranienstraße 28 (Zustand 1968)
(Quelle: Landesbildstelle Berlin)

wertet man die alten Mietskasernen-Viertel nach sozialen Wohnqualitäten. (Vergleiche den Beitrag von Gerhard Ullmann/Michael Andritzky/Gert Selle über das Fotografieren der gebauten Umwelt, Seite 122, in dem der Unterschied zwischen den baulichen Qualitäten etwa Kreuzbergs und des Märkischen Viertels herausgearbeitet wird.)

Freilich sind auch die Mängel und der oft total verwohnte Zustand der alten Mietskasernen nicht zu übersehen.

Ursprünglich waren diese Wohnunterkünfte für Arbeiter auf der Grundlage der Basisideologie der industriellen Revolution entstanden, nach der die Summe der privaten Profite dem Allgemeinwohl entspricht. Die Mietskaserne war *das* Anlageobjekt der großen und kleinen Bau- und Wohnungs-

Badstraße (Wedding)
(Quelle: Landesbildstelle Berlin)

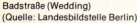

spekulanten. Dieser wirtschaftliche Darwinismus führte in Großstädten wie Berlin zu den im folgenden geschilderten elenden Wohnbedingungen.

Die Kaserne für lohnabhängige Arbeiter stand im Gegensatz zum Einfamilienhaus; unter ihrem Dach befindet sich eine größere Anzahl von Mietwohnungen.

Mietskasernen aus der zweiten Hälfte des 19. Jahrhunderts bis in die zwanziger Jahre sind mehrgeschossige (meist 5geschossige) Wohnhäuser (ca. 22 m hoch) mit einem Vorderhaus und Seitenflügeln. In den meisten Fällen gehören auch Quergebäude dazu, die – parallel zum Vorderhaus liegend –, wiederum mit Seitenflügeln ausgebildet, bis zu 7 Hinterhöfe hatten. Diese Höfe waren enge, dunkle Schluchten, auch «Kulturröhren» genannt, in denen sich manchmal ein Baum kümmerlich am Leben halten konnte.

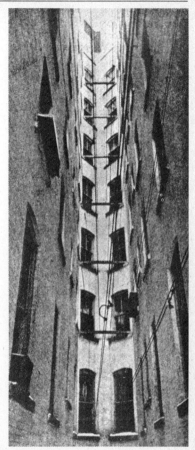

Hof einer 7-stöckigen Mietskaserne
(Quelle: Bollerey/Hartmann)

Der inzwischen abgerissene «Meyerhof» im Wedding (Ackerstraße 132/133) umfaßte 6 Hinterhöfe mit ehemals 2000 Bewohnern in 300 Wohnungen.
(Quelle: Landesbildstelle Berlin)

Entstehungsbedingungen der Mietskaserne

Die Entstehung, Errichtung, Verwertung und Nutzung der Mietskaserne ist gekoppelt an den Verlauf der industriellen Revolution im Produktionssektor seit der ersten Hälfte des 19. Jahrhunderts. Die drei das gewerbliche Beschäftigungsvolumen der Stadt Berlin seit den 1830er Jahren in hohem Maße bestimmenden Gewerbezweige waren das Textil- und Bekleidungsgewerbe sowie das Metallgewerbe. Aufgrund einer Anzahl von Standortvorteilen, günstiger Transport- und Arbeitsmarktbedingungen konzentrierten und entwickelten sich diese Produktionszweige in Berlin besonders intensiv.

Eine der wesentlichsten Voraussetzungen für die kapitalistische Produktion, die Existenz von Arbeitskräften, die frei waren von feudalen Bindungen und frei vom Eigentum an Produktionsmitteln, wurde in Berlin wie anderswo in erster Linie durch die zuziehende nicht-städtische Bevölkerung geschaffen.

In dem Maße aber, in dem die Industrien auf neue Arbeitskräfte angewiesen waren, mußten zahlreiche neue Arbeiterwohnungen gebaut werden. Da die innerstädtischen Verkehrsverbindungen, das heißt vor allem auch der Personenverkehr, schlecht ausgebaut waren und da bei der Länge des Arbeitstages die Nähe zum Arbeitsplatz eine wichtige Bedingung war, erfolgte die Bebauung mit Mietskasernen um die relativ eng angesiedelten industriellen Kerngebiete herum.

Bei M. Schulz (1925) heißt es: «Das Viertel der Berliner Maschinenbauer war geboren ... In diesem Viertel ... wurden damit auch andere Keime gelegt, unter anderem der modernen Arbeiterbewegung.»

Bevölkerungsentwicklung

Wegen des Elends der Massen auf dem flachen Land, das noch durch die quasi-feudale Abhängigkeit der Landarbeiter verschärft wurde, genügten schon geringe Reallohndifferenzen, um während der industriellen Revolution die Arbeitskräfte in die Stadt zu ziehen. Die in Berlin gezahlten Löhne reichten aus, damit sich Neuankömmlinge vorerst als «Schlafburschen» irgendwo ein Bett für die Nacht mieten konnten. Und dies schien durchaus eine Alternative zum Strohsack im gutsherrlichen Gesindehaus oder einer elenden Lehmhütte.

Die vom Land zuziehende «industrielle Reservearmee» verschlechterte sowohl im Produktions- als auch im Reproduktionsbereich, das heißt also auch im Bereich des Wohnungswesens, die Bedingungen für die schon ansässigen Berliner Arbeiter.

Die Binnenwanderung, die logischerweise eine spezifische Ost-West-Richtung einnahm (die östlichen Provinzen des deutschen Reiches waren rein agrarische Gebiete), wurde in keiner Weise regulierend beeinflußt.

«Planung» im heutigen Sinne gab es nicht. Richtungweisend war nicht eine «paritätische» Volkswirtschaft, sondern die auf privatwirtschaftlichen Profit ausgerichteten Prozesse.

1851 zählte man auf dem Territorium des nachmaligen Deutschen Reiches 5 Großstädte (mit über 100 000 Einwohnern). 1910 waren es 48. Mehr als ein Viertel der Reichsbevölkerung wohnte 1910 in Großstädten. Die Bevölkerungszunahme betrug von 1867 bis 1900:

auf dem Lande (bis 2 000 Einw.)	1 %
in der Mittelstadt (bis 100 000 Einw.)	163 %
in der Großstadt (über 100 000 Einw.)	234 %

Berlin, das um die Mitte des 19. Jahrhunderts noch 450 000 Einwohner hatte, war 1871 schon Millionenstadt. Und während in den neunziger Jahren in London durchschnittlich acht, in New York zwanzig Personen ein Haus bewohnten, waren es in Berlin 76.

Baurechtliche Situation

Planungs- und Gestaltungsgesetze (1853, 1862, 1887, 1892, 1903 ff) regelten vor allem den repräsentationsgerechten preußisch-hohenzollerischen Ausbau der Reichshauptstadt. Breite Ausfallstraßen, repräsentative Platz- und Straßenwandgestaltungen, Achsen- und Sichtbezüge waren Ordnungskriterien, die Berlin mit Wien, Paris und anderen europäischen Hauptstädten teilte.

Der Bebauungsplan von 1862 unterstellte die Innenstadt und die Außengebiete Berlins einer einheitlichen Planung. Im Auftrag des Polizeipräsidenten stellte der Baurat und Fachmann für Kanalisation, James Hobrecht, einen Plan nach dem Vorbild der «Friedrichstadt» (einer barocken Stadterweiterung Berlins) auf. Die einzelnen Blöcke zwischen den Verkehrsadern waren 200 bis 400 Meter lang und 150 bis 200 Meter tief. Die Detailplanung der Blöcke blieb offen. Breite repräsentative, schachbrettartig oder sternförmig angeordnete Straßenzüge und große viereckige oder polygonale Plätze waren die charakteristischen Merkmale des «Hobrechtplanes».

Die 1862 noch gültige Baupolizeiordnung vom 25. April 1853 sah einen Innenhof von mindestens 28 qm vor. Die Bestimmungen folgten vor allem feuerpolizeilichen Vorschriften – so mußte zum Beispiel die Straßenbreite der Haushöhe entsprechen, damit ein einstürzendes brennendes Haus nicht die gegenüberliegende Hausfassade gefährdete – während hygienische Gesichtspunkte kaum berücksichtigt und kulturelle Anforderungen mit Ausnahme des offiziellen Repräsentationsraumes nie gestellt worden sind. Erst 1887 wurde

Belle-Alliance-Platz (um 1935). (Quelle: Landesbildstelle Berlin)

Typische Mietskasernen – Blockbebauung mit Hinterhöfen. (Quelle: Bollerey/Hartmann)

durch eine neue Bauordnung für den Stadtkreis Berlin eine Mindestgröße von 60 qm für Innenhöfe festgelegt.

Bebauungsplan und Bauordnung lieferten die juristische Grundlage dafür, daß die Stadt «unabsehbare grüne Flächen der Umgebung Berlins für den Bau dichtgepackter großer Mietskasernen mit je zwei bis sechs schlecht beleuchteten Hinterhöfen amtlich herrichtete und vier Millionen künftiger Berliner zum Wohnen in Behausungen verdammte, wie sie sich weder der dümmste Teufel noch der fleißigste Berliner Geheimrat oder Bodenspekulant übler auszudenken vermocht hätte» (Hegemann 1976).

Die Mietskaserne als Ware

«Wohnungen werden in der warenproduzierenden Gesellschaft auf dem städtischen Markt gegen Geld getauscht wie Brot und Kartoffeln . . . Und wie bei allen anderen Waren unterliegen sie im Prinzip den Bedingungen von Angebot und Nachfrage. Da die große Masse der städtischen Bevölkerung nicht in der Lage war, Wohnungen selbst zu erwerben, wurden während der industriellen Revolution 95 Prozent der Wohnungen von vornherein als Mietwohnungen gebaut. Da durch die niedrigen Einkommen den Mieten enge Grenzen gesetzt waren, mußte die Rendite auf Kosten der Qualität der Stadt- und Baustruktur erzwungen werden. Die Qualität der Baublöcke, der Viertel, der Wohnungsversorgung sank mit dem Ansteigen des Arbeiteranteils. Eine beträchtliche Anzahl von Mietskasernen war nicht voll an das Kanalisationssystem angeschlossen, das heißt, daß viele Wohnungen keine WCs hatten» (Faßbinder, 1975).

Aufteilung der Häuser

Der horizontalen Aufteilung des Stadtgebietes in Arbeiterwohngebiete und «bessere Viertel» entsprach die vertikale Nutzung der Häuser, was sich an Ausstattung und Zimmerhöhe ablesen läßt. Die Wohnungen der sogenannten «Beletage», des 1. Stockes, hatten eine Höhe bis zu 3,90 Meter, die im 4. oder 5. Stock lag oft unter 3 Metern. (Vergleiche den Beitrag von Peter Haiko/Mara Reissberger über großbürgerliches Wohnen, Seite 266)

Das Erdgeschoß wurde oft auch als Ladenraum vermietet. Zu Billigquartieren gemacht, brachten Keller und Dachgeschoß ohne große Kosten den Hausbesitzern auch etwas ein. Statistische Erhebungen zwischen 1861 und 1867 haben die Sterblichkeitsquoten mit den Stockwerkslagen der Wohnungen in Beziehung gesetzt.

Gesundheitsschädigend waren vor allem die berüchtigten Kellerwohnungen. Die hohe Sterblichkeit ist aber nicht ausschließlich auf die Lage der Wohnung, sondern auch auf die ökonomische Stellung des Mieters, seine schlechteren Lohn- und Arbeitsbedingungen, wie die – mit seinem Einkommen in Zusammenhang stehende – Belegung der Wohnung zurückzuführen.

Belegung der Wohnungen und Wohnverhältnisse

Um die Miete bezahlen zu können, wurde häufig untervermietet beziehungsweise wurden Betten an «Schlafburschen» abgegeben, was den ohnehin knapp bemessenen Wohnraum einer Arbeiterfamilie, der meistens nur aus Küche, einem Zimmer und eventuell einer Kammer bestand, noch weiter einschränkte. Entsprechend

Der Einfluß der Wohnungslage auf die Sterblichkeit: Ungünstige soziale Lage und schlechte Wohnung bewirken zusammen, daß im Keller und Dachgeschoß die Sterblichkeit am größten ist (jeder Sarg bedeutet 1 % Sterblichkeit). (Quelle: Bollerey/Hartmann)

der Volkszählung von 1861 lebten 48 326 Menschen, ein Zehntel der damaligen Bevölkerung Berlins, in Kellerwohnungen. Von 105 811 Zimmern waren nur 51 909 heizbar. Weit über ein Fünftel der Berliner Bevölkerung teilte darüber hinaus ein heizbares Zimmer mit mindestens 5 Personen:

27 629 wohnten zu je 7 in einem heizbaren Zimmer,

18 376 wohnten zu je 8 in einem heizbaren Zimmer,

10 728 wohnten zu je 9 in einem heizbaren Zimmer,

5640 wohnten zu je 10 in einem heizbaren Zimmer, und

2904 wohnten zu je 11 in einem heizbaren Zimmer.

(Noack, 1925)

Victor Noack schilderte in seinem Buch «Kulturschande. Die Wohnungsnot als Sexualproblem» (1925) eine neunköpfige Familie, die noch 1920 in der Berliner Königsberger Straße 37 in einer Stube und einer Küche wohnte:

«48jähriger Vater, 46jährige Mutter, vier Töchter im Alter von 20, 19, 18 und 15 Jahren, drei Söhne, 16-, 11- und 8jährig. Soziologisch sehr interessant ist, was bis heute, also im Verlauf von etwas über vier Jahren, aus dieser Familie – wesentlich infolge Wohnungselends – geworden ist: Der Vater hat seine 17jährige Tochter mißbraucht und kam wegen Verbrechens der Blutschande ins Gefängnis; er befindet sich gegenwärtig in der Irrenanstalt Herzberge. Die Mutter ernährt sich als Lumpenhändlerin. Die älteste Tochter ist verheiratet und bewohnt die eben erwähnte Wohnung der Eltern. Die heute 23jährige zweite Tochter ist ebenfalls verheiratet: sie wohnt im Keller des Quergebäudes des gleichen Hauses, arbeitet nicht und treibt sich nachts herum. Ihr Ehemann sitzt im Gefängnis. Bei ihr wohnt die heute 22jährige dritte Tochter: Kontrollmädchen und seit kurzem spurlos verschwunden. Die jüngste, heute etwa 20jährige Tochter ist aus der Fürsorge entwichen. Die letzte Nachricht von ihr kam aus Italien, wo sie angeblich als Tänzerin mit einer Truppe umherzieht. Der älteste, etwa 20jährige Sohn sitzt wegen Urkundenfälschung im Gefängnis; er ist für seinen Vetter, da er gerade arbeitslos war, auf dessen Papiere ins Gefängnis gegangen. Der heute 16jährige zweite Sohn ist seit Jahren in guter Landstelle in Pommern untergebracht. Der jüngste, heute etwa 14jährige Sohn war ebenfalls auf dem Lande untergebracht, befindet sich jedoch jetzt bei seiner Mutter, die in einem stockfinsteren Keller (Königsberger Str. 37) bei der 86jährigen Großmutter und einem Bruder einwohnt. Dort schlafen vier Menschen in zwei Betten.»

Unter solchen Verhältnissen litt nicht nur die physische, sondern auch die psychische Gesundheit der Mietskasernenbewohner. Umfragen, wie sie heute wieder bei Kindern, die unter anderem in den Slums von New York wohnen,

Karikatur zur Wohnungsnot von Th. Th. Heine aus dem «Simplizissimus»

gemacht werden, unternahm im Auftrage der AOK der Arzt Dr. Ebeling in Berlin im Jahre 1912. Er stellte fest:

«Eine in Berliner Volksschulen unter solchen Kindern von sechs und mehr Jahren durchgeführte Statistik ergab: 70 Prozent hatten keine Vorstellung von einem Sonnenaufgang, 54 Prozent kannten keinen Sonnenuntergang, 76 Prozent keinen Tau, 82 Prozent hatten nie eine Lerche gehört, 49 Prozent nie einen Frosch, 53 Prozent hatten keine Schnecke, 87 Prozent keine Birke, 59 Prozent nie ein Ährenfeld gesehen; 66 Prozent kannten kein Dorf, 67 Prozent keinen Berg, 89 Prozent keinen Fluß. Mehrere Schüler wollten einen See gesehen haben. Als man nachforschte, ergab es sich, daß sie einen Fischbehälter auf dem Marktplatz meinten» (zitiert in: Noack, 1925).

Es ist heute fast unvorstellbar, unter welchen Wohnverhältnissen große Teile der Arbeiterbevölkerung bis in die Zeit nach dem Ersten Weltkrieg und Inflation leben mußten. Das gilt ebenso für das städtische Industrieproletariat in den Mietskasernen wie für die meist in hoffnungsloser Abhängigkeit von Gutsherren gehaltene Landarbeiterbevölkerung.

Ergebnisse einer Wohnungsenquete

Eine Wohnungsenquete(-erhebung) der Allgemeinen Ortskrankenkasse (AOK) Berlin (1910–1913) hat die unmenschlichen Wohnverhältnisse aktenkundig gemacht – gegen den Widerstand des Preußischen Landesverbandes der Haus- und Grundbesitzervereine, der es erreichte, daß der Ortskrankenkasse durch den Minister für Handel und Gewerbe schließlich verboten wurde, Kassenmittel für solche Erhebungen einzusetzen. Hier einige kurze Schilderungen aus der Enquete der AOK, dazu einige Fotos, die man nicht weiter zu kommentieren braucht:

(Quelle: AOK Berlin)

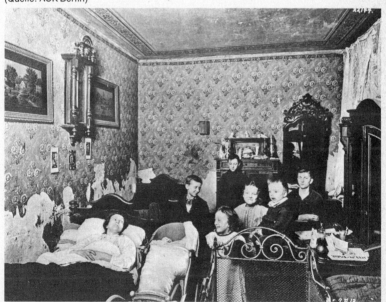

Rixdorf, Ziethenstr. 59, Vorder-
haus, 4 Treppen
Der Kranke schläft in der Stube
zusammen mit der Frau in einem
Bett. Für fünf Personen ist als
Schlafgelegenheit ein großes
Bett, ein Sofa, eine Kinderbettstelle und ein Kinderwagen vorhanden.

Langestr. 88/89, Quergebäude, 2
Treppen
Patient wohnt mit seiner Frau und
6 Kindern in einer Küche. Die Küche ist sehr eingewohnt, stellen-
weise ist der Putz abgefallen. An
Möbeln sind vorhanden: zwei alte
Holzbettstellen, eine eiserne Bett-
stelle und ein Kinderwagen mit
notdürftigen Betten, ein Küchen-
schrank, ein kleiner Tisch und ein
Stuhl. An der Tür hängen einige
alte Kleider.

(Quelle: AOK Berlin)

Memeler Str. 52, Vorderhaus, 1
Treppe
Der Kranke schläft auf dem Korri-
dor, im äußersten Winkel, wo weder Luft, Licht noch Sonne Zutritt
hat. Heizgelegenheit ist auch
nicht vorhanden . . .

Wrangelstr. 133, Quergebäude, 4
Treppen
Eine Küche steht der Kranken zur
Verfügung. Das ganze Mobilar
derselben besteht in einer Matratze, ohne ein Stück Bett. Diese Matratze wird am Tage zusammen-
gerollt und verschnürt und bietet
so der Kranken Sitzgelegenheit.
Als Tisch dient ein Pappkarton,
sonst ist weiter nichts vorhanden,
kein Tisch . . .

Falckensteinstr. 29, Quergebäu-
de, im Keller
Der Eingang zu der Wohnung des
Patienten ist ganz dunkel, so daß
man sich auch am Tage ein
Streichholz anzünden muß, um
den Weg zu finden. Die Wände
sind weiß getüncht; die Höhe beträgt 2,60, die gute Hälfte liegt unter der Erde. Die Sonne hat das
ganze Jahr keinen Zutritt.
Der ganze Raum hat die Ähnlich-
keit eines Lagerraums; alle wirtschaftlichen Arbeiten müssen
darin verrichtet werden.

Lausitzer Str. 41, Vorderhaus, im
Keller
Die Wohnung besteht aus einem
Laden mit daran anstoßendem
Wohnraum. Im Laden betreibt der
Mann eine Schuh-Reparatur-

werkstatt und gleichzeitig eine Taubenzüchterei. Die in diesem Raum herrschende Luft ist geradezu unerträglich. Die Tauben, welche in dem Raum teilweise frei umherfliegen, vermehren auf diese Weise noch den schon vorhandenen Schmutz.

Der Wohnraum, welcher als finsteres Loch bezeichnet werden muß, hat zwei Fenster, das eine wird durch eine darüber hinweg in einen Laden führende Treppe verdunkelt, während das andere nur zur Hälfte Licht einläßt. In diesen mit den dürftigsten Möbelstücken ausgestatteten Räumen wohnen die beiden älteren Personen schon jahrelang.

Sorauer Str. 29, Quergebäude, im Keller
Die aus sechs Personen bestehende Familie bewohnt eine Stube und eine Küche. Die Höhe der Räume beträgt 2,50 Meter, davon liegt 1,50 Meter unter der Erde. Der Blick durch die Fenster fällt auf eine trostlose Mauer, auch sind nur wenige Quadratmeter Licht sichtbar. An Möbeln war in der Stube nur ein Kinderwagen und ein Tisch vorhanden, die Betten lagen lose auf der Erde; Bettstellen waren nicht vorhanden, ebenso fehlten alle Küchenmöbel . . .

Wrangelstr. 63, Quergebäude, Parterre
Durch die Lage des Hauses sind beide Räume, die der Patient bewohnt, dunkel. Die Wände sind mit Kalk gestrichen. Licht, Luft und Sonne haben keinen Zutritt.

Dicht vor dem Fenster befindet sich die Düngergrube.

Die Bettenfrage illustrieren nachstehende Schilderungen:

Eisenbahnstr. 20, linker Seitenflügel, 1 Treppe
Den Leuten steht eine kleine einfenstrige Stube und eine ebenso kleine Küche zur Verfügung. Patientin ist lungenkrank, ebenso ihr Mann. In zwei Betten schlafen sieben Personen.

Togostr. 6, Quergebäude, 1 Treppe
Die Wohnung, eine Berliner Stube und eine kleine Küche, wird von zehn Personen bewohnt. Mann, Frau und acht Kinder im Alter von 3–17 Jahren. Diese zehn Personen schlafen alle in der Stube und haben nur drei Betten zur Verfügung; es schlafen immer drei Personen in einem Bett. Das kleinste Kind liegt in der Kinderbettstelle.

Oppelner Str. 34, linker Seitenflügel, 1 Treppe
Stube und Küche. In der Stube schläft der Kranke mit seiner Frau und fünf Kindern. Für diese sieben Personen sind zwei große Betten, ein kleines Kinderbett und ein Sofa zum Schlafen vorhanden.

Sorauer Str. 26, Quergebäude, 1 Treppe
Die Wohnung, aus Stube und Küche bestehend, wird von acht Personen bewohnt, und zwar von einer Witwe mit sieben Kindern; das älteste, ein Sohn, ist 19 Jahre alt und leidet an Bronchialkatarrh. Er

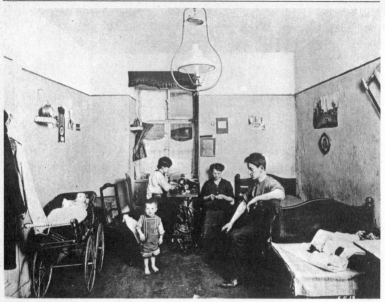

(Quelle: AOK Berlin)

teilt das Bett mit zwei kleineren Brüdern. Für alle acht Personen sind drei Betten und ein Sofa vorhanden. Das zweitälteste Kind ist eine Tochter von 17 Jahren. Diese teilt das Bett mit einer Schwester. Die Mutter ist eine schwächliche Frau und leidet an Stirnhöhleneiterung. Der Mann ist vor vier Jahren gestorben.

Rixdorf, Hermannstr. 19, Quergebäude, Parterre
Die Wohnung besteht nur aus einer kleinen Küche und wird vom Patienten allein bewohnt. Zum Schlafen dient eine alte Matratze; zum Zudecken benutzt Patient ein Stück alten Teppichs. An Möbeln war nur ein alter Stuhl vorhanden.

Die Mietskasernenviertel heute

Wohnungselend und Ausbeutung gibt es auch heute noch in den alten Mietskasernenvierteln, denkt man nur an die Wohnverhältnisse vieler Gastarbeiterfamilien. Es ist kaum vorstellbar, daß in solchen ehemals elenden Quartieren, die die Flächenbombardements des Zweiten Weltkriegs und die Sanierung überstanden haben, häufig *dennoch* soziale Wohnumweltqualitäten sich entwickeln konnten.

Dies hat jedoch mehrere Ursachen. Zunächst jene, daß die deutsche Arbeiterbevölkerung allmählich mehr Rechte und mehr Anteile am Sozialprodukt zugebilligt erhielt, und mit der gesellschaftlichen Entwicklung verbunden auch ein hygienisch verbessertes, komfortableres Wohnen für viele möglich wurde, die einst aus der Enge überbelegter, schlechter Wohnungen nie herauskommen konnten.

Die verbesserte ökonomische Lage der Arbeiterfamilie einerseits und der in der Weimarer Republik energischer vorangetriebene soziale Massenwohnungsbau (vergleiche den Beitrag von Henning Burk über das Neue Bauen, Seite 302) trugen dazu bei, die Wohnungslage etwas zu entzerren. Der Zweite Weltkrieg mit der massenhaften Vernichtung von Wohnraum und dem Zustrom von Flüchtlingen führte zunächst für viele noch einmal an die alten Elendszustände heran. Erst lange nach Kriegsende schien die Wohnungsnot behoben, freilich auch nur (und bis heute) für die besser verdienenden, lohnabhängigen Bevölkerungsschichten. Daß es immer noch Wohnungselend gibt, erleben kinderreiche Familien ebenso wie soziale Randgruppen. (Vergleiche den Beitrag von Gisela Schuler über das Wohnen in Obdachlosensiedlungen, Seite 200.)

Daß insgesamt gern in den zum Teil sanierten und renovierten Häusern der alten Mietskasernenviertel gewohnt wird, hängt mit den dort häufig noch tragbaren Mieten zusammen, aber auch damit, daß sich in dieser Wohnumgebung trotz ihrer Elendsgeschichte eine Tradition von Aneignungsformen entwickelt hat, die man in keinem Neubauviertel vergleichbar antrifft. Deshalb fühlt man sich hier auch wohl – trotz der schlechten sozialen Erinnerungen im Kopf und der grauen Fassaden und Mauern vor Augen.

Das neue, vergleichsweise «komfortable» Elend in den Trabantenstädten der sechziger Jahre hat uns die Augen geöffnet. Wir erkennen, daß die alten Mietskasernenviertel eine zwar ungepflegte, aber belebte und belebbare Wohnumgebung samt den Rentnern und den Türkenkindern auf der Straße darstellen. Und nun zeigt sich auch, daß diese einst aus purem Unterbringungs- und Profitinteresse geplanten Quartiere über bauliche Vorzüge verfügen, die man woanders oft vergebens sucht.

Kommunikationsdichte und Nutzungsvielfalt

Wo das Wohnen zum Beispiel nicht erst über einer mindestens zwei Meter hohen Betonsockel-Zone beginnt, ist die Trennung zwischen privatem Wohnbereich und öffentlichem Straßenbereich fließend. Das punktuelle Miteinander von Passant und Bewohner, von Nachbar und Besucher ist gewährleistet. Aussagen wie folgende bringen das Bedauern über die im Märkischen Viertel

Aus der Postkartenserie «Noch ist Kreuzberg nicht verloren»: Kreuzberg, Lausitzer Straße.
Dieter Kramer und Gerhard Spangenberg bemerken dazu: Die Fassadenzone hat ihren Wert
als bebilderte Eigentumsgrenze verloren: sie ist zu einer Zone öffentlicher Notwendigkeit
geworden. Die Fassade hat Gebrauchswert erhalten. Die Balkone in der Lausitzer Straße
sind Schmuck- und Küchengarten, Laube, Tierstall (nach 1945 mit Kaninchen und Ziegen),
Kneipe, Abstellraum, Trockenboden, Werkstatt, Sommerfrische, Aussichtsplattform, Ruf-
posten. (Quelle: Kramer)

vermißten Wohnqualitäten deutlich zum Ausdruck:

«Nach sechs Jahren Leben im
dreizehnten Stock unseres Hochhauses im MV kennt man nur zwei
Mietparteien, wo man vorher in
Kreuzberg nicht nur alle Leute im
Haus, sondern auch die Nachbarn
im ganzen Dreh kannte» (Duntze,
1972).

Eine Vielzahl von Läden ist in
den Mietskasernenstraßen zwischen die Parterrewohnungen
eingeschoben. Die Hinterhöfe
sind teilweise Gewerbehöfe mit
Fabriketagen und Kleinwerkstät-
ten. Auf den Wohnhöfen haben
Hobbygärtner, Bastler und Kinder
die Regie übernommen. Aus Mangel an öffentlichen Spielplätzen
und Parks sind hier die halböffentlichen Imperien der Mietskasernenbewohner entstanden.

Die Straße ist keine anonyme
Verkehrsschleuse, sie bietet sich
zum Gebrauch an. Straßen, Höfe,
Fassaden, Wohnungen lassen
eine Vielzahl von Nutzungen zu.

So wurde, um nur ein Beispiel zu nennen, der einst in den 1860er Jahren vom Berliner Polizeipräsidenten verordnete und vom preußischen Architekten Karl Friedrich Schinkel erfundene große nutzlose Durchgangsraum zwischen dem repräsentativeren Vorderhaus und dem technischen Funktionsbereich im hinteren Teil der Wohnungen im Seitenflügel, das «Berliner Zimmer», zum halböffentlichen Raum dort umfunktioniert, wo mehrere Mietparteien sich eine große Vorderhauswohnung teilen.

Didaktische Hinweise

Der Themenkomplex Mietskaserne – Wohnungselend – neue Wohnqualität sollte im Zusammenhang eines Projekts behandelt werden, das auch eine Reihe anderer grundlegender Themen (vergleiche zum Beispiel den Beitrag von Christine Mussel über Wohnen im sozialen Wohnungsbau, Band 1, Seite 83) aufgreift und geschichtliche Fakten mit den gegenwärtigen Verhältnissen in Zusammenhang bringt. Enge thematische Verbindungen bestehen auch mit der Geschichte des bürgerlichen Wohnens (vergleiche den Beitrag von Peter Haiko/Mara Reissberger über großbürgerliches Wohnen, Seite 266), mit der Geschichte des Kinderwohnens (vergleiche den Beitrag von Ingrid Wenz-Gahler über Wohnen mit Kindern, Band 1, Seite 298), aber auch mit der gestaltsoziologischen Analyse von Wohnumfeldern in älteren Quartieren (vergleiche die Beiträge von Roland und Janne Günter über Elemente sozialer Architektur und von Klaus Spitzer über Kommunikation, Seite 10 und 45).

Der Unterricht sollte in jedem Fall an der augenblicklichen Wirklichkeit solcher Viertel ansetzen (die es in jeder Großstadt gibt) und Schülern die Möglichkeit bieten, dazu unmittelbare Erfahrungen zu sammeln (falls sie nicht als Mitbewohner solcher Häuser über eigene Erfahrungen verfügen). Dabei könnten Schüler die feststellbaren Mängel und die vorhandenen Wohnqualitäten analysieren und zugleich etwas über den historischen Ursprung dieses Wohnungsbautypus lernen. Hier nur ein Hinweis für das Vorgehen:

Man kann mit Schülergruppen eine *Straßenuntersuchung* planen. Jeweils eine Kleingruppe sucht sich eine Mietskaserne in einer vereinbarten Straße als Gegenstand einer detaillierten Analyse aus, das heißt, mehrere Kleingruppen arbeiten gleichzeitig an einer solchen Erkundungsstudie, so daß am Ende die Gruppenergebnisse zu einem «Straßenbild» zusammengesetzt werden können. Zu den Einzeluntersuchungen der Gruppen gehören:

- «Hausporträt»
zeichnerische und fotografische Dokumentationen der Lage, Art, Größe des Hauses, der Fassadendetails usw.
- Nutzungs- und Belegungsanalyse
Mieter- beziehungsweise Bewohner-Interviews zur früheren Belegung, zum Beispiel in der Nachkriegszeit, Besitzverhältnisse, Tonband-Interviews, Namensschild-Protokolle (Briefkästen)
- Wohnqualitätsanalyse
Alter und Zustand des Hauses beziehungsweise der Wohnungen, Grundrisse, Höhe der Mieten (falls Kontakt zu Mietern gelingt), Vor- und Nachteile in der Sicht der Mieter – Gespräche bei systematisch vorbereiteten Hausbesuchen
- Wohnumfeld-Analyse
Beobachtung der unmittelbaren Hausumgebung wie Hof, Vorgarten, Bürgersteig, Straße mit Hilfe der Burano-Methode (siehe die Beiträge von Klaus Spitzer/Karola Baumann/Iris Salzmann über Kommunikation oder Gert Selle über Umweltgestalt, Seite 45 und 63) in systematisch vorbereiteten Beobachtungsphasen
- Erkundung von eventuellen Planungsvorhaben
Nachforschung beim Stadtplanungsamt. Information über eventuelle Sanierungsmaßnahmen, Bürgerinitiativen und Stadtteilaktivitäten, Teilnahme der Schülergruppen an Veranstaltungen, schriftliche Anfragen beim Stadtplanungsamt und Schülerdelegationen.

Alles, was die Gruppen über jeweils «ihr» Haus in Erfahrung gebracht haben, wird in einer gemeinsamen Dokumentation (Ausstellungsstand mit Fotos und Zeichnungen, fotokopierte Broschüre o. ä.) über die Straße zusammengetragen und möglichst nicht nur in der Schule, sondern in der Straße (Laden, Kneipe, Hausflure) ausgestellt beziehungsweise den Leuten, mit denen man Kontakt hatte, angeboten und diskutiert.

So können Schüler selber ein «Wohnqualitätsbewußtsein» entwickeln und gleichzeitig helfen, daß die Bewohner ermutigt werden, sich mit ihrer Wohnumgebung bewußt zu identifizieren.

Literatur

U. Conrads: Die gemordete Stadt. Berlin 1970.

K. Duntze: Der Geist, der Städte baut. Stuttgart 1972.

R. Eberstadt: Handbuch des Wohnungswesens. Berlin 1920.

H. Faßbinder: Berliner Arbeiterviertel 1800–1914. Mit einem Beitrag von Ingrid Krau. Analysen zum Planen und Bauen. Berlin 1975.

H. W. Hämer/H. J. Rosemann/A. Grazioli/U. Kohlbrenner: Altbausanierung in Sanierungsgebieten. Untersuchung von Modellvorhaben in Westberlin. Berlin 1975.

Handwörterbuch des Wohnungswesens. Jena 1930.

W. Hegemann: Das Steinerne Berlin. Berlin 1930 und 1963, 1976.

H. G. Helms/J. Janssen (Hg.): Kapitalistischer Städtebau. Neuwied und Berlin 1970.

U. Herzberg: Geschichte der Berliner Wohnungswirtschaft. (Diss.) Berlin 1957.

F. Monke: Grundrißentwicklung und Aussehen des Berliner Mietshauses von 1850–1914. 2. Bde. (Diss.) Berlin 1969.

V. Noack: Kulturschande. Die Wohnungsnot als Sexualproblem. Berlin 1925.

A. Schinz: Berlin. Stadtschicksal und Städtebau. Braunschweig 1964.

Stretegien für Kreuzberg. (Senator für Bau- und Wohnungswesen) Berlin 1977.

Materialien

Filme
«Wie der Berliner Arbeiter lebt» (Fragment). Slatan Dudow (1930). 16 mm SW, stumm, 15 Min.
Ausleihe:
Bundesfilmarchiv
Am Wöllerhof 12
5400 Koblenz

«Berlin». Film von Walter Rutmann (1927). 16/35 mm SW, stumm, 78 Min.
Ausleihe:
British Film Institute
42 Lower Marsh
London SE 1 7RG

«Stadterneuerung Berlin – Beispiel Wedding» (1966), «Menschen in der Stadt» (1970), «Berlin-Kreuzberg» (1968).
Ausleihe:
Landesbildstelle Berlin
Wikingerufer 7
1000 Berlin 21

Dias
Heinrich Zilles «Photo-Milljöh».
Ausleihe:
Landesbildstelle Berlin
Wikingerufer 7
1000 berlin 21

Serie von ca. 20 Dias zum vorliegenden Beitrag
Bezugsadresse:
Deutscher Werkbund e. V.
Alexandraweg 26
6100 Darmstadt

Postkarten
D. Kramer und G. Spangenberg: Noch ist Kreuzberg nicht verloren. Postkarten-Serie (im Buchhandel erhältlich), 36 Originalfotos mit Texten. Berlin 1977
Bezugsadresse: Deutscher Werkbund
Alexandraweg 26
6100 Darmstadt
(Siehe auch Verzeichnis der Zusatzmaterialien im Anhang.)

Henning Burk

Das Neue Bauen

Mit dem Begriff «Das Neue Bauen» wird eine grundlegende Epoche der Architekturgeschichte unseres Jahrhunderts bezeichnet. Zwei Phasen kennzeichnen das «Neue Bauen», die beide in der zunehmenden ökonomischen Rationalität der wirtschaftlichen Produktionsweise ihren Ursprung haben. Um die Jahrhundertwende sahen fortschrittliche bürgerliche Architekten die wahllose Imitation früherer Stilepochen und die losgelassene Phantasie des Jugendstils als eine Verschwendung gesellschaftlicher Produktivkraft an. Dagegen sollte der neue Bau sachlich und klar durchkonstruiert werden. Betraf diese erste Phase des zweckorientierten Bauens noch bürgerliche Villen, einzelne Stadthäuser und Fabriken, die in handwerklicher Bauweise errichtet wurden, so stellte die riesige Wohnungsnot nach dem Ersten Weltkrieg die Architekten vor das Problem, ihre funktionalen Ideen in eine rationelle, das hieß technisch hochorganisierte Bauproduktion umzusetzen. Die vielbewunderte Fließbandproduktion des amerikanischen Autofabrikanten Henry Ford diente in den zwanziger Jahren als Vorbild, um auch im Bauwesen eine industrielle Fertigungsweise in großem Umfang einzuführen. So entstanden damals in Großstädten wie Frankfurt und Berlin neue und relativ billige Siedlungen.

Werkbundbewegung

Das «Neue Bauen» hat sein architektonisches Fundament durch die Werkbundbewegung erhalten, die zu Beginn des Jahrhunderts entstanden ist. Der 1907 gegründete «Deutsche Werkbund» wurde zu einem Sammelbecken all derjenigen Bestrebungen, denen zufolge die auf dem heimischen Markt angebotenen Stilformen durch neu zu entwickelnde Gebrauchsformen abgelöst werden sollten. Seit der zweiten Hälfte des 19. Jahrhunderts waren Möbel, Geschirr, Schmuckgegenstände usw. gängig, die nach viel aussahen und wenig kosteten, die mit viel Materialaufwand Ornamentformen vergangener Kulturepochen imitierten. Die handwerkliche Arbeit vortäuschenden Artikel waren in Wirklichkeit industriell vervielfältigte Massenware. So konnte der zu gesellschaftlicher Macht aufgestiegene Bürger sein Prunkbedürfnis mit wenig kostspieligen Mitteln befriedigen und mehr scheinen, als er eigentlich war. Wie das Zimmer der Gründerzeit übersäte er auch die Fassade seiner Häuser mit Nachahmungen der Aristokratenkunst. (Vergleiche den Beitrag von Peter Haiko/Mara Reissberger über großbürgerliches Wohnen, Seite 266.)

Versachlichung der Gebrauchsformen

Die Stilfalsifikate waren auf dem Binnenmarkt gut abzusetzen, besaßen allerdings keine ausreichende Qualität, um auf dem Weltmarkt gegen die gediegene englische Ware konkurrieren zu können. Die Exportfähigkeit zu fördern war das wirtschaftspolitische Argument des Deutschen Werkbundes. Er plädierte für eine neue Form der Gebrauchsgegenstände, die nicht mehr mit dem labilen Geschmack des Publikums spekulierte, sondern sich logisch aus dem jeweiligen Gebrauch entwickelte. Jeder Gebrauchsgegenstand sollte eine auf seine Funktion reduzierte Form besitzen. Ziel des Werkbundes war eine Verbindung von Kunsthandwerk und Industrie, die sich vor allem in einer Verbesserung und «Vergeistigung» der Industrieprodukte ausdrücken sollte. Dem industriellen Interesse entsprach das Werkbunddenken besonders deshalb, weil nach ihm die Maschine die Möglichkeit zur Erzeugung einer ästhetischen Kraft besitze, weil sie die Schönheit des Materials bei der Bearbeitung hervorhebe. Darin liege die innere Wahrhaftigkeit des industriell produzierten Massengebrauchsartikels.

Versachlichung der Architektur

Wie sah das im Bereich der Architektur aus? Nach der Übertragung von Elementen der griechischen Formsprache auf Bauten zu Beginn des 19. Jahrhunderts hatten die verschiedensten Stilrichtungen in die Architektur Eingang gefunden. Hans Poelzig, einer der Begründer des Deutschen Werkbundes, hat diese Versuche, den Stimmungsgehalt vergangener Epochen zu retten, als romantisch bezeichnet und radikal abgelehnt. Er meinte, daß die Formvielfalt der Gründerzeit nur Scheintektonik und selbständig auftretende Dekoration biete, aber keine gesunde Konstruktion:

«Jede wirkliche tektonische Bauform hat einen absoluten Kern, dem der in gewissen Grenzen wandelbare dekorative Schmuck wechselnden Reiz verleiht. Zunächst aber muß das Absolute gefunden werden, wenn auch in unvollkommener, in roher

Form. Und von der Entdeckung der reinen Kernform lenkt der Künstler ab, der lediglich von äußerlichen, schmuckkünstlerischen Erwägungen heraus an die Gestaltung baulicher Gliederung herantritt» (1906).

So etwa sahen dies alle fortschrittlichen Architekten dieser Zeit.

Die neue Architekturbewegung trug daher die Fahne der Sachlichkeit. Der später in Wien ansässige Architekt Adolf Loos, der sich von 1893–96 in den USA aufhielt, bewunderte die dortigen Geschäfts- und Industriebauten wegen ihrer «Vernünftigkeit», die durch zweckrationale Architektur zum Ausdruck kommt. Loos glaubte, daß auch im Bauwesen der Fortschritt der Menschheit an die Entfaltung und Verwendung neuer technischer Möglichkeiten gebunden sei. Ornamente am Bau hielt er für ein Verbrechen an der Volkswirtschaft, für eine der Zeit unangemessene Verschwendung von Arbeitskraft. Mit Ornamenten würden sich nur noch Verbrecher oder degenerierte Adelige behängen. Schon bei seinen ersten Entwürfen in Wien, zum Beispiel bei der Ladengestaltung von Goldmann & Salatier (1898), weigerte sich Loos, dekorative Elemente oder geschwungene Formen zu verwenden. 1910 setzte er auf den im historistischen Stil gehaltenen Michaelerplatz im Stadtzentrum Wiens provokativ ein ornamentloses Geschäftshaus.

Auch andere Architekten orientierten ihre Entwurfsideen an den mit dem Kapitalismus sich entfaltenden Produktivkräften. 1910 präsentierte Gropius seiner Kundschaft ein Programm zur Industrialisierung des Hausbaus, das bessere Materialien bei geringerem Preis garantieren würde. Trotz der dafür notwendigen Normierung blieben Variationsmöglichkeiten der Gestaltung erhalten. Die Wohnung sollte nichts mehr Individuelles haben, sondern ein nüchterner Gebrauchsartikel sein. Das würde der Mobilität der Zeit entsprechen. Gropius wurde 1919 zum Leiter des Bauhauses in Weimar berufen; von dieser Schule gingen dann wesentliche Impulse für das Neue Bauen in der Weimarer Republik aus.

Ausgangslage nach dem Ersten Weltkrieg

Nach 1918 stieg die schon vor dem Krieg große Wohnungsnot weiter an. Bis 1921 erhöhte sich der Wohnungsbedarf auf 1 Million. Die dunklen Mietswohnungen waren überfüllt und in schlechtem Zustand. Trotz der herrschenden Wohnungsnot fand das Privatkapital kein Interesse am Kleinwohnungsbau, der noch in der Gründerzeit ein wichtiges Spekulationsobjekt dargestellt hatte. Für diese Entwicklung gab es zwei Gründe. Auf der einen Seite waren durch den Verbrauch in der Kriegsmaschinerie Baugeld und Baustoffe knapp und teuer geworden. Auf der anderen Seite waren die Lebenshaltungskosten gestiegen, und durch die Inflation sank der Reallohn so sehr, daß Arbeiter die teuren Mieten nicht mehr bezahlen konnten. Der Durchschnittsverdienst des Arbeiters lag unter dem Existenzminimum.

Staatliche Maßnahmen

Die Novemberrevolution hatte die politische Herrschaft der Bourgeoisie erschüttert. Angesichts der ökonomischen Nachkriegskrise mit der großen Wohnungsnot und durch die Stärke der Arbeiterbewegung wurde der Staat zu besonderen Anstrengungen in der Stadtplanung, in der Produktion und in der Verteilung von Wohnungen gezwungen. Erste staatliche Maßnahme zur Bekämpfung der Wohnungsnot war die *Wohnungszwangswirtschaft*. Die für die Wohnraumbewirtschaftung zuständigen Ämter teilten nun den vorhandenen Wohnraum neu auf, verteilten ihn an Wohnungssuchende und führten gegebenenfalls Zwangseinweisungen durch. Der neu geschaffene *Mieterschutz* (1923) schränkte das Kündigungsrecht des Vermieters ein, und eine *gesetzliche Mietpreisbindung* (1922) verhinderte die unkontrollierte Mieterhöhung. Doch die Baubewirtschaftungsmaßnahmen reichten nicht aus, um den Wohnungsmangel zu beheben. Die Privatwirtschaft stabilisierte sich erst nach der Währungsreform (1923), der Regelung der Reparationszahlungen und dem Import amerikanischen Kapitals. Durch die Lockerung der Wohnungszwangswirtschaft für Neubauten wurde das private Baugeschäft wieder attraktiv.

1924 änderte sich die Situation durch die Einführung der *Hauszinssteuer* grundlegend. Durch die Besteuerung des von Krieg und Inflation verschont gebliebenen Privatbesitzes an Altbauwohnungen stand auch den Gemeinden Baugeld zur Verfügung. Dadurch machten sie sich zu Trägern der Wohnbaupolitik. Mit diesem Geld wurden vor allem gemeinnützige Baugesellschaften verschiedener politischer Organisationen gefördert.

Soziale Architektur

Die zumeist von SPD-Mehrheiten regierten Gemeinden konnten die Ziele ihrer Wohnbaupolitik nicht mehr an den engen Mietshäusern der Vorkriegszeit orientieren, die das spekulierende Bürgertum im letzten Drittel des 19. Jahrhunderts gebaut hatte. Hinter den damals entstandenen, prunkenden Straßenzügen der Städte verbargen sich in Wirklichkeit dunkle, lebensvernichtende Wohnungen. In Berlin staffelten sich bis zu sieben Hinterhäuser hintereinander. (Vergleiche den Beitrag von Franziska Bollerey/Kristiana Hartmann über die Mietskaserne, Seite 283.)

Die erschreckenden Zustände führten dazu, daß 1919 der Bau von Hinterhäusern verboten wurde. Woran sollte man sich neu orientieren? Die avantgardistischen Architekten dieser Zeit, der Sozialdemokratie nahestehend, konnten sich nicht von ihren utopisch-romantischen Stadtentwürfen zu sachlich-pragmatischen Konzepten durchringen. Trugen ihre utopischen Projekte, wie zum Beispiel die expressionistische «Stadtkrone» Bruno Tauts, radikale Züge, so entsprachen sie wohl den Hoffnungen nach einer sozialistischen Gesellschaft, kaum aber den Bedürfnissen einer Zeit, die von großer Wohnungsnot beherrscht war.

Auch sozial engagierte bürgerliche Architekten, die in Nachfolge der Gartenstadtbewegung von einer organischen Neuordnung der Stadtelemente ausgingen, konnten der Sozialdemokratie keine praktikablen Vorstellungen liefern. Die Verwirklichung dieser Pläne hätte eine umfangreiche Umwälzung des Grundbesitzes zur Voraussetzung gehabt. Der Grund und Boden des städtischen Bürgertums hätte dafür sozialisiert werden müssen, was nur nach einer gelungenen Revolution möglich gewesen wäre.

Um die progressiven Vorstellungen von einer sauberen und lichterfüllten Dauerwohnung durchzusetzen, erstellte man Richtlinien zur Vergabe der Hauszinssteuer. 1926 wurde eine «Reichsforschungsgesellschaft für Wirtschaftlichkeit im Bau- und Wohnungswesen» gegründet, die Wege suchen sollte, bei Einhaltung der Richtlinien eine Verbesserung des Wohnungsstandards zu erzielen und dabei die Baukosten zu senken.

In den nun aufkommenden Siedlungskonzeptionen für die Stadtperipherien konnten sich Teile der um die Jahrhundertwende diskutierten Gartenstadtidee durchsetzen. In stadterweiterten Siedlungen ließ sich auch am besten eine Verbindung von Kostensenkung und Erhöhung der Wohnqualität durchsetzen. Der Boden war unbebaut und deshalb für die technische Durchführung einer rationalisierten Bauweise in großem Umfang offen, und er war dort relativ billig. Gute Luft war hier selbstverständlich, Licht und Sonne konnte durch rationalisierte Montierung von Kleinwohnungselementen zu Reihenhäusern für alle Bewohner in gleicher Weise ermöglicht werden.

Das Beispiel Frankfurt am Main

Der von der Stadt Frankfurt zur Lösung der damaligen Wohnungsprobleme berufene Ernst May hatte die Vorstellung von einem neuen Wohnen in einer neuen Stadt. Die neuen Wohngebiete sollten in der damals noch grünen Landschaft am nordwestlichen Stadtrand zum Taunus hin an bestehende Dörfer angelehnt werden. Durch die Einrichtung öffentlicher Verkehrsmittel (Straßenbahn) sollte die Verbindung mit den am anderen Ende der Stadt sich befindenden Arbeitsplätzen geschaffen werden. Unter der Leitung von Ernst May stellte die Stadt Frankfurt 1925 ein auf zehn Jahre berechnetes Wohnbauprogramm für diese «Tochterstädte» (May) auf, die als Urtypen unserer heute den Himmel verstellenden Trabantenstädte anzusehen sind.

Eines der wichtigsten Mittel zur planmäßigen Durchführung der Bauvorhaben war die Enteignung. Gerichtlich konnte ein anfänglich verlangter Grundstückspreis auf 3,50 Reichsmark festgelegt werden. Eine Siedlungswohnung kostete damals 10 000 RM, mit Boden- und Aufschließungskosten etwa 15 000 RM. Die monatliche Abzahlungsrate betrug für den als Hauseigentümer vorgesehenen Arbeiter etwa 60 RM. Doch waren für Arbeiterfamilien, die monatlich kaum 200 RM verdienten, selbst diese Siedlungen zu teuer. Schließlich zog hier mittleres Beamtentum ein.

Die «Frankfurter Häuserfabrik»

Um die riesigen von der Sozialpolitik verlangten Bauvorhaben zu bewältigen, mußte die Bauwirtschaft den Schritt von der handwerklichen zur industriellen Herstellung vollziehen. Das bedeutete:
- Konstruktion aufgrund neuester wissenschaftlicher Erkenntnisse,
- Anwendung verbilligter Herstellungs- und Verarbeitungsmethoden,
- Normierung der Bauteile,
- Benutzung neuer Materialien.

Zentral wurde jetzt auch die im Sinne des Taylorismus durchgeführte Arbeitsorganisation im Planungs-, Unternehmer- und Baubüro wie auf der Baustelle.

Die Durchrationalisierung wurde zur Revolution der Bauindustrie. Man orientierte sich dabei am weitergetriebenen Taylorismus im Fließbandsystem Henry Fords, durch dessen Montageprinzip höhere Löhne bei niedrigen Preisen, also eine höhere Konsumfähigkeit ermöglicht wurde. Die kostensenkende Planung der Bauproduktion wurde zum Allheilmittel staatlicher Wohnbaupolitik. Die Wohnung sollte wie Fords Auto zu einem Massenbedarfsartikel werden, den sogenannten «Wohnfords».

Mit der Frankfurter Häuserfabrik drang 1926 die Fließbandarbeit in die Bauproduktion ein. Genormte Bauteile aus Stahlbeton wurden nun vorfabriziert, anschließend zum Bauplatz transportiert und mit Hilfe eines Krans montiert. Die Montage von Fertigteilen verdrängte die handwerkliche Arbeit. Trotz komplizierter Arbeitsteilung (Fabrikation, Transport, Montage) konnte diese Form der Bauproduktion wesentlich schneller durchgeführt werden als die herkömmliche.

Die Möglichkeit, verschiedene der typisierten Bauelemente zu kombinieren, war nicht allzugroß. Da aufgrund einer für alle Wohneinheiten gleichmäßigen Ausnutzung der Sonne die Zeilenbauweise unumgänglich wurde, war die Reihung der standardisierten Kleinwohnung notwendig geworden.

Siedlung Frankfurt/M.-Westend (Quelle: Burk)

Gemeinnützige Möbelversorgung

Die individuelle Bestimmung der Wohnqualität mußte sich auf den Innenraum beschränken. Aber auch die Inneneinrichtung wurde den industriellen Produktionsgesetzen unterworfen. Seriell wurden Möbel aus billigem Sperrholz hergestellt, das im Flugzeugbau entwickelt wurde. Den Vertrieb organisierte eine gemeinnützige Möbelversorgung, die Frankfurter Hausrats GmbH. Die Einrichtung konnte sich der Bewohner unter den angebotenen Typen selbst auswählen und zusammenstellen. Auch die Wohnung wurde bis ins kleinste Detail zu einem Massenbedarfsartikel. Die meisten der Wohnungen bekamen ein Bad, was ein ganz besonderer Fortschritt der Rationalisierung war.

Für jedes Bauvorhaben, das die Hauszinssteuer beanspruchte, war die Verwendung der von der Hausrats GmbH entwickelten Normen obligatorisch – was wiederum die kostensenkende Massenfabrikation erst garantierte.

Die «Frankfurter Küche»

Als ein eindrucksvolles Beispiel der Frankfurter Normen kann die durchkonstruierte Küche gelten, in der alles auf den Zweck und den wirtschaftlichen Gebrauch ausgerichtet war. Nach dem Motto «Entlastet die Frau von der Hausarbeit» wurde die Küche, als «Fabrik des Hauses», nach tayloristischen Gesichtspunkten orga-

nisiert. Sie half der berufstätigen Hausfrau Arbeit einsparen. Die Rationalisierung der Küche war amerikanischen Ursprungs.

Schon um die Jahrhundertwende hatte die Amerikanerin Christine Frederick nach den Ideen Taylors, der in der Industrie jede Arbeitsaufgabe durch Arbeitsplatzanalysen, Zeit- und Bewegungsstudien möglichst ökonomisch zu organisieren suchte, die Haushaltsführung rationalisiert. Sie zeichnete auf dem Grundriß einer herkömmlichen Küche den von der Hausfrau zurückgelegten Weg als Spur nach und versuchte die Einrichtung so anzuordnen, daß der Arbeitsaufwand minimiert wurde. Nach diesen Ideen entstand auch die auf kleinstem Raum angeordnete «Frankfurter Küche», die, serienmäßig hergestellt, vor allem in den Wohnungen fürs «Existenzminimum» eingebaut wurde. (Vergleiche hierzu den Beitrag von Ingrid Wenz-Gahler über die Küche, Band 1, Seite 266.)

Die Wohnung für das Existenzminimum

Die Größe der standardisierten Kleinwohnung, die sich ein Arbeiter leisten konnte, war durch die allgemeinen wirtschaftlichen Bedingungen und durch das Lohnniveau bestimmt. Da trotz des Vorfinanzierungssystems durch die Hauszinsgelder die Miete für Arbeiter immer noch zu hoch war, entwickelte man die Wohnung fürs Existenzminimum. Das heißt,

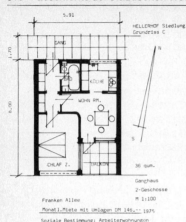

HELLERHOF Siedlung
Grundriss C

5.91

GANG

N

BAD

KÜCHE

WOHN RM.

S

SCHLAF Z.   BALKON   36 qum.

Ganghaus
2-Geschosse

Franken Allee   M 1:100

Monatl.Miete mit Umlagen DM 146.-- 1975

Soziale Bestimmung: Arbeiterwohnungen

Wohnelemente: Standardisierte Räume & Konstruktion
Zentralheizung

Grundriß einer Kleinwohnung in der Frankfurter Hellerhof-Siedlung
(Quelle: Burk)

es mußte weiter rationalisiert und alle wichtigen Errungenschaften mußten auf reduzierter Wohnfläche untergebracht werden. Die Stadt Frankfurt beauftragte den holländischen Architekten Mart Stam, derartige Wohnungen zu entwerfen. So entstand in Frankfurt die Hellerhofsiedlung, deren Wohnungen, bei einem Grundriß von 40 qm, zwei Zimmer mit Balkon, Einbauschränken, Zentralheizung und einem Bad besaßen.

1929 wurde das Zehnjahresprogramm der Stadt Frankfurt unterbrochen. Mit der Weltwirtschaftskrise ging der Stop des Wohnungsbaus einher, der in dieser Zeit bis zu 85 Prozent mit öffentlichen Geldern finanziert worden war. In diesen 5 Jahren wurden für immerhin 11 Prozent der Frankfurter Bevölkerung Wohnungen gebaut, die menschliche Grundbedürfnisse abdeckten.

Kollektivität oder Sozialmontage?

Wie die Wohnqualität dieser Siedlungen eigentlich beschaffen ist, auf welche soziale Identität sie abzielt und welche sie wirklich vermittelt, erweist sich als eine äußerst schwierige Frage, die bis heute heiß diskutiert wird. Viele Kritiker bezeichneten damals den spezifischen «Stil» des Neuen Bauens, der durch das Formarsenal vorfabrizierter, verknüpfbarer Einzelteile ein gleichförmiges und unterschiedsloses Reihungsprinzip erzeugt, als «Baubolsche-

wismus». Der Frankfurter Stadtrat Ernst May schien sich in einem Vortrag 1929 dazu zu bekennen:

«Wir sind der Meinung, daß das kollektive Moment im Leben der heutigen Menschen, das sich in Arbeit, Sport und Politik so stark ausprägt, sich logischerweise auch in den Wohnzeilen der Menschen widerspiegeln muß.»

Daß dieser Aussage eine ideologische Rationalisierung unterstellt werden kann, geht aus folgenden zwei Tatsachen hervor, die dem widersprechen. Erstens entspringt der kollektive Ausdruck zunächst nicht der ästhetischen Tendenz, sondern dem ökonomischen Prinzip, für wenig Geld viele die Grundbedürfnisse befriedigende Wohnungen zu bauen. Die konsequente Anwendung rationalistischer Bauweise führte dazu, daß diese schließlich die künstlerische Phantasie zu bestimmen und zu beherrschen begann. Das hatte Siegfried Kracauer damals gesehen, als er die Elemente, die sich am Außenbau versammelten, dem «herrschenden Wirtschaftssystem» entsprungen sah, dessen «Rationalität» als «ästhetischer Reflex in Form des Massenornaments» erscheint. Es kann sogar vermutet werden, daß die strengen Vorschriften, die Veränderungen am «Massenornament» untersagten, den Sinn hatten, zu verbergen, wie wenig Individuelles diese ökonomisch erzwungene Architektur zuläßt.

Ein weiteres und vielleicht noch eindeutigeres Argument dafür, daß an dem auf Kollektivität abzielenden architektonischen Motiv etwas nicht ganz stimmte, ist die Tatsache, daß die Kleinwohnungen als Einfamilienhäuser mit Gärtchen hinterm Haus konzipiert waren. Dagegen hätte eine auf Kollektivität bedachte Architektur die Grundlage für eine solidarische Lebenspraxis schaffen und eine Revolution des Alltags initiieren müssen. Sicherlich wurden durch die Einrichtung von Großwäschereien und Kindergärten in den Siedlungen die Nachbarn einander nähergerückt, doch war auch dies weniger kollektivistisch als rationalistisch motiviert.

Der sozialtechnologische Grundzug des Neuen Bauens

Die Zeilenbauten von Gropius, Haeseler, Kramer u. a. sind in ihrer Stadt-, Raum- und Ausdruckstruktur Resultate der Erforschung menschlicher Lebensäußerungen, die Grundbedürfnisse auf meßbare Größen reduzierte. Man ging tayloristisch vor, zergliederte die Vorgänge des täglichen Lebens und setzte sie dann wieder in der von den Gesetzen des Alltags geforderten Form additiv zusammen. Durch eine derartige Konzeption erhielt die architektonische Bedürfnisbefriedigung sozialtechnologischen Charakter. Die in der Fabrik entwickelte Rationalisierung drang tief in die Privatsphäre ein. Funktionalistisches Bauen hieß hier auch Förderung des besseren Funktionierens im Alltag. Nicht von ungefähr sprach man im Frankfurter Bauamt von «Meerschweinchenställen», wenn man von der Siedlung Praunheim redete.

Von Selbstbestimmung im Wohnungsbau konnte in der Weimarer Republik keine Rede sein.

Die Mietshäuser, die das Privatkapital der Gründerzeit noch ornamental beschönigte, wurden in den von der Sozialdemokratie entwickelten Projekten der zwanziger Jahre von ästhetisch nicht mehr verdeckten, vom Scheinindividualismus befreiten, dafür hygienisch einwandfreien Wohnmaschinen abgelöst, welche die öffentliche Hand erzeugte. Grundsätzlich neu daran war, daß der Staat jetzt die Funktion übernommen hatte, mit Hilfe durchorganisierter Kleinwohnungen die Erhaltung der Ware Arbeitskraft, die die Privatwirtschaft benötigte, zu sichern. Am deutlichsten kommt diese Tendenz bei Gropius zum Vorschein, der gänzlich auf den kollektivistischen Charakter seiner Siedlungsentwürfe verzichtet. Bei ihm sollte die Reihung zu keiner neuen Einheit, zu keiner neuen Qualität städtischer Organisation führen, sondern in fließender formaler Kontinuität verlaufen, die sich durch fortgesetzte Raumstrukturen auszeichnet.

Die kollektivistische Utopie

Anders beim sozialistischen Utopisten Bruno Taut, dessen von ihm in Berlin gebaute Großsiedlung Britz kollektiven Ausdruck beansprucht. Aus dem Kristalldach der «Stadtkrone» war in Britz unter der Anwendung rationaler Baumethoden schließlich eine Hufeisenform geworden, ein eindrucksvolles Konzept für die Selbstdarstellung des Proletariats, ein bewußt gestaltetes Ornament der Masse. Jedoch – dieses architektonische Konzept des Massenornaments ermöglichte vielleicht den Ausdruck, aber nicht die Verfügungsgewalt des Proletariats über die Architektur.

Siedlung Berlin-Britz (Quelle: Burk)

Literatur

N. Huse: Neues Bauen 1918–1933. Moderne Architektur in der Weimarer Republik, München 1975.
Ausführliche geschichtliche Darstellung.

J. Jourdan: Die 20er Jahre und das Neue Frankfurt. Ein Gespräch mit Ferdinand Kramer. (Deutscher Werkbund) Darmstadt 1978.
Auch für Unterrichtszwecke gut verwendbare Broschüre mit vielen Bildern.

H. Klotz: Das Pathos des Funktionalismus.

Berliner Architektur 1920–1930. (Internationales Design Zentrum Berlin) Berlin 1974.
Ebensogut verwendbare knappe historische Übersicht

Wem gehört die Welt? Kunst und Gesellschaft in der Weimarer Republik. Ausstellungskatalog. (Neue Gesellschaft für Bildende Kunst) Berlin 1977.
Hier besonders die wichtigen Aufsätze von M. Stratmann, G. Uhlig und G. Stahl.

Margarete Schütte-Lihotzky

Wohnungsbau der zwanziger Jahre in Wien und Frankfurt/Main

Warum ist der Wohnungsbau der Stadtverwaltungen von Wien und Frankfurt für so viele Bauleute der damaligen Zeit zum Vorbild geworden? Wie kam es gerade in diesen beiden Großstädten zu einem sozialen Massenwohnungsbau, und wie wurde diese Aufgabe bewältigt?

Dieser Beitrag stammt von einer damals am modernen Massenwohnungsbau direkt beteiligten Architektin und stellt somit gleichzeitig einen Erlebnisbericht dar. Der Beitrag wird deshalb eingeleitet durch ihre als typisch anzusehende Lebens- und Werkgeschichte.

Während der voranstehende Beitrag von Henning Burk über das Neue Bauen die sozialtechnologisch-ideologische Komponente des sozialen Wohnungsbaus in der Epoche der Weimarer Republik kritisiert, zeigt der Erlebnisbericht eher, was damals eine gute Wohnung zu einem erschwinglichen Mietpreis für viele Leute bedeutet hat und wozu eine soziale Wohnungspolitik damals immerhin führen konnte.

Exemplarischer Lebenslauf oder Was eine sozial engagierte Architektin von 1920 bis heute gearbeitet hat

Margarete Schütte-Lihotzky, geboren in Wien als Tochter eines österreichischen Staatsbeamten.

Architekturstudium in Wien an der Akademie für angewandte Kunst bei Professor Dr. Oskar Strnad und Professor Heinrich Tessenow. Preise während des Studiums: Lobmayr-Preis bei einem Wettbewerb für Arbeiterwohnungen – Max Mauthner-Preis für das Projekt eines Kulturzentrums mit Museum, Theater, Bibliothek usw.

Erste Büropraxis, Wohnbauten in Holland.

1921 erste Zusammenarbeit mit Adolf Loos für eine Kriegsinvalidensiedlung in Wien.

1921–1925 Arbeit beim österreichischen Verband für Siedlungswesen für das Siedlungsamt der Stadt Wien, dessen Leiter Adolf Loos war (Wohnkomplexe und Siedlungen, Städtebau und Hochbau).

1922 bronzene Medaille der Stadt Wien.

1923 silberne Medaille der Stadt Wien.

1926–1930 Berufung an das Hochbauamt der Stadt Frankfurt/Main durch Stadtrat Ernst May. Mitarbeit bei allen Wohnbauten, bei der Plattenbauweise (erste industriell vorfabrizierte Wohnbauten). Entwurf der «Frankfurter Küche», Bau und Einrichtung von Lehr- und Schulküchen, Beginn der Spezialisierung auf Kinderbauten (Kindergärten, Krippen). Wohnbauausstellungen, Vorträge, Kurse über Wohnbau in verschiedenen deutschen Städten usw.

Margarete Schütte-Lihotzky (1927)

Bau von 2 Musterhäusern auf der Internationalen Werkbundausstellung in Wien.

Arbeiten für Luxemburg, Polen, Frankreich usw.

1930–1937 mit der Gruppe Ernst May als Spezialistin für Kinderbauten in Moskau. Sieben Jahre Arbeit beim Aufbau der neuen Städte in der Sowjetunion. Dort Leiterin einer Abteilung für Kinderbauten, Mitarbeiterin der Akademie für Architektur, Mitarbeiterin der Institute für Mutter und Kind und für den Schutz der Kinder und Heranwachsenden.

1933 Ausstellung in Chikago.

1934 Studienreise nach China – Ausarbeitung von Richtlinien für Kinderanstalten in China.

1937 Mitglied einer Regierungskommission zur Auswahl von Möbelmodellen für die Massenproduktion in der Sowjetunion.

1938 Theoretische Arbeit zu Kinderpräventorien für tuberkulös gefährdete Kinder für das Gesundheitsministerium in Paris.

1938 Berufung durch das türkische Unterrichtsministerium an die «Akademie des Beaux Arts» nach Istanbul. 1938–40 Projektierung von Frauenberufsschulen und Dorfschulen in der Türkei.

1941–1945 Wegen Beteiligung am österreichischen Widerstandskampf gegen das NS-Re-

gime verhaftet und bis Kriegs-
ende im Gefängnis.
1946–1947 Gründung und Lei-
tung einer Abteilung für Kinder-
bauten bei der Stadtbaudirektion
Sofia.
Ab 1947 Privatarchitektin in
Wien. Bau von Kindergärten und
Wohnungen für die Stadt Wien,
Ausstellungen in Wien und Paris,
Bau von Druckereien usw.
1956 zweite Studienreise nach
China, Vorlesung an der techni-
schen Universität in Peking.

1963 Berufung durch das kuba-
nische   Erziehungsministerium
nach Havanna. Ausarbeitung von
Richtlinien und Bauprogrammen
für Kinderbauten.
1966 Ein halbes Jahr Mitarbeiterin der Deutschen Bauakade-
mie in Berlin als Expertin für Kinderbauten aller Art.
Seit 1967 theoretische Arbeiten, Vorträge in Wien, Frankfurt,
Istanbul, schriftliche Arbeiten für
Zeitschriften, Verlage.

Industrialisierung und Wohnungselend in Wien

Die Industrialisierung setzte in
Wien verhältnismäßig früh ein.
Sie ging rapide vor sich, und die
Arbeiter strömten in die Stadt. In
30 Jahren (1840–1870) hat sich
die Bevölkerung fast verdoppelt.
War das Wohnungselend schon
in der ersten Hälfte des 19. Jahrhunderts erschreckend (fast 100
Jahre vor Zille in Berlin wurde es
von Nestroy in Wien ebenso ange-
prangert), so stieg der Bedarf an
Arbeiterwohnungen zur Zeit der
ersten Industrialisierung ins Gi-
gantische. Nicht zufällig fiel das
mit der sogenannten Gründerzeit
zusammen, in der Boden- und
Bauspekulation ihr Unwesen trie-
ben. Das Ergebnis war verhee-
rend. 1869 wohnten 37 Prozent
der Arbeiter bei Unternehmern
oder als sogenannte «Bettgeher».
Nur für ein Bett, das oft abwechselnd benutzt wurde, zahlten sie
bis zu 25 Prozent ihres Lohns.

Solche «Bettgeher» gab es sogar
noch Anfang unseres Jahrhunderts. Uns Kindern war dieses
Wort noch ein Begriff. Chaotisch
ungeplant entstanden zur Zeit der
frühen Industrialisierung die großen Zinshäuser in den Arbeiterbezirken, jene Mietskasernen (vergleiche den Beitrag von Franziska
Bollerey/Kristiana Hartmann über
die Mietskasernen, Seite 283) mit
den elenden Höfen ohne Licht
und Luft, mit den berüchtigten
Gangküchenwohnungen, mit für
mehrere Familien gemeinsamen
Aborten, mit dem Wasser nur am
gemeinsamen Gang (der sogenannten «Bassena»). Heute noch
heißen diese Wohnungen im
Volksmund   «Bassenawohnun-
gen».
1912 wurden im Laufe des Jah-
res 96 000 Menschen in Obdach-
losenasyle eingewiesen, darunter
20 000 Kinder. All das muß man

wissen, um die ganze Bedeutung des Massenwohnbaus zwischen den beiden Weltkriegen in Wien zu verstehen und die damalige Leistung richtig zu bewerten.

Stadtanlage und Bevölkerungsstruktur

Wien ist eine klar angelegte Ring-Stadt mit drei Ringen und breiten Radialstraßen. Das alte Zentrum hat die Struktur der höfischen Stadt beibehalten, die im 18. Jahrhundert vom Adel und von der Geistlichkeit sowie von Handwerkern, die diese beiden Stände beliefert haben, ausgebildet worden war. Der innerste Ring, der um die Mitte des 19. Jahrhunderts anstelle der Befestigungsmauern errichtet wurde, ist die berühmte «Wiener Ringstraße» mit den Wohnungen des vermögenden Bürgertums. (Vergleiche den Beitrag von Peter Haiko/Mara Reissberger über großbürgerliches Wohnen, Seite 266.) Zwischen dem ersten und zweiten Ring, dem sogenannten «Gürtel», siedelten sich Handel und Gewerbe, also Bürger- und Kleinbürgertum an.

Außerhalb dieses Gürtels entstanden die Arbeiterviertel, die eine Welt für sich darstellten. Noch 1919 begegnete ich 6–8jährigen Kindern aus Arbeiterbezirken, die niemals in ihrem Leben die Stephanskirche im Zentrum oder die Ringstraße gesehen hatten.

Diese starke klassenmäßige Trennung der Wohngebiete war typisch für das damalige Wien.

Aber auch die großen Gemeindebauten nach dem Ersten Weltkrieg haben diese Trennung nur sehr wenig gelockert, denn es wurden von den großen Wohnkomplexen viermal so viele in den Arbeiterbezirken wie im Innern der Stadt gebaut. Bis zu einem gewissen Grad besteht sogar heute noch diese klassenmäßige Bevölkerungsstruktur der Stadt.

Die Zeit des Ersten Weltkriegs

Das geschilderte erschreckende Wohnungselend vor 1914 verschärfte sich durch den Krieg zusehends, denn vier Jahre lang wurde nichts gebaut oder restauriert. Damals kam ich das erste Mal in meinem Leben in Arbeiterwohnungen, in denen nicht selten 6 bis 8 Menschen in einem Zimmer hausten. Über die Ursachen dieses Elends war ich mir damals natürlich nicht im klaren, doch wollte ich einen Beruf haben, durch den ich zur Linderung der Not dieser Menschen beitragen konnte. Das bestimmte mich, Architekt zu werden.

Ausgelöst durch den Hungerwinter 1916/17 und ermutigt durch die russische Revolution, begann die Arbeiterschaft damals spontan gegen die Zustände zu protestieren. Es kam 1917 und 1918 zu gewaltigen Streiks. Im Januar 1918 waren in Österreich-Ungarn 700000 Arbeiter im Ausstand – davon ein ansehnlicher Teil in Wien. Es bildeten sich Arbeiter- und Soldatenräte, die große Autorität hatten. Schon vor dem Krieg war die sozialdemokratische Partei in Wien die stärkste Partei gewesen. Jetzt mußte sie, die 1914, statt gegen den Krieg aufzutreten, vor der monarchistischen Regierung kapitulierte, der revolutionären Situation Rechnung tragen. Das Wohnungselend in Wien war mit der Wohnungsnot in Frankfurt – einer verhältnismäßig reichen Stadt – zu Beginn der zwanziger Jahre in keiner Weise vergleichbar. Deshalb war schon der Ausgangspunkt für den Wohnbau in den beiden Städten grundverschieden.

Städtischer Wohnbau in Wien zwischen den beiden Weltkriegen

Österreich, das nach 1918 kurze Zeit eine sozialdemokratische Regierung hatte, erhielt damals die fortschrittlichste Sozialgesetzgebung Europas. Die ersten Wahlen nach dem Krieg sicherten der Sozialdemokratie eine starke Mehrheit im Gemeinderat der Stadt Wien. Damit begann die Ära des «Roten Wien». 1922 beschloß die Stadt das Mieterschutzgesetz, 1923 beschloß der Gemeinderat die zweckgebundene Wohnbausteuer – die einzig und allein der Schaffung von Wohnraum dienen durfte. Irgendeine Verzinsung noch so bescheidener Art kam bei der Bildung der Miete nicht in Frage. Damit wurde der Weg frei für den großen Aufschwung der Wohnbautätigkeit der Stadt Wien in den zwanziger Jahren. Dabei gab es zwei Tendenzen durch verschiedene Wohn- und Bauformen:

● den Flachbau (in Form von Siedlungen aus Einfamilienhäusern mit Gärten) und

● den Bau der großen Wohnblockkomplexe.

Die Kleingarten- und Siedlungsbewegung

Die erste Form des Flachbaus wurde durch eine Massenbewegung der Kleingärtner und Siedler *von unten her* – man kann fast sagen – erzwungen. Diese Bewegung, von deren Umfang heute nur noch wenige Leute etwas wissen, hat zwei Ursachen: erstens das ungeheure Wohnungselend und zweitens die Lebensmittelknappheit nach dem Kriege. Da griffen die Arbeiter zur Selbsthilfe. Immer schon waren viele Wiener Arbeiter ambitionierte Gärtner. Viele von ihnen hatten Kleingärten. Nichts war natürlicher, als daß die Leute anfingen, Obst und Gemüse selbst zu ziehen, um zusätzliche Lebensmittel zu haben.

Gleichzeitig aber begannen sie auch, sich Wohnmöglichkeiten in ihren Gärten zu schaffen. Aus der Not geboren, begann so ein wildes Siedeln ohne jede Baubewilligung. Dabei wurde auch der Wald- und Wiesengürtel angefressen, ein breiter Grüngürtel an den Hängen des Wienerwalds, der nicht bebaut werden durfte. Spontan entstanden eine Menge neuer Kleingartenvereine und Siedlergenossenschaften. Sie alle schlossen sich zu einem großen Verband für Siedlungs- und Kleingartenwesen zusammen. So entwickelte sich eine richtige Volksbewegung, die Teil der Arbeiterbewegung war, denn die Bürger hatten ja Wohnungen.

Dieser Verband hatte ein Baubüro, in dem ich jahrelang arbeitete. Ich erinnere mich an große Siedlerdemonstrationen damals. Die Siedler und Kleingärtner zogen in Massen über die Wiener Ringstraße und forderten Grund und Boden und Baumaterial. Die Stadtverwaltung mußte etwas tun, um diese Bewegung in geordnete Bahnen zu leiten, um das wilde Siedeln zu verhindern und um die Bedürfnisse der Bevölkerung zu befriedigen. Sie gab den Vereinigungen Grund und Boden in Pacht, gab Subventionen und Kredite und lieferte Baumaterial durch eine gemeinnützige Baustoffanstalt.

Einen Teil der Arbeitsstunden mußten die Siedler selbst leisten. Und so wurde es möglich, daß die ersten großen Wohnsiedlungen rund um Wien schon 1921 entstanden. Um den Gebäudewert der Wohnungseinrichtung in den Siedlungen zu heben, gründeten wir schon 1923 beim Verband eine Beratungsstelle, die sogenannte «Warentreuhand». Hier wurden die verschiedensten Firmen verpflichtet, Möbel, Lampen und Gegenstände nach unseren Zeichnungen oder nach unserer Wahl billig zu produzieren beziehungsweise mit hohen Rabatten den Siedlern zu liefern. So suchten wir die Leute vor Übervorteilung und Ramschware zu schützen.

Adolf Loos und die Siedlungsbewegung

Die ersten Siedler waren die Kriegsinvaliden. Sie erhielten Baugrund im schönen Lainzer Tiergarten, wo sie ein kleines Baubüro organisierten. Sein Chef war kein Geringerer als der berühmte Architekt Adolf Loos. Dort wurde ich das erste Mal seine Mitarbeiterin, dort begann meine Zusammenarbeit und Freundschaft mit Loos. Im Unterschied zu vielen anderen Architekten hatte Loos die Bedeutung der Siedlungsbewegung sofort erkannt. Ich besitze heute noch einen Artikel von ihm, der am Tage einer großen Siedlerdemonstration erschien. Darin heißt es: «Die neue Bewegung, die alle Bewohner dieser Stadt befallen hat, die Siedlungsbewegung, verlangt auch neue Menschen.» Der Artikel schließt mit den Worten: «Hut ab vor den Siedlern.»

Ich stand damals neben dem begeisterten Loos auf der Tribüne vor dem Parlament, als die Siedler in Scharen vor uns vorbeizogen. Loos erkannte und bewunderte die Kraft dieser Massenbewegung der Wiener Arbeiter, die für die Beseitigung ihres Wohnelends so konsequent gekämpft und dafür auch Opfer gebracht hatten. Heute noch stehen die ersten vier Häuser im Lainzer Tiergarten, die wir damals bauten. In ihnen erkennt man auch die Handschrift von Loos, denn sie zeichnen sich durch besondere Klarheit der Form, gute Belichtung der Räume und außerordentliche Wohnlichkeit aus.

Aber gegen die Siedlungen im Flachbau gab es große Widerstände innerhalb der sozialdemokratischen Gemeinde, und zwar keineswegs nur aus ökonomischen Gründen, sondern auch aus parteipolitischen Erwägungen. Man befürchtete, daß die Leute bei ihrer Liebe zu Haus und Garten und durch deren Pflege Interesse und vor allem Zeit für jegliche politische Betätigung einbüßen würden. Das beschäftigt ja heute wieder die politische Kritik (vergleiche dazu auch den Beitrag von Henning Burk über das Neue Bauen, Seite 302), die manchmal vergißt, was das alles tatsächlich für die Leute bedeutet hat.

Durch den Druck von unten mußte die Gemeinde die Siedlungsbewegung unterstützen, und sie hat das auch bis Mitte der zwanziger Jahre ausgiebig getan.

Die großen Wohnblöcke
Etwa 1923 setzte der berühmt gewordene Volkswohnbau in Wohnblöcken großzügig ein. Im ganzen wurden bis 1934 380 Wohnbauten in riesigen Wohnkomplexen errichtet, deren Projektierung an 190 verschiedene Architekten vergeben wurde. Die Auswahl der Architekten ging ziemlich schematisch vor sich, so daß, was die Architektur betrifft, ein Sammelsurium der verschiedensten Richtungen entstand. Nur dadurch, daß Wohnungs- und Zimmergrößen, Geschoßhöhen, Türen und Fenster, ja sogar Treppenbreiten und -läufe genau vorgeschrieben waren, erscheinen uns heute die Fassaden bis zu einem gewissen Grad einheitlich.

Die modernen Architekten wurden zunächst nicht zugezogen; erst als Dr. Otto Neurath (der Sekretär des Siedlerverbandes) intervenierte, gab man ein Großprojekt mit 840 Wohnungen in Auftrag, das unter 8 der modernen Architekten aufgeteilt wurde. Dabei waren Peter Behrens, Josef Hoffmann, Adolf Loos und Oskar Strnad. Auch ich als Jüngste bekam dadurch 40 Wohnungen zu bauen.

Fast alle großen Wohnkomplexe waren fünf bis sechs Geschosse hoch und wurden um große Gartenhöfe angelegt, in denen die Kinder spielen konnten. Bei unserer Unzufriedenheit mit den heutigen Verhältnissen aber neigen wir leicht dazu, die Wohnbauten der zwanziger Jahre zu idealisieren.

Davor sollten wir uns hüten. Es gab nämlich auch manche Män-

Siedlung Lockerwiese in Wien (Quelle: Historisches Museum der Stadt Wien)

Jean Jaures-Hof in Wien, Hofansicht (Quelle: Historisches Museum der Stadt Wien)

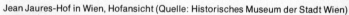

Karl Marx-Hof in Wien, Straßenansicht (Quelle: Historisches Museum der Stadt Wien)

Kindergarten im Karl Marx-Hof in Wien (Quelle: Historisches Museum der Stadt Wien)

gel wie viel Lärm für die Alten und Kinderlosen in den allseits umbauten Innenhöfen, die auch oft noch ungenügend durchlüftet waren. Ebenso wurde das Problem des Wohnens für alleinstehende berufstätige Frauen oder der alten Menschen gar nicht angeschnitten. Aber: In jedem Wiener Großblock gab es einen Kindergarten, eine Badeanstalt und eine Zentralwäscherei mit Trockenanlage, in der die Frauen selbst maschinell ihre Wäsche waschen konnten, ebenso wie Klubräume. In vielen Komplexen gab es Mütterberatungsstellen, manchmal auch Kinderkrippen.

Vergleich des Wiener und des Frankfurter Wohnbaus

Die Unterschiede: Wien begann früher schon 1919–1920, in einer Zeit der größten wirtschaftlichen Depression (die Arbeitslosigkeit der großen Krise setzte hier schon 1927 ein). Frankfurt begann erst 1926, in einer Zeit der Hochkonjunktur (die Krise setzte in Deutschland erst 1929 so richtig ein). Finanzierung und Mietenbildung waren völlig verschieden. Die Wiener Wohnbausteuer war zweckgebunden und progressiv. Aber nicht nur sie wurde zur Gänze für den Wohnbau verwendet, sondern auch zu großen Teilen die Luxussteuer, die Vergnügungssteuer. Das ging so weit, daß zum Beispiel Schulen für Schulfeiern Vergnügungssteuer zahlen mußten, was dem Finanzstadtrat nicht gerade Sympathien einbrachte.

Der Wiener Wohnbau wurde also ausschließlich aus Steuermitteln bezahlt. Die Mieten mußten ganz, ganz niedrig sein, sonst wäre man dem Wohnungselend nie beigekommen. So aber war es ge-

lungen, ein System zu schaffen, bei dem die Mietbildung überhaupt nichts mehr mit der Höhe der Baukosten zu tun hatte. Daher und nur so konnte man auch die Ärmsten und Kinderreichsten aus ihren Elendsquartieren befreien. Das war letzten Endes die große Tat der Stadt Wien in der damaligen Zeit.

In Frankfurt aber war die 1924 eingeführte Hauszinssteuer nicht zweckgebunden und nicht progressiv. Mit ihr stopfte man auch andere Löcher im Budget.

Für eine Wohnung bekamen wir weniger als die Hälfte der Baukosten aus der Hauszinssteuer, und auch diese mußte noch mit 1 bis 2 Prozent verzinst werden. Alles andere Geld weit höher! Diese Art der Finanzierung ergab 60 Mark Monatsmiete pro Wohnung. Das konnte ein Arbeiter, auch der gelernte, nicht bezahlen. Erst vom Werkmeister aufwärts, für Angestellte oder Intellektuelle waren solche Mieten tragbar, also nicht für die Bedürftigsten.

Da außerdem die Hauszins-steuer nicht progressiv war, ergab sich der Zustand, daß diejenigen, die den größten Teil der Steuer aufbrachten, nicht in den Genuß der Wohnungen kommen konnten. Schon die Ausgangssituation für den Wohnbau in Wien und Frankfurt war also von vornherein völlig verschieden.

In Wien war es die Aufgabe, so rasch als möglich möglichst vielen der Minderbemittelten ein menschenwürdiges Obdach zu schaffen.

In Frankfurt war es die Aufgabe, ein Beispiel für zeitgemäßes Wohnen mit den fortgeschrittensten Mitteln der zwanziger Jahre und mit allen dafür notwendigen Experimenten zu geben. Deshalb baute man in Wien primitiver: Wohnküchen im Flachbau, Kochnischen im Blockbau, keine Badezimmer, keine Zentralheizung, Badeanstalten im Großblock, (weil das eben billiger war als hunderte einzelner Badezimmer), dafür aber Klub- und Versammlungsräume im Großblock (um ein gemeinsames gesellschaftliches Leben zu fördern) – etwas, worüber man in Frankfurt kaum diskutierte. Man baute Zentralwäschereien in beiden Städten, aber mehr Kindergärten in Wien, da dort mehr Frauen berufstätig waren. Dort waren gerade die systematisch verteilten, umfangreichen Gemeinschaftseinrichtungen bemerkenswerte Leistungen der damaligen Zeit.

Die genormten Bauteile standen in Frankfurt auf weit höherem Niveau, sowohl in der Durchformung als auch technisch (was nur teilweise ökonomisch begründet war). In Frankfurt konnte man auch Neuerungen einführen, an die in Wien gar nicht zu denken war: zum Beispiel die Betonplattenbauweise (meines Wissens überhaupt der erste Versuch zur weitestgehenden Vorfabrikation industriellen Bauens in Deutschland). Erstmalig wurde auch in jede Wohnung, die von der Stadt ganz oder teilweise subventioniert wurde (das waren 4000 jährlich), eine Kücheneinrichtung – nach allen Regeln der Schritt- und Griffersparnis einer rationellen Haushaltsführung geplant – eingebaut. (Vergleiche den Beitrag von Ingrid Wenz-Gahler über die Küche, Band 1, Seite 266.) Die Kosten der berühmt gewordenen Frankfurter Küche, ca. 240 Mark, wurden den Baukosten zugeschlagen und auf die Miete umgelegt. Das war tragbar, denn die Erhöhung machte nur 1 bis 2 Prozent aus, und die Leute sparten das Geld für eine Kücheneinrichtung.

Diese Wohnbau-Beispiele in Frankfurt und Wien sind historische Pionierleistungen. Aufgrund veränderter gesellschaftlicher Verhältnisse und neuer bautechnischer Mittel und gestalterischer Möglichkeiten können sie für uns heute nicht mehr ein unmittelbares Vorbild sein.

Teil IX: Historische Alternativen und Wohnutopien

Franziska Bollerey/Kristiana Hartmann:

Zur Geschichte des alternativen Wohnens – ein Bildessay

Dieser Beitrag stellt in knapper Form dar, wie sich Menschen einst ein besseres Zusammenleben und Wohnen vorgestellt haben. Er zeigt – ähnlich dem Bilderbogen zu den gegenwärtigen Wohnalternativen von Dieter Beisel in Band 1 (Seite 335) –, daß Utopien immer wieder auch zu realen Entwürfen und Veränderungsversuchen geführt haben, also nicht bloß «utopisch» geblieben sind: Und wie aktuell die «alten» Utopien sind, zeigen heute die vielfältigen Versuche von Wohngemeinschaften oder Landkommunen, sinnvoller zu leben, als dies die gesellschaftlichen Zwangsumstände in der Regel erlauben.

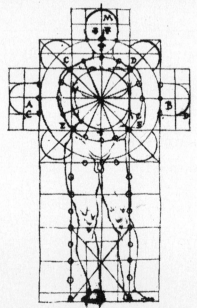

Der Mensch diente den Architekturtheoretikern der Renaissance als Maßstab für ihre Idealbauten.

Immer wieder wurden alternative Wohn- und Umweltverhältnisse zusammen mit der Kritik am Bestehenden entworfen und teilweise verwirklicht. Den Natur- und Militärgewalten zum Trotz, den Menschen als Maßstab vor Augen, entwickelte Vitruv im 1. Jahrhundert vor Christus seine «Stadt der Winde», erdachten die Traktatisten und Architekturtheoretiker der Renaissance ihre Idealbauten.

Ein anderes Idealstadtprojekt

Um 1500 zeichnete Fra Giocondo seine Idealstadt.

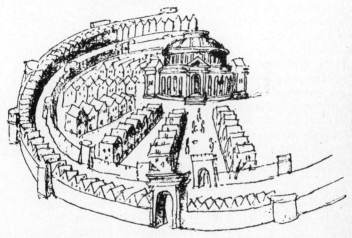

(«Sforzinda», Mitte des 15. Jahrhunderts) zeigt radial verlaufende Straßen, aber Schloß und Dom als Symbole feudaler und kirchlicher Macht befinden sich nicht im Zentrum: Statt dessen sieht der Architekturtheoretiker Filarete in der Stadtmitte ein Konglomerat von Märkten vor, die von Kolonnaden und Kanälen umgeben sind.Er teilt die Stadt in Zonen unterschiedlicher Funktionen auf.

Filaretes Phantasie überschlägt sich bei dem in der Stadtmitte vorgestellten «Tugendturm»: In den unteren beiden Stockwerken befinden sich das Bordell, die Restaurants, die Bäder usw. mit der Polizeistation und den Wohnungen der Prostituierten. Die sieben oberen Stockwerke enthalten 39 Vortrags- und Diskussionsräume für die sieben Wissenschaften.

Thomas Morus, Staatskanzler Heinrichs des VIII., gibt 1516 seiner Schilderung alternativer gesellschaftlicher Verhältnisse den Namen «Utopia». Die Utopier wohnen in Städten, deren eine «Amaurotum» heißt. Der Grundriß der befestigten Stadt am Fluß Anydrus ist fast quadratisch. Jedes der vier Quartiere hat mehrere Zisternen (Z) und einen Quartiersmarkt (M). Die Schlacht- und Fischmärkte (S) befinden sich am Flußufer. Die Wohnzeilen entlang

der Straßen (W) haben auf ihrer Rückseite einen durchgehenden Garten. Gärten schätzen die Utopier außerordentlich: «Es gibt kein Haus, das nicht genauso, wie es sein Vordertor zur Straße hat, eine Hinterpforte zum Garten besitzt.» Die Häuser wechseln sie alle 10 Jahre durch Auslosung.

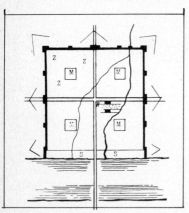

Albrecht Dürer zeichnet 1527 seine Idealvorstellung des geordneten Zusammenlebens in einer befestigten Stadt.

Auch der Entwurf für eine Stadt «Christianopolis» von Valentin Andreae (1619) berücksichtigt eher strenge planerische Ordnungsprinzipien als veränderte gesellschaftliche Bedingungen:

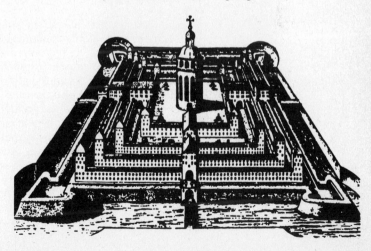

Im «Sonnenstaat» von Thomas Campanella (1613) herrscht Gemeinbesitz an Wohnungen, Möbeln usw. Die Männer und Frauen werden gleichermaßen in den Künsten und Wissenschaften unterwiesen.

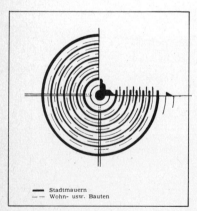

— Stadtmauern
--- Wohn- usw. Bauten

Die Sonnenstadt selbst ist entsprechend den sieben Planeten in gleichviel Kreise eingeteilt, die über vier gepflasterte Straßen durch vier Tore, die in die Himmelsrichtungen weisen, zu erreichen sind. Jeder Kreis verfügt über eigene Küchen, Speicher und Vorratskammern sowie über Vorräte an Nahrungsmitteln und Getränken. Die Häuser sind über Arkadengänge und Innenhöfe zu erreichen.

Mit der Aufklärung und der beginnenden Industrialisierung wird die neue Produktionsweise zunehmend in die Utopien integriert.

Der Vorschlag von Morelly (1754) ist eine erste Alternative zu dem mit der Industrialisierung einsetzenden unkontrollierten Wachstum der Städte.

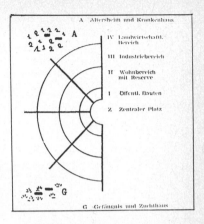

A Altersheim und Krankenhaus
IV Landwirtschaftl. Bereich
III Industriebereich
II Wohnbereich mit Reserve
I Öffentl. Bauten
Z Zentraler Platz
G Gefängnis und Zuchthaus

Claude Nicolaus Ledoux entwickelt zwischen 1773 und 1785 ein idealstädtisches Konzept der Verbindung von Wohnen und Arbeiten.

In der Salinenstadt Chaux liegen die Produktionsstätten und das Haus des Direktors im Zentrum. Die Häuser der Arbeiter sind wie ein Wall darum gelagert.

Von der phantastischen Planung für Chaux (mit Folgeeinrichtungen wie Kulturtempel, Friedhöfen, Märkten und symbolisch gestalteten Wohnhäusern) ist immerhin die Hälfte verwirklicht worden und noch erhalten.

Das «Haus des Reifenmachers» in Kugelform

Kugelhäuser waren die phantastische Alternative zu kubischen Gebäuden; hier das Haus eines Kosmopoliten von A. C. T. Vaudoyer (1785).

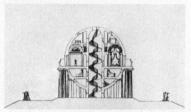

Das sogenannte «Panopticon», 1791 von dem Politökonomen Jeremy Bentham entwickelt und 1797 als «Industry House» verbessert, sollte als Großwohneinheit mit hochtechnisiertem Komfort 2000 Menschen aufnehmen.

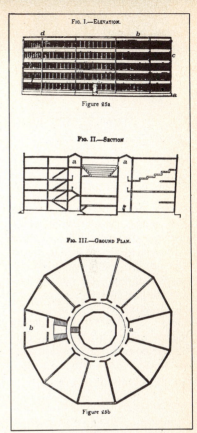

FIG. I.—ELEVATION.

Figure 25a

FIG. II.—SECTION

FIG. III.—GROUND PLAN.

Figure 25b

Einen endlosen Garten statt enggebauter Städte schlägt 1792 der deutsche utopische Sozialist Franz Heinrich Ziegenhagen in seinem Entwurf alternativer Wohnverhältnisse vor. (Für ein Experiment hatte er in der Nähe Hamburgs Ländereien gekauft.)

Robert Owen stellt 1817 seine Idee einer Gemeinschaftssiedlung der Öffentlichkeit vor. Das 1820 verbesserte Siedlungskonzept war für 1200 Personen auf einem Gelände von 485 ha geplant. Neben den Wohnungen waren in einem zentralen Gebäude Gemeinschaftsküche und Speiseräume untergebracht. Es gab Kleinkinderschule, Schule, Lese- und Aufenthaltsräume, Bibliotheken, Sportplätze und Erholungsanlagen. Seine Vorstellungen hatte Owen als leitender Direktor der Baumwollspinnerei in New Lanark bereits mit Erfolg realisiert. Zwischen 1815 und 1825 hatten 20000 Schaulustige das Modell vom neuen Wohnen sowie die tanzenden Musterschüler im «Institut zur Charakterbildung» mit Interesse aufgenommen.

1824 entsteht für ein Siedlungsexperiment Owens im amerikanischen Bundesstaat Indiana der Idealentwurf für «New Harmony». Die Wohnbebauung liegt über einem unterirdischen Transportsystem zur Belieferung der Zentralküchen, der Versorgung der Läden und Heizungsanlagen sowie zum Abtransport der Abfälle. Die Türme des Siedlungsquadrats sind Beleuchtungsträger, Uhrtürme, Observatorien und Abzugskanäle für verbrauchte Luft.

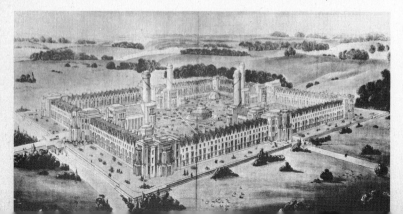

L'AVENIR.

Perspective d'un Phalanstere ou Palais Sociétaire dédié à l'humanité.

Traité de l'association domestique agricole. 1822

Théorie des quatre mouvements. 1808

Nouveau monde industriel. 1829

François-Marie-Charles **FOURIER** né à Besançon le 7 Avril 1772, mort à Paris le 10 Octobre 1837.

Für den «utopischen Sozialisten» Charles Fourier ist die lustbetonte Selbstverwirklichung der zentrale Gedanke. Er stellt sich ein abwechslungsreiches Gemeinschaftsleben vor. Voraussetzung dafür: die Großwohneinheit, das «Phalanstère», für mindestens 1620 Bewohner.

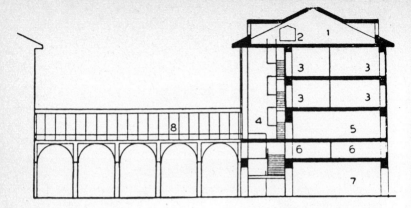

In den Sozialpalästen Fouriers gibt es neben einer Anzahl von individuellen Wohnungen viele Kommunikationsräume. Um vom Unbill des Wetters geschützt zu sein, können die Bewohner eines Phalanstère Galeriewege benutzten. Die Galerien verbinden einerseits die parallel laufenden Gebäudetrakte (8) und schützen den Zugang zu den Räumen der Obergeschosse (4). «Heute ist es noch nicht einmal einem König möglich, geschützt vor dem Wetter in seinen Wagen zu steigen», schreibt Fourier. «Einer der miserabelsten ‹Harmonisten› aber steigt in einem wohltemperierten und geschützten Säulengang in einen Wagen.»

LE FAMILISTÈRE OU PALAIS SOCIAL

Boulangerie   Ecoles   Théâtre.   Ecoles   Débits. Restaurant Boucherie Bains et
Ateliers   divers   Café   Billard La nourricerie est derrière le Pavillon central du Palais   Ecuries Remises   Basses-Cours

Erst zehn Jahre nach der Revolution von 1848 wurde in Frankreich die Idee von einem Sozialpalast in einem Experiment verwirklicht. Von 1859 bis 1885 errichtet der Fourierist und Fabrikant Jean-Bapiste-André Godin in Guise eine Wohn- und Produktionsstätteneinheit.

Der als «Familistère» bezeichnete Komplex ist in drei geschlossene Baublöcke von insgesamt 180 m Länge aufgeteilt. (Bei Fou-

rier sollte die Front des größten Phalanstère 1200 m lang sein.)

Die Innenhöfe der drei Wohnblöcke sind glasüberdacht. Die 465 unterschiedlich großen Wohneinheiten werden durch Galeriewege erschlossen.

Theater, Bäder, Schule, Kindergarten, Bibliothek und eine Zentralküche waren in die Gesamtlage (die heute noch genutzt wird) integriert.

Wohnhaus in der Shaker-Siedlung Mount Lebanon

Nicht nur in der Alten Welt gab es Versuche eines alternativen Zusammenlebens und Wohnens. Bevor die große Welle der utopisch-sozialistischen Siedlungsgründungen in den 1820er und 1840er Jahren die Vereinigten Staaten erreichte, hatte sich bereits eine Anzahl religiöser Siedlungsgemeinschaften behauptet, zu deren bekanntesten die Rappisten und die Shaker gehörten.

Die Shaker, die 1776 ihre erste Kolonie in der Nähe von New York gründeten, hatten in ihrer Blütezeit zwischen 1835 und 1860 ca. 6000 Anhänger. Ihre Dörfer waren entsprechend der inneren Gliederung der Bewohner in mehrere Großfamilien von 30 bis 150 Personen, die in Gemeinschaftsgebäuden lebten und selbständige Wirtschaftseinheiten bildeten, aufgeteilt. Neben der Landwirtschaft betrieben die Shaker mit Erfolg zahlreiche Gewerbe. Da sie in ihren prosperierenden Siedlungen das Zölibat eingeführt hatten, adoptierten sie Waisen und Kinder von armen Leuten.

Ebenfalls auf der Basis der Gütergemeinschaft konstituierten sich die Siedlungen der Anhänger von Robert Owen, Charles Fourier und Etienne Cabet. Owenisten, Phalangisten und Ikarier gründeten zwischen 1825 und 1883 mehrere hundert Siedlungen.

Gemeinsamer Besitz war auch
der Grundsatz für die «glückliche
Kolonie» («Happy Colony») von
Robert Pemperton von 1854. In
Anlehnung an den Idealstadtent-
wurf für Chaux sind die Wohn-
häuser kreisförmig angelegt. Vier
Schulen liegen im Zentrum.

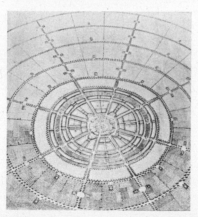

In Reaktion auf das Wohnungselend in den europäischen Industriestädten begann die Suche
nach Alternativen zur Großstadt.

Der englische Gerichtssteno-
graph Ebenezer Howard entwik-
kelte ein Modell, in dem die Vorzüge des Lebens auf dem Lande
und in der Stadt bewahrt und miteinander verbunden werden sollten. 1898 erscheint sein Buch
über die «Gartenstadt».

Die erste englische Gartenstadt
(Letchworth bei London) wird
1903 von der 1899 gegründeten
Gartenstadtgesellschaft gebaut.

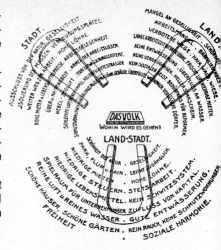

1902 konstituiert sich die
deutsche Gartenstadtbewegung
in Berlin.

Die erste deutsche Gartenstadt
in Dresden-Hellerau (ab 1906) war
nicht nur ein Beispiel der Wohnreform.

Hier sollte auch anders gearbeitet, anders gelernt, anders ge-
lebt werden.

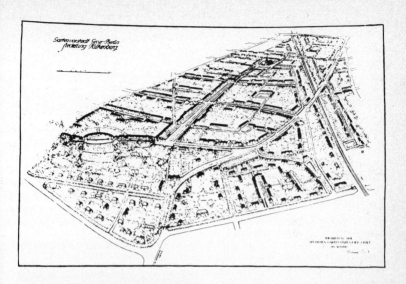

Gartenvorstadt Groß-Berlin
Siedelung Falkenberg

ANSICHTEN DER
DEUTSCHEN GARTEN-STADT-GESELLSCHAFT
m b H

DAS
EINKÜCHENHAUS
UND SEINE
VERWIRKLICHUNG
ALS WEG ZU EINER
NEUEN HEIM·KULTUR

E·K

HERAUSGEGEBEN VON
DER EINKÜCHENHAUS·GESELLSCHAFT
DER BERLINER VORORTE ✧ UND DER
GESELLSCHAFT FÜR NEUE HEIM·KULTUR
ZUR REFORM DES WOHNUNGS·HAUS·
HALTUNGS·UND ERZIEHUNGSWESENS
:HAUPTBÜRO UND SEKRETARIAT:
BERLIN·S·W· DESSAUER·STRASSE 17

In der Gartenstadt Falkenberg, einer Planung des Architekten Bruno Taut, die ab 1913 nahe dem Bahnhof Grünau in Berlin verwirklicht wurde, entstand mit dem reformierten Gemeinschaftsleben und den Siedlungsfesten eine Alternative zur anonymen großstädtischen Lebensform.

Das «Einküchenhaus» als Niederschlag der Idee der Loslösung vom Familienherd und der täglichen individuellen Küchenarbeit, um 1908 von Hermann Muthesius propagiert, findet sich in den zwanziger Jahren in sowjetischen Kommunehäusern und in den dreißiger Jahren bei Sven Gotfried Markelius in Schweden wieder.

Literatur

E. D. Andrews: The People Called Shaker. New York 1953.

L. Benevolo: Le origini dell'urbanistica moderna. Bari 1968.

J. Bentham: The works of Jeremy Bentham. 2 Bde. 1838–1843. Nachdruck New York 1962.

A. Dürer: Unterricht zur Befestigung der Stett, Schloß und Flecken. 1527.

M. Egerton: Airy Nothings. 2. Auflage 1825.

R. del Fusco: Il codice dell'architectura. Napoli 1968.

P. L. Giordani: L'idea della citta giardino. Bologna 1972.

I. B. A. Godin: Solutions sociales. Brüssel/Paris 1871.

K. Hartmann: Deutsche Gartenstadtbewegung. (Moos) München 1976.

E. Howard: Gartenstadt in Sicht. Jena 1907.

G. Nünter: Geschichte der Idealstadt. Berlin 1957.
Revolutionsarchitektur. Ausstellungskatalog (Staatliche Kunsthalle). Baden-Baden 1971.

H. Rosenau: The Ideal City. London 1959.

A. Seidl: Die Hellerauer Schulfeste. Regensburg 1912.

G. Strauß: Siedlungs- und Architekturkonzeption der Utopisten. In: Wiss. ZW. der Humboldt-Universität. Berlin (DDR) 1962.

O. M. und L. Ungers: Utopische Kommunen in Amerika. In: Werk 4/1971.

F. H. Ziegenhagen: Lehre vom richtigen Verhältnis zu den Schöpfungswerken … (Verhältnislehre). Hamburg 1792.

Materialien

Zu diesem Bilderbogen gibt es eine Serie von etwa 25 Dias sowie ein Poster.
Bezugsadresse:
Deutscher Werkbund e. V.
Alexandraweg 26
6100 Darmstadt
(Siehe auch Verzeichnis der Zusatzmaterialien im Anhang.)

Teil X: Das Dorf gestern und heute

Detlev Ipsen/Günter Schöning

Lebens- und Wohnverhältnisse im ländlichen Raum

Ein Großteil der Bevölkerung lebt und wohnt auch heute noch auf dem Lande. Dieser Beitrag zeigt, wie die Lebensbedingungen und Wohnverhältnisse im Dorf gegenwärtig beschaffen sind, welche Probleme hier typisch sind und wie sich das dörfliche Leben und Wirtschaften in den letzten 100 Jahren – zum Teil dramatisch – verändert hat. Die Analyse, die am Fallbeispiel eines südbadischen Dorfes entwickelt wird, macht deutlich, daß die malerische Dorfidylle, welche die Romantik zeichnete und die manchem Städter noch heute vorschwebt, längst einer harten und zum Teil brutalen Realität gewichen ist. Der Beitrag zeigt auch, welche sozio-ökonomischen Ursachen dafür maßgeblich waren und sind und wie stark die städtischen Entwicklungen die Entwicklungen auf dem Dorf bestimmen. Zum Schluß wird auf die Frage eingegangen, wie die ganz eigenen Qualitäten der dörflichen Lebensweisen und Bauformen, die eng zusammenhängen, bewahrt und gleichzeitig weiterentwickelt werden können.

Veränderungen der Wirtschafts- und Sozialstruktur

Harakiri beobachtet der Spiegelredakteur Peter M. Bode auf dem Lande:

«Lauschige Obstgärten wurden zu wohlfeilen Baugrundstükken, der gepflasterte Marktplatz ist geteert worden, die Linde wurde als Verkehrshindernis beseitigt und der Dorfbrunnen zugeschüttet, der Bach kanalisiert.»

(«Der Spiegel», 16/1976)

Wie immer man diese Veränderungen beurteilt: Das Leben auf dem Lande hat sich stark, zum Teil dramatisch gewandelt, und dieser Wandel setzt sich fort. Hinter den Entwicklungen, die man sehen kann, wenn man auf dem Land wohnt oder einen Ausflug macht, hinter den neuen Häusern, den geteerten Straßen, den Futtersilos, den veränderten Wohnungseinrichtungen verbergen sich allgemeine, gesellschaftliche Entwicklungsprozesse, die oft weit in die Geschichte zurückreichen. Das Dorf- und Landleben hat nichts mehr mit dem Bilde zu tun, das die Romantik mit dem Lindenbaum oder der Mühle am rauschenden Bach gezeichnet hat.

Welches sind die entscheidenden historischen Entwicklungen?

Die Aufhebung der Leibeigenschaft und ihre Folgen

Im Jahre 1820 wird in Mecklenburg als dem letzten Land in Deutschland die persönliche Bindung der Bauern an einen fürstlichen Herrn aufgehoben, 1872 verlieren in Preußen die Gutsherren die polizeiliche Gewalt über die Bauern und Arbeiter ihres Gutsbezirks, irgendwann zu Beginn unseres Jahrhunderts zahlt ein Bauer die letzte Ablöse an einen adligen Gutsbesitzer. So endet schrittweise – über ein Jahrhundert gestreckt – die feudale Ordnung auf dem Land.

(Quelle: Ipsen/Schöning)

Die meisten Bauern in Deutschland waren bis dahin leibeigen. Leibeigene Bauern standen in persönlichen Abhängigkeiten zu einem Grundherrn, sie durften ohne seine Einwilligung nicht heiraten, sie durften das Land nicht verlassen; der leibeigene Bauer mußte dem Grundherrn in Naturalien und später in Geldform Abgaben zahlen, er mußte für den Grundherrn arbeiten und ihm sogenannte Spanndienste leisten, das heißt mit dem eigenen Fuhrwerk für den Grundherrn Transporte durchführen.

Die Aufhebung der Leibeigenschaft verlief in den einzelnen Ländern sehr unterschiedlich. In Preußen war es der absolutistische Staat im Zusammenhang mit Industrie- und Handelsbürgertum, der die Aufhebung der Leibeigenschaft betrieb, um seine Steuereinnahmen zu erhöhen und die politische Macht der Gutsherren zu schwächen.

In ihrem wirtschaftlichen Kern bestand die Agrarreform aus einem Kompromiß zwischen dem absolutistischen Hof und den feudalen Grundherrn. Die Bauern wurden zwar Besitzer des Landes und mußten an den Gutsherrn keine persönlichen Dienste mehr leisten. Dafür wurden sie aber dazu verpflichtet, Entschädigungen zu zahlen und Land abzutreten. Der Gutsherr bekam darüber hinaus auch Teile des Landes, welches den Dorfbewohnern bislang zur gemeinschaftlichen Nutzung überlassen war, der sogenannten

Allmende (meist Weide- und Waldflächen).

Viele Bauern konnten diese Schulden nicht bezahlen, mußten ihren Hof verkaufen, wurden Lohnarbeiter beim Gutsherrn oder mußten ihr Dorf verlassen, um sich in Übersee oder in den neu entstehenden Industriestädten einen Arbeitsplatz zu suchen.

Gleichzeitig wurde die landwirtschaftliche Produktion erhöht. Einmal mußten viele Bauern neues Land roden, da sie mit den alten Flächen ihren Lebensunterhalt nicht bestreiten konnten. Zum anderen konnten die Gutsherren und neuen Großbauern rationeller arbeiten, sie konnten Boden verkaufen und hinzukaufen (was früher nicht möglich war), Arbeiter anstellen und entlassen und neue Produktionstechniken einführen.

So entsteht als Folge der Aufhebung der Leibeigenschaft die Lohnarbeit auf breiter Basis, die Konzentration des Bodenbesitzes und die Rationalisierung der Produktion.

Vom Bauern zum Landwirt oder Das Bauernsterben hält an

Wenn man heute aufs Land fährt, nicht um sich zu erholen, sondern weil man nach Bauern sucht, so hat man es schwer. In manchen Dörfern findet man nur noch drei oder vier Bauern, und wenn man genauer nachfragt, so sind es nur noch halbe Bauern oder «Viertelbauern». Eine Untersuchung in zehn Dörfern über die Entwicklung der Lebensverhältnisse zwischen 1952 und 1972 gibt darüber genauere Auskunft. Die Beschäftigten in der Land- und Forstwirtschaft nehmen in ihrem Anteil ständig ab.

1950 waren noch 51 Prozent aller Beschäftigten in den Dörfern in der Land- und Forstwirtschaft beschäftigt; 1961 noch 40 Prozent und 1971 noch 22 Prozent.

«Betrachtet man nicht nur die besagten 10 Dörfer, sondern die Entwicklung der Beschäftigten in der Landwirtschaft insgesamt, so waren 1950 noch 14 Prozent in der Landwirtschaft tätig, 1970 sind es noch 4 Prozent.» (Statistisches Jahrbuch über Ernährung 1976)

Was steht hinter dieser Entwicklung?

Noch bis vor nicht allzu langer Zeit produzierten die Bauern so, daß sie zuerst einmal ihren eigenen Bedarf an Lebensmitteln decken konnten. Die Überschüsse wurden dann auf den Märkten verkauft. Die Art der Produktion mußte vielseitig sein, wenn man sich selber soweit wie möglich versorgen wollte. Allerdings konnten mit dieser Art der Produktion keine großen Einkommen erwirtschaftet werden. Häufig brachten auch die Überschüsse nur wenig Gewinn, da der Jahresablauf es mit sich bringt, daß bei vielen Produkten alle Bauern zur gleichen Zeit viel oder wenig anzubieten hatten und deshalb entweder die Preise sanken oder man gar nichts zu verkaufen hatte.

Zur gleichen Zeit wurden jedoch alle Dinge, die ein Bauer zur Arbeit braucht (Düngemittel, Transportgeräte usw.), teurer. Denn die Landwirtschaft mußte sich unter dem Konkurrenzdruck rationalisieren, und das bedeutete den Ankauf teurer Maschinen, die Spezialisierung auf wenige Produkte, den Abschluß von langfristigen Verträgen mit großen Lebensmittelkonzernen. Der Einsatz von viel Kapital führte zur Verschuldung zahlreicher Bauern, gleichzeitig lohnte sich die Rationalisierung, der Einsatz teurer Maschinen, nur bei großen Bauern. So konnten sich immer mehr kleinere Bauern nicht mehr halten, sie waren und sind gezwungen, ihren Hof aufzugeben.

So sah noch 1938 eine Dorfstraße im Südbadischen aus. Der entscheidende strukturelle Wandel hat vielerorts erst Ende der fünfziger Jahre eingesetzt.
(Quelle: Ipsen/Schöning)

«1949 bewirtschafteten noch 41 Prozent der Betriebe nur zwischen 2 und 5 Hektar, sie waren also Kleinbetriebe, 1974 sind es noch 24,5 Prozent. Zugleich nehmen die großen Betriebe zwischen 20 und 50 ha zu: stellten sie 1949 8,4 Prozent der Betriebe, so sind es 1974 22 Prozent.»
(Statistisches Jahrbuch über Ernährung, 1976)

Man kann also sagen, daß die Konkurrenz die Bauern zwingt, die Art ihrer Arbeit und Produktion umzustellen: Sie spezialisieren sich auf bestimmte Produkte und Märkte, sie arbeiten mehr und mehr mit Maschinen, sie kalkulieren wie ein Unternehmer genau ihre Kosten und möglichen Gewinne; diese Umstellung vom Bauern zum Landwirt gelingt jedoch in der Regel nur den größeren Bauern, die kleineren können die Kosten dafür nicht aufbringen und sich in der Konkurrenz nicht halten.

Vom Landwirt zum Arbeiter und Angestellten

Bis in die jüngste Zeit hinein mußten die meisten, die nicht mehr als Bauern arbeiten konnten, auch ihre Wohnung auf dem Land aufgeben. Noch 1960 hat bei den erwähnten 10 Dörfern die Bevölkerung insgesamt abgenommen. Die ehemaligen Bauern leben jetzt als Arbeiter und Angestellte in den Städten.

Ab 1960 gibt es jedoch zwei Entwicklungen: In einem Teil der Dörfer nimmt die Bevölkerung weiterhin ab, in einem anderen Teil bleibt sie gleich oder nimmt sogar zu. Dies bedeutet unter anderem, daß immer mehr Menschen weite Strecken zwischen ihrem Wohn- und Arbeitsort überwinden müssen.

«Bei den 10 Untersuchungsdörfern waren 1950 25 Prozent der berufstätigen Bevölkerung Pendler, 1971 waren es 57 Prozent. Auch die Entfernungen zu den Arbeitsplätzen nehmen zu. 24 Porzent aller Pendler fahren täglich zwischen 20 und 40 km zu ihrem Arbeitsplatz, 6 Prozent sogar zwischen 40 und 80 km» (Deenen).

Die teuren und häufig schlechten Wohnbedingungen in der Stadt sind der eigentliche Grund, warum man nicht mehr so häufig in die Stadt übersiedelt, obwohl die Anfahrten zur Arbeit den Arbeitstag oft erheblich verlängern.

Der Übergang vom Landwirt zum Arbeiter und Angestellten erfolgt aber meist nicht plötzlich, sondern schrittweise.

«Zuerst bin ich nur in die Fabrik gegangen, um die Schulden für den Traktor und ein paar andere Maschinen abzubezahlen. Ich dachte, das habe ich bald geschafft. Aber jetzt geht es weiter, das Haus muß erneuert werden, und im Stall müßte man umbauen. Ich komm ohne die Arbeit in der Fabrik nicht über die Runden» (Ein Bauer im Odenwald).

Der Vollerwerbsbauer wird zur Minderheit auf dem Land

In der Bundesrepublik sind nicht einmal die Hälfte der Bauern «Vollerwerbsbauern». Die anderen arbeiten mehr oder weniger lang an anderen Arbeitsstellen; für 33 Prozent ist die Landwirtschaft sogar nur ein Nebenerwerb, sie arbeiten volle acht Stunden in der Fabrik und erledigen ihre Arbeit als Bauern nach der Arbeitszeit (und Fahrzeit) und an den freien Tagen.

Es sind aber nicht nur die Bauern, die ihre Arbeitsstellen auf dem Land verlieren, sondern auch viele, die noch vor wenigen Jahren als Handwerker oder Arbeiter in kleinen Betrieben auf dem Dorf tätig waren. Die Konkurrenz zu den größeren und leistungsfähigeren Betrieben in den Städten läßt auch ihnen keine wirtschaftliche Überlebenschance. In den 10 Untersuchungsdörfern hat die Zahl der Arbeitsstätten im nicht-landwirtschaftlichen Bereich zwischen 1950 und 1971 um 26 Prozent abgenommen.

Diese nüchternen statistischen Daten zeigen deutlicher als alle direkt wahrnehmbaren Veränderungen, wie sehr sich die wirtschaftlichen und sozialen Verhältnisse auf dem Land gewandelt haben. Die Bauern sind in den meisten Dörfern zu einer Minderheit auf dem Land geworden. 1950 hatten sie noch eine knappe Mehrheit, heute stellen sie nicht einmal mehr ein Viertel der Bevölkerung. Je nach Lage des Dorfes sind die anderen Bewohner, sofern sie berufstätig sind, entweder Arbeiter oder Angestellte. In den Dörfern, die in der Nähe von Industriestädten liegen, sind die meisten Arbeiter, in den Dörfern, die in der Nähe von Städten liegen, in denen Verwaltung und Handel vorherrschen, sind die meisten Angestellte.

Manche Dörfer werden zur Vorstadt

Lange Zeit hat man immer nur von Landflucht geredet und meinte damit, daß viele das Land verlassen mußten, weil sie dort keine Arbeit mehr finden konnten. Jetzt wird immer häufiger auch von Stadtflucht gesprochen. Alle Großstädte stagnieren zumindest in ihrer Bevölkerungsentwicklung, viele Städte aber verlieren auch Bewohner.

«Die Stadt Mannheim hat von 1968 bis 1974 25 817 Bewohner verloren, und das, obgleich viele ausländische Arbeiter und ihre Familien zugezogen sind. Es sind vor allem die jüngeren Familien mit mittlerem und gehobenem Einkommen, die Mannheim verlassen und im Umland eine Wohnung suchen und finden» (Schulthes).

In vielen Dörfern, die in der Nähe größerer Städte liegen, das heißt in Entfernungen bis zu 30 km, finden sich heute neue, städtisch anmutende Wohnsiedlungen, die fast ausschließlich von neu hinzuziehenden Städtern bewohnt werden. Damit entwickelt sich auf dem Land eine neue soziale Gruppe, die sich deutlich von der ursprünglichen ländlichen Bevölkerung abhebt und von ihr auch meistens räumlich getrennt wohnt. Die Gründe für den Umzug dieser Menschen von der Stadt auf das Land sind vor allem das Fehlen preisgünstiger Wohnungen in den Städten, steigende Umwelt-Belastungen durch Verkehr und Industrie. (Vergleiche den Beitrag von Peter Müller über Wohnstandorte, Band 1, Seite 38.)

Gemeindehaus und Schule verlassen das Dorf

Neben diesen ökonomischen und sozialen Veränderungen hat sich auch die politische Situation auf dem Land geändert. Am einschneidendsten ist hier die sogenannte Gebiets- und Funktionalreform. Mit dieser Reform, die mit leichten zeitlichen Verschiebungen in allen Bundesländern durchgeführt worden ist, hat das Dorf als selbständige politische und verwaltungstechnische Einheit aufgehört zu existieren. Die Vielzahl der einzelnen Gemeinden wurden zu Verbandgemeinden, Großgemeinden und ähnlichem zusammengefaßt. Die ehemals meist ehrenamtlichen Bürgermeister sind jetzt bestenfalls noch Ortsbürgermeister oder

Ortsvorsteher mit eingeschränkten Rechten. Die Verbandsgemeinden übernehmen viele Aufgaben, die früher vom Kreisamt als der untersten Behörde der Landesregierung betreut wurden, sie sind mehr Verwaltungsstellen der Landesregierung auf dem Dorf als Selbstverwaltungsorgane der ländlichen Gemeinde. Der Staat kann so viele Planungen und Vorhaben leichter durchsetzen, da er nicht mit vielen kleinen, selbständigen Gemeinden, sondern nur noch mit wenigen Großgemeinden verhandeln muß. In Baden-Württemberg zum Beispiel wurde die Zahl der Gemeinden durch die Gebiets- und Funktionalreform von 3379 auf 1107 verringert. Verwaltungstechnisch gibt es gar keine kleinen Gemeinden und Dörfer mehr.

Ähnliche politische Zentralisierungen fanden auch in anderen Bereichen statt, insbesondere führte die Gründung von Mittelpunktschulen dazu, daß es in vielen Dörfern nun keine eigene Schule mehr gibt: Die Kinder und Jugendlichen fahren mit dem Schulbus zur nächstgelegenen Mittelpunktschule. In den meisten Dörfern gibt es auch keinen eigenen Pfarrer, kein eigenes Postamt mehr. Diese Entwicklungen führen dazu, daß typisch dörfliche Qualitäten immer mehr verlorengehen.

Konzentration, Entleerung und einseitige Entwicklung – ein erstes Resümee

Die Veränderungen der wirtschaftlichen und sozialen Strukturen auf dem Land nehmen ihren Ausgangspunkt bei der wirtschaftlichen Konkurrenz: Sie führt dazu, daß die kleinen und mittleren Bauern sich nicht mehr halten können, die anderen ihre Produktion «industrialisieren» müssen und das kleine Gewerbe auf dem Land nicht überleben kann. Statt dessen gibt es größere landwirtschaftliche Betriebe, Einkaufszentren in der nächsten Kreisstadt und Fabriken in der nächsten größeren Stadt. Diese wirtschaftliche Konzentration führte lange Zeit und führt in manchen Gegenden auch noch heute zu einer «Entvölkerung».

Die Entleerung des ländlichen Raumes, die früher ein dauerhafter Prozeß war, ist heute eine Entleerung bei Tageslicht, man fährt morgens zur Arbeit in die Stadt und kehrt abends auf das Dorf zurück.

Zu der Entleerung von Arbeitsstellen kommt die genannte Entleerung von politischen und kulturellen Einrichtungen. Der wirtschaftlichen Konzentration entspricht die politische und kulturelle Zentralisierung.

Diese Veränderungen des Dorfes sind nicht zu trennen von den Entwicklungen der Stadt. Ja, man kann sagen, daß sich das Land gar nicht eigenständig entwickeln kann, weil bestimmte städtische

Probleme (zum Beispiel Wanderung von der Stadt aufs Land wegen schlechter Wohnbedingungen) aufs Land verlagert werden und weil ganz allgemein die wichtigsten politischen und ökonomischen Entscheidungen in der Stadt fallen.

Diese einführenden Bemerkungen über die Wandlungen der ländlichen Sozial- und Wirtschaftsstruktur werden im folgenden an einem Fallbeispiel näher erläutert.

Wir haben uns dazu ein Dorf beziehungsweise eine der neugeschaffenen Großgemeinden, die aus neun ehemaligen kleinen Dörfern besteht, im Südbadischen ausgesucht und dort eine kleine Untersuchung durchgeführt. Die Ergebnisse dieser Untersuchung belegen die bis hierher getroffenen Aussagen.

Der Strukturwandel in Efringen-Kirchen

Die Gemeinde Efringen-Kirchen wurde als Beispielfall von uns ausgesucht, weil hier sehr vielfältige Wohn- und Siedlungsformen und unterschiedlich soziale Verhältnisse anzutreffen sind. Wie fast alle Gemeinden der Bundesrepublik besteht sie nach der Gebiets- und Funktionalreform nicht mehr aus einem Dorf. In unserem Fall haben sich 1974 neun sehr unterschiedliche Dörfer unter dem Druck der Landesregierung «freiwillig» zu einer Gemeinde zusammengeschlossen.

Die Unterschiedlichkeit der Dörfer läßt sich schon aufgrund ihrer Lage vermuten: Drei der neun Dörfer liegen am Rhein oder am Hang, der das Rheintal begrenzt, die anderen liegen sehr viel höher in den Ausläufern des südlichen Schwarzwaldes im Markgräfler Hügelland. Unten in den Dörfern in der Nähe des Rheins lebten früher viele Fischer und Schiffer, heute finden sich hier etliche Industriebetriebe; am Rand des Rheins und einige Kilometer ins Hügelland hinein herrscht auch heute noch der Weinbau vor, vermischt mit Obst- und Gemüsekulturen. In den Dörfern weiter oben wird der Weinbau geringer, Getreide, Futteranbau und Viehzucht sind die vorherrschenden Zweige der Landwirtschaft.

Die Bevölkerungsentwicklung
Zuerst untersuchten wir, inwieweit die oben genannten ökonomischen und sozialen Veränderungen auch in der Gemeinde Efringen-Kirchen stattgefunden haben. Der sehr ausführliche Flächennutzungsplan diente dazu als Datengrundlage.

Ein grober, aber wichtiger Hinweis auf Veränderungen der gesellschaftlichen Verhältnisse ist die Entwicklung der Bevölkerung; ist sie gleichgeblieben, hat sie sich vergrößert, verkleinert?

Egringen, eines der 9 Dörfer der untersuchten Großgemeinde
(Quelle: Luftbild Albrecht Brugger, freigegeben vom IM B.-W. Nr. 2/24534)

Tabelle: Die Bevölkerungsentwicklung in den Dörfern der Gemeinde
Efringen-Kirchen zwischen 1871 und 1974

Dorf	1871	1900	1925	1939	1950	1974	1871/ 1974 (%)
Rheingemeinden							
Efringen-Kirchen	1736	1519	1623	1657	1708	2294	+ 32 %
Istein	471	440	671	718	718	1163	+146 %
Kleinkems	280	239	348	329	370	536	+ 91 %
Hügelgemeinden							
Blansingen	439	364	354	346	377	377	− 14 %
Egringen	799	603	542	558	587	690	− 13 %
Huttingen	289	250	263	269		342	+ 18 %
Mappach	437	355	332	316	323	323	− 26 %
Welmlingen	389	311	312	266	306	304	− 21 %
Wintersweiler	324	242	217	254	247	318	− 1 %

Quelle: Flächennutzungsplan / eigene Berechnungen

Während die am Rhein liegenden Gemeinden einen erheblichen Zuwachs der Bevölkerung zu verzeichnen haben, hat in den «Hügelgemeinden» mit einer Ausnahme eine Abwanderung stattgefunden, das Land hat sich entleert. Sieht man genauer hin, so wird deutlich, daß die Entwicklung uneinheitlich ist. Zwischen 1871 und 1900 ist in allen Gemeinden die Bevölkerung zurückgegangen, von der Jahrhundertwende bis 1950 ist die Bevölkerungsbewegung relativ gering. Ab 1950 ändert sich das Bild: Die Bevölkerung nimmt insbesondere in den Rheingemeinden wieder zu.

Wie erklärt sich das? In der Phase der frühen Industrialisierung mußten die ehemaligen Bauern, Landarbeiter und ländlichen Handwerker in die Städte abwandern, so wie heute die Gastarbeiter ihre Dörfer in Sizilien verlassen; ein halbes Jahrhundert hat dann dieser Prozeß angehalten, das Land gab seinen «Bevölkerungsüberschuß» – die zweiten und dritten Söhne und Töchter – an die Stadt ab. Ab 1950 nahm die Rationalisierung der Landwirtschaft rapide zu, diesmal jedoch wanderten die arbeitsuchenden Bauern meist nicht mehr ab, sondern blieben im Dorf wohnen. Die einsetzende Motorisierung ermöglichte es ihnen, Wohnort und Arbeitsort zu trennen, das heißt – und das ist neu in der Entwicklung –, daß das Dorf teilweise zum reinen Wohnort wird.

Die Wirtschaftsentwicklung

Die Bevölkerungsentwicklung ist auch in der Gemeinde Efringen-Kirchen durch die Veränderung der wirtschaftlichen Verhältnisse bestimmt. In allen sich industrialisierenden Ländern verschieben sich die Gewichte von dem primären Sektor (Landwirtschaft, Bergbau) zum sekundären Sektor (Industrie und Gewerbe) und in einer darauffolgenden Phase zum tertiären Sektor (Handel, Verwaltung, Dienstleistungen).

Tabelle: Beschäftigte der Gemeinde Efringen-Kirchen nach Wirtschaftsbereichen (in % der Erwerbstätigen)

	Primärer Sektor			Sekundärer Sektor			Tertiärer Sektor		
	1950	1961	1970	1950	1961	1970	1950	1961	1970
Gemeinde insges.	55	46	25	30	34	43	14	19	30
Efringen-Kirchen	43	37	13	34	38	50	22	24	35
Mappach	88	74	51	8	19	31	3	6	17

Quelle: Flächennutzungsplan / eigene Berechnungen

Für alle Dörfer gilt, daß ein großer Teil der Erwerbstätigen innerhalb der Gemeinde keine Arbeit findet, sie müssen «auspendeln».

Werktags sind schon im Jahr 1970 – jetzt werden es sehr viel mehr sein – 2000 Pendler auf den Straßen der Gemeinde und der umliegenden Region unterwegs. Die meisten arbeiten im nahen Lörrach oder in Weil am Rhein, beide Orte sind mit der Autobahn zu erreichen; immerhin die Hälfte jedoch fährt täglich 10 und mehr Kilometer zur Arbeit in das relativ nahe Basel.

Rationalisierung der Landwirtschaft

Die Rationalisierung der Landwirtschaft bedeutet, daß gleichzeitig mit dem Rückgang der Zahl der Landwirte die landwirtschaftliche Produktion gleichbleibt oder sich sogar vergrößert. Der Einsatz von Maschinen und neue Techniken der landwirtschaftlichen Arbeit ermöglichten die Steigerung der Produktivität bei gleichbleibender beziehungsweise sinkender Zahl der Beschäftigten. Aus der Ortschronik von Mappach entnehmen wir das folgende Beispiel für diesen Vorgang:

	1954	1974
Anzahl der viehhaltenden Betriebe	58	20*
Anzahl der Kühe	399	394

* davon 10 Vollerwerbsbetriebe,
  10 Zuerwerbsbetriebe
Quelle: Ortschronik Mappach, 1974

Die Aufstellung zeigt, daß die Zahl der Bauern abnimmt, die Zahl der Kühe jedoch gleichbleibt.

Ländliche Bauformen, Wohnformen und Lebensbedingungen im Wandel

Die Dorfform

Die Gemeinde Efringen-Kirchen liegt im alemannischen Siedlungsraum, hier ist das Gewanndorf die vorherrschende Form der alten Dörfer. Das ursprüngliche Gewannflursystem mit seinen vielen Resten alter Gemeindewirtschaft zwang jeden Bauern, seine Wirtschafts- und Wohnräume möglichst in der Mitte der Gemarkung zu haben, ließ die Höfe sich zu einem geschlossenen Dorf zusammendrängen.

Ein Gewann ist ein Stück Land gleicher Bodenbeschaffenheit. Wesentlich ist, daß beim Gewannflursystem jeder Bauer von jeder innerhalb der Dorfgemarkung vorhandenen Bodenart ein Stück erhält. Dadurch wird das ganze Land in viele kleine Stücke aufgegliedert, die organisatorisch nur gemeinschaftlich genutzt werden konnten. So ist das Gewannflursystem ein Beispiel ausgeprägter

Typisches Haufendorf in Südbaden. (Quelle: Ipsen/Schöning)

kollektiver Arbeitsorganisation unter «privaten» Besitzverhältnissen. Die Enge des Haufendorfes vergegenständlicht den Zwang zur Zusammenarbeit zwischen den einzelnen Bauern.

So sind die Dörfer des Markgräflerlandes, zu denen auch die neun Dörfer von Efringen-Kirchen gehören, typische Haufendörfer. Oft verbinden malerisch-winklige Gassen die einzelnen Gehöfte, die teils die Längsseite, teils die Giebelseite der Straße zuwenden. Dort, wo die alten Dorfstrukturen sich nicht verändert haben, stehen die einzelnen Höfe eng beieinander, schirmen nicht selten den privaten Hofbereich gegen den öffentlichen Straßenbereich ab.

Die Hausform

Weil Veränderungen auf dem Lande nur sehr langsam geschahen, hielten sich bestimmte Stilmerkmale des dörflichen Bauens viel länger, und so können wir zum Beispiel gotische Formelemente hier noch bis in das 17. Jahrhundert finden.

Für den Bauernhof und das ländliche Haus war das Holz in vielen Regionen das naturgegebene Baumaterial. So viele Blockhöfe und Holzhäuser es in mittelalterlicher Zeit auch gegeben hat, so wenige sind indes erhalten geblieben, denn Holz ist nicht nur ein rascher vergängliches Baumaterial als Stein, es ist auch gefährdeter durch Feuer. Und Feuersbrünste haben ganze mittelalterliche Ansiedlungen und Städte vernichtet, deren Häuser aus Holz und als Fachwerkbauten errichtet waren.

So war auch in unserem Fall die ursprüngliche Bauart der Bauernhäuser im alemannischen Raum die Holzbauweise, das Fachwerkhaus mit strohgedecktem Dach. In abgelegenen Gebieten, wie im Schwarzwald, hat sich diese Holzbauweise in der alten Form bis heute nahezu unverändert erhalten. Massive Steinbauten mit Ziegeldächern waren selten und zeigten dann meist die Herrschaftsrolle an: Kirchen, Burgen und Herrschaftssitze. Im Laufe der Zeit konnten es sich dann auch die Wohlhabenden unter den Bauern leisten, massive Steinbauten mit Außenmauern aus Bruchsteinen, 60–70 cm dick, zu errichten.

Die Innenwände bestanden ursprünglich aus einem Holzgeflecht das beidseitig mit einem Stroh-Lehmgemisch ausgefüllt war. Vereinzelt trifft man bei Hausrenovierungen noch auf diese alte Lehmtechnik. Erst später wurden auch die Innenwände allmählich mit Bruchsteinen gemauert.

Der Ziegelstein hat sich hier erst relativ spät mit Ausgang des 19. Jahrhunderts durchgesetzt. Auf den Dächern dagegen finden wir noch heute handgestrichene Biberschwanzziegel, die gotische Form aufweisen, also mehrere hundert Jahre alt sind.

Als die Außenmauern mehr und

Typisches Fachwerkhaus, denkmalgeschützt. (Quelle: Ipsen/Schöning)

mehr massiv wurden, fingen die Besitzer der Fachwerkbauten im vergangenen Jahrhundert damit an, ihr Fachwerk verputzen zu lassen, um ihrem Haus den Anschein des massiven Steinhauses zu geben, ein Bedürfnis, das den Fertighausbesitzern unserer Zeit nicht fremd ist, denn die meisten Fertighäuser sind Holzkonstruktionen, die möglichst wie ein Massivhaus aussehen sollen.

Damit man dieses Holzfachwerk überputzen konnte, wurde es «aufgebeilt», das heißt so mit dem Beil aufgerauht, daß der Putz auch auf dem Holz hielt. Heute werden diese überputzten Fachwerkfassaden zunehmend wieder

Hinter modernen Verkleidungen verbirgt sich oft die alte Fachwerkkonstruktion (Quelle: Ipsen/Schöning)

freigelegt – unter anderem auch, damit das Holz wieder Luft bekommt. Man erkennt dann ohne Mühe an den Beilhieben im Holz, welches Haus früher sein Fachwerk unter Putz versteckt hatte.

Die Wirtschaftsform

Die Bewohner der Dörfer haben in den vergangenen Jahrhunderten ihre eigene dörfliche Kultur entwickelt. Arbeits- und Lebensraum waren eng miteinander verbunden. Auch die Versorgung mit Kleidern, Schuhen, Geräten konnte im Dorf selbst abgedeckt werden, ja einzelne Dörfer haben auch ihre Umgebung mit entsprechenden Gütern versorgt. Das wird in der Chronik von Mappach deutlich, in der wir die Handwerker des Dorfes im Jahre 1790 aufgezählt fanden:

Von 276 Einwohnern gab es neben den Bauern: 7 Weber, 4 Schuhmacher, 2 Schneider, 2 Hufschmiede, 2 Küfer, 1 Maurer, 1 Zimmermann und 1 Wagner. Daneben finden sich, außer landwirtschaftlichen Berufen wie Schafhirten und Taglöhnern, in dieser Zeit auch noch Hafner, Blattmacher, Erzgräber. Heute gibt es in Mappach keinen einzigen selbständigen Handwerker mehr.

Die Weber arbeiteten allerdings zu dieser Zeit schon großenteils in Kommission für eine Textilfabrik in der Bezirksstadt Lörrach, waren also schon auf die Stadt angewiesen, und die Fischer und Schiffer der Dörfer am Rhein beispielsweise brachten Fische und landwirtschaftliche Erzeugnisse den Rhein aufwärts auf den Markt der Stadt Basel.

Die Dorfhandwerker waren schon in den vergangenen Jahrhunderten so etwas ähnliches wie Nebenerwerbslandwirte mit bescheidenem kleinem Wohnhaus, Stall und Scheune, alles meist unter einem Dach. So finden wir heute noch zwischen den eigenständigen, selbstbewußten Hofstätten diese klein und eng strukturierten Dorfbereiche der Handwerker und Taglöhner, in denen, wie der Chronist von Mappach vermerkt,

«die Dorfbewohner ‹zu wenig zum Leben neben dem Mut zum Überleben› hatten, so daß sie im 19. Jahrhundert gezwungen waren, dem Zug der allgemeinen Auswanderung zu folgen, seit 1817 in das ‹Land der unbegrenzten Möglichkeiten›, nach Nordamerika, nach 1870 aber auch nach Basel als Dienstboten, wo sie ob ihres Fleißes beliebt waren, während schon zuvor, seit der Ansiedlung der Textilindustrie durch Basler Unternehmer im vorderen Wiesental nach der Deutschen Zollunion (1835) sich viele Burschen und Meidli als ‹Fabrikler› in den ‹Kosthäusern› der neuen Zwingfrau Industrie niederließen.»

Hier wird der einsetzende Wandel deutlich: vom in sich abgeschlossenen Dorfleben vergangener Jahrhunderte zur Mobilität unserer Zeit. Diese Veränderungen haben auf dem Dorf deutlich sichtbare Spuren hinterlassen, dennoch erkennen wir noch heute in den Dörfern der Gemeinde Efringen-Kirchen die ursprüngliche eigene dörfliche Baukultur. Hier wurden früher keine Formelemente und Materialien der städtischen Bauweise übernommen. Die Dorfhandwerker blieben ausschließlich in ihrem Bereich tätig, genauso wie die Handwerker der Stadt nur in der Stadt arbeiteten. Die mittelalterlichen Städte der Region, wie Basel, Freiburg, Straßburg, hatten untereinander regen kulturellen und materiellen Austausch, pflegten intensive Handelskontakte, die Dörfer dagegen so gut wie gar nicht. So ging die Entwicklung der Zeit am Dorf meist vorbei.

Die Wohnung auf dem Dorf – gestern

Die ursprüngliche Wohnform im ländlichen Haus ist wohl das Einraum-Herdhaus, das sich noch heute im Mittelmeerraum findet. Als Ableitung von dieser Urform können wir das hier noch anzutreffende Zweiraumhaus ansehen. Der Hauptraum ist die Küche. Ursprünglich mit offener Herdstelle, war sie jahrhundertelang der einzige bedingt heizbare Raum des Hauses und damit der Aufenthaltsraum für die ganze Familie, die in der Regel aus mindestens drei Generationen bestand. Eine eigene Wohnstube hat der Landbewohner ganz früher nicht gekannt, lediglich Schlafkammern gehörten zum Raumange-

bot der bäuerlichen Wohnung. (Vergleiche den Beitrag von Ingrid Wenz-Gahler über die Küche, Band 1, Seite 266.)

Über die Ausführung der Häuser erzählte uns ein geschichtsbewußter Dorfbewohner, der Architekt B.:

«Damals wurden die frisch im Wald geschlagenen Eichen mit dem Pferdefuhrwerk direkt zum Bauplatz gefahren. Mit Hilfe des Beils wurden aus den Stämmen mächtige Balken gehauen und, wenn man sich keinen Gewölbekeller leisten konnte, mit Hilfe des Pferdegespanns über die Kellermauern geschleift. War dann das ganze Haus bis zum Dach gerichtet, das Dach gedeckt, dann wurden alle Fensteröffnungen dicht gemacht und im Küchenraum wurde das offene Feuer angelegt. Mindestens 8 Tage und Nächte wurde am ununterbrochen am Brennen gehaltenen Feuer gesotten, gebraten, gegessen, getrunken, das Richtfest gefeiert, das Haus geweiht und die bösen Geister vertrieben.»

Diese Zeremonie (man kann sie sich nach Bildern von Pieter Breughel recht gut vorstellen) hatten einen wichtigen Nebeneffekt: Das ganze Haus und besonders die Holzkonstruktion des Daches wurde intensiv ausgeräuchert, denn tagelang durchzog der Rauch das Haus und stieg zum Dach empor. Wenn wir in den steilen Dachraum der alten Häuser steigen, sehen wir uns noch diesen   schwarzverräucherten

Balken gegenüber. Diese Ruß-
und Räucherschicht hat das Holz
oft über Jahrhunderte hinweg vor
Fäulnis und Schädlingen geschützt.

Nach und nach stieg der Wohn-
komfort auch auf dem Lande: Im
19. Jahrhundert kam der gekachelte Herd auf, die Küche wurde
sauberer, es gab kein offenes
Feuer mehr, Rauch und Ruß
durchzogen nicht mehr den
Raum. Die Küche wurde besser
heizbar und von hier aus wurde
auch die benachbarte Wohnstube
mit beheizt: Ofen und Sitzbank in
einem; die gekachelte «Ofenkunst». Sie fehlte um die Jahrhundertwende in keinem Haus, auch
nicht im klassischen Zweiraumhaus, das die Chronik von Wintersweiler (1937) im Grundriß
zeigt. Aus anderen alten Grund-
rissen dieser Chronik sehen wir
an der Größe die grundsätzliche
Bedeutung der Küche für das
Haus.

Trotz der Entwicklung zur
Funktionalität, die auch vor dem
Bauernhof nicht haltmachte, ist
aus dem Küchenraum nie eine reine Arbeitsküche geworden. Dieser Raum blieb bis heute immer
Wohnküche und Hauptaufent-
haltsraum der Familie. Das hat
sich im ländlichen Bereich auch
dort nicht verändert, wo keine
Landwirtschaft oder nur noch Nebenerwerbslandwirtschaft betrieben wird. Allenfalls das Fernsehen hat etwas an diesen Gepflo-
genheiten geändert: der Fernseher steht oft in der guten Stube

(die als Adaption städtischer bürgerlicher Wohnformen auch auf
dem Lande schon gegen Ende
des 19. Jahrhunderts Einzug
hielt), und deshalb sitzt man heute auch öfter abends in dieser Stube, als das früher üblich war.
Denn die gute Wohnstube mit der
beheizten Ofenkunst wurde in der
Regel nur benutzt, wenn Besuch
da war. (Vergleiche den Beitrag
von Ursula Götze über die gute
Stube, Band 1, Seite 288.)

Die Schlafräume waren immer
ungeheizt, und hier wird auch
heute noch gespart. Die sanitären
Verhältnisse sind bis in die jüngste Zeit hinein recht primitiv geblieben. Das Trockenklosett be-
fand sich meistens gar nicht im
Haus, sondern war an den Stall
angebaut, und man mußte dorthin
«über den Hof». In der Küche «am
Schüttstein» war der einzige Zapf-
hahn im Hause mit fließendem Wasser. Abwasser und Exkremente von
Mensch und Tier gingen via Dungle-
ge auf den Acker.

Die meisten der geschilderten
historischen Bau- und Wohnformen lassen sich heute nur noch in
Resten entdecken.

Wohnverhältnisse in Efringen-Kirchen – heute

Zwischen 1950 und 1970 hat die
Bevölkerung um 22 Prozent, die
Zahl der Wohnungen aber um 50
Prozent zugenommen.

Dieses Anwachsen der Zahl der
Wohnungen ist in vielen Teilen
der Gemeinde zu beobachten:
Neue Häuser, ganze Neubau-

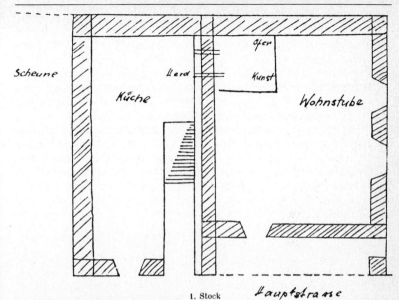

1. Stock

Grundriß eines typischen Zweiraum-Hauses.

Die Tradition der von der Küche her beheizten «Ofenkunst» im Wohnzimmer ist auch heute noch lebendig. (Quelle: Ipsen/Schöning)

Siedlungen, Rohbauten, noch freie Flächen, die gerade als Wohngebiete ausgewiesen werden, fallen einem auf.

Wir können aber auch das Gegenteil beobachten: In vielen Dörfern wirken die Häuser sehr verfallen, der Verputz alt und grau, viele Details, vom Fensterladen bis zum Hoftor, verbraucht, ungepflegt.

Dieser Widerspruch resultiert vor allem aus der unterschiedlichen wirtschaftlichen Situation der einzelnen Dörfer.

Wie man sich erinnern wird, war der Anteil der bäuerlichen Bevölkerung in Mappach sehr groß, während in Efringen-Kirchen kaum noch Bauern wohnten, sondern Arbeiter und Angestellte, die in die nahen Städte zur Arbeit fahren.

Die Wohnverhältnisse in Efringen-Kirchen, der Rheingemeinde, sind deshalb sehr viel besser geworden als in Mappach, dem bäuerlichen Hügeldorf. Darüber gibt die folgende Statistik Auskunft:

Neubauten städtischen Charakters entstehen allerorts am Rande der Dörfer. (Quelle: Ipsen/Schöning)

Bevölkerungswachstum und Wohnungszunahme zwischen 1950 und 1970 in Efringen-Kirchen (Ortsteil) und Mappach

	Bevölkerungs-zunahme	Wohnungs-wachstum
Efringen-Kirchen	+ 23,2 %	+ 67,9 %
Mappach	+ 5,6 %	+ 9,3 %

Quelle: Flächennutzungsplan

Wohnungen mit Bad und WC 1968 in Efringen-Kirchen und in Mannheim und Wohnungen in Gebäuden, die vor 1918 erbaut worden sind (in %)

	Wohnungen mit Bad/WC	vor 1918 erbaut
Mannheim	47,2 %	30,0 %
Efringen-Kirchen insgesamt	18,0 %	56,3 %
Efringen-Kirchen Ortsteil	22,8 %	53,1 %
Mappach	10,3 %	74,4 %
Welmlingen	2,8 %	73,6 %

Quelle: Flächennutzungsplan / Mannheimer Statistisches Jahrbuch 1969/Anhang

Der Grund dafür ist relativ einfach: Das Wohnen, die Wohnung und ihre Ausstattung hat offensichtlich für den Bauern eine ganz andere Funktion und Bedeutung als für den Arbeiter und Angestellten. Die Ortsvorsteherin eines der Dörfer schildert dies (mit Bedauern und Verständnis zugleich):

«Erst kommt der Traktor, die Erntemaschine, der Silo, die Stallanlage, dann die Wohnungseinrichtung und der Verputz.»

Das Haus ist auch viel weniger Prestigegegenstand und Statussymbol als zum Beispiel der neue Traktor oder die neue Landmaschine.

Wenn dennoch auf dem Lande relativ viel gebaut wird, so deshalb, weil hier der Nachholbedarf sehr viel größer ist. Das zeigt die nachstehende Statistik sehr deutlich:

Mit einem Blick kann man sehen, daß die Wohnausstattung in unserer Gemeinde sehr viel schlechter ist als in der Industriestadt Mannheim, in der sicherlich nicht besonders gehobene Wohnverhältnisse vorherrschen. In dem Ortsteil Welmlingen gibt es so gut wie keine Wohnungen mit Bad/WC, aber auch in dem «urbanisierten» Dorf Efringen-Kirchen nur 22,8 Prozent. Dafür ist der Anteil von Häusern, die vor 1918 erbaut worden sind, um so höher.

Die «Bauwut» auf dem Land ist also nichts anderes als ein Nachholbedarf, die Wohnverhältnisse den sich verändernden gesellschaftlichen Standards anzupassen. Zugleich zeigt sie aber auch eine Veränderung der sozialen Verhältnisse an: Die bäuerliche Mehrgenerationenfamilie löst sich auf, weil sie ökonomisch nicht mehr tragfähig ist. Mehr und mehr Familienmitglieder müssen einem anderen Beruf nachgehen und helfen nur noch in Stoßzeiten aus. Damit entfällt der Zwang zum Zusammenleben, und es entsteht der Wunsch nach einer eigenen abgeschlossenen Wohnung. Auch mag man häufig die alten verfallenen Häuser nicht mehr renovieren. Zu mühselig erscheint dies, um den angestrebten modernen Wohnstandard zu erreichen; so kommt es zu weiteren Neubauten.

Entwicklungen in Efringen-Kirchen – Beispiele, Probleme

Bäuerliches Wohnen
Bäuerliches Wohnen ist primär von anderen Wohnformen dadurch unterschieden, daß Wohnen und Arbeit, Haushalt und Beruf, Familie und Kollegen räumlich und zeitlich in einem höheren Maß integriert sind als in der Stadt. Dieser traditionelle Zustand löst sich mit der Technisierung der landwirtschaftlichen Arbeit mehr und mehr auf. Veränderte Wohnformen sind die Folge.

Äußerlich sichtbar wird dies zuerst an dem geänderten Verhältnis von Wohn- und Wirtschaftsgebäuden. Die Wirtschaftsgebäude alter Bauernhöfe sind heute oft überdimensioniert, gepreßtes Heu und Silofutter haben die großen Scheunen überflüssig gemacht. Hier ist Raum für Umbauten gewonnen worden. Bei neuen Bauernhöfen zeigt sich die Veränderung daran, daß das Wohnhaus nicht mehr Anhängsel der Wirtschaftsgebäude ist, es ist auch räumlich meist von ihm getrennt und gewinnt ein größeres Gewicht.

Der Aussiedlerhof – außerhalb des Dorfes gelegen – ist die deutlichste Form der angestrebten Trennung von Wohnen und Arbeit und der veränderten Bewirtschaftungsweise. Neben werkstattähnlich gebauten Stall- und Wirtschaftsgebäuden und überschattet durch hohe Futtersilos steht ein getrenntes, städtisches Einfamilienhaus. Dem Aussiedler J., den wir besuchten, gefällt es; er möchte nicht mehr in die Enge des alten Dorfes zurück. Sein wesentliches Problem ist, den Bereich um das Wirtschaftsgebäude auf preiswerte Art und Weise zu betonieren, damit er nicht immer den Dreck ins Haus trägt.

Ein junger Bauer sagte mir: «Wenn es nicht unbedingt sein muß, wird samstags nicht mehr auf dem Feld gearbeitet, nur noch so direkt auf dem Hof ein bißchen. Irgendwann muß mal Schluß mit der Arbeit sein.»

In alten Höfen bilden Wohn- und Wirtschaftsgebäude eine Einheit.
(Quelle: Ipsen/Schöning)

Die Wohn- und Wirtschaftsgebäude dieses neugebauten Aussiedlerhofes sind getrennt.
Das Wohnhaus gleicht einem üblichen Einfamilienhaus. Die Futtersilos weisen auf die
rationalisierte Produktionsform hin. (Quelle: Ipsen/Schöning)

Die Trennung des Wohngebäudes von den Wirtschaftsgebäuden ist also nur die räumliche Entsprechung eines geänderten Verhältnisses zur Arbeit, die nicht mehr der einzige Lebenszweck ist. Man «will es schön haben». Die landwirtschaftliche Arbeit ist entmystifiziert worden. Der Aussiedler J. rechnet mir im einzelnen die Kalkulation des Maisanbaus vor, einschließlich der Abschreibung für den stärkeren Schlepper. Eier werden im Laden gekauft: «Man kann nicht allen Viechern hinterherlaufen.» Was man anbaut oder welches Vieh man hält, ist nicht mehr durch die Tradition bestimmt, die sich als ein innerer Bezug zur Tätigkeit selber darstellte, sondern ist von außen durch Marktverhältnisse und die staatliche Agrarpolitik bestimmt. So macht die Technisierung und Rationalisierung der landwirtschaftlichen Arbeit die Freizeit – etwas, was Bauern früher in unserem heutigen Sinne gar nicht kannten – und den von der Arbeit getrennten Raum möglich und nötig.

Die Küche des Aussiedlers J. ist modern eingerichtet: Kühlschrank, Gefriertruhe, Spülmaschine, Hängeschrank und pflegeleichter Tisch. Der Boden besteht aus Plastikfliesen, an den Wänden Hängeschränke, in einem Vorraum kann man die Schuhe ausziehen. Die Haushaltsarbeit ist so leichter geworden. Die Tochter findet, daß man des Guten zuviel getan habe: «Manche Tradition ist wertvoll.» Aber die Renovierung alter Möbel ist teuer und die Pflege aufwendig: «Das kann sich nicht jeder leisten.»

Die Wohnung ist gegenüber früheren Verhältnissen insgesamt aufgewertet worden, vor allem ist sie größer. Wenn es irgend geht, hat man eine Toilette, ein Bad und Zentralheizung. Jedes Familienmitglied beansprucht jetzt einen eigenen Raum, in dem man leben und sich zurückziehen kann.

Andererseits: Der Landwirt J. sagt auch: «Ich heize die Zentralheizung mit Holz, das ist billig. In den letzten 10 Jahren haben wir vielleicht vier- oder fünfmal die Heizungen in den anderen Räumen (außer der Küche) aufgedreht.» – «Das Brot backen wir selber, das tun alle hier», und ein anderer Bauer, in dessen Haus die modernste Küche war, die ich je gesehen habe: «Gut, der Hof ist eine halbe Million wert, und ich habe den Geschwistern nur 40000 DM Ablöse gezahlt. Aber das kann man nicht so sehen. Ich muß ja die Landwirtschaft erhalten. Wenn ich den Hof verkaufen würde, würde ich meinen Vater hintergehen.»

Offensichtlich spielt sich also in der Wohnung das meiste Leben noch gemeinschaftlich in der Küche ab, ist noch ein Rest der alten Selbstversorgung übrig und eine Orientierung erhalten geblieben, die den Boden nicht als beliebig verkäufliche Ware betrachtet. Bauer beziehungsweise Landwirt zu sein, ist trotz aller Veränderungen in Richtung auf einen modernen Produktionsbetrieb offensichtlich noch immer mehr als ein bloßer Job.

Die Veränderung bäuerlichen Wohnens ist in vieler Hinsicht noch im Fluß; veränderten Arbeitsbedingungen und Lebensformen entspricht meist noch keine eigenständige neue Wohnform, auch die Lebensformen sind eine Mischung aus traditionellen und neuen Elementen.

Dorferneuerung

Über die schmerzhafte Entwicklung zur Anpassung der alten Haus- und Wohnformen an die neue Zeit schrieb die Gruppe 67 unter dem Titel «Merdingen, ein Dorf stirbt am Wohlstand»:

Wenn auch die Arbeitsstätten für viele in der Stadt liegen mögen, und die Verkehrsverbindungen nur mit Bus und eigenem PKW hergestellt werden können: Man hat Grund, Boden und Haus ererbt und das Wohnen in der Stadt, gleich welcher Form, kommt viel teurer. Aber man kann ja seinen ererbten Besitz ‹sanieren› nach dem Vorbild der Stadt, dem Einfamilienhaus mit Garten drumherum.

In den bösesten Fällen wird der alte geschlossene Hof abgerissen und ein Neubau, freistehend, mit bauordnungsgemäßen Grenz- und Fensterabständen zwischen die geschlossene alte Bebauung gesetzt: ohne jeden Bezug zum traditionellen Ortsbild und den in Jahrhunderten gewachsenen Bauformen.

Zweite Art der ‹Sanierung›: Das alte Wohnhaus wird umgebaut und aufgestockt mit ein oder zwei Vollgeschossen mehr als vorher. Dann sind die Proportionen dahin, der Maßstab im Straßenraum stimmt nicht mehr, im Innenhofraum auch nicht, beeinträchtigte Luft- und Lichtverhältnisse im Innenhofbereich zwingen zum Abriß der Nebengebäude und öffnen den einstmals intimen Privatbereich zum Nachbarn hin.

Dritte Möglichkeit der ‹Sanierung›: Das alte Haus wird ein wenig modernisiert mit neumodischem Bad, WC und Küche, Ölzentralheizung, die alten Fenster werden herausgerissen, vergrößert und ungeteilt verglast. Die Maß- und Raumverhältnisse bleiben vorerst erhalten. Doch wenn die Raumansprüche steigen, reicht diese einfache, jedoch schon das ursprüngliche Milieu vernichtende Art der ‹Sanierung› nicht aus.

Die ursprünglichen Funktionen der Gebäude, die einen Hof bilden, sind zwar nur noch in wenigen Fällen gegeben, aber die Abmessungen der Gebäude sind im historischen Entwicklungsprozeß aufeinander abgestimmt, haben einen bestimmten harmonischen

Neue Häuser, ohne Maßstäblichkeit und Beziehung zur gewachsenen Umgebung gebaut, zerstören das Ortsbild. (Quelle: Ipsen/Schöning)

Bei Anbauten wird selten Rücksicht darauf genommen, ob das Neue zum Alten paßt. (Quelle: Ipsen/Schöning)

Außenraum als Innenhof gebildet, in dem sich das private Leben einer jeden Familie – und das waren früher in der Regel mindestens drei Generationen – entwickeln konnte.

Diese Maßstäbe einer dörflichen Architektur gilt es zu erhalten. Dabei kann kunsthistorisch wertvolle Substanz renoviert werden, können unter Dächern alter Wirtschaftsgebäude neue Funktionen einziehen, können aber auch anstelle von baufälligen oder nicht unbedingt schutzwürdigen Gebäuden neue Gebäude in neuer Form – ohne Nachäffung alter, historisch begründeter Bauformen – mit neuen Materialien entstehen, aber unter Wahrung des Maßstabes und Einhaltung der Raumkonzeption des Dorfes» (Gruppe 67).

Städtische Verhältnisse ziehen auf dem Dorf ein. (Quelle: Ipsen/Schöning)

Neue Siedlungen, neue Menschen

Neue Siedlungsgebiete haben die ursprünglich geschlossenen Dorfränder, den Ortsetter, inzwischen in die Landschaft ausfransen lassen. Das sieht entweder so aus wie auch bei städtischen Randsiedlungen: freistehende Einfamilienhäuser mit behördlich geregeltem Grenz- und Fensterabstand ringsherum, oder aber die Bodenausnutzung neben dem alten Dorf ist weiter vorangetrieben, so daß hier Wohnblocks und gar Hochhäuser stehen. Diese neuen Wohnsiedlungen sind nur noch als reine oder allgemeine Wohngebiete nach der Baunutzungsverordnung ausgewiesen, das bedeutet, daß hier kein bißchen Landwirtschaft mehr betrieben, selbst keine Kaninchen oder Hühner gehalten werden dürfen. Das Innere dieser Wohnungen unterscheidet sich nicht mehr von den Wohnungen in der Stadt, von übernommenen Traditionen des jahrhundertealten Bauernhauses ist nichts mehr zu spüren – abge-

(Quelle: Ipsen/Schöning)

sehen von Dekorationen wie dem Wagenrad an der Eingangsfassade und dem Spiegel im Kummet auf der Diele. Städtische Verhältnisse ziehen auf dem Dorf ein.

Ringe von Neubauten umgeben jetzt fast überall die alten Dörfer, die für den von außen Kommenden oft kaum noch sichtbar sind. Schilder großer Baugesellschaften verkünden deutlich, wer die Entwicklung vorantreibt, die immer mehr dazu führt, daß Stadt und Land ununterscheidbar werden.

Wie beginnt der Prozeß des Neubaus von Siedlungen?

In einer geographischen Zeitschrift (Regio Basiliensis) fanden wir einen Artikel mit der Überschrift «Luftbild Egringen». Egringen ist eines «unserer» Dörfer; es liegt abseits vom Rheintal und ist noch stark landwirtschaftlich geprägt. Das Luftbild zeigt den Zustand der Neubebauung im Jahr 1971:

(Quelle: Stuttgarter Luftbild Elsäßer, freigegeben vom Reg. Präs. Stgt. Nr. 9/33541)

Ein erstes Baugebiet direkt im Vordergrund vor dem Dorf ist weitgehend schon Ende der fünfziger Jahre bebaut worden, das zweite ist eine Stufe weiter nach vorne gerückt. Mit den geplanten Baugebieten 3 und 4 wird ein Halbkreis von Neubausiedlungen um das alte Dorf gelegt.

Während in der ersten Bebauungsphase noch die große Mehrzahl der «Neusiedler» aus dem Dorf selbst stammte, ist es in der zweiten Phase schon die Minderheit. Es kommen damit aber nicht nur Ortsfremde ins Dorf, sondern in der Regel auch eine andere soziale Schicht: dem Mittelstand zuzurechnende Angestellte, die sich schwer in das Dorfleben von Bauern und Arbeitern integrieren lassen. An Gesprächen mit Fremden und alten Dorfbewohnern zeigt sich die Distanz zwischen den neuen und den alten Bewohnern.

Ein Neubewohner:

«Im Dorf gefallen ihnen unsere Nasen nicht... für die sind wir Fremde... man hat keinen Kontakt mit den Leuten vom Dorf... sie sind nicht gerade sehr entgegenkommend... was man dem Land hier vorwerfen muß, ist, daß man seine Nase nicht aus der Tür stecken kann, ohne daß es sofort jeder weiß...»

Ein Altbewohner:

«Wir fühlen uns etwas überfallen... man hat unser Land wegen der Straße beschnitten... sie haben den Dünkel, ein Überlegenheitsgefühl gegenüber den betagten Leuten, gegenüber denen, die in bescheidenen Verhältnissen leben» (Boucheret).

Diese oder ähnliche Äußerungen zeigen, wie stark die alte dörfliche Sozialstruktur sich auflöst: Am Rand des Dorfes wohnt die neue, meist ehemals städtische Mittelschicht und ein Teil der ehemaligen Bauern oder ihre Kinder, die sich beruflich qualifizieren konnten und jetzt als Facharbeiter oder mittlere Angestellte arbeiten. Ein Teil der Bauern, insbesondere diejenigen, die größere Höfe bewirtschaften, sind aus dem alten Dorf ausgezogen, sie leben ganz außerhalb auf Aussiedlerhöfen. In dem alten Ortskern bleiben die kleinen Bauern, Arbeiterbauern, die ungelernten Arbeiter und die Rentner zurück.

Diese sozialräumliche Trennung läßt sich ansatzweise fast überall auf dem Land beobachten und ist zum Teil schon voll ausgebildet; sie ist für die ländlichen Verhältnisse neu, da es auf dem Dorf zwar schon immer zum Teil sehr drastische soziale Gegensätze gegeben hat, die soziale Gliederung zwischen Knechten, Kleinbauern und Großbauern sich jedoch nicht räumlich ausgewirkt hat. Die räumliche Trennung, als Niederschlag einer sozialen Trennung, verstärkt diese dann: Man spricht eine andere Sprache und man kennt den Alltag der jeweils anderen Gruppe nicht mehr.

Die «Neusiedler», sofern sie aus den Städten kommen, haben zumeist noch zusätzlich falsche

Vorstellungen über das Leben auf dem Land. In der Regel sind es der preiswerte Baugrund und die angenehmere Wohnumgebung, die bei ihnen zu dem Entschluß führen, auf dem Dorf zu leben. Hinzu kommen dann Vorstellungen von der «Ruhe auf dem Lande», dem geruhsamen, ursprünglichen Leben der Bauern, dem Kontakt zur Natur.

Ein Bauer sagte uns leicht spöttisch: «Die kommen meistens wegen der Ruhe, aber bald ist es ihnen zu ruhig.» Zu ruhig heißt: Man lebt isoliert, da die Städter ihren alten Bekanntenkreis oft verlieren und im Dorf nicht so leicht einen neuen finden, es fehlt an der gewohnten städtischen Anregung (Kino, Theater), das Konsumangebot ist spärlicher.

Aus einem Brief:

«Am zweiten Tag ging ich vormittags in die Richtung, in der ich den einzigen noch existierenden Laden von Waldleinigen vermutete, ein Metzger sollte es sein. Ich suchte lange vergebens, schließlich fragte ich zwei Buben, die fachmännisch ein geparktes Auto bewunderten, wo denn wohl hier der Metzger sei. Einer von beiden sah in eine Ecke der Dorfstraße, in der ich nichts als graue, hohe Steinhäuser sah, und verkündete: ‹Der ischt net do.› Zwei alte Männer erklärten mir, daß der Metzger erst abends nach halb fünf hier wäre.»

Die neue Siedlung auf dem Land sieht genauso aus wie eine Vorstadtsiedlung: Die Privatheit der Familie wird durch einen Zaun um das Grundstück betont; die Trennung von innen und außen wird deutlich durch verschlossene Türen und Klingeln signalisiert. Die neue Schicht lebt nicht mehr *vom* Land, sondern *auf* dem Land; so finden sich Tulpen und Rosen in den Gärten statt Gemüse. Der Rasen, die «disziplinierte Wiese», wurde von der Stadt aufs Land mitgenommen, als gäbe es hier nicht jede Menge natürlicher Wiesen, keine 2 Minuten vor der eigenen Haustür.

Infrastruktur

Die Wasserversorgung und die Abwasserentsorgung ist heute nicht mehr dem einzelnen Dorf überlassen. Über Verbandsgemeindebildungen werden größere Bereiche gemeinsam versorgt beziehungsweise entsorgt. Die größeren räumlichen Regionen erfordern dabei allerdings, verglichen mit verdichteten städtischen Gebieten, sehr viel längere Leitungswege. Das wiederum läßt unverhältnismäßig hohe Kosten entstehen, die letzten Endes der Verbraucher zu tragen hat. So kommt es, daß der Landbewohner heute oft einen höheren Wasserpreis zahlen muß als der Stadtbewohner. In Efringen-Kirchen kostet der cbm Wasser heute 2,50 DM, aber die im Bau befindliche Ringleitung wird diesen Preis bald über 3 DM/cbm klettern lassen. Es ist noch gar nicht lange her, da brauchten die Bewohner von Mappach gar nichts für ihr

Sterile Vorgärten wie in der Stadt. (Quelle: Ipsen/Schöning)

Wasser zu bezahlen, denn es lief von selbst aus der Quelle oben im Wald durch die alten Leitungen in jedes Haus. Ganz gleich, wie viele Mappacher den Hahn aufdrehten: Die Quelle im Wald brachte ständig die gleiche Wassermenge und bringt sie auch heute noch. Mappach wird aber gezwungen, sich an die Ringleitung anzuschließen.

Aber das ist nur ein Teil der Infrastruktur des ländlichen Raumes, die sich in den letzten 10 Jahren rapide verändert hat. Noch einschneidender vollziehen sich die Veränderungen, die die private Motorisierung bewirkt. Hierbei müssen wir allerdings berücksichtigen, wie sehr der Landbewohner auf einen eigenen Pkw angewiesen ist: Der Städter kann überwiegend seinen Arbeitsplatz mit einem öffentlichen Verkehrsmittel erreichen, der ländliche Pendler fast nie. Das führt dazu, daß die Pkw-Dichte auf dem Land größer ist als in der Stadt. Auch das machen sich die wenigsten Städter klar, die vom natürlichen Leben auf dem Land träumen.

Schon 1970 waren 41 Prozent der Erwerbstätigen der Großge-

meinde Efringen-Kirchen Auspendler. Nachdem die seit 1906
bestehende Zementfabrik in
Kleinkems als der größte Betrieb
der Gemeinde 1975 die Produktion eingestellt hat, ist dieser Anteil der Auspendler sprunghaft
angestiegen, er wird heute bei 60
Prozent liegen. Damit ist das Bedürfnis zum eigenen Auto weiter
gewachsen, denn der Fabrikar-
beiter, der früher noch mit dem
Fahrrad oder gar zu Fuß zur Arbeit
ging, muß jetzt mit dem Auto zur
neuen Arbeitsstelle fahren.

   Diese Entwicklung schlägt sich
sowohl im örtlichen wie im über-
örtlichen Straßenbau nieder. Verkehrsplanung ist schon für die
Städte eine enorme Belastung –
der ländliche Raum wird aber
häufig noch viel rigoroser von
Verkehrsbändern durchschnit-
ten, auf denen weitaus höhere
Geschwindigkeiten gefahren werden.

   So hat der Straßenbau schon
manche örtliche Idylle zerstört,
wurde aus Entscheidungszwän-
gen heraus manch historisch
wertvoller Dorfbestand unwiderruflich geopfert. Nach und nach
verschwindet das alte Bild der
Dorfstraßen, wo der öffentliche
Straßenraum und der private
Raum vor den Häusern ohne Geh-
wegmarkierung oft nahtlos inein-
ander übergingen. Statt dessen
durchziehen das Dorf mit Rand-
steinkanten eingefaßte Fahrbah-
nen mit Mittelstreifen und beidseitigen Bürgersteigen. Privater
und öffentlicher Raum werden

Vorher: Eine dörfliche Idylle, von der mancher Städter träumt. Nachher: Die efeube-
wachsene Bogenbrücke ist weg, der Bach
verschwindet über mehrere hundert Meter
in einem Betontunnel, auf seiner ganzen
Länge wird die neue Straße über den Bach
geführt.
(Quelle: Ipsen/Schöning)

hart getrennt, ein gutes Stück der alten lebendigen Raumwirkung schwindet so dahin, selbst für die Landwirte ist fast kein Platz mehr zwischen parkenden Autos, wenn sie mit ihrer Heufuhre durchs Dorf wollen.

Wie geht es weiter?

«Harakiri auf dem Lande» konstatierte ein Spiegelredakteur in dem Zitat, mit dem dieser Beitrag begann.

Harakiri heißt Selbstmord. Unsere Beobachtungen zeigen eher das Gegenteil. Die Bewohner des ländlichen Raumes sind Objekte einer gesellschaftlichen Entwicklung, die sie oft wehrlos macht gegenüber den erzwungenen Veränderungen. Ihre Anpassungsformen an diese Veränderungen sind dann häufig hilflos. In diesem Beitrag wurde zu zeigen versucht, welche gesellschaftlichen Ursachen hinter den sichtbaren Wandlungen liegen, wie die Lebens- und Wohnverhältnisse auf dem Lande heute beschaffen und welche zerstörenden Kräfte am Werk sind.

Es ist noch nicht lange her, daß man in den Städten, die einem ähnlich schnellen Veränderungsprozeß unterlagen, zu merken begann, daß man drauf und dran war, durch Sanierung, Verkehrsplanung und Neubau auch noch die letzten – vom Krieg verschonten – Reste alter Bausubstanz mitsamt ihren sozialen und gestalthaften Werten zu vernichten. Seitdem kämpfen Bürgerinitiati-

ven, Denkmalpfleger usw. um jedes alte Haus, um die Erhaltung reizvoller Stadträume oder ganzer Stadtquartiere. Die wirtschaftliche Krise tat ein übriges, die Baulust zu dämpfen, so daß – trotz aller Abstriche – erste Erfolge sichtbar sind.

Auf dem Dorf dagegen ist der Veränderungsdruck weitaus stärker, besonders im Umland größerer Städte bringen der Zuzug von Neusiedlern und der Straßenbau Gefahren für die alten dörflichen Strukturen mit sich. Andererseits fehlen häufig die Mittel für eine substanzerhaltende Sanierung, und von Denkmalpflege auf dem Dorf ist kaum die Rede.

Freilich zeigen sich auch Ansätze einer Dorfentwicklungsplanung, die zum Ziel hat, die Dörfer lebendig zu erhalten beziehungsweise wieder lebensfähig zu machen.

Diese Planung geht davon aus, daß sich in dem ortseigenen Charakter der Dörfer ein Stück kulturelles und historisches Erbe manifestiert, das erhalten und weiterentwickelt werden soll. In jedem Landstrich haben sich zum Beispiel regional typische Formen entwickelt, ist eine Art «gebauter Dialekt» entstanden, der wohltuend von der «Einheitssprache» der neuen Einfamilien- und Fertighaussiedlungen abweicht. Nun sollen die alten Dorfkerne aber nicht unter eine denkmalschützende Käseglocke gestellt werden, sondern die dörfliche Struktur soll zusammen mit der

Bevölkerung weiterentwickelt werden, ohne die gesamten ortsbildtypischen Elemente zu zerstören. Eine solche Dorfentwicklung hat aber nichts mit der üblichen Sanierung zu tun, die in der Regel mit der Vertreibung der angestammten Bewohner endet. Ein Landwirt aus Blansingen hat dies in einer Bürgerversammlung unmißverständlich so ausgedrückt:

«Wir brauchen nicht saniert zu werden, wir sind doch nicht krank. Sicher, wir wollen alle, daß unser Dorf erhalten bleibt und den nächsten Generationen als gutes Erbe hinterlassen wird, aber denkt daran, daß unsere Frauen in der Landwirtschaft hart mitarbeiten müssen, die haben keine Zeit, einen schönen Vorgarten zu pflegen und täglich den Rasen zu schneiden.»

Kernpunkt einer sozial orientierten Dorfentwicklungsplanung ist der Begriff des «Wachstums nach innen», das heißt, der zusätzliche Bedarf an Wohnfläche, an Infrastruktureinrichtungen usw. soll möglichst nicht durch Abriß und Neubau oder Ausweisung neuer Baugebiete, sondern durch Umnutzung und Umbauen brachliegender vorhandener Bausubstanz abgedeckt werden unter Beachtung des Ortsbildcharakters. Ein so angelegter Dorfentwicklungsplan zur Verbesserung der Lebensverhältnisse wird dann unter anderem angeben, wo Umnutzungen von Wirtschaftsgebäuden (Ställe, Scheunen usw.) möglich sind,

welche neuen Funktionen wo im Dorf einziehen können, seien es Umnutzungen zu Wohnzwecken, für Gastronomie, freie Berufe oder Kleingewerbe.

Unter Umständen stellt sich dann heraus, daß gar keine Neubaugebiete notwendig sind und dafür auch keine neuen Straßen oder teuren Versorgungsanschlüsse benötigt werden.

Die traditionell hohe Bebauungsdichte bei niedriger Bauweise in den alten Ortskernen mit Gebäuden, die Reserveflächen für Erweiterung und Anbau besitzen, stellt einen städtebaulichen Wert dar, den kaum eine neue Siedlung aufweist – oder wenn schon, dann zu hohen Kosten. Eine solche Dorfentwicklung ist auch volkswirtschaftlich vernünftiger als Abriß und Neubau: Kostenberechnungen haben in Einzelfällen ergeben, daß sogar der Kauf eines für abbruchreif angesehenen Hofes mit vollständiger Renovierung und innerer Modernisierung weniger kostete als der Kauf eines gängigen Einfamilienreihenhauses, das weit weniger Wohnfläche und Erweiterungsmöglichkeiten nach außen besitzt.

Außerdem: der Umbau gerade eines älteren Bauernhauses bietet für Leute, die gern selber etwas machen, vielfältige sinnlich-praktische und kreative Möglichkeiten der Betätigung. (Vergleiche die Beiträge von Wilfried Dechau über Selbstgestaltung und von Roland und Janne Günter über Elemente sozialer Architektur, Seite 84 und 10.)

All dies sind freilich noch zaghafte Ansätze, und es ist ungewiß, ob das Dorf seine traditionellen Qualitäten bei gleichzeitiger Verbesserung der materiellen Lebensbedingungen bewahren kann oder ob die sozioökonomischen und politischen Prozesse, die seinen Wandel bedingten, seine Besonderheiten weiterhin nivellieren werden.

Didaktische Hinweise

Auch wenn es den «Dorfschüler» (und den «Dorflehrer») heute kaum noch im alten Sinne gibt, bleibt die Tatsache, daß viele Schüler auf dem Lande wohnen.

Es liegt daher nahe, daß sie sich auch im Unterricht mit der eigenen Wohnsituation in der ländlichen Umwelt und den gesellschaftlich bedingten Veränderungen auseinandersetzen.

Das komplexe Thema «Wohnen auf dem Lande» kann man nicht in der gedrängten und abstrakten Weise wie hier in diesem Beitrag direkt mit Schülern behandeln. Es wird aber in nahezu jeder ländlichen Schule beziehungsweise Schule mit ländlichem Einzugsbereich möglich sein, Teilaspekte zu thematisieren, die immer auch den gesellschaftlichen Ursachen- und Folgenzusammenhang bewußt werden lassen. Solche Teilaspekte können als Problemsituationen aus der dörflichen Lebenswirklichkeit herausgefiltert werden, die die Schüler kennen oder selbst erfahren.

Konkreter äußerer Anlaß einer solchen problembezogenen Lernpraxis könnte zum Beispiel sein:

- Eine Dorfstraße wird verbreitert.
- Alte Höfe oder Häuser verfallen.
- Eine Dorfverschönerungsaktion soll begonnen werden.
- Eine Landkommune oder Wohngemeinschaft hat sich im Dorf niedergelassen.
- Ein städtisch anmutendes Neubauviertel entsteht am Dorfrand.
- Das Dorf soll eingemeindet oder mit anderen Dörfern zu einer Großgemeinde zusammengeschlossen werden.
- Die Schule wird aufgelöst beziehungsweise an einen anderen zentralen Ort verlagert oder
- Schüler, die bisher am Heimatort die Grundschule besuchten, fahren jeden Tag zur Orientierungsstufe.
- Schüler müssen auf dem Hof mitarbeiten.
- Eltern überlegen sich, ob sie die Nebenerwerbslandwirtschaft aufgeben sollen.

Für den «Dorflehrer» (der meist recht städtisch, komfortbewußt und mobil am Rande der traditionellen dörflichen Restgesellschaft oder am Ort der Mittelpunktschule lebt) ist es wichtig, möglichst genau herauszufinden, welche Probleme, die er im Unterricht behandeln will, seine Schüler wirklich berühren und wie die Schüler die ländlichen Lebens- und Wohnverhältnisse wahrnehmen und beurteilen. Daß die ländliche Lebensumwelt auch von dort wohnenden Schülern durch einen entsprechenden Unterricht erst einmal richtig erfahren und das Dorf zum Beispiel als tägliches Wohnumfeld angeeignet werden muß, zeigt das Lernbeispiel 1 (Band 1, Seite 23).

Wenn Schülergruppen die ländliche Lebensumwelt, beispielsweise durch eine genauere Erkundung der Produktionsweise und der Arbeitsverhältnisse auf Bauernhöfen und Nebenerwerbsstellen, tatsächlich kennengelernt haben, so können sie auch abstraktere gesellschaftliche Entwicklungszusammenhänge der Veränderung der Lebens- und Wohnweise auf dem Lande diskutieren.

Wichtiger als diese betont kognitiven Einschlüsse des Lernprozesses sind aber vermutlich Handlungsziele, die sich aus der Betroffenheit der Schüler selbst durch die Entwicklung «ihres» Dorfes ergeben. Hier kann auch der Lehrer – auf dem Dorfe immer noch Respektsperson – vermittelnd oder verstärkend agieren.

Vorstellbar sind kleinere Projekte, die jeweils zur Lösung eines aktuellen Problems der Gemeinde beitragen beziehungsweise helfen, Alternativen zu entwickeln, zum Beispiel – je nach situativem Anlaß und Motivation:

● «Unser Dorf soll schöner werden!»
Verhindert, daß dieser Wettbewerb das Dorfbild kaputtmacht und daß eine traditionslose pseudo-städtische Dekorationskultur an die Stelle überlieferter dörflicher Gebrauchswerte tritt!

● Denk mal nach über Denkmalschutz!
Ist bloß die Kirche ein «historisches» Gebäude, das zu erhalten ist? Wie kann man alte Höfe, Scheunen, Schulen sinnvoll umnutzen, statt sie verfallen zu lassen oder an meistbietende Privatinteressenten abzutreten?

● Es wird saniert. Was wird wegsaniert?
Vergleiche hierzu die «Bekehrung» des Bauern Schmidt zur Erhaltung seines Fachwerkhauses im Lernbeispiel 7 (Seite 412).

● Brauchen wir eine Schnellstraße durchs Dorf?
Wem nutzt die Dorfstraßenverbreiterung und was wird dadurch zerstört?

Zweifellos werden Lehrer, sobald ihre Schüler hierbei beginnen, vorbehaltlos zu argumentieren und sich die Sache zu eigen zu machen, auch in Konflikte geraten. Oft ist die Personalunion des Lehrers auf dem Dorf mit öffentlichen Ämtern in der Gemeinde, in Parteien, Vereinen hinderlich; sie kann aber auch von Vorteil für ein solches Schülerprojekt sein, weil der Lehrer direkten Zugang zu vielen Informationen hat. Ein didaktisch relevanter Unterschied zu ähnlichen Projekten an Stadtschulen besteht in der meist in kleineren ländlichen Gemeinden noch leichter herstellbaren Öffentlichkeit. Sowohl die Erkundungs- und Erfahrungsphase ist in dem relativ überschaubaren und vertrauten Bereich des Dorfes und mit dem direkten Kontakt zu Bewohnern, zu Kommunalbeamten usw., die dort «etwas zu sagen haben», leichter vorzubereiten und durchzuführen. Auch die Veröffentlichung der Ergebnisse oder gar eine öffentliche Aktion ist hier einfacher.

Voraussetzung ist dafür aber hier wie dort, daß die Dokumentation anschaulich, das Produkt ansprechend aufgemacht ist: zum Beispiel eine Ausstellung mit Fotos, Zeichnungen, Alternativplänen der Schüler im Bürgerhaus; eine fotokopierte, mit Slogans und Zeichnungen versehene Broschüre in die Hausbriefkästen; Plakate an Zäunen, in Läden; selbstgemachte Buttons, auf dem Feuerwehrfest verkauft; ein Umzug der Schüler mit Transparenten durchs Dorf usw.

Schülergruppen müssen so etwas auf dem Dorf selber organisieren, weil es da kaum Bürgerinitiativen gibt, bei denen man mitmachen kann. Aber auch ohne einen aktuellen kommunalpolitischen Anlaß können Lehrer auf dem Lande mit ihren Schülern im Sinne des forschenden Lernens in und an der eigenen Umwelt sinnvolle Studien treiben, wie zum Beispiel:

● Welche Arten von Wohnumfeldern gibt es im Dorf und was ist ihr Gebrauchswert?
Fotodokumentation der Dorfkernstruktur mit den Höfen, Nutzgärten, Trampelpfaden, öffentlichen (Fest-)Plätzen, Schnack-Ecken, alten Baumbeständen, den Treffs jugendlicher Mopedfans usw. im Vergleich zu den neuen Dorfrandsiedlungen pseudostädtischen Charakters. (Vergleiche dazu die didaktischen Hinweise in den Beiträgen von Roland und Janne Günter über Elemente sozialer Architektur und von Klaus Spitzer/Karola Baumann/Iris Salzmann über Kommunikation in der Stadt, Seite 10 und 45.)

● Wie sich unser Dorfbild in 100 Jahren entwickelt hat
Dokumentation mit alten Fotos, Ansichtskarten, Meßtischblättern, Schülerzeichnungen alter Gebäude, Bewohner-Interviews, Auszügen aus Orts-Chroniken des Bürgermeister- oder Pfarramtes. Solche Dokumentationen lassen sich gekürzt und als Collage auch relativ billig in Offsetposter oder Bilderbögen umsetzen.

● Wie und was wurde im Dorf 1890, 1910, 1930, 1945, 1960 und 1978 produziert?
Rekonstruktion von Tagesab-

läufen auf dem Bauernhof aus Dorfchroniken, volkskundlichen Schriften und Bildern, Veränderungen im Fruchtanbau, der Tierhaltung und der gesamten Bewirtschaftungsformen, Auswirkungen von Industrieansiedlungen usw. mit Rekonstruktion der verschiedenen dörflichen Eigentums-, Erwerbs- und Arbeitsverhältnisse. Das Ganze kann in Form großer Schaubilder mit Texten, Zeichnungen, Tabellen, Fotos dokumentiert werden.

- Wie hat man früher im Dorf gewohnt?

Zeichnerische und fotografische Bestandsaufnahme noch vorhandener alter Haus- und Hoftypen sowie einzelner Räume wie Küche, gute Stube, beziehungsweise Rekonstruktion aus Chroniken usw. (vergleiche hierzu die Beiträge von Ingrid Wenz-Gahler über die Küche und Ursula Götze über die gute Stube, Band 1, Seite 266 und 288);

Anlegen einer Ansichtskartensammlung; Rekonstruktion alter Gebäudetypen im Modellbau; Vorbereitung einer Ausstellung von alten Geräten und Möbeln im Gemeindehaus oder in der Schule, eventuell in Zusammenarbeit mit dem Heimatverein oder Museum.

- Unser Dorf im Jahre 2000

Fiktive Zustandsschilderung als «Fortschreibung» der gegenwärtigen Entwicklungstendenz auf langen Packpapierbahnen als Rollbild oder auf umklappbaren Riesen-Kalenderblättern, auf die zum Beispiel ein Büttenredner zur Fastnacht wie ein Marktschreier mit dem Stock weisen kann; das gleiche ist auch in Posterform oder in Form eines kleinen «Dorf-Kalenders» denkbar, den Schüler mit Strichzeichnungen oder Linolschnitten ausstatten und im Ort verkaufen können.

Grundsätzlich können Lehrer und Schüler auf dem Dorf in der gleichen Weise vorgehen, wie dies am Ende vieler Beiträge zum Lernen in der städtischen Lebens- und Wohnumwelt empfohlen wird. Es gelten die gleichen Regeln und Ziele des produktiven Erfahrungslernens mit möglichen Handlungsfolgen in einer bewußter erfaßten Lebenspraxis.

Literatur

Agrarbericht der Bundesregierung 1977 (Kurzfassung).

J. M. Boucheret: Auf dem Lande wohnen. In: Arch + 33/34.

Chronik von 1937, Wintersweiler (Ahnenerbe-Stiftung) Berlin 1937.

B. v. Deenen u. a.: Lebensverhältnisse in kleinbäuerlichen Dörfern 1952 und 1972. (Landwirtschaftsverlag) Münster o. J.

Gruppe 67: Merdingen, ein Dorf stirbt am Wohlstand. In: Deutsche Bauzeitung 8/1971.

G. Schöning: Stirbt das Dorf den Wohlstandstod? In: Werk und Zeit, 2/77.

Statistisches Jahrbuch über Ernährung, Landwirtschaft und Forsten 1976, Münster-Hiltrup.

Materialien

Dia-Serie zum vorliegenden Beitrag.
Bezugsadresse:
Deutscher Werkbund e. V.
Alexandraweg 26
6100 Darmstadt

Werk und Zeit 4/1976: Schwerpunktheft zum Thema Gebiets- und Kommunalreform.
Bezugsadresse:
Deutscher Werkbund
Alexandraweg 26
6100 Darmstadt
(Siehe auch Verzeichnis der Zusatzmaterialien im Anhang).

Teil XI: Lernbeispiele

Vorbemerkung zu den Lernbeispielen

Unsere Lernbeispiele sind unter ziemlich alltäglichen Bedingungen in «normalen» Schulen entstanden.

Sicher setzten sie ein wenig mehr Zeitaufwand, Reaktionsvermögen und Einfälle voraus als das Lehren und Lernen in der üblichen Form. Aber alle, die uns Beispiele zur Verfügung gestellt haben, sprachen nie von der Mehrbelastung, sondern immer von der Befriedigung, die sie und die beteiligten Schüler beim Lernen hatten.

Gleichwohl sollte man einzelne dieser Beispiele nicht «nachbauen», sondern selber aus der jeweiligen Ausgangssituation mit seinen Schülern heraus gemeinsam *ähnliche* Lernwege suchen.

Man kann solche Modelle nicht einfach übertragen, weil man mit bestimmten Schülern jeweils auch veränderte Ausgangssituationen für die Planung von Unterricht zu berücksichtigen hat.

«Spielgelände» in der Weststadt (Quelle: Blohm)

Manfred Blohm

Lernbeispiel 4:
Wir entwerfen unsere eigene Weststadt

Dieses Beispiel zeigt, wie Schüler – ausgehend von ihrer eigenen unbefriedigenden Wohnumweltsituation – spielerisch-utopische Alternativen entwickeln und bedürfnisgerechte Lösungen für die Wohnumweltgestaltung praktisch erarbeiten können.

Das folgende Lernbeispiel ist im Rahmen eines Praktikums mit einer 6. Klasse (Orientierungsstufe der IGS-West in Braunschweig) durchgeführt worden. Beteiligt waren die Fachlehrerin (Kunst) und ein Praktikant.

Die Weststadt ist ein Stadtteil am Rande Braunschweigs mit neuen, zum Teil noch im Bau befindlichen Wohnblöcken, mittle- ren Hochhäusern und Mehrfamilien-Reihenhäusern.

Viele Schüler der IGS kommen aus kinderreichen Familien. Außer einigen Spielplätzen mit Kletterstangen, Rutschen und Sandkästen gibt es kaum Freizeitangebote für die Kinder. Das einzige Freizeitzentrum der Stadt Braunschweig liegt etwa 8 km entfernt in der Innenstadt.

Der Kunstunterricht der Klasse bestand bisher aus traditionellen Zeichen- und Malaufgaben mit Schwergewicht auf technischen Fertigkeiten, nicht auf problematischen Inhalten. Die Einheiten waren in der Regel auf 3–5 Stunden begrenzt. Einzelarbeit war vorherrschend, Gruppenarbeit wurde nur in unregelmäßigen Abständen praktiziert.

Die Einheit «Wir entwerfen unsere eigene Weststadt» war zeitlich nicht vorherbestimmt. Sie erstreckte sich schließlich über 3 Monate, insgesamt 32 Stunden (bei 3 Stunden pro Woche). Der Unterricht war nicht vorgeplant, jeder Arbeitsschritt wurde vom Lehrer und den Schülern *gemeinsam* geplant. Es wurden gemeinsame Unterrichtserfahrungen gesammelt und Möglichkeiten zur Weiterarbeit und zur Realisierung weiterer Arbeitsvorhaben diskutiert. Die Gestaltung und Durchführung war den Gruppen individuell überlassen.

Wesentliche Aufgabe des Lehrers während der Gruppenarbeit war es, Materialien zur Verfügung zu stellen und technische Hilfen zu geben. Gruppen- und Plenumsarbeit wechselten ständig. Die Plenumsarbeit hatte neben der gemeinsamen Planung die Aufgabe, die Information aller Schüler über den jeweiligen Stand aller Gruppenvorhaben zu gewährleisten.

Die erste Phase galt dem gegenseitigen Kennenlernen von Praktikant und Schülern und der Diskussion des Arbeitsthemas. Praktikant und Schüler tauschten gemeinsame Erfahrungen aus hinsichtlich ihres Freizeitverhaltens, der Wohnorte und der Schulsituation.

Der Praktikant schlug das Arbeitsthema vor. Die Schüler, an lehrerzentrierten Unterricht gewöhnt, akzeptierten das vorgeschlagene Thema ohne Einwände. Der erste Arbeitsabschnitt war noch stark durch die Lehrerinitiative getragen. Hier stellten die Schüler ihren Alltag in exemplarischen Zeichnungen dar. Die Diskussion der Ergebnisse brachte erste Kritik am Alltagsleben, besonders an der Wohnsituation in der Weststadt: Ein Schüler stellte seinen Tagesablauf in 6 Sequenzen dar. Er zeichnete sich Fußball spielend zwischen Betonsilos, Mülltonnen als Tore. Er stellte sich in Torbögen spielend zwischen den Hochhäusern dar.

Das zentrale Thema war jedoch bei ihm wie bei nahezu allen Schülern das Fernsehen. Die Zufriedenheit, wie sie sich zuvor verbal geäußert hatte, wurde in den Bildern teilweise überdacht. Kritik an der Alltagssituation kam zögernd und äußerte sich in Worten wie «Was soll man hier sonst schon machen», «Jedenfalls sind hier schöne neue Häuser». Andeutungen alternativer Wohnmöglichkeiten wurden erst nach längerer Zeit zögernd geäußert, und zwar in der Form eigener Erfahrungen, beispielsweise: «Mein Onkel hat ein Haus in Schweden, da kann man unheimlich gut spielen.»

Im Zuge der weiteren Planung machte ein Schüler den Vorschlag, einmal zu sehen, wie die Mitschüler wohnen, kennenzulernen, «wie die da so leben». Der Vorschlag, einander zu besuchen, wurde zwar begeistert akzeptiert, aber die Schüler wollten dieses Vorhaben während des Unterrichts realisieren. Der Vorschlag der Lehrer, dies außerhalb der Schulzeit durchzuführen, fand noch keine Zustimmung.

Alternativ wurde beschlossen, sich gruppenweise während zweier Schulstunden (die zur Verfügung gestellt wurden) zu besuchen und die Häuser, Spielplätze und Straßen zu fotografieren und so allen Schülern wenigstens einen visuellen Eindruck zu verschaffen. Die Schüler trafen sich in der folgenden Woche, die meisten auch am Nachmittag. (Billigkameras und Filme wurden zur Verfügung gestellt.)

Das Bildmaterial, das anschließend der Klasse vorgelegt wurde, zeigte außer Fotos von Straßen und Häusern vor allem die Schüler selbst. Sie stellten sich dar vor ihren Wohnhäusern, mit ihren Tieren, Hamstern und Hasen und auf ihren Spielplätzen. Als die Fotos in der Klasse gezeigt und kommentiert wurden, gab es offene Kritik: daß alle Häuser Silos, alle Spielplätze unbrauchbar wären und daß in dieser Gegend Tiere keinen Platz hätten.

In zwei großen Gruppen wurde überlegt, wie man die Weststadt verändern könnte. Es bildeten sich dann 5 Gruppen, von denen zwei Gruppen alternative Häuser, eine Gruppe alternative Spielplätze und zwei Gruppen Zoos in der Weststadt als plastische Modelle erstellen wollten. Von diesem Zeitpunkt an brauchten die Lehrer inhaltlich kaum noch einzugreifen. Planung und Bau der Modelle liefen wie von selbst.

Als Arbeitsmaterial standen Pappmaché, Pappe, Nägel, Draht, Holz und Wandfarben zur Verfügung. Die Gruppen arbeiteten etwa 15 Stunden an den Modellen, durchweg sehr intensiv.

Die Ergebnisse waren bei gleichem Thema, zum Beispiel den Häusermodellen, sehr unterschiedlich. Eine Gruppe von 4 Schülern baute ein Einfamilienhaus, das sich sehr stark an konventionelle Fertighausbauten anlehnte. Doch die Gruppe schrieb dazu: «Aus unserer Gruppe wohnen 3 in Hochhäusern . . . Unser Haus, was wir gebaut haben, ist nicht so hoch und verschandelt nicht die Gegend . . . Es hat große Zimmer, wo man auch gut spielen kann.» Ein aufklappbares Dach ermöglicht den Einblick in die geräumigen Kinderzimmer. (Das stereotype Einfamilienhaus war also eine wohlüberlegte, durchaus bedürfnisbezogene Gruppenleistung!)

Vier andere Schüler entwarfen ein Modell, «welches im Gegensatz zu den gewöhnlichen Reihen- und Hochhäusern einen

Das konventionelle Einfamilienhaus erschien den Schülern aus der Weststadt als eine durchaus erstrebenswerte Alternative zum Wohnen in den Siedlungsblöcken.

Der mit Nägeln zum Schutz gegen unbefugte Eindringlinge bespickte überdachte Spielplatz

Dieses Gruppenergebnis stellt wirklich eine alternative Wohnarchitektur aus der Sicht der Schüler dar.
(Quelle: Blohm)

neuen Stil beherbergt, welcher die abenteuerliche Brisanz mit dem Stil der luxuriösen Häuserbauten verbindet», so die Beschreibung der Schüler wörtlich. Sie arbeiteten an allen Teilen des Hauses gemeinsam. Das Haus soll in Wirklichkeit aus Natur- und Felsgestein gebaut werden. Freischwebende Treppen ermöglichen den Aufgang zum großflächigen Dach, auf dem ein Rasen angelegt ist. Hier kann man sich sonnen oder spielen. Ein hoher Aussichtsturm wurde seitlich vom Haus angelegt, davor eine Veranda mit hohen Fenstern und einem Balkon. Durchgänge auf mehreren Ebenen ermöglichen Zugänge zu anderen Balkons und zum Dach. Das Haus ist weiß und rot gestrichen. Das Zitat könnte aus einer Architekturkritik stammen. Abenteuer und Luxus sind aber wohl gerade jene Elemente, welche die Schüler im Bild der Weststadt vermissen – sehr zu Recht.

Die Gruppe, welche alternative Spielplätze konstruierte, arbeitete aufgrund der Größe (8 Schüler) nicht gemeinsam an jedem Vorhaben. 2 bis 3 Schüler konstruierten kleinere Spieleinrichtungen, einen Hubschrauber, einen Fußballplatz und einen kleineren Spielplatz «für alle».

Zentrales Thema war ein Spielplatz, der mit Nägeln abgesichert war, «damit kein Fremder reinkommt».

Fremde Kinder sollten den Spielplatz benutzen können, aber sie sollten ein Entgelt zur Erhaltung zahlen, und sie dürften kein Werkzeug mitbringen. Auf dem Spielplatz befinden sich: «Eine Seilbahn zum Reinstellen, eine Bude, falls es regnet, eine Rutsche zum Rutschen. Man kann dort auch Fußball spielen und es sind Bauklötze da. Es ist ein Hubschrauber da, damit man von oben alles beobachten kann.»

Zwei Gruppen bauten je einen Zoo, die eine nur für die Tiere der Weststadt. Hier sollen herumstreunende Kleintiere aufgenommen werden. Die Tiere sollen freien Auslauf haben, «weil wir finden, sie sind zwischen den Mauern der Stadt schon genug eingeengt». Der Zoo soll sich mitten in der Weststadt befinden, er ist von Pappmodellen der Hochhäuser umgeben.

Der andere Zoo einer Gruppe von 7 Mädchen ist ebenfalls der Tierpflege vorbehalten. Es befindet sich dort eine Krankenstation für ausgesetzte und kranke Tiere. Aber auch Elefanten, Hirsche und Kamele sind hier zu sehen. Sie sollen die Leute anlocken, die Eintritt zahlen, und somit den Fortbestand des Zoos sichern.

«Unsere eigenen Tiere würden wir auch ab und zu mit in den Zoo nehmen. Die ausgesetzten Tiere würden wir dann billig verkaufen.»

Alle Schüler waren während der gesamten Arbeitszeit am Modell tätig. Oft schauten sie auch bei anderen Gruppen zu, sprachen mit ihnen über die Modelle, ohne daß dies sich störend auf die

Die beiden zoologischen Gärten, die sich die Schüler mitten zwischen den Häuserblocks der Weststadt vorstellten. (Quelle: Blohm)

Arbeit auswirkte. Wichtig war es jedoch, daß zu jeder Stunde alle Materialien in ausreichender Menge bereitstanden.

Daß der Modellbau den Schülern Spaß gemacht hatte, kam nicht nur durch Bemerkungen wie «Das war der beste Kunstunterricht, den wir bisher hatten» zum Ausdruck, sondern zeigte sich vor allem in der Intensität, mit der überlegt, diskutiert und gebaut wurde. Alle Arbeitsergebnisse wurden in einer 29 Seiten starken Broschüre zusammengefaßt (aus der auch die Zitate stammen). Hier wurden ausgesuchte Fotos der 1. Unterrichtsphase (Besuch der Weststadt und Schülerdarstellungen) sowie Fotos der Modelle eingeklebt und kommentiert. Die Schüler diskutierten den Einsatz dieses Heftes. Leider blieb nur die Möglichkeit, es innerhalb der Schule und am Elternabend zu zeigen. Eine Vervielfältigung der Broschüre scheiterte daran, daß die Kostenfrage während des Praktikums nicht geklärt werden konnte.

Maria Neyer/Ute Schülke

Lernbeispiel 5:
Was uns an unserer Schule nicht gefällt

Dieses Beispiel zeigt, mit welchem Mut, Eifer und Einfallsreichtum Schüler für die Verbesserung ihrer schulischen Umweltbedingungen eintreten können und wie sie sich dabei Solidarität zu verschaffen wissen. Es zeigt aber auch, daß Schüler weniger ein ästhetisches «Verschönerungsinteresse» an ihrer Schulumwelt haben als das Bedürfnis, ihre konkrete Lebens- und Lernsituation in der Schule zu verbessern.

Ihr Protest richtete sich vor allem gegen Zwänge und Mängel, die von Personen und von der Schule als Institution zu verantworten waren. Umwelt war für diese Schüler also vielmehr ein soziales als ein architektonisches Problem.

Das Lernbeispiel wurde von uns im Rahmen eines Praktikums mit einer Kerngruppe des 7. Jahrgangs der Integrierten Gesamtschule Westhagen erarbeitet. Diese IGS – ein moderner Betonbau – besteht als Ganztagsschule seit 1971; sie liegt am Rande der VW-Metropole Wolfsburg. Rund 1560 Schüler aus verschiedenen Stadtteilen lernen hier.

Die Kerngruppe (16 Mädchen, 15 Jungen) verfügte bereits über gestalterische Fertigkeiten und über die Fähigkeit, in Gruppen zusammenzuarbeiten.

Nach unserer Einschätzung der Lernbedingungen an dieser Schule hielten wir es für sinnvoll, den Schülern Gelegenheit zur Kritik an ihrer Schule zu verschaffen. Dieser Vorschlag wurde von den Schülern, die den weiteren Verlauf stark mitplanten, begrüßt.

Nach unserer Vorstellung sollten sie dabei ihre gestalterischen Fähigkeiten in Problem- und Konfliktsituationen kennen- und einsetzen lernen. Sie sollten ihre Kritik bildnerisch darstellen, um sie zu «veröffentlichen» und Solidarität von Mitschülern zu erfahren. Wir hofften im stillen, daß dadurch Anstöße zur Verbesserung der Situation gegeben werden könnten.

Folgendes Arbeitsmaterial wurde von uns zur Verfügung gestellt: große Packpapierrolle, Abtönfarben, Borstenpinsel, breite

Filzschreiber, Zeichenkohle usw. sowie Kassettenrecorder und Billigkameras.

Das Vorhaben dauerte insgesamt 8 Doppelstunden im Kunstunterricht.

Zu unserer Überraschung beschrieben die Schüler zunächst im Gespräch nur die Vorzüge der Schule, vor allem das reichhaltige Freizeitangebot in Kunst, Musik und Sport.

Wir erklärten uns das aus der eingeschränkten Wohn-, Spiel- und Freizeitsituation vor allem jener Kinder, die aus Neubaugebieten (zum Beispiel Westhagen) kommen. Für sie ist die Schule mit ihren Bolzplätzen und dem weiträumigen Gelände in der Tat eine Alternative.

Erst als eine Schülerin auf den nutzlosen Betonbrunnen vor dem Gebäude aufmerksam machte, war diese zaghafte Kritik das Signal für andere, nun Probleme zu schildern. Die Schüler steigerten sich dabei gegenseitig. Kritik, die anfangs auf das Gebäude oder bestimmte Funktionsstörungen gerichtet war, richtete sich bald auch gegen Personen. Insgesamt einigte man sich auf folgende vordringliche Problempunkte:

- grauer Brunnen
- kahle Betonwände
- Schlangestehen in der Mensa
- unsaubere Schule
- Eintrittsverbot in das Lehrerzimmer
- Schlangestehen am Kiosk
- dreckige Toiletten
- unleserliche Lehrerschrift
- Vertretungsunterricht
- autoritäres Verhalten eines Hausmeisters.

Betonbrunnen der Schule (trockengelegt, so daß er wenigstens bespielbar ist) (Quelle: Selle)

Kommentar des Kerngruppenleiters: «Das war ja eine Kummerkastenstunde. Ich hätte nie gedacht, daß die Schüler in der 9. Stunde noch zu so einer Diskussion fähig sein würden.»

Die nächste Aufgabe, die gesammelten Probleme in Bildern beziehungsweise *Plakaten* darzustellen, kam von den Schülern selbst und wurde auch selbst organisiert.

Slogans wie «Das sieht doch jede Sau, unsere Schule ist zu grau» und großzügige Bildzeichen für einzelne Problemsituationen wurden in Gruppen konzipiert und meist gleich auf das große Format gemalt.

Der Kerngruppenleiter: «Mein Gott, sind die emotional aufgeladen!»

Nach Fertigstellung der Plakate diskutierten wir deren Einsatzmöglichkeiten und beschlossen gemeinsam, die Plakate im Forum des Schulgebäudes auszuhängen, Mitschüler und Lehrer dazu zu befragen und dazu technische Hilfsmittel für die *Dokumentation* (Fotoapparate, Kassettenrecorder) – außer einer großen Papierbahn als *Meckerbogen* – einzusetzen.

Der Kerngruppenleiter stellte zwei zusätzliche Stunden zur Verfügung, die zur Gruppenbildung (und Vorbereitung der Interviews), zum Vertrautmachen mit der technischen Ausrüstung und zum Aufhängen der Plakate genutzt wurden.

In der ersten großen Pause interviewten die Schüler dann Lehrer und Mitschüler im Forum, nachdem die Genehmigung für die Aktion von der Schulleitung eingeholt worden war. Das Echo der Befragten war eindeutig positiv: «astrein», «saugut» – manche fanden die Ausstellung aber auch blöd.

Als wir nach einer Woche die Plakate wieder abnahmen (um sie auch im Haus C aufhängen zu können), hatten sich einige Lehrer positiv geäußert, und Schüler sprachen uns an: «Schade, daß die Sachen schon wieder abgenommen werden. Alles, was schön ist, wird gleich wieder abgenommen.»

Das Plakat mit der durchkreuzten Lehrerzimmertür war von unbekannter Hand während der Ausstellung entfernt worden. Es wurde für Haus C durch eine andere Schülerarbeit zum gleichen Thema ersetzt. Im Haus C befinden sich die Klassenräume der höheren Jahrgänge. Eine Schülermeinung dort: «Ich hätte nie gedacht, daß es mal etwas gegen die Lehrer gibt!»

Auch der dortige Hausmeister fand alles ganz gut. Nur die Hausmeisterfrau von Haus A nicht, als sie den Bogen mit den 11 Kritikpunkten las: «Das nehmen Sie wieder ab! Das lasse ich mir nicht bieten! Drüben (im Haus A) habe ich ja nichts gesagt, aber hier, das geht zu weit! Ich werde mich bei Herrn X (stellvertretender Schulleiter) beschweren, oder ich reiße es selbst ab!» Als wir darauf nicht

Das Plakat, mit dem die Schüler dagegen protestierten, daß ihnen der Zutritt zum Lehrerzimmer verwehrt wurde.

Gruppenplakate zu Einzelproblemen (Quelle: Neyer/Schülke)

Die Schüler befragen Mitschüler zur Sache und was sie von der Plakat-Aktion halten.
(Quelle: Neyer/Schülke)

eingingen, zog sie ab; den Schülern keimte ein Verdacht.

In der großen Pause starteten sie hier ebenfalls eine *Volksbefragungsaktion*. Lehrer und Schüler bezeichneten weitere Mißstände:

- schlecht funktionierende Klimaanlage
- keine Lese- und Ruheräume zum Ausspannen
- unerträglicher Lärm.

Auch die schriftlichen Bemerkungen auf dem großen *Meckerbogen* präzisierten die schon in Haus A festgehaltene Kritik:

- Das ist keine Schule, das ist ein Bunker.
- Macht es in allen Jahrgängen!

- Gute Ansätze, geht die Schulleitung darauf ein?
- Da keiner vollkommen ist, muß man die Lehrer verstehen, sie sind und bleiben arme Schweine.
- Die Lehrer haben den Schülern gegenüber eine zu große Autorität, die sie voll ausnutzen.
- Die Schule ist ein Saustall.
- Sieht aus wie ein Gefängnis.

Ein Eingriff des angeblich von der Hausmeisterin alarmierten stellvertretenden Schulleiters erfolgte nicht. Aber zwei Tage später war das umstrittene Schriftplakat mit den Kritikpunkten abgerissen.

Wir diskutierten die Situation mit der Klasse, die beschloß, Delegationen zum Schulleiter und zum stellvertretenden Schulleiter zu schicken, um über die zwei inzwischen «verlorengegangenen» Plakate etwas in Erfahrung zu bringen. Ein Schüler machte auch den Vorschlag, das Hausmeisterehepaar zu einer Aussprache einzuladen. Ergebnis: Über das Lehrerzimmerplakat war nichts zu erfahren. Die Hausmeisterin hatte sich nicht bei der Schulleitung beschwert. Ob sie das Schriftplakat mit den Kritikpunkten entfernt habe, verneinte sie auf die direkte Frage einer Schülerin. Aber auch nach wiederholten Einladungen kam das Hausmeisterehepaar nicht zu einer Aussprache in die Klasse.

Nun ging es darum, alle Ergebnisse der Aktion in einer großen *Wandzeitung* der Schulöffentlichkeit vorzustellen. Ca. 100 Fotos, 5 Kassetten mit Interviews sowie 2 große Meckerbögen mit Schülerkommentaren waren auszuwerten. Wegen der Menge des Materials und weil sensationelle Ereignisse nicht mehr zu erwarten waren, gingen die Gruppen zunächst etwas müde und lustlos zu Werke.

Allmählich aber baute sich die Betroffenheit und die emotionale Beziehung zur Sache wieder auf. Die Schüler bemühten sich um übersichtliche Darstellung und korrekte Wiedergabe der Ereignisse während der Aktion. Sie waren schließlich so motiviert, daß sie zum Teil noch über die 10. Stunde hinaus daran weiterarbeiten wollten.

Die fertige Wandzeitung (1,50 mal 8 sowie 2 mal 5 Meter) mit großen Schlagzeilen, wörtlichen Zitaten aus den Interviews und großflächig-zeichenhaften Malereien wurde mit Erlaubnis der Schulleitung wieder im Forum ausgehängt.

Auf die beiden verschwundenen Plakate machten die Schüler mit «Suchanzeigen» aufmerksam und versprachen als Belohnung für Hinweise Mohrenköpfe.

In einer solchen Suchanzeige wurde die Hausmeisterin als «dringend tatverdächtig» bezeichnet. Sie protestierte lautstark, und auf Bitten der Schulleitung mußte dieser Text überklebt

Die fertige Wandzeitung (Quelle: Neyer/Schülke)

werden – er wurde später von Schülerhand wieder freigelegt.

Die Schulleitung stellte in einem Gespräch mit uns fest, wir hätten im Praktikum in Unkenntnis der Schulsituation Probleme dieser Schule mit den Schülern behandelt, aber keine Lösungsvorschläge erarbeitet. Letzteres trifft zu und hängt mit unserer Praktikumssituation beziehungsweise nur vorübergehenden Mitarbeit zusammen. Im ersten Teil der Kritik übersah die Schulleitung jedoch, daß eine der beiden «unruhestiftenden» Praktikantinnen Mutter einer Schülerin dieser Schule ist.

Wir sind auch heute noch der Auffassung, daß – hätte diese Kerngruppe nicht daran gerührt – die angerissenen Probleme tabu geblieben wären – also von Lösungen noch viel weiter entfernt.

Die Schüler sahen die Kritik der Schulleitung eher als eine Aufwertung ihrer Arbeit an, zumal sie tatsächlich solidarischen Zuspruch erhalten hatten. Auch zur Wandzeitung (ebenfalls im Haus C ausgehängt) konnte man wieder Meinungen auf große Meckerbögen schreiben. Hier eine Auswahl:

positiv:
so gut, das gab's noch nie, prima, Spitze, Klasse, dufte, gefällt mir, sehr gut

negativ:
kommunistische Parasiten, typisch SPD (Sozis), zu doll, übertrieben

zum Gebäude:
Betonbunker, Fabrik, so ein richtiger grauer Klotz, die Schule muß bunt sein

Natürlich gab es auch sachfremde Kommentare. Aber fast alle waren aus der Schulsituation und -atmosphäre zu erklären.

In einem abschließenden Gespräch in der Klasse bewerteten die Schüler die praktische Arbeit auf großen Formaten und die Gruppenarbeit positiv. Sie hoben hervor, daß sich die gemeinsame Arbeit nicht nur auf Malen und Zeichnen beschränkt hatte, sondern als Mittel dazu diente, der Schulöffentlichkeit etwas mitzuteilen und Diskussionen in Gang zu bringen.

Eine Schülerin: «Das geht nicht einfach so an einem vorbei, da hat man was davon.»

Eine Gruppe: «Wir fanden es gut, daß wir überhaupt über dieses Thema gesprochen haben und daß etwas unternommen worden ist. Besonders gut war es, daß wir es in Form von Plakaten machten. Wir fanden es auch gut, daß wir Interviews machen konnten.»

Herausgeberkommentar

Zwar ist bei diesem Lernbeispiel kein sichtbarer «Veränderungserfolg» herausgekommen, aber solche Ansätze sind ausbaufähig. Von der Bemalaktion bis zur Selbstausstattung des Freizeitbereichs, vom Einrichten eines Aktivspielplatzes auf dem Schulgelände bis zur «offenen Werkstatt» im Schulkeller, von der schülerverwalteten Cafeteria bis hin zu einem Zoo-Raum, in dem Schüler Tiere halten und pflegen können, sind eine Menge *Wohnlichkeits-* und *Nutzbarmachungsaktionen* einer Schule im Bedürfnis und Interesse der Kinder denkbar.

Zugleich sind solche Aktionen immer auch wirklichkeits- und handlungsbezogene Lernsituationen für die Schüler, die dabei Widerstände der Institution (zum Beispiel bei der Schulleitung, dem Hausmeister, aber auch im Lehrerkollegium) und die Gleichgültigkeit des täglichen Trotts ihrer Mitschüler überwinden müssen, ehe sie etwas erreichen können.

Ilona Hilpert-Mattstedt/Uwe Ahrens

Lernbeispiel 6:
Wir brauchen noch 'ne Fabrik

Dieses Beispiel zeigt ein Projekt des Erfahrungslernens für benachteiligte Kinder, ist jedoch auf die Grundschule ohne weiteres übertragbar. Hier werden Eindrücke und Erfahrungen außerhalb der Schule im Unterricht produktiv verarbeitet, so daß die Kinder neue Kompetenzen zur bewußteren Wahrnehmung und Orientierung in ihren Umweltbereichen entwickeln können.

In dem hier in Ausschnitten dargestellten Unterricht aus einem dritten Schuljahr einer Sonderschule für Lernbehinderte war beabsichtigt, mit den Kindern ihre individuelle und gemeinsame Abhängigkeit von «stadtplanerischen Maßnahmen» zu erarbei-ten. Es kam uns dabei auf Unterrichtsformen an, wie sie im Einleitungsteil des ersten Bandes von Uwe Ahrens/Peter Becker in ihrer Pädagogisch-didaktischen Orientierung (Band 1, Seite 18) beschrieben worden sind.

1. Schritt: Die Stadt erkunden

Die Realitätserfahrungen der Kinder wurden anfangs aktualisiert und thematisiert durch mehrere Erkundungen im Ort selbst. Am eigenen Lebensbereich sollte untersucht werden, wie eine Stadt beschaffen ist, wie sie geplant worden ist und wird, wie sie sich in ihrer Struktur verändert (hat) und wie sich diese Faktoren auf das Leben der Menschen auswirken.

Zur örtlichen Situation
Der Stadtkreis Salzgitter wurde 1942 im Zuge großangelegter Industrialisierungsmaßnahmen um die damaligen «Hermann-Göring-Werke» herum aus dem Kernort Salzgitter-Bad und 27 bäuerlichen Gemeinden gebildet. Eine dieser Gemeinden war das alte Lebenstedt, das sich schnell vergrößerte und heute der einwohnerreichste Ort ist, mit einer sehr

heterogenen Struktur: alte und neue Einfamilienhäuser, Werkswohnungen in langen Blocks (die heute zum Teil sehr heruntergekommen sind), Großstädtisches um die Kauf- und Bürohäuser herum, eine große Trabantensiedlung usw.

Die Kinder über Lebenstedt
«Alles wird vollgebaut, man kann hier nicht mehr spielen.»
«Vorher war da Rasen, da konnten wir Fußball spielen.»
«Die Wohnungen sehen alle gleich aus, ganz anders als in der alten Stadt.»
«Alles ist voll Parkplatz!»
«Man traut sich nicht über die breiten Straßen wegen dem Verkehr.»
«Wenn man mal rennt, knallt man bestimmt gegen Leute, die einkaufen.»
«Die Leute, die da wohnen, kennen sich nicht, es sind zu viele.»

«In der alten Stadt kann man Hunde haben, die werden da nicht gleich totgefahren.»
«Die Nachbarn können in den Gärten sitzen und tratschen.»
«Wir können auch auf der Straße spielen und radfahren.»
«Es gibt viele Bäume und Blumen.»
«Man kann auch Versteck spielen.»
«Auf dem Platz vor der Kirche kann man spielen, alte Leute können sich auf die Bänke setzen.»
«Es sind nur kleine Straßen darum mit wenig Verkehr.»
«Im Sommer riecht es gut, weil es so viele Blumen gibt.»
«Man kann da Leute treffen zum Unterhalten.»

Die Kritik der Kinder richtete sich auch auf die ungünstige Arbeitsplatzsituation in Lebenstedt, die meisten Väter und viele Mütter müssen weit fahren, um ihre Arbeitsplätze zu erreichen.

2. Schritt: Wir bauen eine Stadt

Wir beschlossen, selber das Modell einer Stadt zu bauen, in der man gut wohnen, leben und arbeiten kann.

Sie sollte auf eine alte Klapptafel gebaut werden, aus Holzklötzen, die die Kinder bearbeiten wollten.

Im ersten Planungsgespräch sammelten wir alles, was zu einer Stadt gehört – zunächst unstrukturiert:

Wohnhäuser, Schule, Kaninchenstall, Polizei, Fabrik, Ententeich, Krankenhaus, Supermarkt, Kraftwerk, Hallenbad, Kaserne, Straßen.

In weiteren Gesprächen wurden Zusammenhänge zwischen den Bereichen Wohnen–Arbeiten–Freizeit formuliert:

«Am schönsten ist es, wenn man an der Straßenecke, wo man wohnt, eine Kneipe hat, da kann man kurz mal Leute treffen und einen trinken.»

«Es müßte so sein wie bei Jörg, Bäume ums Haus und Rasen. Da kann man gut spielen und die Mütter brauchen keine Angst haben, wenn die Kinder über die Straße gehen.»

«Die Väter dürfen es nicht so weit zur Arbeit haben, wenn sie in der Nähe arbeiten, kennen wir ihre Arbeit und die Kollegen besser. Man könnte mal was zusammen machen.»

«Wir bauen ein Café für ältere Leute, nicht immer nur was für Junge.»

Die Kinder begannen mit dem Bau der Stadt und versuchten, ihre Vorstellungen umzusetzen. Dabei traten Schwierigkeiten auf:

Was theoretisch geklärt schien, war in der Praxis schwer auszuführen, die Kinder bauten zunächst viel zu groß und kamen mit dem Material nicht zurecht. Sie bauten erst jeder für sich allein und wollten jeder möglichst viele Holzklötze haben.

Wir veränderten das Angebot an Material. Die Kinder bekamen zusätzlich Holzfiguren, Rasen, Bäume und Büsche, mit deren Hilfe sie Größenrelationen ausmachen konnten.

Die Diskussion über Stadtstrukturen wurde auf der Handlungsebene weitergeführt, während des Bau- und Spielprozesses: Es wurden Rollenspiele beim Bauen angeregt, durch die die Kinder zu der Erkenntnis kamen, daß es besser ist, gemeinsam an einer Stadt zu bauen, damit sie funktionsfähig wird.

Mit Hilfe des neuen Materials erkannten die Kinder, daß sie kleiner bauen mußten. Sie diskutierten, ob Hochhäuser gebaut werden sollten oder kleine Häuser. Wir benutzten zu dieser Diskussion Fotos von Lebenstedt, die bei Unterrichtsgängen angefertigt worden waren. Der Wohnwert von Hochhäusern und kleinen Häusern für zwei bis vier Familien wurde verglichen. Die Kinder beschlossen, höchstens drei Stockwerke zu bauen: «Damit man seine Nachbarn kennt», «damit man sich auch mal mit allen zusammen treffen kann», «damit man auch Tiere im Haus halten kann».

Die Kinder identifizieren sich mit ihren Bauvorhaben

Ingo wollte Bauer sein und baute einen Bauernhof. Bei ihm konnte man frische Eier und Milch kaufen. Holger baute einen Campingplatz, Anja einen Schlachterladen mit Viehhof. Drei Kinder wollten eine Autowerkstatt bauen, Jörg wollte mitmachen. Günther: «In so 'ner kleinen Stadt braucht man keine Riesenwerkstatt.» Die anderen wollten aber unbedingt mitbauen, Streit brach aus, bis Jörg fragte: «Wo kriegen wir das Holz her?» Ernst antwortete sofort: «Ich beliefere euch, dann mach ich eben 'ne Bauhandlung auf.» Frank baute dann eine Kneipe neben der Werkstatt, «da können die Leute reingehen, wenn ihr Auto mal kurz in Reparatur ist».

Die Kinder bauten ihre Stadt beim Spielen weiter aus und lernten dabei, wie viele verschiedene Funktionen in einer Stadt zum Wohnen zusammenkommen müssen.
(Quelle: Ahrens)

3. Schritt: Wir bauen die Stadt weiter aus

Die Kinder spielten und bauten an der Stadt, sie lernten dabei, daß eine Stadt vielen Funktionen gerecht werden muß. Es gab reichlich Freizeitanlagen, Spielmöglichkeiten, Wohnhäuser und Arbeitsplätze. Als sie einmal «Nacht» spielten, merkten sie, daß die Stadt kein Licht hatte; sie brauchten ein Kraftwerk.

Holger wollte ein Atomkraftwerk bauen: «Ihr wollt doch fernsehen, ihr wollt doch Licht haben, ihr braucht ein Kernkraftwerk.» Alfred: «Strom kriegen wir auch aus einem anderen Kraftwerk, wir bauen eine Dampfmaschine, Mensch, hör auf mit Atom.» Holger: «Na ja, aber wenn der Feind kommt, könnt ihr ihn nicht vernichten, wenn ihr keine Kernkraftwerke habt.»

Es folgte ein Exkurs über die Entstehung von Kriegen, warum ein Land Feinde hat, wie Atombomben wirken. (Über die Wirkungsweise von Kernkraftwerken und die Gefahren, die daraus entstehen, hatten wir schon in einer längeren Unterrichtseinheit gearbeitet.)

Wir beschlossen eine Dampfmaschine zu bauen, bis dahin aber die Stadt mit batteriebetriebenen Lampen zu beleuchten.

Die Stadt bekam während des Bauens immer mehr Struktur, es gab bald einen Fußballplatz, einen See mit Bäumen, verschiedene Geschäfte, Verkehrsanlagen usw. Trotzdem entsprach die Stadt noch nicht den Vorstellungen, die die Kinder zunächst geäußert hatten. Das wurde zur Diskussion gestellt.

Gespräch mit den Kindern über die Divergenzen zwischen Planen und Handeln beim Bauen
Lehrerin: Warum sind eigentlich so viele Dinge nicht gebaut worden, die ihr beschlossen hattet?
Jörg: Wir brauchen noch 'ne Fabrik, die Leute können ja gar nicht essen und kein Geld verdienen. Tankstellen brauchen wir auch!
Sabine: Bei der Arbeitsstelle muß eine Bushaltestelle sein oder ein Bahnhof.
Lehrerin: Warum habt ihr das nicht gebaut, ihr habt das schon so oft gesagt!
Alfred: Die Platte ist, glaub ich, zu klein, viel zu klein, die ist schon voll, oder die Häuser sind zu groß, wenn wir ein bißchen wegmachen, haben wir genug Platz.
Ingo: Oder noch einen Tisch mit ranstellen.
Sabine: Der Fußballplatz ist zu groß für die Stadt, das Krankenhaus könnte auch kleiner sein.
Holger: Wir brauchen ein Krankenhaus, was willst du machen, wenn 'ne Krankheit ausbricht?
Alfred: Ich mach das Krankenhaus kleiner, wohnen ja gar nicht so viele Leute in der Stadt. Weil, 'ne Fabrik brauchen wir, damit die Leute Arbeit haben und Geld verdienen.
Sabine: Können wir vielleicht den

Flugplatz abreißen, dann kann die Fabrik dahin.

Alfred: Ja, lieber keinen Flugplatz!

Sabine: Oder Flugplatz dalassen, damit die Leute mal woanders hinfliegen können, den Fußballplatz abreißen.

Günther: Nee, da trimmt man sich, den brauchen wir.

Sabine: Reißen wir den Flugplatz ab, wir haben ja die Autos.

Lehrerin: Was für eine Fabrik?

Alfred: Das können wir später überlegen, erst mal sehen, was abgerissen wird, oder?

(Die Kinder sind alle einverstanden.)

Jörg: Flugplätze sind sowieso gefährlich, zu laut, und dann stürzt womöglich was ab.

Ingo: Den Spielplatz können wir verkleinern, es gibt woanders auch 'ne Menge Platz zum Spielen.

Ernst: Dafür einen Kindergarten bauen.

Sabine: Können wir uns das nicht mal angucken?

Die Kinder diskutierten am Stadtmodell weiter. Sie malten die Stadt auf ein großes Blatt und zeichneten die Veränderungen mit ein. Es wurde neu geplant: Rathaus, Fabrik, Elektrizitätswerk, Marktplatz, Kindergarten. Die einzelnen Baumaßnahmen wurden besprochen und begründet. Die Kinder erkannten, daß eine Stadt ein Gebilde ist, das in seinen Funktionen voneinander abhängig ist, daß die Menschen, die in einer Stadt wohnen, ge-meinsame und individuelle Bedürfnisse haben, denen man schon in der Planung gerecht werden muß.

Nach vier Wochen gab es in der Stadt:

Soziale Einrichtungen: Krankenhaus, Kindergarten, Schule, ein «Kinderhaus», Freizeitheim, Spielplätze

Verwaltung: Rathaus, Post, Bank

Freizeiteinrichtungen: Kneipe, Kaffeehaus, Campingplatz, Fußballplatz, Park, See, Hallenbad, Freibad

Arbeitsplätze: Fabrik, Autowerkstatt, Bauernhof, Schlachter, Viehhof, Bäcker, Bauunternehmen, Geschäfte für Spielzeug, Bekleidung, Lebensmittel

Verkehr: Autos, Busse, Eisenbahn, Ampelanlagen

Versorgung-Entsorgung: Elektrizität, Kläranlage, Müllabfuhr.

Wir hielten es für sinnvoll, das Stadtmodell möglichst lange in der Klasse zu lassen. Es wurde fast ein Jahr lang immer wieder verändert, daran gespielt, die Kinder konnten die Änderungen ihrer Einstellungen und ihres Wissensstandes einbringen und den anderen vermitteln.

Der Unterricht fand in einer 3. Klasse statt. Die Kinder waren zwischen 9 und 11 Jahren. In diesem Alter sind sie noch nicht in der Lage, abstrakt zu planen und danach zu bauen. Sie lernen beim Bauen und Spielen und können dann erst ihre Erkenntnisse formulieren.

Fast ein Jahr blieb das Modell im Klassenraum aufgebaut; es wurde immer wieder
damit gespielt und auch daran etwas verändert. (Quelle: Ahrens)

Der Unterricht war fächerüber-
greifend konzipiert. Wir bevorzugten ästhetisch-praktische
Lernformen wie Bauen, Zeichnen,
Malen, Spielen – Mittel, mit denen
die Kinder im konkreten Hand-
lungsvollzug lernen können.

Aber es wurde auch im naturwissenschaftlich-technischen Bereich gearbeitet: Wie funktioniert
eine Dampfmaschine? Herstellung von Stromkreisen, Funktion
einer Kläranlage, Atomkraft – alles eingebunden in das Bewußt-
werden sozialer Zusammenhänge, unter Verwendung der eigenen sozialen Erfahrungen der
Kinder.

Das Beispiel konnte in einer 7.
Klasse der Sonderschule erfolgreich wiederholt werden. Hier war
es dann schon möglich, bei Häusern die Statik zu berücksichtigen, exakte Größenrelationen
herzustellen, die Verkehrssitua-
tion in der Stadt technisch genauer zu bearbeiten.

Man kann dieses Projekt
selbstverständlich auch mit einer
Grundschulklasse erarbeiten.

Maria Zemelka

Lernbeispiel 7:
«Die Weserrenaissance» –
Projektorientiertes Umweltlernen
mit einer 10. Realschulklasse

Dieses Beispiel zeigt, wie man vorgehen könnte, wenn eine aktuelle Situation (hier die Sanierung eines alten Stadtkerns) das Interesse der Schüler berührt, so daß man mit Unterstützung einiger Kollegen und einiger Experten am Ort ein Projekt planen und durchführen kann.

1975 war das Jahr des Denkmalschutzes, Anlaß auch für unsere Schule in Bad Münder, die kunsthistorische Vergangenheit der Umgebung zum Thema des Unterrichts zu machen. Wegen des komplexen Gegenstandes dachten wir gleich an projektartige Unterrichtsformen und planten dementsprechend mit den Fächern Kunst, Geschichte, Deutsch, Religion und Werken.

Die Schüler waren in der Vorplanung nicht einbezogen, wie das so üblich ist. Keiner der Lehrer konnte zu diesem Zeitpunkt ahnen, welche Schwerpunkte die Schüler selbst in diesem Projekt entwickeln und wofür sie sich besonders interessieren würden. Aus der Sicht der beteiligten Lehrer sollte das Unterrichtsvorhaben dazu beitragen,

- Geschichtsbewußtsein zu vermitteln beziehungsweise die bewußte Verbindung von Ver-

gangenheit und Gegenwart zu ermöglichen,
- die Beziehungen zwischen ästhetischen Objekten und ihren historischen Entstehungs- und Nutzungsbedingungen, das heißt ihrem gesellschaftlichen Hintergrund, erkennbar zu machen,
- Kriterien für den Denkmalschutz zu erarbeiten,
- den Marktwert historischer Gebäude für den Wirtschaftsfaktor Tourismus durchschaubar zu machen,
- die Problematik der Modernisierung mittelalterlicher Stadtkerne zu verdeutlichen,
- Einblick in Möglichkeiten der Einflußnahme von Bürgern auf politische und planerische Entscheidungen zu vermitteln,
- Kooperationsfähigkeit, Kritikfähigkeit und Kreativität der Schüler in selbstorganisierten Gruppenlernprozessen auch

außerhalb der Schule weiterzuentwickeln.

Projektunterricht war für die beteiligten Lehrer ebenso wie für die 25 Jungen und Mädchen im Alter von 16–17 Jahren Neuland. Aber die Schule war gut ausgestattet (Werkstätten, Lernmittel usw.),
und es gab einen aktuellen Anlaß für den Beginn des Projektes, die «Hamelner Hoch-Zeyt», ein Altstadtfest, das der Eröffnung der Fußgängerzone im Zuge des ersten Abschnitts der Altstadtsanierung in der benachbarten Kreisstadt folgen sollte.

Wie sind wir bei der Einleitung und Durchführung des Projekts vorgegangen?

Die von der Stadtverwaltung Hameln an die Bürger verteilte Informationsbroschüre diente als Ausgangsmaterial für ein Unterrichtsgespräch, in dem unter anderem über Vor- und Nachteile von Fußgängerzonen und über die Lebensbedingungen in alten und neuen Stadtteilen diskutiert wurde. Schließlich wurde die Frage nach den historischen, soziologischen und kulturellen Bedingungen beim Aufbau der Stadt im 16. Jahrhundert gestellt. In Gruppen wurden 5 Themen erarbeitet:

1. Die Entwicklung von Städten (allgemeine und lokale Gründe)
2. Lebensgewohnheiten im Mittelalter (Arbeit der Menschen, Haushalt, Kleidung, Hygiene usw.)
3. Soziale Schichtungen (Adel, Geistliche, Patrizier, Handwerker, Bauern)
4. Wie eine Stadt regiert wurde
5. Das Leben auf dem Lande.

Außerdem beleuchteten zwei Hörspiele des NDR die Vergangenheit und die Verhältnisse in einer mittelalterlichen Stadt («Bauern und Hörige» und «Bürgermeister Wullenweber»), die in den Unterricht einbezogen werden konnten.

Im Kunstunterricht zeigten die Schüler Interesse an einigen Plakaten und einem Plan der Stadt Hameln. Das Gespräch konzentrierte sich bald auf folgende Themen:
- Altstadtsanierung
- Gastarbeiterwohnungen
- Grundstücksspekulation in der Innenstadt
- Wohnen in Alt- und in Neubauten
- Baustile vergangener Epochen.

Mit dem für sie leeren Begriff «Weserrenaissance» wollten die Schüler sich nicht zufriedengeben, sondern mehr über die alte Architektur und ihren gesellschaftlichen Hintergrund erfahren.

Es wurde beschlossen, das für die Epoche repräsentative Schloß Hämelschenburg in der Nähe von Hameln gemeinsam zu besichtigen und auf dem Weg dorthin eine Führung durch die Altstadt einzuschieben. Das Unterrichts-gespräch wurde von den Schülern zu Hause im Familienkreis in der Form der «Pro- und Contra-TV-Sendung» weitergeführt: Zu der Frage «Würdest du lieber in einem Alt- oder Neubau wohnen?» wurden Argumente und Gegenargumente gesammelt.

Dabei wurde den Schülern offensichtlich bewußt, daß sich im Bauen und Wohnen nicht nur unterschiedliche Lebensauffassung, sondern auch soziale Unterschiede ausdrückten. Die gleichen Beobachtungen machten sie bei der Besichtigung des Schlosses und der Altstadt. Eine Fotogruppe begann viele typische Motive der Weserrenaissance aufzunehmen, um sie später als Anschauungsmaterial anderen Gruppen zur Verfügung zu stellen.

Nicht nur die Stilelemente der Weserrenaissance, sondern auch der durch den Burgführer verlebendigte Tagesablauf in einer Burg beziehungsweise in einer mittelalterlichen Stadt weckten neues Interesse an der Projektarbeit. Die fotografische Erkundungspraxis der Schüler dehnte sich auf die Altstadt von Hameln aus.

Die Gruppenarbeit

Folgende Themenkreise kristallisierten sich im Unterrichtsgespräch für die Gruppenarbeiten heraus, wobei gleichzeitig auch die verschiedenen Arbeits- und Darstellungsformen sowie Informationsquellen bedacht wurden.

1. Die Mode der Renaissance
   Materialien, Formen; wer konnte es sich leisten? Mode der Armen – Mode der Reichen

2. Architektur der Weserrenaissance
   Stilelemente, Besonderheiten beim Bauen; Formen und Bauweise der Fachwerkhäuser; Fassaden der Weserrenaissance; Unterschiede zwischen Renaissance und Weserrenaissance
   Der Projektleiter gab dieser Gruppe den Hinweis, daß der Leiter des Stadtbauamtes als Spezialist für Fachwerkhauskonstruktionen ihnen Hilfen geben könnte.

3. Darstellung von Häusern einzelner Stände der Weserrenaissance durch eine Fotodokumentation (Adelshaus, Patrizierhaus, Bürgerhaus)

4. Das Verhältnis zwischen Mensch und Kirche
   Glauben der Leute; Einfluß der Kirche auf das Leben der Menschen; Reformation im Weserbergland

5. Die Stellung der Frau in der damaligen Gesellschaft

6. Die Situation der Kinder und Jugendlichen im 16. Jahrhundert

Verhältnis zwischen Kind und Eltern, zwischen Kind und Schule; Berufsausbildung der Jugendlichen; Jugend damals und heute

Wegen der besonderen Probleme der Themen 5 und 6 wurde die Gruppe darauf hingewiesen, daß im Museum und im Archiv zu Hameln dokumentarische Quellen eingesehen werden können.

7. Altstadtsanierung

Altstadtprobleme; altes und neues Wohnen; Fassaden und Hinterhöfe; Fußgängerzonen: Die Gruppe wollte Bewohner der Altstadt und Passanten der Fußgängerzone befragen und ein Interview mit Planungsverantwortlichen arrangieren.

8. Die Altstadt in der touristischen Werbung

Prospekte, Postkarten, Souvenirs, Herstellung eines Posters.

Nach Themeninteresse und persönlicher Sympathie der Schüler bildeten sich 7 Arbeitsgruppen. Lediglich das Thema 5 (Stellung der Frau) fand am Ende doch kein Interesse, und ein Junge wollte allein das Hamelner Altstadtfest bearbeiten.

Nachdem alle Gruppen ein Arbeitspapier mit einer Gliederung der Themen und möglichen Wegen der Realisierung entworfen hatten, verlagerte sich die Aktivität einiger Gruppen nun auch in außerschulische Bereiche:

Beim Zusammenfügen der maßstabsgetreuen Fachwerkkonstruktion (Quelle: Zemelka)

- Es wurden Kontakte zu behördlichen Stellen angeknüpft.
- Es wurden Interviews und Fragebogenaktionen in der Altstadt von Hameln und in der Fußgängerzone gemacht.
- Es wurden Informationsquellen in Büchereien, Verlagen, Kirchen und Vereinen erschlossen.
- Es wurde der Besuch des Museums und des Archivs vorbereitet und durchgeführt.
- Es wurden exemplarische Motive für Fotoaufnahmen gesucht und festgehalten.
- Es wurde zusammen mit einem außerschulischen Fachmann die Rekonstruktion einer Fachwerkfassade geplant und realisiert.

Von nun an durchbrach unser Projekt sozusagen die Schulordnung, der 45-Minuten-Takt des normalen Unterrichts erwies sich als ungeeignet für die aufwendige Arbeit, vor allem außer Haus. Oft nutzten die Schüler den Vor- *und* Nachmittag für ihre Aufgaben.

Außerdem geriet das Projekt durch die kritische Anregung einer Gruppe in eine entscheidende Phase neuer Aktivitäten, und zwar durch die Gruppe «Altstadtsanierung».

Nach ihrer Interviewarbeit in Hameln stellten die Schüler die Frage, weshalb eigentlich die Projektarbeit schwerpunktmäßig so stark nach Hameln ausgerichtet sei, während doch in ihrer eigenen Heimatgemeinde ähnliche Entwicklungen zu beobachten wären: Alte Häuser würden abgerissen und durch Zweckbauten ersetzt; die Stadtplanung würde immer mehr Lebens- und Arbeitsraum des Menschen zu Verkehrs- und Geschäftszentren umfunktionieren. Man müßte die Leute der eigenen Stadt ebenfalls aufrütteln!

An dieser Idee begeisterte sich der größte Teil der Schüler spontan, zumal sie darin eine Chance sahen, selber auch die Erfahrungen nachvollziehen zu dürfen, die die Gruppe «Altstadtsanierung» in Hameln gemacht hatte.

Nach anfänglichen Meinungsverschiedenheiten über den Ablauf dieser Aktion (unter anderem wurde erwogen: Straßentheater, Informationsstände, simulierte Vorbereitungen zum Abriß eines wertvollen Fachwerkhauses) und Bedenken wegen gesetzlicher Bestimmungen über öffentliche Aktivitäten sollte Ziel der Aktion sein,

- die Bürger auf städtebauliche Probleme in Bad Münder aufmerksam zu machen,
- die Meinung der Bürger zu Altstadtproblemen zu erfragen,
- eigene Erfahrungen durch aktive Begegnung mit anderen Menschen auf der Straße zu sammeln.

Die Mitglieder der Gruppe, die die Aktion vorbereiteten, lösten sich zum Teil vorübergehend aus anderen Gruppen und erarbeiteten folgenden Plan:
1. Wahl eines günstigen Platzes und Termins (um ein altes

Fachwerkhaus; Samstagvormittag)
2. Einverständnis des Hausbesitzers
3. Einladung an die lokale Presse
4. Entwurf von Flugblättern, Fragebögen, Plakaten, Schildern. Bereitstellen von Broschüren, Megaphon und Kassetten-Recordern
5. Verteilen der einzelnen Aufgaben auf alle Schüler der Klasse für die Vorbereitung und den Verlauf der Aktion.

Mehr noch als die Arbeit in den einzelnen Gruppen spornte die gemeinsame Aktion aller Schüler an. Wo Schwierigkeiten auftraten, halfen andere mit, weil die Aktion als Ganzes gelingen sollte und jeder gebraucht wurde. Es erwies sich als notwendig, bestimmte Aktivitäten gemeinsam zu trainieren, zum Beispiel das Interview eines Bürgers auf der Straße mit Fragebogen beziehungsweise mit Recorder oder Gebrauch des Megaphons.

Nach diesem Training fühlten sich die Schüler in ihrem Selbstbewußtsein so sehr bestärkt, daß sie sogar die Lehrkräfte baten, sich doch bei «ihrer» Aktion zurückzuhalten.

Die öffentliche Aktion

Die Aktion verlief planmäßig und die Befragten zeigten sich so aufgeschlossen, daß die Schüler gern länger als geplant die Sache fortgeführt hätten. Zu irgendwelchen Beschwerden oder Zwischenfällen kam es (zum Bedauern einiger Schüler) nicht.

Im Anschluß waren alle befriedigt vom Erfolg der Aktion und sehr erstaunt über das Interesse der befragten Bürger. Sie hofften auf ein größeres Echo in der Öffentlichkeit, zumal zwei Zeitungen in mehrspaltigen Berichten mit Bildern von der Aktion aufwarteten. Aber die Schüler waren dann doch ein wenig enttäuscht; die Berichte waren ihnen zu «zahm». Immerhin aber hatte einer der Hausbesitzer (der Bauer Schmidt) einem Journalisten gegenüber bekundet, er denke jetzt doch anders über sein Haus und fände das sehr gut, was die jungen Leute da gemacht hätten.

Der Erfolg der öffentlichen Aktion war zwar nicht derart, daß sich nun eine Bürgerinitiative «Erhaltet das alte Bad Münder» oder ähnliche spektakuläre Folgen eingestellt hätten; der Erfolg lag vor allem in der Bestätigung, die die Lernarbeit der Schüler für sie selbst gebracht hatte. Es war nicht bloß über etwas geredet, sondern es war etwas Wichtiges wirklich getan worden. Dabei waren die Schüler auch emotional angesprochen; von der Überwindung der Angst vor dem öffentlichen Agieren bis zum Wunsch nach Dramatisierung sonst im Unterricht eher abstrakt und

Bei der «Demo», der Flugblattaktion und den Straßeninterviews (Quelle: Zemelka)

Beispiele aus der fotografischen Bestandsaufnahme von Bauten in Bad Münder
(Quelle: Zemelka)

Plakative «Kontrastmontage» und ein bei der fotografischen Bestandsaufnahme entdeck-
tes, sorgsam restauriertes Fachwerk-Wohnhaus (Quelle: Zemelka)

«trocken» behandelter Probleme waren tatsächliche Bedürfnisse befriedigt worden. Die Schüler hatten sich im Lernfeld der sozialen Wirklichkeit selbst handelnd erfahren können. Sie waren dabei ernst genommen worden. Das untermauerte fortan ihre Motivation, innerhalb der einzelnen Gruppen auch an längerfristigen Aufgaben weiterzuarbeiten.

Die Gruppe «Kirche und Gesellschaft» suchte den Pastor der evangelischen Kirchengemeinde auf und legte ihm Fragen zur heutigen Situation vor.

Die Gruppe «Altstadtsanierung» fuhr mehrmals nach Hameln, um Wohnhäuser und Hinterhöfe zu fotografieren und mit den Bewohnern Gespräche zu führen. In Bild und Wort haben sie Verfall und Restauration von Häusern festgehalten und realistische Erfahrungen sammeln können. Sie fühlten sich bald so sachkundig, daß sie den Leiter des Planungsamtes um einen Termin für ein Interview baten und ihm kritische Fragen vorlegten, wobei sie sich häufig zum Sprecher der Bewohner sanierungsbedürftiger Häuser machten.

Die Gruppe «Situation der Kinder im 16. Jahrhundert» arrangierte einen Besuch im Stadtarchiv und Heimatmuseum, wo Quellenstudium an Originalen betrieben werden konnte und Fachleute auf gezielte Fragen Rede und Antwort standen.

Die Gruppe «Werbung» untersuchte in vielen Geschäften die Angebote von Souvenirs und Postkarten, befragte Touristen und informierte sich beim Leiter des Städtischen Verkehrsamtes über grundsätzliche und aktuelle Probleme touristischer Werbung.

Die Gruppe «Weserrenaissance im Foto» pendelte häufig zwischen Hameln und der Schule, um Aufnahmen zu machen und diese bis zum fertigen Bild selber weiterzuentwickeln. Mit der Vervollkommnung des fototechnischen Prozesses verlagerte sich der Schwerpunkt ihrer Arbeit auf das Suchen und Herausarbeiten von besonderen Motiven durch entsprechende Aufnahmetechniken (Ausschnittvergrößerung, Weitwinkel- und Teleobjektive).

Die Beendigung der Projektarbeiten konnte nicht bei allen Gruppen zum gleichen Termin erfolgen. Die Schüler hatten hier die Möglichkeit, entweder einander zu helfen oder zusätzliche Aufgaben auszuführen, zum Beispiel die Gestaltung von Postern mit Fachwerkfassaden oder mit Gegenüberstellungen von alten und modernen Wohngebieten.

Aber es gab für alle am Schluß noch einmal einen Höhepunkt und eine Bestätigung der geleisteten Arbeit: eine Ausstellung und ein «Richtfest».

Die Gruppe «Architektur der Weserrenaissance» hatte etwas Besonderes vorbereitet, nachdem der Stadtbauamt-Leiter, ein Fachwerkspezialist, über Fachwerkbauweise in der Schule referiert, aber bei den Schülern Zwei-

fel an der Stabilität und Dauerhaf-
tigkeit solcher Häuser nicht ganz
hatte ausräumen können. Sie hatten deshalb, vom Spezialisten beraten, ein Modell im Maßstab 1:10
gebaut, allerdings nur die Fachwerkfassade.

Die Vollendung dieser Arbeit
wurde in Anwesenheit des Hausbesitzers (Bauer Schmidt) durch
ein «Richtfest» in der Schule gefeiert. Gleichzeitig waren alle
Gruppenergebnisse in Form von
Fotodokumentationen und gegenüberstellungen,   Postern,
Schaubildern mit Texten und
Zeichnungen (zum Beispiel der
Mode-Gruppe) in einer Schulausstellung vereint worden.

Die Schüler abschließend über
ihre Arbeit: «Wann machen wir
das nächste Projekt?»

Aus der Reihe der fotografischen Studien
zur Weserrenaissance (Quelle: Zemelka)

Teil XII: Anhang

Zusatzmaterialien mit Bezugsquellen

Hier werden – mit Angabe der Bezugsquellen – wichtige (zum Teil schon in den Anhängen einiger Beiträge aufgeführte) Materialien genannt, die beim Lernen nützlich sein können. Angaben über die Versandbedingungen erfolgen ohne Gewähr. Im Buchhandel erhältliche Materialien sind hier nur ausnahmsweise enthalten (siehe dazu die Angaben im Literatur- beziehungsweise Materialienverzeichnis der einzelnen Beiträge). Die hier aufgenommenen Zusatzmaterialien sind nur zum Teil im Zusammenhang mit diesem Buch entstanden. Die Auswahl erfolgte dennoch in etwa nach den in den beiden Bänden von «Lernbereich Wohnen» verfolgten Prinzipien. Hinweise auf andernorts veröffentlichte – unterrichtsrelevante – Literatur finden sich vor allem in der vom Institut Wohnen und Umwelt als Ergänzung zu diesem Buch herausgegebenen «Bibliografie über ausgewählte Unterrichtsmaterialien zu den Themen Stadtplanung und Wohnen». Wir empfehlen daher insbesondere den Bezug dieser Veröffentlichung (siehe unter Bibliographien).

Die meisten der hier aufgeführten Materialien sowie zusätzliche Literatur zum Thema Bauen, Wohnen, Architektur, Stadt- und Grünplanung, Design und Kulturgeschichte des Alltags können bestellt werden bei:

Deutscher Werkbund e.V.
Abt. Verlag und Vertrieb
Alexandraweg 26
6100 Darmstadt
Bitte fordern Sie das ausführliche, jährlich aktualisierte Vertriebsprogramm an.

1. Arbeitsblätter

E. Dessai/K. Feuchtinger: *Wohnen mit Kindern*
Dieses auch als Unterrichtseinheit insbesondere in der Sekundarstufe verwendbare illustrativ aufgemachte Material zeigt Verlauf und Lösungsmöglichkeit eines der häufigsten und schwerwiegendsten Konflikte im Wohnbereich zwischen den Bedürfnissen der Kinder, die die Wohnung spielerisch-motorisch in Besitz nehmen wollen, und dem Bedürfnis der Eltern, die Wohnung in einem möglichst aufgeräumten und vorzeigbaren Zustand zu halten.
Preis: DM 6,–
Bezugsadresse:
Deutscher Werkbund e.V.
Alexandraweg 26
6100 Darmstadt

Dokumentation Wohnen: *Arbeits-unterlagen für den Wohnunter-richt*
Arbeits- und Merkblätter, Folien für Overhead-Projektor, Möbelbo-gen, Grundrisse, Karton-Raum-modelle, Literaturgrundlagen.
In der «Dokumentation Wohnen» ist ein Großteil der im deutsch-sprachigen Raum von verschie-denster Seite herausgegebenen – nicht über den Buchhandel er-hältlichen – Materialien zum Thema Wohnung und Einrichtung gesammelt worden.
Preis: Genaue Material- und Preisliste anfordern.
Bezugsadresse:
Dokumentation Wohnen
Winterthurerstraße 52
CH-8006 Zürich

2. Bibliographien

Institut Wohnen und Umwelt: *Bi-bliografie über ausgewählte Un-terrichtsmaterialien zu den The-men Stadtplanung und Wohnen mit kurzen Inhaltsangaben*
Überblick über unterrichtsrele-vante Literatur, Unterrichtsein-heiten, sonstige geeignete Mate-rialien, zusammengestellt vom IWU als wichtige Ergänzung zu diesem Buch. Für jeden Lehrer, der sich einen Überblick über ein-schlägige Schriften verschaffen will, nützlich.
Preis: DM 4,–
Bezugsadresse:
Institut Wohnen und Umwelt
Annastraße 15
6100 Darmstadt

3. Bücher

Arbeitsgemeinschaft Wohnbera-tung (AGW)
Die AGW hält eine ganze Reihe von Arbeitsheften, Merkblättern, Broschüren zu wichtigen Fragen des Wohnens, Einrichtens, Sel-bermachens bereit, die gegen eine geringe Schutzgebühr bezo-gen werden können. Bitte fordern Sie die jeweils aktuelle Publika-tionsliste an.
Bezugsadresse:
Arbeitsgemeinschaft Wohnbera-tung e.V.
Heilsbachstraße 20
5300 Bonn-Duisdorf

Deutsches Institut für Fernstu-dien an der Universität Tübingen: *Zeitungskolleg Wohnen. Text-sammlung und Studienführer*
Didaktisch konzipierte, reichhal-tige Aufsatzsammlung für alle, die mehr vom Wohnen lernen wollen. Die 12 Kapitel des Zeitungskol-legs behandeln das Thema Woh-nen aus unterschiedlichen Blick-winkeln, aber alle Beiträge knüp-fen an konkrete Erfahrungen des Lesers an.
Bezugsadresse:
Deutsches Institut für Fernstu-dien an der Universität Tübingen
Zeitungskolleg
Neckarhalde 56
7400 Tübingen

Deutscher Werkbund: *Beispiele – Experimente – Modelle*
Neue Ansätze im Wohnungsbau

und Konzepte zur Wohnraumerhaltung Bd. I und II

Die Lesebücher enthalten neben allgemeinen Aufsätzen zur Geschichte und Kritik alternativer Ansätze im Wohnungsbau zahlreiche Projektberichte aus der BRD, Holland, Österreich, der Schweiz, Großbritannien und den USA. Die Schwerpunkte sind dabei: Billigbau, Selbsthilfe, Beteiligung der Nutzer bei der Planung sowie «andere» Wohnformen, alternative Finanzierungskonzepte.

Die beiden jeweils ca. 500 Seiten starken Bände dokumentieren den aktuellen Stand der Diskussion auf der Suche nach neuen, vom Benutzer möglichst mitzubestimmenden, Bau- und Wohnformen.

Preis: je Band DM 40,–, 2 Bd. zusammen DM 70,–
Bezugsadresse:
Deutscher Werkbund e.V.
Alexandraweg 26
6100 Darmstadt

Wohnunterricht
Bericht zum Forum «Wohnunterricht» des internationalen Innenarchitektenverbandes im Oktober 1979 in Berlin. Inhalt: Projekte zum Thema Wohnen in Schule und Öffentlichkeit – Ergebnisse der Arbeitsgruppen – Literatur und Materialien zum Wohnunterricht.
Preis: DM 20,–
Bezugsadresse:
Deutscher Werkbund e.V.

R. Gaupp-Kandzora: *Die Bewertung der Wohnung*
Wichtige Vertiefung und Ergänzung zum Beitrag von Rosemarie Gaupp-Kandzora über Bewertungsmerkmale für Wohnungen, in dem sehr detailliert gezeigt wird, welche Faktoren – wie Wohnumgebung, Hausform, Größe, Lage und Zuordnung der Räume – bei der Wahl einer Wohnung aus der Sicht des Fachmanns eine Rolle spielen. Am Ende werden einige typische Grundrisse in Demonstrationsbeispielen miteinander verglichen und hinsichtlich ihres Gebrauchswertes in laienverständlicher Form analysiert.
Bezugsadresse: Buchhandel

M. Monard: *Gebrauchwerte der Wohnung*
Ansprüche des Wohnens in der Siedlung an das Wohnumfeld.
Preis: DM 8,40
Bezugsadresse:
Deutscher Werkbund e.V.

Dokumentation Wohnen: *16 × die gleiche Wohnung*
Anschauliche Darstellung des «Familienzyklus» – siehe den Beitrag Michael Andritzky/Ingrid Wenz-Gahler über Wohnbedürfnisse – das heißt, wie sich im Laufe eines Familienlebens die Raum- und Nutzungsansprüche an die Wohnung verändern.
Preis: DM 4,10
Bezugsadresse:
Dokumentation Wohnen

Deutscher Werkbund Baden-Württemberg: *Orientierungslos? Umweltgestaltung – Versuch einer Standortbestimmung*
Dokumentation der Schwetzinger Werkbundtagung über die veränderten geistigen, sozialen und naturwissenschaftlich-technischen Grundlagen der Gestaltung einer humanen Lebenswelt. Mit Beiträgen von Ivan Illich, Frederic Debuyst, Hoimar v. Ditfurth, Sergius Golowin, Hugo Kükelhaus, Martin Kriele, Günther Schiwy, Robert Spaehmann und Peter Schmid.
Preis: DM 18,–
Bezugsadresse:
Deutscher Werkbund e.V.

Architektur für den Alltag: *Bescheiden bauen – oder: Die Sensation des Gewöhnlichen*
Das «Gewöhnliche», durch enge finanzielle Möglichkeiten erzwungen, bringt vor allem im Wohnungsbau eine «neue» Ästhetik: die der Benutzer. Gefragt ist ein Architekt, der nicht auf einmaliges Vorbedachtes aus ist, sondern ...?
Preis: DM 9,50
Bezugsadresse:
Deutscher Werkbund e.V.

W. Dechau: *Gestaltung mit und ohne Architekten? – Lauben contra Hochhaus*
Gegenüberstellung (Fotos, Fotomontagen, Interieurs) von Hochhausbebauungen und selbstgestalteter, individueller Schrebergartenarchitektur. Ein Beitrag zur Debatte über Partizipation,

Selbstbau und anonyme Reißbrettplanung.
Preis: DM 12,–
Bezugsadresse:
Deutscher Werkbund e.V.

M. Andritzky/L. Burckhardt/O. Hoffmann (Hg.): Für eine andere Architektur:
Bd. 1: Bauen mit der Natur und in der Region
Bd. 2: Selbstbestimmt Bauen und Wohnen
In diesem vom Werkbundvorstand edierten Buch werden die wichtigsten Themen der Darmstädter Werkbundgespräche über Tendenzen der Gegenwartsarchitektur mit vielen neuen Beispielen aus dem In- und Ausland vertiefend dargestellt: Öko-Architektur, Bauen mit der Natur, Selbstbestimmtes Bauen und Wohnen, Rahmenbedingungen des Wohnungsbau heute, Regionalismus im Bauen.
Preis: je Bd. DM 8,80
Bezugsadresse:
Deutscher Werkbund e.V.

Ch. Dellemann u. a.: *Burano. Kommunikation, Sozio-Ökonomie, Städtebau. Eine Stadtbeobachtungsmethode zur Beurteilung der Lebensqualität*
Auf diese Broschüre und die hier vorgeschlagene einfache Methode, die sich besonders für die Adaption im Unterricht eignet, wurde in vielen Beiträgen eingegangen.
Preis: DM 5,–
Bezugsadresse:
Deutscher Werkbund e.V.

Deutscher Werkbund (Hg.): *Stadt-quartiere: vier Beispiele in Berlin*
Quartier-Topographien mit vielen Fotos zur besonderen Lebensqualität und Eigenart von Stadtvierteln.
Preis: DM 15,–
Bezugsadresse:
Deutscher Werkbund e.V.

J. Günter: *Leben in Eisenheim*
Arbeit, Kommunikation und Sozialisation in einer Arbeitersiedlung.
Vom Abriß bedrohte Arbeitersiedlungen machen seit Jahren Schlagzeilen. Eine der bekanntesten ist Eisenheim in Oberhausen. Diese Wohnform kommt den Arbeitserfahrungen und Kommunikationsbedürfnissen der Arbeiter besonders entgegen. An Eisenheim kann gelernt werden, was proletarischer Lebenszusammenhang ist. Ein dichtes Beziehungsnetz ist Ausgangspunkt für Selbsthilfeformen, die eine weitgehende Eigenorganisation des Alltags zulassen.
Preis: DM 24,–
Bezugsadresse:
Deutscher Werkbund e.V.

M. Andritzky/K. Spitzer (Hg.): *Grün in der Stadt*
Die Restnatur in den Städten ist spärlich. Das meiste davon wird mit hohen Kosten zu sterilem Schaugrün herausgeputzt. Über die Benutzer hinweg planen und verwalten die Gartenämter: Straßenbegleitgrün auf Zwickeln, die der Verkehr ausgespart hat, Pflanzkübel in Fußgängerzonen, pflegeleichte Rasenflächen und ordentliche Blumenrabatten. Ihr Beispiel hat auch in den Hausgärten Schule gemacht. «Grün in der Stadt» untersucht die historischen Wurzeln dieses Zustandes, die sozialen, ökologischen und ästhetischen Aspekte des Stadtgrüns, und es zeigt neue Lösungen einer humanen Nutzung, im Zusammenspiel zwischen Mensch und Natur. Didaktisch konzipiertes, reich bebildertes Handbuch mit vielen Beispielen und Vorschlägen, wie man aktiv werden kann.
Preis: DM 16,80
Bezugsadresse:
Deutscher Werkbund e.V.

M. Andritzky/G. Selle/P. Becker: *Labyrinth Stadt*
Das als Handbuch für Bewohner konzipierte Kompendium über «Planung und Chaos im Städtebau» heute erklärt in einer für Laien verständlichen Sprache die wichtigsten Vorgänge der städtischen Entwicklung und Planung. Es will kritisch und handlungsfähig, vor allem aber Mut machen zur Mitbestimmung. Ein Lexikon der Planersprache für Nichtfachleute ist dafür eine wichtige Hilfestellung. Übersichtliche Gliederung und knappe Texte erleichtern das Verständnis.
Preis: DM 34,–
Bezugsadresse:
Deutscher Werkbund e.V.

Vor der eigenen Tür –
Zur Wiedergewinnung der Wohn-
umgebung

Im ersten Heft unter diesem Thema beschreiben mehrere Schriftsteller ihre Wohnumgebung. Es folgt eine große Bildreportage von drei ganz unterschiedlichen Berliner Straßen mit ihrer völlig verschiedenen Wohnbevölkerung, fotografiert von Elisabeth Niggemeyer. Die Autoren: Wolfgang Ebert, Erich Fried, Rolf Haufs, Marlies Menge, Rolf Schneider, Robert Wolfgang Schnell, Wolfdietrich Schnurre, Dorothea Zeemann u. a.

Der Inhalt des zweiten Heftes (2/79): Deutscher Bundestag, 8. Wahlperiode: Wohnumfeld. Dieter Robert Frank, Redaktionsgespräch mit Hardt-Waltherr Hämer, Karl Dieter Keim und Peter Bolz: 10 Fragen zur Wohnumgebung. Kristin Riedmann: Kinder und Wohnumgebung. Francois Burkhardt: Kindheitserinnerungen. Gert Selle: Wohnumfelder eine Herausforderung? Was heißt eigentlich Wohnumgebung oder Wohnumfeld? Das Beispiel Margaretenhöhe. Das Beispiel Eisenheim. Wohnumfeldbewußtsein und Geschichte. Maria Neyer: 3 × Wohnerfahrung. Lore Ditzen: Wohnumfeld München. Zwischen Landschaft und Hof. Rolf Rave: Ein Aufruf vor die Tür zu treten.
Preis: je Bd. DM 8,50
Bezugsadresse:
Deutscher Werkbund e.V.

Niemandsländer: *Werkbundmaterial 80/2*

Niemandsländer, das sind die Rest- und Brachflächen, die Zwickel und Baulücken, die Ränder und nutzungsunbestimmten Gelände, die noch nicht den Gesetzen der Bodenrendite unterworfen wurden. Sie sind die eigentliche Frei-Flächen in der Stadt. Die Werkbundschrift untersucht diese Räume in einer auch für den Unterricht geeigneten Form.
Preis: DM 10,–
Bezugsadresse:
Deutscher Werkbund e.V.

Zu Fuß gehen ... Werkbundmaterial 80/3

Zu Fuß gehen ... Den ersten Schritt tun: Wir müssen Umwelt und Verkehrsgeschehen wieder dem Menschen zu Fuß anpassen. Den zweiten Schritt tun: Das Gehen muß genauso ernst genommen werden wie der Autoverkehr. Noch einen Schritt weitergehen: Ein Netz zusammenhängender Wege für das Gehen.
Zu diesen Thesen sind in dem Materialienheft verschiedene Aufsätze zusammengefaßt.
Preis: DM 10,–
Bezugsadresse:
Deutscher Werkbund e.V.

R. Greiff: *Gestaltung als Kostenfaktor – Zur Gestaltung im Massenwohnungsbau*
Aus dem Inhalt:
○ Die schweigenden Nutzer
○ Ummodeln des Vorgegebenen
  – ein Privileg von Eigentümern

- ○ Die Wohnung, eine teure Ware
- ○ Massenwohnungsbau und Warenästhetik
- ○ Gestaltung in öffentlicher Regie
- ○ Soziale Bestimmungsgründe des Schönheitsempfindens
- ○ Aktuelle Tendenzen der Wohnbauarchitektur
- ○ Elemente der Gestaltung im Massenwohnungsbau
- ○ Perspektiven?

Preis: DM 8,50
Bezugsadresse:
Deutscher Werkbund e.V.

J. Brech (Hg.): *Wohnen zur Miete; Wohnungsversorgung und Wohnungspolitik in der BRD*
Wohnungsversorgung und Wohnungspolitik in der Bundesrepublik. Die staatliche Wohnungspolitik ist widersprüchlich, weil sie vielfältige Interessen zu integrieren hat: die der Wohnungswirtschaft, Bauindustrie, Bausparkassen und Banken, der Gemeinden und Mieter. Hier will der Band weiterhelfen. Er zeigt auf, welche Interessen sich über den Wohnungsmarkt durchsetzen, welche Auswirkungen öffentliche und private Investitionen auf die Wohnungsstandorte haben, wie es mit dem Mietrecht für Mieter und um die Nutzungsmöglichkeiten von gemietetem Wohnraum bestellt ist und welche Erfolge die Mieterbewegung hat. Die Autoren – Ökonomen, Sozialwissenschaftler, Juristen, Architekten, Planer und Amtsleiter – repräsentieren alle für das Thema wichtigen Fachgebiete.

Preis: DM 29,80
Bezugsadresse:
Deutscher Werkbund e.V.

H. G. Schwenzer/K. Will: *Alternative Wohnungsversorgung*
Für eine ökologische, selbstbestimmte und kostenbewußte Wohnungsplanung
Die Autoren gehen davon aus, daß Wohnungsneubau dringend notwendig ist, allerdings nach anderen Kriterien als den herkömmlichen. Es werden umfangreiche und vielfältige Anforderungen an einen qualitativ hochwertigen, dabei aber kostengünstigen Wohnungsbau formuliert, der sowohl ökologischen Kriterien genügt, als auch den Bewohnern Möglichkeiten fürs selbstbestimmte Planen, Bauen und Wohnen läßt.
Preis: DM 14,80
Bezugsadresse:
Deutscher Werkbund e.V.

R. Petzinger/M. Riege: *Die neue Wohnungsnot; Wohnungswunder Bundesrepublik*
Wohnungen werden immer teurer, Mieten immer unsozialer, Wohnbedingungen immer unerträglicher. Hunderttausende von Bundesbürgern suchen eine Wohnung. Sie sind nicht obdachlos. Vielmehr entspricht eine Vielzahl von Wohnungen nicht ihren Wünschen nach Lage, Größe, Qualität und Preis. Was sind die Hintergründe der neuen Wohnungsnot?
Preis: DM 12,–
Bezugsadresse:
Deutscher Werkbund e.V.

Institut Wohnen und Umwelt: *Der Mietvertrag – Miete und Eigentum* Sehr ausführlicher Überblick über die Rechte des Mieters und des Eigentümers, mit Mietvertragsbeispielen usw., gedacht und entstanden als Ergänzung zu den IWU-Beiträgen Wohnungsmarkt, Wohnen zur Miete und in der eigenen Wohnung in Band 1 (siehe dazu den ausführlichen Hinweis am Schluß der Beiträge des Instituts Wohnen und Umwelt).
Bezugsadresse:
Institut Wohnen und Umwelt
GmbH (IWU)
Annastraße 15
6100 Darmstadt

Institut Wohnen und Umwelt: *Planungsbegriffe. Ein Leitfaden durch das Labyrinth der Planersprache*
335 Begriffe (von Abbruch bis Zweckentfremdung) aus den Bereichen Planen – Bauen – Wohnen – Stadt werden laienverständlich erläutert.
Bezugsadresse:
über Buchhandel

I. Bohnig: *«Autonome Architektur» und «Partizipatorisches Verhalten» – zwei Architekturkonzepte*
Der Autor untersucht die heutigen kontroversen Ansätze zur Bestimmung einer ästhetischen Umwelt (Autonome Architektur und partizipatorisches Bauen). Es handelt sich dabei um eine Gegenüberstellung, in der die unterschiedliche Tradition und die unterschiedliche Systematik der beiden Ansätze in Theorie und Praxis deutlich zutage tritt.
Preis: DM 48,–
Bezugsadresse:
Deutscher Werkbund e.V.

Metron: *Arbeiterwohnungen – eine soziologische Voruntersuchung im Raum Brugg*
Die Metron-Architektengruppe hat eine Reihenhaus-Siedlung für Arbeiter bzw. für Bewohner mit niederem Einkommen in mittelstädtischem Gebiet geplant. Die vorliegende Arbeit hatte zum Ziel, vorab die spezifischen Anforderungen dieser Bevölkerungsgruppe an die Wohnung und Wohnumgebung zu ermitteln. Die Ergebnisse der Untersuchung erlauben allgemeine Aussagen über die Wohnbedürfnisse von Arbeitern bzw. Bewohnern mit niederem Einkommen.
Folgende Fragen werden besonders berücksichtigt:
○ Aussagen über die Raumnutzung
○ Wünsche bezüglich Raumbedarf und Ausbaustandard
○ Wünsche an den Außenraum und die Gemeinschaftseinrichtungen, insbesondere den privaten und halbprivaten Außenraum
○ Mögliche Eigenleistungen
○ Finanzielle Möglichkeiten und Grenzen
Preis: DM 10,–
Bezugsadresse:
Deutscher Werkbund e.V.

Architekturkreis Kind und Wohnen: *Mit Kindern wohnen; Hinweise für die familiengerechte und familienfreundliche Nutzung von Standardwohnungen im Geschoßbau*
Preis: DM 5,–
Bezugsadresse:
Deutscher Werkbund e.V.

Kinder in der Stadt
Das Beiheft zu der gleichnamigen Ausstellung des Bremer Senats und der Arbeitsgemeinschaft Wohnberatung entstand als Beitrag zum Jahr des Kindes. Die Texte und Bilder belegen nicht nur die bekannte Misere, als Kind in der Stadt nicht genügend Spiel- und Entfaltungsraum zu finden, sondern zeigen auch pragmatische Alternativen für eine kinderfreundliche Stadtplanung. Einige Titel: Kinder in der Stadtwohnung, Wohnen in der Stadt – Zwei Kinder berichten; Ansätze zur Veränderung – aus der Chronik einer Bürgerinitiative.
Preis: DM 5,–
Bezugsadresse:
Deutscher Werkbund e.V.

K. Spitzer: *Spielplatzgestaltung. Zehn elementare Prinzipien beim Spielplatzbau*
Hg. Deutscher Werkbund und Kinderschutzbund.
(S. dazu die entsprechende Diaserie.)
1. Befriedigung aller Spielbedürfnisse. 2. Anregung durch Unübersichtlichkeit. 3. Geborgenheit durch Raumbildung. 4. Abwechs-

lung durch Unregelmäßigkeit. 5. Variabilität durch Offenheit. 6. Abenteuer durch Risiko. 7. Kommunikation durch Sitzgelegenheiten. 8. Identifikation durch Mitarbeit. 9. Spielgrün statt Zierpflanzen. 10. Belebung durch Aktionen.
Preis: DM 5,–
Bezugsadresse:
Deutscher Werkbund e.V.

K. Spitzer/J. Günter/R. Günter: *Spielplatz Handbuch*
Neubearbeitete und erweiterte Ausgabe des wichtigen Nachschlagewerkes zu den Entwicklungen, Lern- und Spielbedingungen von Kindern in der Stadt. Plädoyer für eine kindgerechte Umwelt in Form eines kritischen Lexikons mit vielen sehr konkreten Hinweisen, Argumentationshilfen und Anleitungen für Selbsthilfeaktionen, Stichworten, Materialien, Literaturangaben.
Preis: DM 15,–
Bezugsadresse:
Deutscher Werkbund e.V.

Das Auto in der Schule
Umwelt – wie kann sie uns Lernraum sein? Eine Arbeitsgruppe des SWB-Zentralvorstandes sucht Antworten auf diese Frage. Am Beispiel Auto entwickelt sie Vorschläge, wie Umweltthemen ganzheitlicher persönlicher Erfahrung zugänglich gemacht werden.
Preis: DM 10,–
Bezugsadresse:
Deutscher Werkbund e.V.

Deutscher Werkbund (Hg.): *z. B. Stühle. Ein Streifzug durch die Kulturgeschichte des Sitzens*
Der Alltagsgegenstand Stuhl wird hier nicht in erster Linie stilistisch, konstruktiv oder technisch untersucht, er dient vielmehr als Leitfaden durch die Kulturgeschichte des Alltags. So gibt es z. B. sogenannte Hockvölker, die bis heute kaum Stühle, außer für die symbolische Hervorhebung des Herrschers, kennen, auch in jugendlichen Subkulturen wird der Stuhl oft verachtet: man sitzt am liebsten auf dem Boden. Der Stuhl ist aber auch ein Anzeiger für sozialen Status und hierarchische Strukturen (z. B. im Büro), das Sitzen in der Arbeitswelt erfreut sich der Aufmerksamkeit von Ergonomen und Arbeitswissenschaftlern, und noch immer lassen sich im gesellschaftlichen Leben genau befolgte Sitzrituale beobachten, deren Wurzeln weit in die Geschichte reichen. Die Publikation versucht, die ganze Vielfalt des Sitzens in lebendiger, anschaulicher und teilweise vergnüglicher Weise aufzuarbeiten als Beitrag auch zu einem neuen Designverständnis.
Preis: DM 38,–
Bezugsadresse:
Deutscher Werkbund e.V.

R. M. Stieg/H. Hammerschmied: *Vorsicht: Polstermöbel*
Katalog zur gleichnamigen österreichischen Ausstellung, die den Verfall von Qualität im Zeichen der Massenproduktion am Beispiel von Polstermöbeln nachzeichnet: Vom Handwerk zur Konfektionsware. Repräsentation als Repression, Herrschaft des Handels über den Verbraucher. Die mangelnde «innere Qualität» wird durch eine eindrucksvolle Schau in die «Eingeweide» der Polstermöbel entlarvt. Daran schließt sich das Plädoyer für einen «erweiterten» Qualitätsbegriff an, mit Ansätzen zu einer kritischen Konsumentenschule.
Preis: DM 25,–
Bezugsadresse:
Deutscher Werkbund e.V.

G. Selle: *Die Geschichte des Designs in Deutschland von 1870 bis heute*
Kritischer Überblick zur Entwicklung des deutschen Industriedesigns von den Anfängen im 19. Jahrhundert bis zur Gegenwart. Die Form der Gegenstände wird dabei nie losgelöst von den ökonomischen, technologischen und sozialen Entwicklungen seit Beginn der industriellen Revolution betrachtet. Selles Buch ist der erste umfassende Versuch, Designgeschichte als eine Geschichte der Massenprodukt- und Alltagskultur zu schreiben.
Preis: DM 28,–
Bezugsadresse:
Deutscher Werkbund e.V.

G. Uhlig: *Kollektivmodell «Einküchenhaus». Wohnreform und Architekturdebatte zwischen Frauenbewegung und Funktionalismus 1900–1933*
Im Zuge der Reformbewegungen

um 1900 tauchen erstmals «Einküchenhäuser» auf – Häuser, die äußerlich von ganz üblichen Bauten nicht zu unterscheiden sind, in deren Wohnungen aber die Küchen völlig fehlen und durch eine Gemeinschaftseinrichtung aller Bewohner ersetzt sind. Als Wirtschaftsgenossenschaft gedacht – war dieses alternative Lebensmodell Faszinosum und Bürgerschreck zugleich. Diskutiert wurde es in der sozialdemokratischen Frauen- und Arbeiterbewegung unter den Aspekten der Befreiung der Frau und verknüpft mit der Forderung nach Zentralisierung der Hauswirtschaft.
Preis: DM 24,–
Bezugsadresse:
Deutscher Werkbund e.V.

4. Dia-Serien

F. Bollerey/K. Hartmann: *Die Mietskaserne*
Zum Beitrag gleichen Titels produziertes, exemplarisch verwendbares Bildmaterial, das sehr eindringlich das Wohnungselend vor dem Ersten Weltkrieg dokumentiert (21 Dias).
Preis: DM 42,–
Bezugsadresse:
Deutscher Werkbund e.V.

Deutscher Werkbund Bayern e.V.: *Gestaltveränderung in der Kulturlandschaft*
3teilige Serie:
1. Siedlung und Landschaft (23 Dias), mit Beiheft.

2. Technische Bauten im ländlichen Raum (23 Dias), mit Beiheft.
3. Architektonische Detailprobleme (24 Dias), mit Beiheft.
Preise: auf Anfrage
Bezugsadresse:
Institut für Film und Bild
Bavaria-Film-Platz 1
8022 Grünwald

M. Eberle: *Wohnen – das inszenierte Leben*
Dia-Serie über schichtspezifisch unterschiedliche Wohnstile.
Preis: DM 5,– Leihgebühr + Porto
Bezugsadresse:
Internationales Design Zentrum (IDZ)
Ansbacher Straße 8–14
1000 Berlin 30

J. Frecot: *Der Deutsche Werkbund*
Kurzer historischer Abriß (21 Dias) über die Entwicklung des Deutschen Werkbundes.
Preis: DM 5,– Leihgebühr + Porto
Bezugsadresse:
Internationales Design Zentrum

R. und J. Günter: *Elemente sozialer Architektur und ihre Gebrauchswerte*
Zum Beitrag gleichen Titels dokumentiertes, im Unterricht exemplarisch verwendbares Material (21 Dias).
Preis: DM 42,–
Bezugsadresse:
Deutscher Werkbund e.V.

D. Ipsen/G. Schöning: *Lebens- und Wohnverhältnisse im ländlichen Raum*
Zum Beitrag gleichen Titels produziertes Bildmaterial zum Thema «Dorf» (21 Dias).
Preis: DM 42,–
Bezugsadresse:
Deutscher Werkbund e.V.

P. Haiko/M. Reissberger: *Groß- bürgerliches Wohnen*
Zum Beitrag gleichen Titels produziertes, exemplarisch verwendbares Bildmaterial (15 Dias).
Preis: DM 30,–
Bezugsadresse:
Deutscher Werkbund e.V.

Forschungsgemeinschaft Bauen und Wohnen:
1. *Umwelt – Haus und Wohnung* (3teilige Serie)
a) Geschichtliche Entwicklungen in Wohngebäuden und ihren Versorgungseinrichtungen.
b) Trennung von Wohnung und Arbeitsplatz im Laufe der geschichtlichen Entwicklung.
c) Betrachtung des «Fortschritts» in Haus und Wohnung unter den Gesichtspunkten der Verdichtung und Verflechtung.
2. *Die anpassungsfähige Wohnung*
3. *Wenig Raum gut genutzt*
4. *Wohnungsnutzung unter hauswirtschaftlichen Gesichtspunkten*
5. *Beleuchtung im Wohnbereich*
Die Dia-Serien der Forschungsgemeinschaft Bauen und Wohnen behandeln fachliche Aspekte in verständlicher Form, sie sind je-

doch nicht speziell für den Unterricht konzipiert.
Preise: Ausleihe kostenlos, jedoch begrenzte Kapazität.
Bezugsadresse:
Forschungsgemeinschaft Bauen und Wohnen
Hohenzollernstraße 25
7000 Stuttgart

Die nachstehenden fünf Dia-Serien sind in direktem Zusammenhang mit den Beiträgen von Klaus Spitzer entstanden. Sie sind als zusätzliches, im Unterricht einsetzbares Material dafür eigens konzipiert.
K. Spitzer/C. Baumann/I. Salzmann: *Kommunikation in der Stadt* (20 Dias)
K. Spitzer: *Spielumwelt Stadt* (23 Dias)
K. Spitzer: *Die Sozialstruktur des Stadtgrüns* (22 Dias)
K. Spitzer: *Gärten als kommunikative Freiräume* (20 Dias)
K. Spitzer: *Burano – ein Fischerdorf als Beispiel kommunikativer Nutzung von Freiräumen* (19 Dias)
Preise: DM 2,– pro Dia
Bezugsadresse:
Deutscher Werkbund e.V.

Weitere Dia-Serien des Werkbundes:

I. Maas: *Vom Volksgarten zum Volkspark*
(25 Dias)
Preis: DM 50,–

I. Schülke/K. Spitzer: *Schulgär-ten*
(35 Dias)
Preis: DM 70,–

J. Schneider: *Slumgärten in New York*
(15 Dias)
Preis: DM 30,–

D. Schempp: *Wohnen mit Pflanzen. Ein Öko-Versuchshaus aus Glas*
(12 Dias)
Preis: DM 24,–

K. Spitzer/M. Andritzky: *Die Demokratisierung des öffentlichen Grüns. Beispiele für Grüngestaltung in Eigeninitiative*
(60 Dias)
Preis: DM 120,–
(Kann auch in 4 Serien à 15 Dias bestellt werden: a) Der Hausvorplatz – die Keimzelle für Selbsthilfe, b) Die Straße – das gemeinsame Aktionsfeld, c) Das Abstandsgrün – die neue Allmende, d) Der Park – ein Freiraum für alle)

M. Andritzky: *Schreber- und Kleingärten*
(25 Dias)
Preis: DM 50,–

K. H. Hülbusch: *Das wilde Grün der Städte*
(20 Dias)
Preis: DM 40,–

O. Hoffmann: *Oeko-Architektur*
(25 Dias)
Preis: DM 50,–

M. Drum: *Aktion grüne Gartenhöfe. Oder: Vom Hinterhof zum Wohnhof, München 1981*
(30 Dias)
Preis: DM 60,–

H. J. Laumanns: *Alternative Planungsansätze in den Niederlanden*
(20 Dias)
Preis: DM 40,–

U. Kohlbrenner: *Die Geschichte des Innenhofs*
(15 Dias)
Preis: DM 30,–

K. Spitzer: *Naturgärten*
(40 Dias)
Preis: DM 80,–

Klaus Spitzer: *Pflastergärten – unkonventionelle Formen städtischen Grüns*
(20 Dias)
Preis: DM 40,–

Spielplatzgestaltung: *Zehn elementare Prinzipien beim Spielplatzbau*
(25 Dias)
Preis: DM 50,–

Kinder in der Stadt
(30 Dias)
Preis: DM 60,–

Alte Menschen in der Stadt
(36 Dias)
Preis: DM 60,–

Wohngemeinschaften
(30 Dias)
Preis: DM 60,–

J. Zimmermann: *Eine historische Betrachtung städtischer Wohnsituationen*
(16 Dias)
Preis: DM 32,–

J. Brech: *Massenwohnungsbau heute*
(30 Dias)
Preis: DM 60,–

J. Brech: *Wohnen in der Stadt*
(28 Dias)
Preis: DM 56,–

O. Hoffmann: *Anonyme technische Architektur*
(24 Dias)
Die Dia-Serie zeigt die verborgene, nicht-absichtsvolle Schönheit technischer Gebäude und Strukturen. Ein Beitrag zur Kritik der Funktionalismuskritik.
Preis: DM 48,–

F. Friedl/G. Ohlhauser: *Gewöhnliches Design*
(24 Dias)
Die Serie zeigt die absichtslose Schönheit von Gebrauchsgegenständen des Alltags.
Preis: DM 48,–

Keine Startbahn West
Die Dia-Serie zeigt das Hüttendorf der Startbahngegner in friedlichen Zeiten sowie die brutalen Polizeieinsätze in der Woche vom 5.–11.10. 1981.
(30 Dias)
Preis: DM 60,–

Zu der Serie empfehlen wir die folgenden Bücher:

Keine Startbahn West: Argumente, Bilder und Berichte
Herausgegeben von der Bürgerinitiative gegen die Flughafenerweiterung Frankfurt. Verlag links pocket 2000, Offenbach, 1981.
Preis: DM 13,–

Keine Startbahn West! – Protestbewegung in einem überlasteten Ballungsraum
Verlag: Marxistische Blätter, Ffm. 1981
Preis: DM 12,50
Bezugsadresse:
Deutscher Werkbund e.V.

5. Filme

I. Faulstich/H. Christ: (Teil 1) *Neue Heimat Südwest* / (Teil 2) *Mietstreik in Kranichstein*
Der 1. Teil des Fernsehfilms berichtet von der 5. Mieterhöhung in einer Darmstädter Trabantenstadt innerhalb von 5 Jahren und dem Mietstreik der Bewohner.
Der 2. Teil kam aufgrund eines Einspruches der Neuen Heimat gegen den 1. Teil im Sinne einer «Gegendarstellung» zustande.
Verleih:
Institut Wohnen und Umwelt
Annastraße 15
6100 Darmstadt

I. Flütsch/K. Helle/M. Kallweit: *Flöz Dickebank*
67minütiger Film über den Kampf der Bewohner der Arbeitersied-

lung Flöz Dickebank gegen den Abriß ihrer Siedlung. Der Film zeigt gleichzeitig, wie die Bewohner leben, wohnen und arbeiten.
Verleih:
Deutsche Film- und Fernsehakademie GmbH
Pommernallee 1
1000 Berlin 19

K. Gloor: *Die grünen Kinder*
74minütiger Dokumentarfilm über den Einfluß der Wohnumwelt auf die Entwicklung des Kindes, dargestellt am Beispiel einer Neubausiedlung im Grünen.
Verleih:
Kurt Gloor
Spregelgasse 27
CH-8001 Zürich

Kollektiv Westberliner Filmarbeiter: *Ein Stadtteil zieht um*
47minütiger Film über die Sanierung von Berlin-Kreuzberg und über die Folgen der «Umsetzung» der Bewohner u. a. ins Märkische Viertel.
Verleih:
Kollektiv Westberliner Filmarbeiter
Uhlandstraße 142
1000 Berlin 31

I. Krausse/I. Schlandt: *Arbeiterwohnungsbau*
44minütiger Fernsehfilm über die Geschichte älterer Arbeitersiedlungen und den Werkswohnungsbau im Ruhrgebiet, dargestellt an 3 Krupp-Siedlungen – was heute daraus wird und welche Wohnverhältnisse den Industriearbeitern zugedacht werden.

Verleih:
Institut Wohnen und Umwelt
Annastraße 15
6100 Darmstadt

H. R. Strobel/H. Tichawsky: *Gemeinnützig bauen*
40minütiger Film über die Geschichte und Gegenwart des genossenschaftlichen beziehungsweise gemeinnützigen Wohnungsbaus.
Verleih:
Gesamtverband gemeinnütziger Wohnungsunternehmen e.V.
Abteilung Öffentlichkeitsarbeit
Bismarckstraße 7
5000 Köln 1

M. Willutzki: *Der lange Jammer*
87minütiger dokumentarischer Spielfilm über eine Mieterinitiative im Märkischen Viertel in Berlin, der zeigt, wie Bewohner durch gemeinsames Handeln sich ihrer Wohnumweltsituation bewußt werden und Schritte zu ihrer Veränderung einleiten.
Verleih:
Basis-Film
Wilhelmsruher Damm 154
1000 Berlin 26

M. Willutzki/C. Ziewer: *Mietersolidarität*
13minütiger Film über eine Familie im Märkischen Viertel, die in ein Obdachlosenasyl eingewiesen werden soll, und wie sie sich mit anderen Bewohnern dagegen wehrt.
Verleih:
Institut für Film und Bild

in Wissenschaft und Unterricht
Bavaria-Film-Platz 1
8022 Grünwald

M. Willutzki/C. Ziewer: *Nun kann
ich glücklich und zufrieden wohnen*
Der 48minütige Film zeigt den politischen Entwicklungsprozeß eines Hilfsarbeiters, der von Kreuzberg ins Märkische Viertel gezogen ist, um «endlich glücklich
und zufrieden leben zu können»,
und wie die Träume vom «schönen Wohnen» enttäuscht werden.
Verleih:
Institut für Film und Bild

R. Günter/P. Hofmann/J. Günter:
Filmbuch Ruhrgebiet
Ausführliches   Filmverzeichnis
fast aller Filme über das Wohnen
und Arbeiten im Ruhrgebiet
Bezugsadresse:
Buchhandel

6. Kataloge

W. Dechau: *Gestaltung – mit und
ohne Architekten.*
Fotos und Fotomontagen im Ge-
genschnitt von Hochhaus-Raster-
fassaden und individueller Schre-
bergarten-Freizeitarchitektur als
Ergänzung zu den Beiträgen von
Wilfried Dechau in Band 1.
Preis: DM 8,–
Bezugsadresse:
Deutscher Werkbund e. V.
Alexandraweg 26
6100 Darmstadt

*Profitopolis oder Der Mensch
braucht eine andere Stadt.*
Katalog der gleichnamigen Ausstellung, in der die Mechanismen
und Auswirkungen des Woh-
nungs- und Städtebaus heute untersucht werden.
Preis: DM 12,–
Bezugsadresse:
Neue Sammlung
Prinzregentenstraße 3
8000 München 22

*Das Gesicht unserer Stadt. Ge-
staltung und Funktion.*
Katalog einer Ausstellung, in der
am Beispiel Heidelberg mit vielen
Bildbeispielen untersucht wird,
wie die «moderne» Stadtplanung
das alte Stadtbild einer berühmten Stadt verändert hat.
Preis: DM 10,–
Bezugsadresse:
Heidelberger Kunstverein
Hauptstraße 97
6900 Heidelberg

7. Poster

D. Beisel: *Wohnalternativen
heute.*
(siehe unter Dia-Serien)
Preis: auf Anfrage
Bezugsadresse:
Deutscher Werkbund e. V.
Alexandraweg 26
6100 Darmstadt
F. Bollerey/K. Hartmann: *Zur Geschichte des alternativen Wohnens.*
(siehe unter Dia-Serien)
Preis: auf Anfrage

Bezugsadresse:
Deutscher Werkbund e. V.

Profitopolis-Spiel
Würfelspielplakat (DIN A 1) zum
kapitalistischen Städtebau.
Preis: DM 2,–
Bezugsadresse:
Deutscher Werkbund e. V.

Lebensqualität in Arbeitersied-lungen
Bild + Text-Poster (DIN A 1) zur
Lebens- und Wohnform in Arbei-tersiedlungen (vergleiche den
Beitrag von Roland und Janne
Günter über Elemente sozialer Ar-chitektur).
Preis: DM 2,–
Bezugsadresse:
Deutscher Werkbund e. V.

Bürgerinitiativen
Bild + Text-Poster (DIN A 1) zu
Sinn und Funktion von Bürgerin-itiativen.
Preis: DM 2,–
Bezugsadresse:
Deutscher Werkbund e. V.

Wohnen in Kreuzberg
Satz von 15 DIN A 1-Posters, iden-tisch mit der Postkartenserie
Noch ist Kreuzberg nicht verloren
– nähere Angaben dort.
Preis: DM 20,–
Bezugsadresse:
Deutscher Werkbund e. V.

8. Postkartenserien

H. Rottjakob: *Die große Stadtzer-störung*

Postkartenserie mit Fotos und Fo-tomontagen zur Sanierungspro-blematik (vergleiche den Beitrag
von Horst Rottjakob über Sanie-rung).
Preis: auf Anfrage
Bezugsadresse:
Horst Rottjakob
Randweg 11
4795 Delbrück-Westenholz

D. Kramer/G. Spangenberg: *Noch
ist Kreuzberg nicht verloren.*
Postkartenserie, in der gezeigt
wird, warum ein altes, ursprüng-lich für die Spekulation gebautes
Stadtquartier heute eine beson-dere Wohnqualität hat (vergleiche
dazu den Beitrag von Franziska
Bollerey/Kristiana Hartmann über
die Mietskaserne).
Preis: DM 5,–
Bezugsadresse:
Deutscher Werkbund e. V.
Alexandraweg 26
6100 Darmstadt

9. Zeitschriften

Schwerpunkthefte von «Werk
und Zeit», der Zeitschrift des
Werkbundes, der dieses Buch ge-fördert hat, über Themen, die sich
besonders zur Vertiefung im Un-tericht eignen:
Denkmalschutz (Heft 9–10/1975)
(Material zum Beitrag von Horst
Rottjakob über Sanierung)
Kinder in der Stadt (Heft 10/1973)
(Material zum Beitrag von Ingrid
Wenz-Gahler über Wohnen mit
Kindern)

Hochhaus-Wohnprobleme (Heft 3–4/1975)
(Material zum Beitrag von Roland und Janne Günter über Elemente sozialer Architektur)
Sanierung (Hefte 8–9/1973, 4/1975)
(Material zum Beitrag von Horst Rottjakob über Sanierung)
Verkehr (Heft 3/1973, 2/1976)
(Material zum Beitrag von Sebastian Knauer über Verkehr und Wohnen)
Gebiets- und Kommunalreform (Heft 4/1976)
(Material zum Beitrag von Detlef Ipsen/Günter Schöning über Lebens- und Wohnverhältnisse im ländlichen Raum)
Wohnen (Heft 2/1973, 5/1976)
(Material zu verschiedenen Beiträgen)
Wohnalternativen (Heft 2/1977)
(Material zum Beitrag von Dieter Beisel über alternatives Wohnen heute)
Preis: je DM 2,–/Heft; DM 4,–/ Doppelheft
Bezugsadresse:
Deutscher Werkbund e. V.
Alexandraweg 26
6100 Darmstadt

Autorenverzeichnis

Uwe Ahrens *1947; Pädagogik-Studium; seit 1968 Grund- und Hauptschullehrer; seit 1972 wissenschaftlicher Assistent an der Pädagogischen Hochschule Niedersachsen, Abteilung Braunschweig.

Michael Andritzky *1940; Studium der Soziologie; seit 1972 Generalsekretär des Deutschen Werkbundes; mit Gert Selle und Peter Becker Herausgeber des Buches «Labyrinth Stadt» (1975); zahlreiche Einzelveröffentlichungen.

Karola Baumann *1943; Studium an der Staatlichen Kunstakademie in Düsseldorf; seit 1969 im künstlerischen Lehramt an Gymnasien in Düsseldorf; Lehrauftrag für Kunstdidaktik an der Staatlichen Kunstakademie in Düsseldorf.

Dieter Beisel *1940; Redakteur und freier Publizist in Braunschweig; vierjährige Tätigkeit als Chefredakteur von «Werk und Zeit»; Mitglied des Gründungsarbeitsrates des Internationalen Design Zentrums Berlin; zahlreiche Veröffentlichungen im In- und Ausland zu den Themenbereichen Kunst, Kultur, Architektur und Städtebau.

Peter Becker *1943; Studium der Sozialwissenschaften; arbeitet zur Zeit als wissenschaftlicher Assistent im Fach Bildende Kunst/ Visuelle Kommunikation im Fachbereich Erziehungswissenschaften der TU Braunschweig.

Manfred Blohm *1954; Studium der Kunstpädagogik an der Kunsthochschule Braunschweig, der Anglistik an der TU und der PH in Braunschweig; seit 1978 an der

Fritz-Reuter-Realschule in Gifhorn im Schuldienst.

Franziska Bollerey *1944; Promotion an der FU Berlin 1973/74; seit 1973 Mitarbeit an Planungs- und Sanierungsaufgaben, ab 1974 Forschungs- und Lehrtätigkeit auf dem Gebiet der Bau- und Planungsgeschichte sowie der Modernisierung; seit 1976/77 Büro Bollerey + Hartmann, Angewandte Stadtforschung; Habilitation 1978; ab 1979 Lehrstuhl für Städtebau- und Planungsgeschichte TH Delft (NL).

Henning Burk *1945; Promotion an der Universität Wien; freier Mitarbeiter bei Hörfunk und Fernsehen (Architekturfilme: «Vom Bürgerpalast zum Massenwohnungsbau», «Olympische Dörfer»); Lehrbeauftragter im Fachbereich «Ästhetik und Kommunikation» an der Universität Wien.

Wilfried Dechau *1944; Architekturstudium (Dipl.-Ing.) in Braunschweig; seit 1973 wissenschaftlicher Assistent in der Architekturabteilung der TU Braunschweig; 1976 Ausstellung «Gestaltung – mit und ohne Architekten».

Margret Fischer *1926; Studium der Architektur und Innenarchitektur in Braunschweig und Stuttgart; danach als Architektin in verschiedenen Architekturbüros und freiberufliche Tätigkeit in Stuttgart und Hannover; 1 Jahr Lehrtätigkeit; seit 1971 Wohnberatung in der Verbraucherzentrale Niedersachsen in Hannover.

Rosemarie Gaupp-Kandzora *1929; Studium an der Hochschule für bildende Künste in Berlin bei Maximilian Debus und an der Stuttgarter Kunstakademie bei Willi Baumeister; von 1952–59 freie Mitarbeit im Atelier Debus in Stuttgart, daneben zeitweise Hilfsassistentin an der TH; 1959 bis 1971 Leiterin der Wohnberatung im Landesgewerbeamt in Stuttgart; seit 1966 Lehrauftrag (Studienfach Wohnlehre) an der Berufspädagogischen Hochschule in Stuttgart; seit 1971 freie Mitarbeit bei der Forschungsgemeinschaft Bauen und Wohnen in Stuttgart.

Hermann Glaser *1928; Schul- und Kulturdezernent der Stadt Nürnberg; Publizist; Autor zahlreicher Bücher, zuletzt «Sigmund Freuds Zwanzigstes Jahrhundert» (1976), «Literatur des 20. Jahrhunderts in Motiven» (1978); «Bundesrepublikanisches Lesebuch» (1978).

Ursula Götze *1953; Studium der Volkskunde, Soziologie und Kunstgeschichte in Hamburg; zur Zeit Promotion über Konzeptionen kulturhistorischer Museen um die Jahrhundertwende.

Janne Günter Dipl.-Päd.; freiberufliche sozialwissenschaftliche Forschungsarbeit; pädagogische Tätigkeit im Kinderhaus der Arbeitersiedlung Eisenheim.

Roland Günter Dr. phil.; sozial-wissenschaftlich orientierte Architekturforschung; Tätigkeit in Arbeiter- und Bürgerinitiativen; Professur in Bielefeld; 1977/78 Netherlands Institute for Advanced Studies; lebt in der Arbeitersiedlung Eisenheim; 1978 mit der dortigen Arbeiterinitiative Kulturpreis der Kulturpolitischen Gesellschaft.

Sonja Günther *1937; Studium der Architektur, anschließend Büropraxis in Freiburg, Karlsruhe, Mannheim, München und Wien; seit 1972 selbständig; Promotion zum Dr. Ing.; Lehrbeauftragte der Freien Universität Berlin; Mitglied im Deutschen Werkbund und Werkbund-Archiv.

Peter Haiko Assistent am Kunsthistorischen Institut der Universität Wien; Dissertation über städtebauliche und architektonische Probleme der Wiener Gemeindebauten 1919–1934; Veröffentlichungen über Wiener Arbeiterhäuser 1848–1934, Monumentalität als Problem der Öffentlichkeit in der Architektur, Architektur als Ausdruck des politischen Machtanspruches.

Kristiana Hartmann *1938; Promotion 1973, Habilitation 1978; Buch- und Zeitschriftenpublikationen, Lehr-, Forschungs- und Gutachtertätigkeit auf dem Gebiet der Architektur- und Stadtbaugeschichte, der Sanierung und Erhaltungsplanung.

Ilona Hilpert-Mattstedt *1952; Pädagogik-Studium; seit 1974 Lehrerin an einer Sonderschule für Lernbehinderte; Veröffentlichungen über ästhetische Erziehung und handlungsorientiertes Lernen in der Sonderschule.

Verena Huber Studium an der Kunstgewerbeschule Zürich; Praxis in Architekturbüros in Basel, Kopenhagen und Zürich; eigenes Innenarchitekturbüro seit 1967; Tätigkeitsgebiete: öffentliche Bauten, Läden, Museen; als Fachjournalistin Mitarbeit an «Werk» und «md» und an Wohnbeilagen in Frauenzeitschriften; Studien im Rahmen der Wohnbauforschung «Innenraum der Wohnung», «Grundlagen für die Auswahl und Benützung der Wohnung»; Lehrerausbildung für den Wohnunterricht im Rahmen des Hauswirtschaftsunterrichtes; Entwicklung von Unterrichtsunterlagen; Arbeitsgruppe «Dokumentation Wohnen» in Zusammenarbeit mit Bruno Müller-Hiestand; Erarbeitung und Vertrieb von Lehrmitteln für den Wohnunterricht und von Grundlagen für die Wohnberatung.

Detlev Ipsen *1945; Studium der Soziologie in Mannheim, München und Wien; wissenschaftlicher Assistent an der Universität Mannheim; Forschungsarbeiten u. a. in den Bereichen Organisationssoziologie, Problematik ausländischer Arbeitskräfte, Wohnversorgung und Wohnungsmarkt, Stadt–Land–Beziehungen.

Sebastian Knauer *1949; Studium in München und Mannheim; Dipl.-Volkswirt; 1972 freier Mitarbeiter beim Südfunk Stuttgart; 1976 Nach-Diplom-Studium in urban planning an der Mc-Gill Universität Montrèal, Kanada; heute Redakteur beim «stern» (Ressort Sonderthemen).

Michael Müller Kunsthistoriker, Hochschullehrer an der Universität Bremen.

Peter Müller *1936; Studium Straßen- und Verkehrswesen, Städtebau in Hannover; Dissertation zum Dr. Ing. über Fußgängerverkehr in Wohnsiedlungen; 1962 bis 1966 beim Stadtplanungsamt Nürnberg; 1966–71 TH Darmstadt; seit 1971 wissenschaftlicher Mitarbeiter am Institut Wohnen und Umwelt, Darmstadt, und Lehrbeauftragter an der Gesamthochschule Kassel.

Bruno Müller-Hiestand * 1943; Innenarchitekten-Ausbildung an der Kunstgewerbeschule Zürich; Hinwendung zur Architektur (Wohnsiedlungsbau) während der anschließenden Praxis in England und in der Schweiz; heute freie Tätigkeit in Zürich als Gestalter von Bauten und Einrichtungen; Mitinitiant für die «Dokumentation Wohnen», Zürich und «Wohnberatung SBC» in Zürich.

Christine Musserl *1941; Übersetzerstudium in Heidelberg, Soziologiestudium in Mannheim; zu-

letzt tätig als wissenschaftliche Mitarbeiterin am Institut Wohnen und Umwelt, Darmstadt, im Projekt «Unterrichtsmaterialien im Bereich Stadtplanung und Wohnen».

Maria Neyer * 1940; seit 1974 Studium: Bildende Kunst/Visuelle Kommunikation, Mathematik, TU Braunschweig.

Mara Reissberger *1944; Studium der Kunstgeschichte und Archäologie in Wien und Marburg; Mitarbeiterin an dem Forschungsprojekt «Die Wiener Ringstraße»; Publikationen zu den Wiener Gemeindebauten 1919–1934 und zum Wiener Wohnhausbau des Historismus.

Horst Rottjakob *1948; Industriekaufmann, Designer grad. (Visuelle Kommunikation); Studium für das Lehramt der Sekundarstufe I (Kunst/Sozialwissenschaften), momentan Diplom-Pädagogik-Studium; Arbeitsgebiete: Sozialwissenschaftliche Auseinandersetzung mit Stadt- beziehungsweise Landstrukturen und ihren Auswirkungen, Visualisierung dieser Probleme durch Fotografie, Fotomontage und Videotechnik.

Iris Salzmann *1941; Studium an der Werkkunstschule in Wuppertal und an der Hochschule für bildende Künste in Stuttgart; mehrjährige Tätigkeit in deutschen und amerikanischen Werbeagenturen; seit 1972 Studium an der Staatlichen Kunstakademie in Düsseldorf für das künstlerische Lehramt an Gymnasien.

Sigurd Saß *1937; Studium der Kunstpädagogik an den Kunstakademien München, Berlin und Stuttgart; Studium der Germanistik an den Universitäten Tübingen und Kiel; von 1966–1972 Schulpraxis im Fach Kunst; arbeitet am Lehrstuhl Bildende Kunst/Visuelle Kommunikation im Fachbereich Erziehungswissenschaften der Universität Braunschweig.

Günter Schöning *1930; Abitur, Zimmergeselle, Architekturstudium an der Hochschule für bildende Künste Berlin (jetzt Hochschule der Künste); 1957 Architekt HBK; seit 1959 freier Architekt in Südbaden (Architektengemeinschaft Schöning + Türcke); 1967 Gründung der Architektengemeinschaft «Gruppe 67»; Mitglied beim Deutschen Werkbund; 1974 Dipl.-Ing. und ehrenamtlicher Ortsvorsteher von Kleinkems (seit etwa 10 Jahren für die SPD in der Kommunalpolitik).

Ute Schülke *1941; zur Zeit Studium in den Fächern Kunsterziehung und Deutsch am Fachbereich Erziehungswissenschaften der TU Braunschweig.

Margarete Schütte-Lihotzky siehe «Exemplarischer Lebenslauf» in ihrem Beitrag, Seite 314.

Gisela Schuler *1943; Ausbildung zum Industriekaufmann und zur Sozial- und Gemeinwesenarbeiterin (grad.); berufliche Stationen unter anderem: metro-plan Heidelberg (sozialstrukturelle Untersuchungen im Rahmen von Sanierungs- und Stadtentwicklungsplanungen); Team für Sozialplanung Tübingen (Modell parteilicher Sozialplanung); Lehrauftrag an der FHS München (Methoden der Gemeinwesenarbeit); seit 1975 wissenschaftliche Mitarbeiterin beim Institut Wohnen und Umwelt, Darmstadt.

Gert Selle *1933; Kunstpädagoge; Hochschullehrer für Bildende Kunst/Visuelle Kommunikation im Fachbereich Erziehungswissenschaften der TU Braunschweig; zahlreiche Einzelnveröffentlichungen mit Schwerpunkt Designgeschichte/Alltagskultur; zuletzt «Die Geschichte des Design in Deutschland» (1978).

Klaus Spitzer *1932; Studium und Examen für Kunsterziehung und Geographie an der Kunstakademie Düsseldorf und der Universität Köln; Kunsterzieher in Neuss; Gründung und Unterstützung von Bürgerinitiativen; freier Berater und Entwerfer in der Spielbereichsplanung; publizistische Tätigkeit.

Jan Peter Thorbecke *1942; Studium der freien Malerei, Kunstpädagogik und Geschichte in Stuttgart und Hamburg; Lehrer für Kunst und Geschichte in Darmstadt und pädagogischer Mitarbeiter am dortigen Museum.

Gerhard Ullmann *1935; Studium der Malerei, Fotografie und Architektur an den Hochschulen für bildende und angewandte Kunst in Ost- und Westberlin; 1969 Abschlußexamen als Dipl.-Ing. Architekt an der HfbK Berlin (West); seit 1970 freiberuflich tätig als Architekturkritiker; Veröffentlichungen in in- und ausländischen Fachzeitschriften sowie in Wochenzeitungen und Fachbüchern; seit 1977 Lehrbeauftragter an der Fachhochschule Dortmund.

Josef Walch *1946; Studium an der Kunstakademie Karlsruhe (Kunstpädagogik) und an der Universität Karlsruhe (Kunstwissenschaft); Studienrat an der Gesamtschule Weinheim.

Jürgen Walz Kunsterzieher in Darmstadt.

Karl-Hans Weiß *1934; Studium Kunsterziehung und Germanistik in Kassel und Göttingen; Studienaufenthalt in Paris und Galerist in Kassel; seit 1961 Kunsterzieher und ab 1975 Fachdidaktiker am Studienseminar Darmstadt; Maler und Bildhauer.

Ingrid Wenz-Gahler *1946 in Bitterfeld; nach Abitur in Frankfurt 1966 Praktikum in einer Bauschreinerei; Lehre zum Industriekaufmann bei der Hoechst AG, anschließend Assistent des Marketingplaners für Chemiefasern in der Hoechst AG; 1971–74 Studium der Innenarchitektur an der FH Lippe in Detmold (Ing. grad.); seit 1975 selbständige Innenarchitektin.

Katrin Zapf *1938; Dipl.-Soz., Dr. rer. soc.; Lehrbeauftragte für Stadt- und Gemeindesoziologie an der Universität Mannheim; Mitglied des Kuratoriums des Deutschen Instituts für Urbanistik, Berlin; Mitglied des Planungsbeirates der Stadt Mannheim.

Maria Zemelka *1928; Studium an der PH Niedersachsen, Abteilung Vechta; seit 1951 im Schuldienst (Grund- und Hauptschule); 1973–76 Zusatzstudium in den Fächern Gestaltendes Werken und Bildende Kunst; jetzt Fachlehrerin an der Realschule Bad Münder/Deister.

Janos Zimmermann Freier Architekt; Lehrbeauftragter und wissenschaftlicher Mitarbeiter am interdisziplinären Institut für Regionalwissenschaft an der Universität Karlsruhe; Entwicklung und Betreuung von Projektstudien im Rahmen des interdisziplinären Aufbaustudiums «Regionalplanung/Regionalwissenschaft».

Verzeichnis der Bildleihgeber

Christian Ahlers
Regensburger Straße 10
1000 Berlin 30

Uwe Ahrens
Zeppelinstraße 5
3300 Braunschweig

Archiv der AOK Berlin
Mehringsplatz 15
1000 Berlin 61

Arbeitsgemeinschaft Wohn-
beratung
Hellsbachstraße 20
5300 Bonn-Duisdorf

Wilfried Bauer
Richterstraße 20
2000 Hamburg 70

Dieter Beisel
Blücherstraße 1
3300 Braunschweig

Bildarchiv Foto Marburg
Ernst-von-Hülsen-Haus
3550 Marburg

Manfred Blohm
Bültenweg 64
3300 Braunschweig

Jutta Brüdern
Peiner Straße 1
3300 Braunschweig

Henning Burg
Kluberstraße 16
6000 Frankfurt/M. 90

Cosmopress
6, Rue Constantin
CH-1206 Genf

Wilfried Dechau
Georg-Wolters-Straße 4
3300 Braunschweig

Deutscher Werkbund e. V.
Alexandraweg 26
6100 Darmstadt

Dokumentation Wohnen
Winterthurerstraße 25
CH-8006 Zürich

Samuel Eugster
Aescherstraße 15
CH-4054 Basel

Johanna Fiegl
Chwallagasse 4/6
A-1060 Wien 60

Rosemarie Gaupp-Kandzora
Mittlerer Bauernwaldweg 98
7000 Stuttgart 1

Gruner + Jahr AG & Co
Syndication
Postfach 302040
2000 Hamburg 36

Roland Günter
Werrastraße 1
4200 Oberhausen 12

Haus Deutscher Ring
Ost-West-Straße 110
2000 Hamburg 11

Historisches Museum der Stadt Wien
Karlsplatz 4
A-1040 Wien

Ilse Hoffmeister
Ostermannstraße 13
3000 Hannover

Verena Huber
Winterthurerstraße 25
CH-8006 Zürich

Detlev Ipsen
Ratsstraße 7
6701 Ellerstadt

IWU—Institut Wohnen
und Umwelt
Annastraße 15
6100 Darmstadt

Anne Jurczyk
Heroldstraße 29
4500 Osnabrück

Leo Klemm – siehe Samuel
Eugster

János Koppándy
Wegernergasse 2
A-8010 Graz

Dieter Kramer
Lübbener Straße 25
1000 Berlin 36

Landesbildstelle Berlin
Wikingerufer 7
1000 Berlin 21

Luftbild Albrecht Brugger
7023 Stuttgart 23 (Flughafen)

Otto Maier Verlag
Postfach 1860
7980 Ravensburg

Hans Mayrhofer/Wolfgang
Zacharias
Pädagogische Aktion
Werneckstraße 7
8000 München 40

Bruno Müller-Hiestand
Witikonerstraße 438
CH-8053 Zürich

Museum für Kunst
und Gewerbe
Steintorplatz
2000 Hamburg 1

Frank Napierala
Manteuffelstraße 14
4100 Duisburg 1

Maria Neyer
Harbigring 6
3180 Wolfsburg 28

Ille Oelhaf
Breitscheidstraße 5
3500 Kassel

Pardon Verlagsgesellschaft
Oeder Weg 157
6000 Frankfurt/M.

Rat für Formgebung
Eugen-Bracht-Weg 6
6100 Darmstadt

Sigurd Saß
Steige 1
3300 Braunschweig

Bent Rej Studio/team Aps
17 Vesterbrogade
DK-1620 Kopenhagen

Anne Schmidt-Cords
Rua Santa Rita Durão 759,
Apo 302
Belo Horizonte M. G.
Brasilien

Erich Schmidt Verlag
Genthiner Straße 30 g
1000 Berlin 30

Schöner Wohnen
Gruner + Jahr AG & Co.
Syndication
Postfach 302040
2000 Hamburg 36

Günther Schöning
Rheinstraße 28
7859 Efringen-Kirchen

Ute Schülke
Jahnring 34
3180 Wolfsburg 28

Gert Selle
Wiesenstraße 8
3300 Braunschweig

Helmut E. Simon
Göttingstraße 28
3300 Braunschweig

Klaus Spitzer
Aldekerkstraße 9
4000 Düsseldorf 11

Staatliche Landesbildstelle
Hamburg
Kieler Straße 171
2000 Hamburg 54

Stadtmuseum Rüsselsheim
Darmstädter Straße 27
6090 Rüsselheim

Pit Steiger
Redaktion Mannheimer Morgen
Marktplatz
6800 Mannheim

STERN
Syndication
Pressehaus
2000 Hamburg 1

Stuttgarter Luftbild Elsäßer
7000 Stuttgart 23 (Flughafen)

Jan Thorbecke
Viktoriastraße 52
6100 Darmstadt

Gerhard Ullmann
Teplitzer Straße 9
1000 Berlin 33

Ingeborg Ullrich
Binger Straße 26 a
1000 Berlin 33

Verlag B. G. Teubner GmbH
Postfach 801069
7000 Stuttgart-Vaihingen

Christian Vogt
Nadelberg 20
CH-4000 Basel

Josef Walch
Bachstraße 13
6831 Reilingen

Jürgen Walz
Am Mühlenweg 9
6105 Oberammstadt

Karl-Hans Weiß
Wingertbergstraße 2
6100 Darmstadt

Welt von heute
Heckelchen 7
5419 Mündersbach

Ingrid Wenz-Gahler
Mainberg 13
6230 Frankfurt/M. 80

Gabriele Wolf
Osterfelderstraße 20
4000 Düsseldorf

Maria Zemelka
Robert-Koch-Straße 18
3252 Bad Münder

Gisela Zettelmeier
Dunkelberggang 3
3000 Hannover

Verzeichnis der Wohnberatungsstellen

In der Bundesrepublik gibt es 22 öffentliche und gemeinnützige Wohnbera-
tungsstellen, die jedem Bürger unentgeltlich fachlichen Rat in allen Wohnfra-
gen von der Einrichtung über die Grundrißgestaltung bis zur Modernisierung,
der Energieeinsparung und dem Hausbau erteilen. Diese Wohnberatung, die
nicht mit der Verkaufsberatung kommerzieller Möbelhäuser, die sich zum Teil
ebenfalls mit dem Etikett «Wohnberatung» schmücken, zu verwechseln ist, ist
Teil der allgemeinen Verbraucherberatung. Sie will die Bewohner gerade vor
bestimmten Geschäftspraktiken schützen und allgemein zu einem kritischeren
und selbstbewußteren Kauf- und Wohnverhalten anregen.

Die öffentlichen Wohnberatungen sind auf Bundesebene in der Arbeitsgemeinschaft Wohnberatung e.V. (AGW)
Heilsbachstraße 20
5300 Bonn-Duisdorf
zusammengeschlossen. Die AGW hat auf vielfache Weise beim Zustandekom-
men dieses Buches mitgewirkt. So wurde unter anderem die Materialsammlung,
pädagogisch-didaktische Grundlagenarbeit usw. von ihr finanziell gefördert.
Darüber hinaus sind eine ganze Reihe von Wohnberaterinnen mit Beiträgen vertreten. Die AGW stellt ferner eine Reihe nützlicher Zusatzmaterialien zur Verfügung (siehe Verzeichnis der Zusatzmaterialien). In Städten, in denen es eine
Wohnberatung gibt, können sich Lehrer auch direkt mit den Beratungskräften in
Verbindung setzen.

Michael Andritzky (Vorsitzender der AGW)

Anschrift		Beratungstage
5100 Aachen	Wilhelmstraße 26 – Verbraucherberatung – Tel. 0241/44760	2. und 4. Mo. im Monat 11–13, 14–17 Uhr nach Anmeldung
1000 Berlin 30	Bayreuther Str. 40 – Verbraucher-Zentrale – Tel. 030/240251	Di. u. Fr. 9–16.30 Uhr Mi. u. Do. 9–19.30 Uhr Anmeldung erwünscht
5300 Bonn 1	Poppelsdorfer Allee 15 – Verbraucherberatung – Tel. 02221/638122 u. 638132	Mo.–Mi. 9–18 Uhr Anmeldung erwünscht
3300 Braunschweig	Schloßstraße 8 – Verbraucherberatung – Tel. 0531/49828	1 × im Monat Di. 10–18 Uhr Nach Anmeldung
2800 Bremen 1	Carl-Ronning-Str. 2 Tel. 0421/314678	Mo.–Di. 15–18 Uhr Fr. 10–13 Uhr Tel. Auskünfte täglich von 9–13 Uhr
2870 Delmenhorst	Markthalle – Verbraucherberatung – Tel. 04221/3143	1 × im Monat Di. 10–18 Uhr nach Anmeldung
4600 Dortmund	Freistuhl 2 in der Stadtsparkasse Tel. 0231/143719	Mo. 11–13, 14–17 Uhr nach Anmeldung Tel. 0231/1932410
4000 Düsseldorf	Luisenstr. 122 Tel. 0211/376384	Mo.–Fr. 10.00–13.00 Uhr 15.00–18.00 Uhr Anmeldung erwünscht
6000 Frankfurt	Berliner Str. 27 – Verbraucher-Zentrale – Tel. 0611/288231	Mo.–Fr. nach Anmeldung
2000 Hamburg 36	Esplanade 6 A im Bauzentrum Hamburg Tel. 040/352081	täglich von 9–18 Uhr Sa. 10–13 Uhr Anmeldung erwünscht
2000 Hamburg 36	Große Bleichen 23 – Verbraucher-Zentrale – Tel. 040/341111	Di. u. Do. 9–18 Uhr Mi. 9–19 Uhr Fr. 9–17 Uhr
3000 Hannover	Georgswall 7 – Verbraucher-Zentrale – Tel. 0511/326191	Mo. 13–18 Uhr Mi. 9–18 Uhr, Do. 9–14 Uhr Di. Außenstellenberatung

Anschrift		Beratungstage
2300 Kiel	Bergstraße 24 – Verbraucher-Zentrale – Tel. 0431/553379	Mo. u. Do. 9–12 Uhr Di. 16–18 Uhr Anmeldung erwünscht
5000 Köln	Aachener Str. 5 – Verbraucherberatung – Tel. 0221/246951	Mi. 13–18 Uhr nach Anmeldung
6500 Mainz	Große Langgasse 16 – Verbraucher-Zentrale – Tel. 06131/29841	Mo. 8–11 Uhr Di. 9–12 Uhr
6800 Mannheim	P 7, 19 Tel. 0621/26959	Di. 10–12 Uhr, 13–17 Uhr Mi. 13–19 Uhr Do. 13–17 Uhr Fr. 9–13 Uhr
4050 Mönchen- gladbach 2- Rheydt	Hugo-Preuß-Str. 9 – Verbraucherberatung – T.: 02166–12126	Do. 13–18 Uhr nach Anmeldung
8000 München 40	Martiusstr. 8 beim Deutschen Werkbund Tel. 089/341503	Mo. u. Mi. 13–19 Uhr Di. Do. u. Fr. 9–12 Uhr nach Anmeldung
8500 Nürnberg	Kartäusergasse 12 – Verbraucherberatung – Tel. 0911/227544	Mo. u. Mi. 17.30–20.00 Uhr Di. u . Do. 8.00–12.00 Uhr nach Anmeldung
2900 Oldenburg	Staulinie 4 – Verbraucherberatung – Tel. 0441/13303	1 × im Monat Di. 10–18 Uhr nach Anmeldung
7000 Stuttgart 1	Augustenstr. 6 – Verbraucher-Zentrale – Tel. 0711/610923	Di. 10–12 Uhr, 13–17 Uhr Mi. 13–19 Uhr Do. 13–17 Uhr Fr. 8–13 Uhr nach Anmeldung
7900 Ulm	Münsterbazar 11 Tel. 0731/68267	Di. 10–12, 13–17 Uhr Mi. 13–19 Uhr Do. 13–17 Uhr Fr. 8–13 Uhr nach Anmeldung
3180 Wolfsburg	Poststraße 6 – Verbraucherberatung – Tel. 05361/24692	1 × im Monat Di. 10–18 Uhr nach Anmeldung